Wilhelm Bode

Der fröhliche Goethe

Verlag
der
Wissenschaften

Wilhelm Bode

Der fröhliche Goethe

ISBN/EAN: 9783957008640

Auflage: 1

Erscheinungsjahr: 2016

Erscheinungsort: Norderstedt, Deutschland

Hergestellt in Europa, USA, Kanada, Australien, Japan
Verlag der Wissenschaften in Hansebooks GmbH, Norderstedt

Cover: Sandro Botticelli "Die Geburt der Venus"

Der fröhliche Goethe

von

Wilhelm Bode

Der fröhliche Goethe

von

Wilhelm Bode

Mit vier Bildnissen

Ernst Siegfried Mittler und Sohn
Berlin 1912

Vorwort.

Für alle deutschlesenden Erwachsenen, die mit hellem Geiste und gutem Willen herantreten, soll dies Buch verständlich, angenehm und förderlich sein. Es soll gelehrten und ungelehrten Leuten Gutes reichen, den Vornehmen, den Wohlhabenden und auch meinen ländlichen und städtischen Nachbarn, den Bauern, Handwerkern und kleinen Beamten. Ich gelte für einen „populären" Darsteller Goethes und seiner Umwelt; aber bisher konnte ich manchem Bekannten, der eine Annäherung an den hochgepriesenen Goethe zu wünschen schien, nicht das Rechte reichen. Die „Werke" des Dichters sind freilich billig zu haben, und der Rat, sich darein zu versenken, ist vortrefflich; aber wenn der Offizier, der Beamte, der Gutsbesitzer, der Kaufmann, der Handwerksmeister nun wirklich nach des Tages Geschäften sich aus diesen Bänden einen herausgreift, eine rechte Feierstunde sich erhoffend, läßt er nicht oft schon nach wenigen Minuten das Buch sinken? „Das hier ist nichts für mich" oder „Ich bin heute doch nicht frisch genug!"

Goethe war im Leben schwer zugänglich; er ist es auch in seinen Werken; er erschließt sich nur Demjenigen, der ihn schon kennt. Mein Buch soll so weit mit Goethes inneren Erlebnissen und innerem Wesen bekannt machen, daß eine innigere Befreundung lockt und leicht erscheint.

„Der »fröhliche« Goethe" heißt das Buch. Goethe war ein ernster Mann, der es mit dem Leben und den Pflichten nicht leicht nahm und der die Welt hinlänglich kannte, um

sie nicht für rosenrot zu erklären. „Der Menschheit ganzer
Jammer" wird in seinen Dichtungen und Bekenntnissen bloß-
gelegt. Ihn selber peinigten nicht selten Unrast, Verdüste-
rung, Verzweiflung. Wenn wir trotzdem Goethe von seiner
fröhlichen Seite betrachten, so stellen wir zugleich die Frage:
wie kann ein solcher Mann zum Frohmut gelangen und den
Frohmut bewahren?

Gibt das Buch darauf die Antwort, so ist es ein
Lehrbuch zum Glücklichsein. Der Leser tut also wohl, auf
die Mittel zu achten, die Goethe anwandte, sich zu erquicken
und aufzurichten; hat er sie doch mit solchem Erfolg gebraucht,
daß nicht nur seine äußere bevorzugte Stellung, sondern
mehr noch die Heiterkeit seines Wesens ihm den Ruf eines
ausgezeichnet Glücklichen, eines von den Göttern Begünstigten,
ja den Namen eines Olympiers zugezogen hat.

Doch nicht zum Lehren ist das Buch da (obwohl man
sich nicht mit Goethe abgeben kann, ohne etwas zu lernen),
sondern zum Verschönern einiger oder vieler Stunden.
Das hängt freilich vom Buche allein nicht ab. Wieland
meinte einmal: „Man könnte die Leute wohl amüsieren,
wenn sie nur amüsabel wären"; Goethe wiederholte dies
Wort, hinzufügend: „Der Deutsche weiß wohl zu be-
richtigen, aber nicht zu supplieren." Wenn die Leser dieses
Buches nicht Einiges hinzutun, so holen sie nicht heraus,
was darin ist. Ich denke besonders an die Lieder und
Balladen Goethes: sie sind, wie sie auf dem Papiere
stehen, nicht fertig, sondern sie werden erst, was sie sein
sollen, wenn wir sie singen oder schauspielernd sprechen.
So üblich es ist, so verkehrt ist es auch, solchen Gedichten
gegenüber den Taubstummen zu machen und sie bloß mit den
Augen zu verschlucken. Z. B. das Lied des Murmeltier-
Jungen ist auf dem Papiere gar wenig, aber man singe
es sich nach Beethovens Melodie und stelle sich einen
VI

wälschen Wanderknaben dabei vor oder man lasse es durch
einen hübschen braunen Buben auf einem Maskenfeste
singen: dann erst ist es zum Leben erwacht. Das Gleiche
gilt für den Rattenfänger, die heiligen drei Könige, den
Musensohn, das Wechsellied zum Tanze usw. Aber auch
die Balladen muß man sich sprechend oder singend vor-
spielen, z. B. den Edelknaben und die Müllerin nach
Reichardts Melodie. Gute Vortragsmeister zeigen uns,
wie auch wir in unserem Stübchen die Geister der Gedichte
aus dem Schlaf wecken müssen; auch Tonsetzer wie Reichardt,
Schubert, Löwe und manche der Neuesten geben uns die
beste Anleitung. Gar gern hätte ich eine Anzahl solcher
Kompositionen mit abdrucken lassen, aber das Buch durfte
nicht unhandlich werden.

Die Erzählungen sind von mir mehr oder weniger
umgeschrieben und neu eingefaßt; mein Bestreben dabei
war, das Wesentliche herauszuheben und das Bildhafte
zu steigern. Der Fachmann weiß, wo die ursprünglichen
Berichte zu suchen sind.

Auf Vollständigkeit ging ich nicht aus, nur wollte ich
alle Arten und alle Quellen von Goethes Fröhlichkeit
aufzeigen, und auch ihre Grenzen nicht verbergen. Daher
sind auch nicht alle Geschichten „fröhlich." Daß im ‚Götz‘,
im ‚Faust‘ und anderwärts lustige Szenen zwischen den
ernstesten stehen, wird der Leser „supplieren"; dagegen
habe ich auch bekannteste Stückchen abdrucken lassen, wenn
sie nicht viel Raum forderten. Manches Gedicht bekommt
ja auch in der neuen Umgebung ein neues Gesicht.
Hoffentlich sind auch meine kleinen Einleitungen und Er-
läuterungen willkommen.

In allen meinen Büchern strebe ich danach, dem Leser
ein rasches und richtiges Auffassen zu erleichtern. Die
Goethischen Stücke bringe ich keineswegs in ihrer alten,

gewöhnlich höchst mangelhaften Zeichensetzung; auch bilde ich die Absätze oft neu, unterstreiche einzelne Worte und wage sogar, ein veraltetes „vor" in ein „für" umzuwandeln. Auf den Beifall der Buchstaben-Bewahrer muß ich also verzichten. In der Rechtschreibung gehorche ich den jetzt gültigen Vorschriften; nur mache ich von der Freiheit Gebrauch, alle Eigenschaftswörter und Fürwörter, wenn sie wie Hauptwörter dienen, groß zu schreiben, weil auch Das zur Verdeutlichung und zur Vermeidung von augenblicklichem Mißverständnis viel beiträgt. Und aus demselben Grunde ist Alles mit deutschen Schriftzeichen gedruckt; ihre Wortbilder sind besser zu lesen als die gleichmäßigeren der Antiqua.

Meine Bücher schreibe ich nicht für andere Goetheforscher. Ich denke mir als Leser am liebsten solche Männer und Frauen, die am Tage und in der Woche von ihren Berufsgeschäften beansprucht werden und in den Stunden der Ruhe gern in Goethes Welt treten möchten. Solche Leser haben mir schon oft gedankt: möchten sie meinen Dienst auch diesmal als nützlich empfinden!

Isseroda, 1. Oktober 1911.

Wilhelm Bode.

Inhaltsverzeichnis.

In Weimar November 1775 bis August 1786.

In Italien September 1786 bis Juni 1788.

Die Franzosen- und Theaterjahre.
I. Noch im alten Reiche 1790—1815.

Die Franzosen- und Theaterjahre.
II. Zwischen Jena und Waterloo 1806—15.

Der Lebensabend. 1816—1832.

Beigegeben sind folgende Bildnisse Goethes:

In Frankfurt 1749—1765.

Die Vorfahren. [Um 1756]

Goethe ward seinen Eltern als erstes Kind geboren; seine Mutter war noch blutjung: achtzehn; der Vater stand bereits im vierzigsten Jahre. Dieser war ein ernsthafter, sorgfältiger, schwerblütiger Mann; seine Frau war ihm gegenüber ein Kind, und auch als sie in reifere Jahre kam, behielt sie ein kindlich-fröhliches Herz, während ihr Gefährte immer schwermütiger wurde. Verdrießliches erlebte sie genug, aber immer gewann der Humor rasch die Oberhand; in Gesellschaft mit Anderen verbreitete sie Behagen um sich her, nicht am wenigsten auch durch ihre Gabe zu schwätzen, zu erzählen und zu erfinden. „Ich habe die Gnade von Gott," durfte sie als Fünfzigerin über sich selber schreiben, „daß noch keine Menschenseele mißvergnügt von mir weggegangen ist. Ich habe die Menschen sehr lieb, und das fühlt Alt und Jung, gehe ohne Prätention durch diese Welt, bemoralisiere Niemand, suche immer die guten Seiten auszuspähen, überlasse die schlimmen Dem, der den Menschen schuf und der es am besten versteht, die scharfen Ecken abzuschleifen, — und bei dieser Methode befinde ich mich wohl, fröhlich und vergnügt."

Der Sohn dieses über seine Jahre alten Vaters und dieser jungen und jungbleibenden Mutter erbte von beiden Eltern äußere und innere Eigenschaften.

> Vom Vater hab' ich die Statur,
> Des Lebens ernstes Führen,
> Von Mütterlein die Frohnatur,
> Die Lust zu fabulieren.

Goethes Vater hatte die Rechte studiert und den Titel eines Kaiserlichen Rats erworben; er lebte aber als wohlhabender

Privatmann ohne Beruf. Sein Vater war als Schneidergeselle
in Frankfurt zugewandert, hatte sich später als Meister nieder-
gelassen und war noch später durch Einheirat Gastwirt und
Weinhändler geworden; in beiden Berufen und durch zwei Heiraten war er zu Wohlstand gelangt. Goethes Mutter stammte
dagegen aus einer angesehenen Gelehrtenfamilie; ihr Vater war
Bürgermeister oder Schultheiß der Freien Stadt Frankfurt.

Als sich nun der Knabe Wolfgang nach einer öffentlichen
Feierlichkeit etwas darauf einzubilden schien, daß sein Großvater
Textor in der Mitte der Schöffen, eine Stufe höher als die
Andern, unter dem Bilde des Kaisers gesessen, gleichsam gethront
habe, sagte ihm einer seiner Gefährten höhnisch: der Pfau solle
auch auf seine Füße blicken und er auch auf seinen Großvater
väterlicherseits, der doch im Weidenhof die Gäste bedient habe.

Goethe erwiderte: Dessen schäme er sich durchaus nicht. Gerade
darin bestehe das Erhebende und Herrliche der Vaterstadt, daß
alle Bürger sich einander gleich halten dürften. Einem Jeden
könne seine Tätigkeit nach seiner Art förderlich und ehrenvoll
sein. Ihm tue nur leid, daß er diesen Großvater nicht mehr
besitze und ihn nicht mehr kennen gelernt habe.

Nun tuschelten die Knaben untereinander, und ein besonders
tückischer flüsterte den Andern etwas in's Ohr. Goethe forderte
sie zornig auf, laut zu reden.

„Nun, was ist es denn weiter?" sagte der Erste. „Wenn
du es wissen willst! Dieser da meint, du könntest lange herum-
gehen und suchen, bis du deinen Großvater fändest."

Goethe verstand erst nicht, was sie meinten, und bedrohte
sie noch heftiger, wenn sie sich nicht erklärten. Sie brachten
darauf ein Märchen vor, das sie ihren Eltern wollten abgelauscht
haben. Sein Vater sei in Wahrheit der Sohn eines vornehmen
Mannes, und jener gute Bürger, der Gastwirt, habe sich willig
finden lassen, vor der Welt die Vaterstelle zu vertreten. Deshalb rühre ja auch das Goethesche Vermögen nur von der Groß-

2

mutter her, die übrigen Seitenverwandten in Friedberg und
anderwärts seien arm.

Goethe hörte ihnen ruhiger zu, als sie erwarteten. Sie
standen schon auf dem Sprunge zu entfliehen, wenn er Miene
machte, nach ihren Haaren zu greifen. Aber Goethe versetzte
ganz gelassen: „Auch Das kann mir recht sein! Das Leben ist
so hübsch! Es ist völlig gleichgültig, wem wir es verdanken.
Zuletzt schreibt es sich ja doch von Gott her, und vor Gott sind
wir alle gleich."

Das Erdbeben von Lissabon. [1755]

Am 1. November 1755 ereignete sich das Erdbeben von Lissa-
bon: eine große seelische Erschütterung war bei Vielen, die
die Nachrichten darüber hörten, die Wirkung in die Ferne. Man
bedenke: „Die Erde bebt und schwankt, das Meer braust auf,
die Schiffe schlagen zusammen, die Häuser stürzen ein, Kirchen
und Türme darüber her, der königliche Palast wird zum Teil
vom Meere verschlungen, die geborstene Erde scheint Flammen
zu speien, denn überall meldet sich Rauch und Brand aus den
Ruinen. Sechzigtausend Menschen, einen Augenblick zuvor noch
ruhig und behaglich, gehen miteinander zu Grunde."

Es herrschte damals eine optimistische Religion: jenes Gott-
vertrauen, das Gellert so gern in seinen Gesängen aussprach.
Durfte man jetzt, nach solchem fürchterlichen Verderben, das die
Gerechten genau so erfaßte wie die Bösen, noch Gottes Vatergüte
preisen und seiner Führung mit fröhlicher Zuversicht sich ergeben?
Durfte man noch singen: Was Gott tut, Das ist wohlgetan?

Die Pfarrer auf den Kanzeln und die Lehrer der Welt-
weisheit suchten nach rettenden Erklärungen. Wolfgang hörte
an der Seite seines Großvaters auch wieder einmal eine Predigt
an, in welcher der Schöpfer gleichsam gegen die Beschwerden
der Menschheit verteidigt wurde. Nach der Heimkehr fragte

ihn sein Vater, ob er die Predigt verstanden. Der Knabe
verseßte:

„Am Ende mag Alles noch viel einfacher sein, als der
Prediger meint. Gott wird wohl wissen, daß der unsterblichen
Seele durch böses Schicksal kein Schaden geschehen kann."

Dieses ist das Bild der Welt. [1765]
(Am 28. August 1765 in ein Stammbuch.)

Dieses ist das Bild der Welt,
  Die man für die beste hält:
Fast wie eine Mördergrube.
Fast wie eines Burschen Stube,
Fast so wie ein Opernhaus,
Fast wie ein Magisterschmaus,
Fast wie Köpfe von Poeten,
Fast wie schöne Raritäten,
Fast wie abgesetztes Geld
Sieht sie aus: Die beste Welt!

Judenpredigt. [1765 oder später.]

In alle menschlichen Zustände suchte der Knabe einzudringen,
aller Arten Leute kennen zu lernen. Die Bewohner der
Judengasse schienen ihm unheimlich und anziehend zugleich; er
lernte auch ihre Sprache, weniger von den schmutzigen Menschen
selbst als aus Büchern, denn in Frankfurt wurden nicht wenige
Bücher in Judendeutsch gedruckt. Einst erfand er sich einen
Roman, in dem sechs oder sieben Geschwister einander Briefe in
verschiedenen Sprachen schrieben: „der Jüngste hatte, da ihm die
übrigen Sprachen abgeschnitten waren, sich auf's Judendeutsch
gelegt und brachte durch seine abscheulichen Chiffern die Übrigen
zur Verzweiflung und die Eltern über den guten Einfall zum

4

Lachen." Auch der Knabe Goethe lernte die „abscheulichen"
Schriftzeichen der Hebräer, und als Jüngling versuchte er sich
noch einmal in ihrer Sprache, indem er einem Juden eine stolze
Rede in den Mund legte gegen die Gojim, die Christen und Heiden:

Sagen de Goyen, wer hätten kä König, kä Käser, kä Zepter,
kä Kron; do will ich äch aber beweise, daß geschrieben stäht:
daß wer haben äh König, äh Käser, äh Zepter, äh Kron. ,

Aber wo haben wer denn unsern Käser? Das will ich äch
och sage.

Do drüben über de grose grause rothe Meer! Und do
wäre dreymal hunnerttausend Johr vergange sey, do werd ä groser
Mann, mit Stiefle und Spore grad aus, sporenstrechs gegange
komme übers grose grause rothe Meer, und werd in der Hand
habe äh Horn, und was denn vor äh Horn? äh Düt-Horn!
Und wenn Der werd in's Horn düte, do wären alle Jüdlich, die
in hunnerttausend Johr gepöckert sind, die wären alle gegange
komme an's grose grause rothe Meer.

No was sogt ehr dozu?

Un was äh gros Wonner sei werd, Das will ich äch och sage:
Er wird geritte komme of äh grose schneeweise Schimmel; un
was äh Wonner: wenn dreymalhunnert un neununneunzig tausend
Jüdlich wäre of den Schimmel sitze, do wären se alle Platz
habe! Un wenn äh enziger Goye sich werd ach drof setze wolle,
do werd äh kenen Platz finne.

No was sogt ehr dozu?

Aber was noch der äh greser Wonner sei werd, Das well
ich äch och sage: Un wenn de Jüdlich alle wäre of de Schimmel
sitze, do werd der Schimmel kertzegerode sein grose grose Wetel
ausstrecke. Do wären de Goye denke: kennen mer nich of de
Schimmel, setze mer uns of de Wetel! Und denn wäre sich
alle of de Wetel nuf hocke. Un wenn se alle traf setzen, un der
grose schneeweise Schimmel werd gegange komme dorchs grause

rothe Meer zorick, do werd äh de Wetel falle lasse: un de Goye werde alle ronder falle in's grose grause rothe Meer.

No was sogt ehr dozu?

In Leipzig Oktober 1765 bis August 1768.

Von Junger Fuchsen Herrlichkeit.　[Oktober 1765]

Im Anfang Oktober 1765 traf der sechzehnjährige Wolfgang Goethe in Leipzig ein, um dort nach des Vaters Wunsch die Rechte zu studieren. Sein eigener größter Wunsch war, die Welt und das Leben besser als daheim zu erforschen und zu ergreifen.

Am 12. Oktober schrieb er heim an die Schwester, die er innigst liebte. Er begann mit einer Anspielung auf ein Lustspiel von Ludwig Holberg: ,Jakob von Tyboe oder der großsprecherische Soldat.'

„»Was würde der König von Holland sagen, wenn er mich in dieser Positur sehen sollte!«, rief Herr v. Bramarbas aus. Und ich hätte fast Lust auszurufen: »Was würdest Du sagen, Schwesterchen, wenn Du mich in meiner jetzigen Stube sehen solltest?« Du würdest astonished ausrufen: So ordentlich! so ordentlich, Bruder!

„Da, tue die Augen auf und sieh! Hier steht mein Bett, da meine Bücher, dort ein Tisch aufgeputzt, wie Deine Toilette nimmermehr sein kann. Und dann . . . aber . . . ja, Das ist was anderes. Eben besinne ich mich: Ihr anderen kleinen Mädchen könnt nicht so weit sehen wie wir Poeten. Du mußt mir also glauben, daß bei mir Alles recht ordentlich aussieht. Und zwar auf Dichter-Parole! Genug!

„Hier schick' ich Dir eine Messe [d. h. etwas von der Leipziger Messe]: »Ich bedanke mich schön« — »Gehorsamer Diener! Sie sprechen davon nicht!«

„Küsse Schmittelchen und Runckelchen von meinetwegen!
Die lieben Kinder! Denen drei Mables von Stockum mache
das schönste Kompliment von mir. Jungfer Rincklef magst Du
gleichfalls grüßen. Sollte Mademoiselle Brevillier Dich wieder
kennen?

„Soweit von Mädchen! Aber noch eins! Hier habe ich die
Ehre, keines zu kennen: Dem Himmel sei Dank!

„Herr Claus hat mir einen Brief an einen hiesigen Kaufmann mitgegeben. Ich ging hin, es zu bestellen. Ich fand den
Mann und sein ganzes Haus ganz sittsam. Schwarz und
weiß, die Weibsleute mit Stirnläppchen! So seitwärts schieler-
lich! Ach, Schwesterchen, ich hätte bersten mögen. Einige
Worte, in sanfter und demütiger Stille gesprochen, fertigten mich
ab. Ich ging zum Tempel hinaus. . . .

„Sage Jungfer Tanten, daß ich ehestens an sie schreiben
werde. An die liebe Jungfer Meißnern mache das schönste
Kompliment, das Du in Deinem Köpfchen gedenken kannst.
»Mein Bruder läßt Sie grüßen« — Das ist nichts! Übe Deine
Erfindungskraft! Du hast ja sonst gute Einfälle.“ — —

Ein paar Freunde waren zu gleicher Zeit in Marburg
Studenten geworden. Mit ihnen tauschte Wolfgang seine Berichte
aus; an Johann Jakob Riese richtete er den ersten Brief:

„Leipzig, den 20. Oktober 1765, morgens um Sechs. Riese,
guten Tag!

„Den 21., abends um Fünf. Riese, guten Abend! Gestern
hatte ich mich kaum hingesetzt, um Euch eine Stunde zu widmen,
als schnell ein Brief vom Horn kam und mich von meinem an-
gefangenen Blatte hinwegriß. Heute werde ich auch nicht länger
bei Euch bleiben. Ich geh in die Komödie. Wir haben sie recht
schön hier. Aber dennoch — — ich bin unschlüssig — — soll ich
bei Euch bleiben? — — Soll ich in die Komödie gehen? — —
Ich weiß nicht — — Geschwind, ich will würfeln — — ja, ich
habe keine Würfel — — Ich gehe, lebt wohl! — — Doch halte

— — nein — — ich will da bleiben. Morgen kann ich wieder
nicht: da muß ich ins Kolleg und besuchen und abends zu Gaste.
Da will ich also jetzt schreiben. Meldet mir, was Ihr für ein
Leben lebt! Ob Ihr manchmal an mich denkt! Was Ihr für
Professor habt et caetera, und zwar ein langes Et caetera!
Ich lebe hier wie — — wie — — ich weiß selbst nicht recht wie.
Doch so ohngefähr:

> So wie ein Vogel, der auf einem Ast
> Im schönsten Wald sich Freiheit atmend wiegt,
> Der ungestört die sanfte Lust genießt,
> Mit seinen Fittigen von Baum zu Baum,
> Von Busch zu Busch sich singend hinzuschwingen.

„Genug, stellt Euch ein Vöglein auf einem grünen Astelein
in allen seinen Freuden für: so leb’ ich.

„Heut’ hab’ ich angefangen, Kollegia zu hören. Was für?
Ist es der Mühe wert zu fragen? Institutiones imperiales,
Historiam juris, Pandectas und ein Privatissimum über die sieben
ersten und sieben letzten Titel des Codicis. Denn mehr braucht
man nicht, das Übrige vergißt sich doch. Nein, gehorsamer
Diener! Das ließen wir schön unterwegs.

„Im Ernste; ich habe heute zwei Kollegien gehört, die
Staatengeschichte bei Professor Böhmen und bei Ernesti über
Ciceros Gespräche vom Redner. Nicht wahr, Das ging eh an!

„Ich mache hier große Figur! Aber noch zuzeit bin ich
kein Stutzer. Ich werd’ es auch nicht. Ich brauche Kunst, um
fleißig zu sein. In Gesellschaften, Konzert, Komödie, bei Gaste-
reien, Abendessen, Spazierfahrten, soviel es um diese Zeit an-
gehet. Ha! Das geht köstlich! Aber auch köstlich, kostspielig!
Zum Henker, Das fühlt mein Beutel! Halt! Rettet! Haltet
auf! Siehst Du sie nicht fliegen? Da marschierten zwei Louisdor! Helft! Da ging eine! Himmel, schon wieder ein paar!
Groschen, die sind hier wie Kreuzer bei Euch draußen im Reiche.

8

Goethe um 1762
Alter Schattenriß

Aber dennoch kann hie einer sehr wohlfeil leben. Die Messe ist herum, und ich werde recht menageus leben; da hoffe ich des Jahrs mit 300 Talern — was sag' ich 300! — mit 200 Talern auszukommen. Notabene, Das nicht mitgerechnet, was schon zum Henker ist.

„Ich habe kostbaren Tisch. Merkt einmal unsern Küchenzettel! Hühner, Gänse, Truthahnen, Enten, Rebhühner, Schnepfen, Feldhühner, Forellen, Hasen, Wildpret, Hechte, Fasanen, Austern, usw. Das erscheinet täglich. Nichts von anderem groben Fleisch ut sunt [als da sind] Rind, Kälber, Hammel usw. Das weiß ich nicht mehr, wie es schmeckt. Und die Herrlichkeiten nicht teuer, gar nicht teuer!"

Professor Gottsched. [1765, 66]

An der Leipziger Akademie lehrten einige sehr berühmte Gelehrte: Gottsched, Gellert, Ernesti. Gottsched, damals ein Mann von 65 Jahren, war eine geraume Zeit hindurch geradezu der Beherrscher der deutschen Literatur gewesen; seine Verdienste um die deutsche Sprache, die deutsche Bühne, die Dichtkunst und die allgemeine Bildung der höheren Klassen waren groß; aber jetzt war seine gute Zeit vorbei; er war von den Jüngeren längst überholt und überwunden, als er sich noch wie ein Diktator des guten Geschmacks geberdete.

Als Goethe den Marburger Freunden den ersten Bericht sandte, mußte er auch dieses vielberedeten Mannes erwähnen.

„Gottscheden hab' ich noch nicht gesehen. Er hat wieder geheiratet. Eine Jungfer Obristleutnantin. Ihr wißt es doch. Sie ist 19 und er 65 Jahr. Sie ist 4 Schuhe groß und er 7. Sie ist mager wie ein Häring und er dick wie ein Federsack."

Ende Oktober konnte das Studentlein aus eigener Kenntnis berichten:

„Ich schaute Gellerten, Gottscheden auch,
Und eile jetzt, sie treu Dir zu beschreiben.

Gottsched ein Mann so groß, als wär' er vom alten Geschlechte
Jenes, der zu Gath im Land der Philister geboren.
Zu der Kinder Israels Schrecken zum Eichgrund hinabkam.
Ja, so sieht er aus, und seines Körperbaus Größe
Ist, er sprach es selbst, sechs ganze Parisische Schuhe.
Wollt' ich recht ihn beschreiben, so müßt' ich mit einem Exempel
Seine Gestalt Dir vergleichen, doch Dieses wäre vergebens:
Wandeltest Du, Geliebter, auch gleich durch Länder und Länder,
Von dem Aufgang herauf bis zum Untergang nieder,
Würdest Du dennoch nicht Einen, der Gottscheden ähnlichte,

                      finden . . .

> . . . Ich sah den großen Mann auf dem Katheder stehn,
> Ich hörte, was er sprach, und muß es Dir gestehn:
> Es ist sein Vortrag gut, und seine Reden fließen
> So wie ein klarer Bach. Doch steht er gleich den Riesen
> Auf dem erhabnen Stuhl. Und kennte man ihn nicht,
> So wüßte man es gleich, weil er stets prahlend spricht."

Im nächsten Frühjahr machte der junge Student in Begleitung eines älteren Landsmannes, des herzoglich württembergischen Geheimsekretärs Johann Georg Schlosser, mehreren Leipziger Berühmtheiten Besuche. Denjenigen bei Gottsched hat er später geschildert.

„Wir ließen uns melden. Der Bediente führte uns in ein großes Zimmer, indem er sagte, der Herr werde gleich kommen. Ob wir nun eine Geberde, die er machte, nicht recht verstanden, wußte ich nicht zu sagen; genug, wir glaubten, er habe uns in das anstoßende Zimmer gewiesen. Wir traten hinein zu einer sonderbaren Szene; denn in dem Augenblick trat Gottsched, der große, breite, riesenhafte Mann, in einem gründamastnen, mit rotem Taft gefütterten Schlafrock zur entgegengesetzten Türe herein; aber sein ungeheures Haupt war kahl und ohne Bedeckung. Dafür sollte jedoch sogleich gesorgt sein: denn der

Bediente sprang, mit einer großen Allongeperücke auf der Hand,
— die Locken fielen bis an den Ellenbogen — zu einer Seiten-
türe herein und reichte den Hauptschmuck seinem Herrn mit er-
schrockener Geberde. Gottsched, ohne den mindesten Verdruß zu
äußern, hob mit der linken Hand die Perücke von dem Arme
des Dieners, und indem er sie sehr geschickt auf den Kopf schwang,
gab er mit seiner rechten Tatze dem armen Menschen eine Ohr-
feige, so daß Dieser, wie es im Lustspiel zu geschehen pflegt, sich
zur Türe hinaus wirbelte. Worauf der ansehnliche Altvater
uns ganz gravitätisch zu sitzen nötigte und einen ziemlich langen
Diskurs mit gutem Anstand durchführte.“

Die Erfahrung. [1766]

Der junge Student hatte einen älteren Freund, den Hofmeister
Behrisch. Von Diesem ließ er sich in solchen Fächern
gern belehren, worüber die Professoren nicht dozierten, aber auch
über philosophische Dinge, und so setzte er ihm auch einmal zu:
er solle ihm deutlich machen, was eigentlich Erfahrung sei.

Weil Behrisch aber voll Schelmereien und Torheiten steckte,
so vertröstete er seinen jungen Freund von einem Tage zum
andern und eröffnete ihm zuletzt, nach großen Vorbereitungen:
die wahre Erfahrung sei ganz eigentlich, wenn man erfahre, wie
ein Erfahrener die Erfahrung erfahrend erfahren müsse.

Wenn Goethe nun über eine derartige Belehrung schalt, so
versicherte Behrisch: hinter diesen Worten stehe ein großes Geheimnis. Die jungen Leute würden es erst begreifen, wenn sie
erfahren hätten, wie ein Erfahrener die Erfahrung usw. So
konnte er Viertelstunden lang fortsprechen, wobei denn das Erfahren immer erfahrener und zuletzt zur wahrhaften Erfahrung
werden würde.

Wollte sein Zuhörer über solche Possen verzweifeln, so be-
teuerte er, daß er diese Art, sich deutlich und ausdrücklich zu

11

machen, von den neuesten und größten Schriftstellern gelernt habe, welche uns aufmerksam gemacht, wie man eine ruhige Ruhe ruhen und wie die Stille im Stillen immer stiller werden könnte.

Nun rühmte man damals einen gewissen Offizier, der den Siebenjährigen Krieg mitgemacht hatte, als einen wohldenkenden und erfahrenen Mann. Goethe suchte seine Bekanntschaft und begleitete ihn bald auf Spaziergängen. Der Begriff der Erfahrung war beinahe fix in seinem Gehirn geworden, und er gestand dem Offizier, was ihn plage.

Der freundliche Kriegsmann lächelte und erzählte allerlei aus seinem Leben und aus der nächsten Umgebung, wobei freilich zuletzt wenig Besseres herauskam: als daß die Erfahrung uns überzeuge, daß unsere besten Wünsche und Vorsätze unerfüllt bleiben. Und daß man Denjenigen, welcher hohe Erwartungen und Pläne hege und sie mit Lebhaftigkeit äußere, vornehmlich für einen unerfahrenen Menschen halte.

Aber zugleich versicherte der Offizier: er habe trotzdem diese Grillen noch nicht ganz aufgegeben und finde sich bei dem Wenigen, was ihm von Glauben, Liebe und Hoffnung übrig geblieben, noch ganz leidlich.

Nun erzählte er von dem früheren Glanze des sächsischen Hofes unter August dem Starken und wie jetzt die königlichen Schlösser zerstört, die Brühlschen Herrlichkeiten vernichtet lägen und aus der Pracht nur ein verarmtes Volk und Land übrig geblieben sei. Als er nun seinen jungen Freund zuerst über jenen unsinnigen Genuß des Glücks verwundert und sodann über das erfolgte Unglück betrübt sah, belehrte er ihn: von einem erfahrenen Manne verlange man geradezu, daß er über keins von beiden erstaune, noch daran einen zu lebhaften Anteil nehme.

„Da habe ich doch große Lust, in meiner bisherigen Unerfahrenheit noch eine Weile zu verharren," erwiderte der Student, und der vernünftige Offizier bestärkte ihn in dieser Gesinnung. Und riet ihm angelegentlich, er möchte sich nur bis auf weiteres

immer an die angenehmen Erfahrungen halten und die unan=
genehmen abzulehnen suchen.

Als dann ein ander Mal wieder von Erfahrung die Rede
war, wiederholte ihm Goethe die possenhaften Phrasen Behrischs.
Der Offizier schüttelte lächelnd den Kopf und sagte:

„Da sieht man, wie es mit Worten geht, die nur einmal
ausgesprochen sind! Diese da klingen so neckisch, ja so albern,
daß es fast unmöglich scheint, einen vernünftigen Sinn hinein=
zulegen. Und doch ließe sich vielleicht ein Versuch machen!"

Und als Goethe in ihn drang, fuhr er fort: „Wenn Sie
mir erlauben, indem ich Ihren Freund kommentiere und suppliere,
in seiner Art fortzufahren, so dünkt mich, er habe sagen wollen:
daß die Erfahrung nichts Anderes sei, als daß man erfährt, was
man nicht zu erfahren wünscht. Worauf es wenigstens in dieser
Welt meistens hinausläuft!"

Jünglingsgedanken über die Mädchen. [Um 1767]

Wolfgang war mit seiner um ein Jahr jüngeren Schwester
Kornelia stets auf's innigste vertraut; daher kannte er
auch alle ihre Freundinnen recht gut und stand von jeher auf
einem Spiel- und Necktone, zuerst mit kleinen Mädchen, dann
mit heranwachsenden Mädchen und Jungfrauen. Er hatte also
nie so etwas wie Scheu oder Ehrfurcht vor dem anderen Ge=
schlecht; war doch auch seine Mutter im Vergleich zum würdigen
und strengen Vater ein halbes Kind.

Seine Keckheit und Respektlosigkeit war den Mädchen und
Frauen oft ärgerlich; er nahm sie sein Lebtage nicht so ernst, wie sie
gern genommen sein wollten; aber Erfolg hatte er deshalb doch.
Er handelte immer nach der Regel, die er 1785 dem „Erfahrenen"
in einem „gesellschaftlichen Fragespiel" in den Mund legte:

Geh den Weibern zart entgegen:

Du gewinnst sie, auf mein Wort!

Und wer rasch ist und verwegen,
Kommt vielleicht noch besser fort.
Doch wem wenig dran gelegen
Scheinet, ob er reizt und rührt:
Der beleidigt, Der verführt!

Dies Bewußtsein seiner Macht über Mädchenherzen genoß
schon der blutjunge Leipziger Student; er folgerte daraus sitt-
lich-ritterlich, daß der Mann die Schwäche des andern Geschlechts
nie zum Verderben der Schwachen ausbeuten dürfe. Gern
malte er sich aus, wie dankbar ihn das Mädchen lieben werde,
von dem er im gefährlichsten Augenblicke sich losgerissen habe:

Den nächsten Tag fand ich sie wieder
Bei ihrer Mutter, als sie froh
Der freudbetränten Mutter Unschuldslieder
Mit Engelstimmen sang.
O Gott! wie drang ein Wonnestrahl durch's Herz
Zur Erde blickend stand   [mir] Nieder
Ich da. Sie faßt mich bei der Hand.
Führt mich vertraulich auf die Seite
Und sprach: Dank' es dem harten Streite,
Daß du zur Stund' unschuldig blickst,
Beim Anblick jener Heil'gen nicht erschrickst,
Mich nicht verachtend von dir schickst.
Freund, Dieses ist der Tugend Lohn!
O, wärst du gestern tränend nicht entflohn,
Du sähst mich heute
Und ewig nie mit Freude.

Aber noch öfter malte er sich doch aus, wie er des Mädchens Widerstand besiegt habe oder besiegen werde, sie wider
ihren Willen an die Grenze der letzten Gefahr mit sich ziehend.
Allerlei Verschen machte er, zuweilen nach ausländischen Vor-
bildern, auf dieses Liebesspiel.

Jüngst schlich ich meinem Mädchen nach
Und ohne Hindernis
Umfaßt ich sie im Hain. Sie sprach:
„Laß mich! ich schrei' gewiß!"
Da droht' ich trotzig: „Ha! ich will
Den töten, der uns stört!" —
„Still!" winkt sie lispelnd, „Liebster, still,
Damit dich Niemand hört!"

Ich sah, wie Doris bei Damöten stand:
Er nahm sie zärtlich bei der Hand,
Lang' sahen sie einander an,
Und sahn sich um, ob nicht die Aeltern wachen,
Und da sie Niemand sahn,
Geschwind-genug: sie machten's, wie wir's machen.

Und kraftlos sank ihr Haupt zurücke,
Erst irrten unbestimmt die Blicke
Umher . . . und fielen dann auf mich . . .
Und eilten weg . . . und kamen wieder.
Sie lächelte und schlug die Augen nieder.
Ihr fühlbar Herz empörte sich
Und schickte brennendes Verlangen
In ihren Busen, auf die Wangen:
Die Wangen glühten und der Busen stieg.
Da rief ich: Sieg! Sieg! Amor, Sieg!

Hört, was mir mein Freund erzählte, dem ich sonst viel glaube.

Ich liebte ein Mädchen recht feurig, recht zärtlich; aber sie
floh die Jünglinge und die Liebe, weil ihr die Mutter die Jünglinge und die Liebe sehr fürchterlich gemalt hatte. Das schreckte
mich nicht ab, es machte mich nur behutsam.

Ich seh's: du kennst sie nicht, die Liebe,
dacht' ich,

Denn wer sie kennt, Der flieht sie nicht.
Wie leicht wird's sein, dich zu entzünden,
Da du so unerfahren bist?
Die Liebe sollst du bald empfinden,
Und sollst nicht wissen, daß sie's ist.

Wenn ich sie im Haine antraf, redete ich sie ganz trocken an. Meine Kälte betrog sie, daß sie nicht floh, und mit sich reden ließ. Ich sagte ihr viel von erhabnen Empfindungen, die ich Freundschaft nannte; leicht gewann ich da ihre Vertraulichkeit.

Dem Mädchen ward nebst andern Gaben
Viel feuriges Gefühl geschenkt,
Da meint's, es denke gleich erhaben,
Da es doch nichts als feurig denkt.

Ich ward ihr Freund, sie meine Freundin. Mein Umgang fing an ihr täglich weniger gleichgültig zu werden. Sie freute sich, wenn ich kam, und betrübte sich, wenn ich ging.

Was bei des Jünglings Blicken
Ein jedes Mädchen fühlt,
War Das, was mit Entzücken
Sie nur für Freundschaft hielt.

Ich war oft mit ihr allein gewesen, doch hatte ich es nicht wagen dürfen, die Lehren der Mutter mit Gewalt anzugreifen. Nach und nach suchte ich sie mit List zu untergraben. Seit einiger Zeit war ich ihr Lehrer geworden, hatte sie viel Gutes gelehrt; und dem Liebhaber glaubt ein Mädchen immer mehr als der Mutter. Da fing sie an zu zweifeln, ob auch die Mutter immer möchte wahr geredet haben. Das merkte ich, und wußte ihre Zweifel zu nähren.

16

Einst saß sie, meinen Lehren
Aufmerksam zuzuhören;
Da sprach. ich: Du mußt wissen,
Daß auch die Freunde küssen,
Die Freunde so wie ich und du!
Ich wagt' es — und sie ließ es zu.

Da ich den ersten so leicht erhalten hatte, konnte ich noch eher auf den zweiten hoffen.

Nie schmeckt ein Mädchen einen Kuß,
Die sich nicht nach dem zweiten sehnte.
Oft wiederholt' ich meinen Kuß,
Daß sie sich bald daran gewöhnte.
Wenn ich sie sah und sie nicht küßte,
Sprach gleich ihr Blick, daß sie etwas vermißte.

Der glückliche Fortgang meiner Eroberungen machte mich stolz, und wer stolz ist, ist kühn.

So schwer ist's nicht, wie ich geglaubt,
Dem Mädchen eine Gunst zu rauben;
Hat sie uns nur erst Eins erlaubt,
Das Andre wird sie schon erlauben.

Sobald ich sie wiedersah, redete ich feuriger, küßte ich sie feuriger als sonst. Ich sah, daß sie bewegt ward.

Da wagt's mein Arm, sie zu umschließen.
Sie ließ es zu.
Da wagt's mein Mund, die weiße Brust zu küssen.
Sie ließ es zu.
Doch eilends sprang sie auf. Dich werd' ich fliehen müssen,
Gefährlicher! rief sie, und ließ nichts weiter zu,
Und floh. So weit gelang mir mein Bemühen.
Ich folg' ihr langsam, da sie flieht;
Denn eher wird sie bei dem Fliehen,
Als ich bei dem Verfolgen müd.

Abschied von Leipzig. [Herbst 1768]

Eines Morgens im Juli 1768 wachte der neunzehnjährige Student, mit dessen Gesundheit es längst nicht mehr gut stand, an einem Blutsturz auf. Er konnte sich noch eben zu einem Stubennachbar schleppen, der den Arzt herbeiholte. Einige Tage schwebte er zwischen Leben und Tod. Gute Freunde pflegten ihn.

Als er wieder herumschlich: bleich, abgemagert, schwächlich, hätte er gern bei den Mädchen, die er liebte, ein zärtliches Mitleid gefunden. „Ich hoffte bedauert zu sein," schrieb er einige Monate später an eine dieser Freundinnen, Friederike Oser; „unsere Eigenliebe muß doch was hoffen, entweder Liebe oder Mitleiden. Betrogener Geist, bleib' in deiner Grube! Du magst noch so demütig, noch so flehend im weißen Rocke flehen und jammern: wer tot ist, ist tot; wer krank ist, ist so gut wie tot! Geh' Geist, geh'! wenn sie nicht sagen sollen: du bist ein beschwerlicher Geist."

„Ich kam zu einem Mädchen," fährt er fort. „ich wollte drauf schwören, Sie wären's gewesen. Die empfing mich mit großem Jauchzen und wollte sich zu Tode lachen, wie ein Mensch die Karikatur-Idee haben konnte, im zwanzigsten Jahre an der Lungensucht zu sterben. Sie hat wohl recht, dachte ich, es ist lächerlich. Nur für mich so wenig als für den Alten im Sack, der an Prügeln sterben möchte, über die eine ganze Versammlung fast vor Lachen stirbt."

Jene Friederike Oser tat, als sei sein Leiden Einbildung; sie erzählte ihm, wie sie und ihre Freunde neulich auf dem Lande so vergnügt gewesen wären, wie sie Blindekuh gespielt, nach dem Topfe geschlagen, geangelt und gesungen hätten.

Als er dann Abschied nehmen wollte, Abschied für lange, denn er mußte bei seinem Zustande in's Vaterhaus zurückkehren, nahm sie's leichthin, nicht weil er ihr gleichgültig war, sondern

18

so in ihrer Munterkeit und Lebenslust. Er dagegen — „ich hätte gewiß geweint." schrieb er ihr später, — „wenn ich nicht gefürchtet hätte, Ihre weißen Handschuhe zu verderben — eine überflüssige Vorsicht: ich sah erst am Ende, daß sie gestrickt und von Seide waren, da hätte ich immer weinen können! Doch da war's zu spät!"

Friederike war ihm nur eine Freundin gewesen, aber Käthchen Schönkopf hatte er tief, leidenschaftlich geliebt. Er konnte sie täglich sehen, denn ihr Vater war Wein- und Speisewirt. Sie war drei Jahre älter als er und nahm seine Studentenliebe nicht halb so ernst wie er, aber eine Zeit lang, an die zwei Jahre, waren doch auch ihre Gefühle, ihre Gunstbezeigungen die einer Liebenden. Dann hatte der Verstand allmählich wieder die Obermacht gewonnen; im April 1768 beschlossen die Beiden, daß sie von nun an nur noch Freunde sein wollten.

Aber als er ihr vor der Heimreise Lebewohl zu sagen ging, brachte er's nicht fertig. Am 26. August machte er sich auf den Weg zu Schönkopfs; er war schon an der Tür, er sah die Laterne brennen und ging bis an die Treppe, aber er hatte nicht mehr das Herz, hinaufzusteigen.

Am 28. August, seinem Geburtstage, saß er im Postwagen, der ihn zur Heimat führte. Ein sächsischer Offizier war unter den Reisegefährten und aß mit ihm zu Naumburg das Nachtessen.

„Sie sind so lustig," redete er den jungen Menschen an, „so lustig und haben heute doch Leipzig verlassen?"

„Unser Herz weiß oft nichts von der Munterkeit unseres Blutes," erwiderte Goethe.

„Sie scheinen unpäßlich," begann der Kapitän nach einer Weile.

„Ich bin's wirklich. Und sehr! Ich habe Blut gespien."

„Blut gespien!" rief Jener. „Ja, da ist mir Alles deutlich. Da haben Sie schon einen großen Schritt aus der Welt getan, und Leipzig mußte Ihnen gleichgültig werden, weil Sie es nicht mehr genießen konnten."

„Getroffen!“ bestätigte Goethe. „Die Furcht vor dem Verlust des Lebens hat allen anderen Schmerz erstickt.“

„Ganz natürlich,“ philosophierte Jener weiter. „Denn das Leben bleibt immer das Erste, ohne Leben ist kein Genuß.“

„Aber“ — fuhr er fort — „hat man Ihnen nicht auch die Abreise leicht gemacht?“

„Gemacht? Wieso?“

„Das ist ja deutlich. Ich meine: von Seiten der Frauenzimmer. Sie haben die Miene, nicht unbekannt unter dem schönen Geschlecht zu sein . . .“

Goethe verneigte sich zum Dank für das Kompliment.

„Ich rede gerade heraus, wie ich’s meine,“ fuhr der Offizier fort. „Sie scheinen mir ein Mann von Verdiensten, aber Sie sind krank! Und da wette ich Zehn gegen Nichts: kein Mädchen hat Sie bei’m Ärmel gehalten!“

Goethe schwieg, und Jener lachte.

„Nun,“ sagte er und reichte die Hand über den Tisch: „Ich will zehn Taler an Sie verloren haben, wenn Sie auf Ihr Gewissen sagen: es hat mich Eine gehalten.“

„Topp!“ — und Goethe schlug ein. „Sie behalten Ihre zehn Taler, Herr Kapitän! Sie sind ein Kenner und werfen Ihr Geld nicht weg.“

„Bravo!“ versetzte Jener. „Dann sehe ich, daß Sie auch Kenner sind. Gott bewahre Sie darin, und wenn Sie wieder gesund werden, so werden Sie Nutzen von dieser Erfahrung haben!“

Goethe erzählte dies Gespräch in einem Briefe an Käthchen Schönkopf. Er plauderte darin gerade von seinem Landsmann Horn, der nunmehr auch Leipzig verlassen mußte, wo er mit einer Freundin von Käthchen ein zärtliches Verhältnis hatte.

„Der gute Mensch soll aus Leipzig und hat kein Blut gespien!“ beklagte ihn Goethe. „Unglücklicher Horn! Er hat sich immer so viel auf seine Waden eingebildet: jetzt werden sie ihm zum Unglück gereichen. Laßt ihn nur lebendig weg!“

20

In Frankfurt
September 1768 bis März 1770.
Humor in der Krankenstube.

An Friederike Oeser. [Nov. 1768 und Febr. 1769]

Den 6. November 1768.

Mamsell,

So launisch, wie ein Kind, das zahnt —
Bald schüchtern, wie ein Kaufmann, den man mahnt —
Bald still, wie ein Hypochondrist —
Und sittig, wie ein Mennonist —
Und folgsam, wie ein gutes Lamm —
Bald lustig, wie ein Bräutigam —
Leb' ich und bin halb krank und halb gesund,
Am ganzen Leibe wohl, nur in dem Halse wund;
Sehr mißvergnügt, daß meine Lunge
Nicht so viel Atem reicht, als meine Zunge
Zu manchen Zeiten braucht, wenn sie mit Stolz erzählt,
Was ich bei Euch gehabt und was mir jetzt hier fehlt.

Da sucht man nun mit Macht mir neues Leben
Und neuen Mut und neue Kraft zu geben;
Drum reichet mir mein Doktor medicinä
Extrakte aus der Cortex Chinä,
Die junger Herrn erschlaffte Nerven
An Augen, Fuß und Hand
Auf's neue stärken, den Verstand
Und das Gedächtnis schärfen. — — —

O sage Du,
Kann man was Traurigers erfahren:
Am Körper alt — und jung an Jahren,

Halb siech — und halb gesund zu sein?
Das gibt so melanchol'sche Laune,
Und ihre Pein
Würd' ich nicht los, und hätt' ich sechs Alraune.
Was nützte mir der ganzen Erde Geld?
Kein kranker Mensch genießt die Welt! — — —

Zwar hab ich hier an meiner Seite
Beständig rechte, gute Leute,
Die mit mir leiden, wenn ich·leide;
Sie sorgen mir für manche Freude,
Es fehlt mir nur an mir, um recht beglückt zu sein.
Und dennoch kenn' ich Niemand, der die Pein
Des Schmerzens so behende stillt, die Ruh
Mit einem Blick der Seele schenkt wie Du.

Ich kam zu Dir, ein Toter aus dem Grabe,
Den bald ein zweiter Tod zum zweitenmal begräbt:
Und wem er nur einmal recht nah um's Haupt geschwebt,
Der bebt
Bei der Erinnerung gewiß, solang er lebt!
Ich weiß, wie ich gezittert habe;
Doch machtest Du mit Deiner süßen Gabe
Ein Blumenbeet mir aus dem Grabe;
Erzähltest mir, wie schön, wie kummerfrei.
Wie gut, wie süß Dein selig Leben sei,
Mit einem Ton von solcher Schmeichelei.
Daß ich, was mir das Elend jemals raubte,
Weil Du's besaß't, selbst zu besitzen glaubte.
Zufrieden reist' ich fort, und was noch mehr ist, froh,
Und ganz war meine Reise so.

Ich kam hierher, und fand das Frauenzimmer
Ein bißchen — ja man sagt's nicht gern — wie immer,

G'nug, bis hierher hat Keine mich gerührt. — — —
Du lieber Gott! an Munterkeit ist hie
An Einsicht, und an Witz Dir keine Einz'ge gleich,
Und Deiner Stimme Harmonie
Wie käme die heraus in's Reich! — — —

Bin ich bei Mädchen launisch froh,
So sehn sie sittenrichtrisch-sträflich,
Da heißt's: »der Herr ist wohl aus Bergamo?«
Sie sagen's nicht einmal so höflich.
Zeigt man Verstand, so ist auch Das nicht recht,
Denn will sich einer nicht bequemen
Des ‚Grandisons‘ ergebner Knecht
Zu sein, und Alles blindlings anzunehmen,
Was der Diktator spricht,
Den lacht man aus, Den hört man nicht. — — —

Ja, denken müßt Ihr oft an mich, Das sage
Ich Euch, besonders an dem Tage,
Wenn Ihr auf Euerm Landgut seid,
Dem Ort, der mir so manche Plage
Gemacht, dem Ort, der mich so sehr erfreut.

Doch Du verstehst mich nicht, ich will es Dir erklären;
Ich weiß doch, Du verzeihst es mir.
Die Lieder, die ich Dir gegeben, die gehören
Als wahres Eigentum dem schönen Ort und Dir.

Wenn mich mein böses Mädchen plagte,
Wenn der Verdruß mich aus den Mauern jagte,
War ich verwegen g'nug, und wagte
Dich aufzusuchen, eh es tagte,
Auf Deinen Feldern, die Du liebst,
Die Du mir oft so schön beschriebst.

Da ging ich nun in Deinem Paradiese,
In jedem Holz, auf jeder Wiese,
Am Fluß, am Bach, das hoffende Gesicht
Vom Morgenstrahl geschminkt, und sucht' — und fand Dich nicht.

Dann schlug ich, angereizt von launischem Verdrusse,
Den armen Frosch, am sonnbestrahlten Flusse;
Dann jagt' ich ringsumher und fing
Bald einen Reim, bald einen Schmetterling.

Und mancher Reim und mancher Schmetterling
Entging
Der ausgestreckten Hand, die mitten
In ihrem Haschen stille stand,
Wenn aus dem Wald, von Stimmen oder Tritten
Den Schall mein lauschend Ohr empfand.

Am Tage sang ich diese Lieder.
Am Abend ging ich wieder heim,
Nahm meine Feder, schrieb sie nieder
Den guten und den schlechten Reim.

Oft kehrt ich noch, mit immer schlechterm Glücke,
Auf die fatale Flur zurücke,
Bis mir zuletzt das günstige Geschicke
Noch einen Tag, den ich nicht hoffte, gab.
Doch ich genoß sie kaum, die süßen letzten Stunden:
Sie waren gar zu nah am Grab. — — —

Du hast die Lieder nun, und zur Belohnung
Für Alles, was ich für Dich litt:
Besuchst Du Deine sel'ge Wohnung,
So nimm sie mit!
Und sing sie manchmal an den Orten
Mit Lust, wo ich aus Schmerz sie sang.

Dann denk' an mich, und sage: dorten
Am Flusse wartete er lang,
Der Arme, der so oft mit ungewognem Glücke
Die schönen Felder fühllos sah!
Käm er in diesem Augenblicke,
Eh nun, jetzt wär' ich da! — — —

•   •   •

Den 13. Februar 1769.

Trotz der Krankheit, die war, trotz der Krankheit, die noch
da ist, bin ich so vergnügt, so munter, oft so lustig, daß ich
Ihnen nicht nachgäbe! Und wenn Sie mich in dem Augenblicke jetzt besuchten, da ich mich in einem Sessel, die Füße wie
eine Mumie verbunden, vor einem Tisch gelagert habe, um an
Sie zu schreiben . . .

Wie möchte ich ein paar hübsche Abende bei Ihrem lieben
Vater sein! Ich hätte ihm gar so viel zu sagen. Meine gegenwärtige Lebensart ist der Philosophie gewidmet. Eingesperrt —
allein — Zirkel, Papier, Feder und Tinte und zwei Bücher mein
ganzes Rüstzeug. Und auf diesem einfachen Wege komme ich
in Erkenntnis der Wahrheit oft so weit und weiter, als Andere
mit ihrer Bibliothekarwissenschaft. Ein großer Gelehrter ist selten
ein großer Philosoph, und wer mit Mühe viel Bücher durchblättert hat, verachtet das leichte einfältige Buch der Natur;
und es ist doch Nichts wahr als was einfältig ist — freilich eine
schlechte Rekommendation für die wahre Weisheit. Wer den
einfältigen Weg geht, Der geh ihn und schweige still. Demut
und Bedächtlichkeit sind die notwendigsten Eigenschaften unserer
Schritte darauf, deren jeder endlich belohnt wird. Ich danke
es Ihrem lieben Vater; er hat meine Seele zuerst zu dieser
Form bereitet; die Zeit wird meinen Fleiß segnen, daß er ausführen kann, was angefangen ist.

25

Meine Lieder, davon ein Teil das Unglück gehabt hat,
Ihnen zu mißfallen, werden mit Melodien auf Ostern gedruckt.
Ich würde mich vielleicht unterstanden haben, Ihnen ein unter-
schriebenes Exemplar zu widmen, wenn ich nicht wüßte, daß man
Sie durch einige Kleinigkeiten leicht zum „Schimpfen" bewegen
könnte, wie Sie selbst zu Anfange Ihres Briefes sagen, den ich
wohl glaube verstanden zu haben. Es ist mein Unglück, daß ich
so leichtsinnig bin und Alles von der guten Seite ansehe. Daß
Sie meine Lieder von der bösen angesehen haben, ist Das meine
Schuld? Werfen Sie sie in's Feuer und sehen Sie die gedruckten gar nicht an! Nur bleiben Sie mir gewogen! Unter
uns: ich bin einer von den geduldigen Poeten! Gefällt euch das
Gedicht nicht, so machen wir ein anderes!

Wie gern käm' ich auf Ostern zu Ihnen, wenn ich könnte!
Wissen Sie was: kommen Sie zu mir oder schicken Sie mir den
Papa! Wir haben Platz für Sie alle, wenn Sie kommen
wollen. Und unser Tisch läßt sich so gut anstoßen, wenn Gäste
kommen, wie der Ihrige. Sie werden freilich diese Invitation
nicht annehmen, die sächsischen Mädchen sind etwas delikat.
Gut, zwingen will ich Sie nicht. Aber wenn Sie mich böse
machen, so komm' ich selbst und invitiere Sie in eigner Person.

Neujahrslied. [1769]

Wer kömmt? wer kauft von meiner War'?
  Devisen auf das ganze Jahr.
Für alle Stände!
Und fehlt auch einer hie und da,
Ein einz'ger Handschuh paßt sich ja
An zwanzig Hände.

Du Jugend, die du tändelnd liebst,
Ein Küßchen um ein Küßchen gibst,
Unschuldig heiter:

Jetzt lebst du noch ein bischen dumm —
Geh' nur noch dieses Jahr herum,
So bist du weiter.

Die ihr schon Amors Wege kennt
Und schon ein wenig lichter brennt,
Ihr macht mir bange.
Zum Ernst, ihr Kinder von dem Spaß!
Das Jahr! zur höchsten Not nur das!
Sonst währt's zu lange!

Du junger Mann, du junge Frau,
Lebt nicht zu treu, nicht zu genau
In enger Ehe!
Die Eifersucht quält manches Haus
Und trägt am Ende doch nichts aus
Als doppelt Wehe.

Die ihr des Gatten Tod beklagt
Und aller Welt Valet gesagt,
Adieu der Freude:
Es ist gar manche Nacht im Jahr,
Und wenn die erste ruhig war,
Ist's auch die zweite?

Ihr, die ihr Misogyne heißt,
Der Wein heb' euren großen Geist
Beständig höher!
Zwar Wein beschweret oft den Kopf,
Doch tut er manchem Ehetropf
Noch zehnmal weher.

Mir Jüngling, jetzt des Mädchens Spott,
Mir helfe doch der liebe Gott
Zu meinen Waden!

Da wär ich wohl nach Seel' und Leib
In künft'gen Jahren für ein Weib
Ein fetter Braten!

Seinen Freunden, zum Zeugnis,
daß er noch lebt, beim neuen Jahre
der kranke

Goethe.

An Käthchen Schönkopf. [1768/69]

Am 30. Dezember 1768.

Meine beste, ängstliche Freundin, Sie werden ohne Zweifel zum neuen Jahre durch Hornen die Nachricht von meiner Genesung erhalten haben, und ich eile, es zu bestätigen. Ja, meine Liebe, es ist wieder vorbei und in's künftige müssen Sie Sich beruhigen, wenn es ja heißen sollte: „Er liegt wieder!" Sie wissen, meine Konstitution macht manchmal einen Fehltritt, und in acht Tagen hat sie sich wieder zurecht geholfen.

Diesmal war's arg und sah noch ärger aus, als es war, und war mit schrecklichen Schmerzen verbunden. Unglück ist auch gut. Ich habe viel in der Krankheit gelernt, das ich nirgends in meinem Leben hätte lernen können. Es ist vorbei, und ich bin wieder ganz munter, ob ich gleich drei volle Wochen nicht aus der Stube gekommen bin und mich fast Niemand besucht als mein Doktor, der, Gott sei Dank, ein liebenswürdiger Mann ist.

Ein närrisch Ding um uns Menschen: wie ich in muntrer Gesellschaft war, war ich verdrießlich — jetzt bin ich von aller Welt verlassen und bin lustig. Denn selbst meine Krankheit über hat meine Munterkeit meine Familie getröstet, die gar nicht in einem Zustande war, sich, geschweige mich zu trösten.

Das Neujahrslied, das Sie auch werden empfangen haben, habe ich in einem Anfall von großer Narrheit gemacht und zum

Zeitvertreibe drucken lassen. Übrigens zeichne ich sehr viel, schreibe Märchen und bin mit mir selbst zufrieden.

Gott gebe mir das neue Jahr, was mir gut ist! Das geb' er uns allen! Und wenn wir nichts mehr bitten als Das, so können wir gewiß hoffen, daß er's uns gibt.

Wenn ich nur bis in April komme, ich will mich gern hineinschicken lassen! Da wird's besser werden, hoffe ich. Besonders kann meine Gesundheit täglich zunehmen, weil man nun eigentlich weiß, was mir fehlt. Meine Lunge ist so gesund als möglich, aber am Magen sitzt was. Und, im Vertrauen, man hat mir zu einer angenehmen, vergnüglichen Lebensart Hoffnung gemacht, so daß meine Seele sehr munter und ruhig ist. Sobald ich wieder besser bin, werde ich ausgehen in fremde Lande.

Manchmal fällt mir's ein, daß es doch ein närrischer Streich wäre, wenn ich trotz meiner schönen Projekten vor Ostern stürbe. Da verordnete ich mir einen Grabstein auf dem Leipziger Kirchhof, daß Ihr doch wenigstens alle Jahr am Johannis-, als meinem Namenstag, das Johannismännchen und mein Denkmal besuchen möget.

Am 31. Januar 1769.

Seit vierzehn Tagen sitz' ich wieder fest. Im Anfange dieses Jahrs war ich auf Parole losgelassen — das bischen Freiheit ist auch wieder aus, und ich werde wohl noch ein Stück Februar im Käfig zubringen. Denn Gott weiß, wann's alle wird! Ich bin aber ganz ruhig darüber und ich hoffe, Sie werden es auch sein.

Am 1. Juni 1769.

[nachdem er Käthchens Verlobung mit einem Dr. Kanne erfahren hatte]: „Das Schreiben wird mir sauer, besonders an Sie. Wenn Sie es nicht aparte befehlen, so kriegen Sie keinen Brief wieder vor dem Oktober. Denn, meine liebe Freundin, ob Sie mich gleich Ihren lieben Freund und manchmal Ihren besten Freund nennen, so ist es doch um den besten Freund immer ein langweilig Ding.

Kein Mensch mag eingemachte Bohnen, solang man frische haben
kann. Frische Hechte sind immer die besten; aber wenn man fürchtet,
daß sie gar verderben mögen, so salzt man sie ein ... Es muß Ihnen
doch komisch vorkommen, wenn Sie an all die Liebhaber denken,
die Sie mit Freundschaft eingesalzen haben, große und kleine,
krumme und grade. Ich muß selbst lachen, wenn ich dran
denke. Doch Sie müssen die Korrespondenz mit mir nicht ganz
abbrechen — für einen Pökling bin ich doch immer noch artig genug."

Neue Lieder. [1769]

Am 3. Oktober 1769 wurde in Leipzig ein Notenheft in den
Handel gegeben, betitelt: „Neue / Lieder / in Melodien /
gesetzt / von Bernhard Theodor Breitkopf." Der Dichter der
Texte war nicht genannt; es war der kranke zwanzigjährige
Wolfgang Goethe in Frankfurt. Einige der 20 Lieder sind uns
schon bekannt: hier sind noch ein paar:

Wunsch eines jungen Mädchens.

O fände für mich
Ein Bräutigam sich!
Wie schön ist's nicht da,
Man nennt uns Mama.
Da braucht man zum Nähen,
Zur Schul' nicht zu gehen.
Da kann man befehlen,
Hat Mägde, darf schmählen,
Man wählt sich die Kleider,
Nach Gusto den Schneider.
Da läßt man spazieren,
Auf Bälle sich führen —
Und fragt nicht erst lange
Papa und Mama!

Kinderverstand.

In großen Städten lernen früh
Die jüngsten Knaben was;
Denn manche Bücher lesen sie
Und hören Dies und Das
Vom Lieben und vom Küssen —
Sie brauchten's nicht zu wissen!
Und Mancher ist im zwölften Jahr,
Fast klüger, als sein Vater war,
Da er die Mutter nahm.

Das Mädchen wünscht von Jugend auf,
Sich hochgeehrt zu sehn;
Sie ziert sich klein und wächst herauf
In Pracht und Assembleen.
Der Stolz verjagt die Triebe
Der Wollust und der Liebe;
Sie sinnt nur drauf, wie sie sich ziert,
Ein Aug' entzückt, ein Herze rührt,
Und denkt an's Andre nicht.

Auf Dörfern sieht's ganz anders aus:
Da treibt die liebe Not
Die Jungen auf das Feld hinaus
Nach Arbeit und nach Brot.
Wer von der Arbeit müde,
Läßt gern den Mädchen Friede.
Und wer noch obendrein nichts weiß,
Der denkt an nichts, Den macht nichts heiß;
So geht's den Bauern meist.

Die Bauermädchen aber sind
In Ruhe mehr genährt,
Und darum wünschen sie geschwind,

Was jede Mutter wehrt.
Oft stoßen schäkernd Bräute
Den Bräut'gam in die Seite,
Denn von der Arbeit, die sie tun,
Sich zu erholen, auszuruhn,
Das können sie dabei.

Liebe und Tugend.

Wenn einem Mädchen, das uns liebt,
Die Mutter strenge Lehren gibt
Von Tugend, Keuschheit und von Pflicht,
Und unser Mädchen folgt ihr nicht
Und fliegt mit neuverstärktem Triebe
Zu unsern heißen Küssen hin:
Da hat daran der Eigensinn
So vielen Anteil als die Liebe!

Doch wenn die Mutter es erreicht,
Daß sie das gute Herz erweicht,
Voll Stolz auf ihre Lehren sieht,
Daß uns das Mädchen spröde flieht:
So kennt sie nicht das Herz der Jugend,
Denn wenn Das je ein Mädchen tut,
So hat daran der Wankelmut
Gewiß mehr Anteil als die Tugend.

Die Liebe wider Willen.

Ich weiß es wohl und spotte viel:
Ihr Mädchen seid voll Wankelmut!
Ihr liebet, wie im Kartenspiel
Den David und den Alexander;
Sie sind ja Forcen mit einander,
Und Die sind mit einander gut.

Doch bin ich elend wie zuvor.
Mit misanthropischem Gesicht,
Der Liebe Sklav: ein armer Tor!
Wie gern wär ich sie los, die Schmerzen!
Allein es sitzt zu tief im Herzen,
Und Spott vertreibt die Liebe nicht.

In Straßburg April 1770 bis August 1771.

Der nützliche Pfarrer. [1770]

(In's Merkbuch eingeschrieben.)

Einem Bauer, dessen neuer Pfarrer Schnecken aß, begegnete
ein Amtmann und fragte: „Wie steht's?" Der Bauer
sprach: „Ei. gut! Unser Pfarrer frißt das Ungeziefer. Wenn noch
der Teufel die Amtleut' und Advokaten holt, so sind wir geborgen!"

An die Töchter des Pfarrers Brion in Sesenheim.
[1770 und '71]

Ich komme bald, ihr goldnen Kinder!
Vergebens sperret uns der Winter
In unsre warmen Stuben ein!
Wir wollen uns zum Feuer setzen
Und tausendfältig uns ergötzen,
Uns lieben wie die Engelein.
Wir wollen kleine Kränzchen winden,
Wir wollen kleine Sträußchen binden
Und wie die kleinen Kinder sein.

Nach einem Besuche:
Nun sitzt der Ritter an dem Ort,
Den Ihr ihm nanntet, liebe Kinder!

Sein Pferd ging ziemlich langsam fort,
Und seine Seele nicht geschwinder.
Da sitz ich nun vergnügt bei Tisch,
Und endige mein Abenteuer
Mit einem Paar gesottener Eier
Und einem Stück gebacknem Fisch.
Die Nacht war wahrlich ziemlich düster,
Mein „Falke" stolperte wie blind,
Und doch fand ich den Weg so gut, als ihn der Küster
Des Sonntags früh zur Kirche findt.

Maifest: [1771]

Wie herrlich leuchtet
  Mir die Natur!
Wie glänzt die Sonne!
Wie lacht die Flur!

Es dringen Blüten
Aus jedem Zweig,
Und tausend Stimmen
Aus dem Gesträuch,

Und Freud und Wonne
Aus jeder Brust.
O Erd, o Sonne,
O Glück, o Lust!

O Lieb', o Liebe,
So golden schön,
Wie Morgenwolken
Auf jenen Höhn!

Du segnest herrlich
Das frische Feld,
Im Blütendampfe
Die volle Welt.

O Mädchen, Mädchen,
Wie lieb' ich dich!
Wie blinkt dein Auge!
Wie liebst du mich!

So liebt die Lerche
Gesang und Luft,
Und Morgenblumen
Den Himmelsduft,

Wie ich dich liebe
Mit warmem Blut,
Die du mir Jugend
Und Freud und Mut

Zu neuen Liedern
Und Tänzen gibst!
Sei ewig glücklich,
Wie du mich liebst!

34

In Frankfurt August 1771 bis Mai 1772.

Wanderers Sturmlied. [Herbst 1771 oder Frühling '72]

„Bei dem allerschönsten Wetter Singen alle Vögelein; Schlägt der Regen auf die Blätter, Sing' ich so für mich allein." So hat Eichendorff ein Liedchen angestimmt; der dreiundzwanzigjährige Goethe hat seine Fröhlichkeit aus innerer Kraft in der schwungvollsten Oden-Sprache ausgesprochen. In späteren Jahren erzählte er von diesem Gedichte: „Ich sang diesen Halbunsinn leidenschaftlich vor mich hin, da mich ein schreckliches Wetter unterwegs traf, dem ich entgegen gehen mußte." Es ist aber kein Halbunsinn; schwer verständlich ist es nur durch die Nachahmung lateinischer Wendungen und Wortstellungen und durch die Anspielung auf antike Gottheiten. Horaz beginnt eine Ode ähnlich: „Quem tu Melpomene . . ." Klopstock sang unter dem Einfluß Horazens eine neue: „Wen des Genius Blick, als er geboren, Mit einweihendem Lächeln sah;" auch Goethe wendet sich an den Genius, den inneren Gott, aber er spricht andere Gedanken und Gefühle aus als seine Vorgänger.

Den Gedankengang möge uns Eugen Wolff deutlich machen (Der junge Goethe, S. 473 ff); er spricht zuerst von Goethes Vorgängern.

„Wen bei der Geburt die Muse geweiht, Den wird nicht Wettkampf der Festspiele, noch kriegerischer Siegesruhm locken; sondern ländlich zurückgezogen an Fluß und Wald, wird er der Dichtung leben — so lautete die von Horaz ausgegebene Parole. Wen des Genius Blick einweihte, wen der Geist Anakreons umschwebt, wem das Verständnis der Griechen aufgegangen, Den lockt kein Kriegsruhm und kein schales Lob — so hatte Klopstock den Gedanken aufgenommen. Goethe aber wendet ihn um: Wen Du nicht verlässest, Genius, Der wird der Regenwolke, wird dem Schloßensturm entgegensingen; die sturmatmende Gottheit wird ihn nicht zu Anakreon, nicht zu Theokrit, wird ihn zu Pindar geleiten, der den Wettkampf der Festspiele verherrlichte, der von Gefahren und Mut glühte.

„Sogleich gestaltet sich in Goethes Phantasie die Regenflut und der Schlammpfad zu dem Mythus von Deukalions Flutschlamm aus: wie Deukalion [der griechische Noah] aus der großen Flut errettet und der aus der feuchten Erde entstandene

Drache Python von Apollo getötet wird. Feuerflügel werden dem Genius als einer göttlichen Macht zugeschrieben . . . . Ebenso sind dem Gott als schwebend Blumenfüße verliehen. Sogar biblische Vorstellungen des schützenden Gottes und seiner Engel drängen sich ein. Des weiteren mischen sich naturmythische Beziehungen mit naturmystischen: Die wärmende Kraft des Genius zieht Musen und Charitinnen an — Goethe wählt bezeichnend den griechischen Namen statt ihres römischen Abglanzes, der Grazien; von ihnen umschwebt, wandelt er göttergleich über den Schlamm, den Sohn des Wassers und der Erde. Wenn die Musen und Charitinnen aber rein wie das Herz der Wasser und das Mark der Erde genannt werden, so klingen Lieblingswendungen Jakob Böhmes an.

„Die Erscheinung eines gewöhnlichen, armseligen Menschenkindes regt durch ihren Kontrast das Selbstgefühl des vom Genius Beschützten noch weiter an. Soll der Bauer, der nur einen Trunk Wein und ein wärmendes Feuer daheim erwartet, mutig zurückkehren, und Der sollte mutlos kehren, den alle Seligkeit erwartet, welche die Musen und Charitinnen um das Leben gewunden haben? Vater Bromius wird der göttliche Spender des Weins mit einem Beinamen angerufen, der sich von dem brausenden Lärm der Bacchoszüge herschreibt. Damit tritt zugleich die Vorstellung von dem begeisterten Rausch des Dionysoskultus in Goethes Phantasie; gewiß, auch er feuert die Menschen an; der begeisterte Rausch ist dem Jahrhundert, was innre Glut Pindarn war, was der Welt die Sonne ist. Die innre Wärme Pindars aber ist es, die Goethe schon an dieser Stelle von sich fordert. Die Seelenwärme des Dichters muß Phöb Apollen entgegen glühn, sonst zieht er kalt vorüber und verweilt nur neidisch auf dem Immergrün der Ceder, die auch, ohne erst des Sonnengottes zu harren, aus innerer Kraft grünt.

„Nicht Phöb Apoll ist es, der den Wanderer und sein Sturmlied beseelt. Ein neuer Gedankensprung leitet das Lied zu Dem zurück, von dem es begann: Jupiter Pluvius. Gegen seinen Strom erscheint der kastalische Quell nur als ein Nebenbach, der müßigen, gewöhnlich-sterblich Glücklichen quillt. Den Dichter-Wanderer hat die sturmatmende Gottheit gefaßt. So kann er sich nicht Anakreon, nicht Theokrit hingeben [den Dichtern von Liebesliedern und Idyllen]: von Pindar läßt er sich fortreißen. Nur freilich, der Widerstreit des Objektes wird übermächtig: in Selbstironie fleht der Wanderer, dessen Phantasie soeben mit Pindar von Mut erglühte, die himmlische Macht um so viel Glut an, aus dem Unwetter bis zu seiner nun nahen Hütte zu flüchten."

36

Wen du nicht verlässest, Genius,
    Nicht der Regen, nicht der Sturm,
Haucht ihm Schauer über's Herz!
Wen du nicht verlässest, Genius,
Wird der Regenwolke,
Wird dem Schloßensturm
Entgegensingen wie die
Lerche, du dadroben.
Wen du nicht verlässest, Genius!

Den du nicht verlässest, Genius,
Wirst ihn heben über'n Schlammpfad:
Mit den Feuerflügeln
Wandeln wird er
Wie mit Blumenfüßen
Über Deukalions Flutschlamm,
Python tötend, leicht, groß,
Pythius Apollo!
Den du nicht verlässest, Genius!

Den du nicht verlässest, Genius,
Wirst die wollnen Flügel unterspreiten,
Wenn er auf dem Felsen schläft,
Wirst mit Hüterfittigen ihn decken
In des Haines Mitternacht.

Wen du nicht verlässest, Genius,
Wirst im Schneegestöber Wärm' umhüllen:
Nach der Wärme ziehn sich Musen,
Nach der Wärme Charitinnen!
Wen du nicht verlässest, Genius!

Umschwebt mich, ihr Musen!
Ihr Charitinnen!

Das ift Waſſer, Das ift Erde,
Und der Sohn des Waſſers und der Erde,
Über den ich wandle Göttergleich.

Ihr ſeid rein wie das Herz der Waſſer,
Ihr ſeid rein wie das Mark der Erde,
Ihr umſchwebt mich, und ich ſchwebe
Über Waſſer, über Erde,
Göttergleich.

Soll Der zurückkehren:
Der kleine, ſchwarze, feurige Bauer?
Soll Der zurückkehren, erwartend
Nur deine Gaben, Vater Bromius,
Und helleuchtend, umwärmend Feuer?
Soll Der zurückkehren mutig —
Und ich, den Ihr begleitet,
Muſen und Charitinnen all,
Den All's erwartet, was Ihr,
Muſen und Charitinnen,
Umkränzende Seligkeit
Rings um's Leben verherrlicht habt,
Soll mutlos kehren?

Vater Bromius,
Du biſt Genius,
Jahrhunderts Genius!
Biſt, was innre Glut
Pindarn war,
Was der Welt
Phöb' Apoll iſt.

Weh! weh! Innre Wärme,
Seelen-Wärme,
Mittelpunkt!

Glüh' ihm entgegen
Phöb' Apollen —
Kalt wird sonst
Sein Fürstenblick
Über dich vorüber gleiten,
Neidgetroffen
Auf der Ceder Grün verweilen,
Die zu grünen
Sein nicht harrt.

Warum nennt mein Lied dich zuletzt?
Dich, von dem es begann,
Dich, in dem es endet,
Dich, aus dem es quoll:
Jupiter Pluvius!
Dich, dich strömt mein Lied,
Jupiter Pluvius!
Und kastalischer Quell
Quillt ein Nebenbach,
Quillet müßigen
Sterblich-Glücklichen
Abseits von dir,
Jupiter Pluvius,
Der du mich fassend deckst
Jupiter Pluvius!

Nicht am Ulmenbaum
Hast du ihn besucht,
Mit dem Taubenpaar
In dem zärtlichen Arm,
Mit der freundlichen Ros' umkränzt,
Tändelnden, ihn, blumenglücklichen
Anakreon,
Sturmatmende Gottheit!

Nicht im Pappelwald
An des Sibaris Strand,
In dem hohen Gebürg nicht,
Dessen Stirn die
Allmächtige Sonne beglänzt,
Faßtest du ihn,
Den Bienensingenden,
Honiglallenden,
Freundlichwinkenden
Theokrit.

Wenn die Räder rasselten, Rad an Rad,
Rasch um's Ziel weg,
Hoch flog siegdurchglühter Jünglinge Peitschenknall,
Und sich Staub wälzt,
Wie von Gebürg herab sich
Kieselwetter in's Tal wälzt,
Glühte deine Seel' Gefahren, Pindar!
Mut, Pindar! Glühte!
Armes Herz —
Dort auf dem Hügel —
Himmlische Macht —
Nur soviel Glut!
Dort ist meine Hütte, —
Zu waten bis dorthin!

Zigeunerlied. [Herbst 1771]

Im Nebelgeriesel, im tiefen Schnee,
Im wilden Wald, in der Winternacht,
Ich hörte der Wölfe Hungergeheul,
Ich hörte der Eulen Geschrei:
    Wille wau wau wau!
      Wille wo wo wo!
        Wito hu!

Ich schoß einmal eine Katz' am Zaun,
Der Anne, der Hex', ihre schwarze liebe Katz';
Da kamen des Nachts sieben Wehrwölf' zu mir,
Waren sieben sieben Weiber vom Dorf.
    Wille wau wau wau!
    Wille wo wo wo!
    Wito hu!

Ich kannte sie all', ich kannte sie wohl,
Die Anne, die Ursel, die Käth',
Die Liese, die Barbe, die Ev', die Beth;
Sie heulten im Kreise mich an.
    Wille wau wau wau!
    Wille wo wo wo!
    Wito hu!

Da nannt' ich sie alle bei Namen laut:
Was willst du, Anne? was willst du, Beth?
Da rüttelten sie sich, da schüttelten sie sich
Und liefen und heulten davon.
    Wille wau wau wau!
    Wille wo wo wo!
    Wito hu!

In Wetzlar Mai bis September 1772.

Der Bettelstudent. [August 1772]

In jenem Sommer 1772, den Goethe in Wetzlar, der Stadt des
Reichsgerichts, verbrachte, wollten zwei seiner Freunde,
Merck aus Darmstadt und der schon erwähnte Schlosser aus
Frankfurt, den Professor Höpfner in Gießen besuchen, mit dem
sie in literarischen Bestrebungen verbunden waren. Sie baten

auch Goethe, zu ihnen zu stoßen. Goethe und Höpfner kannten sich durch Briefe und Schriften, aber noch nicht von Angesicht.

An einem heiteren Morgen, vor Sonnenaufgang, machte sich Goethe auf den Weg und schritt von Wetzlar aus das liebliche Tal der Lahn hinauf. „Solche Wanderungen machten wieder mein größtes Glück," erzählte er von diesem Tage später; „ich erfand, verknüpfte, arbeitete durch und war in der Stille mit mir selbst heiter und froh; ich legte mir zurecht, was die ewig widersprechende Welt mir ungeschickt und verworren aufgedrungen hatte."

In Gießen angelangt, fragte er sich nach Höpfners Hause.

Höpfner war gerade im Begriff, sich zu einer Vorlesung zurechtzumachen; trotzdem nahm er den jungen Mann an; sein Name wurde ihm nicht genannt. Linkisch und schüchtern trat der Fremde ein, seine Kleider bestaubt von der Wanderschaft. Er ward gebeten, Platz zu nehmen, benahm sich dabei aber so verlegen und ungeschickt, daß der Professor gleich Bescheid zu wissen glaubte: „Aha! wieder ein reisender Student in Geldverlegenheiten!"

Der Fremde fing dann auch an, von seiner Familie und seinen Verhältnissen zu sprechen; Höpfner, der keine Zeit mehr zu verlieren hatte, wenn er rechtzeitig ins Kolleg kommen wollte, suchte schon in seinen Taschen nach dem Geldbeutel, um der peinlichen Unterhaltung ein Ende zu machen. Aber nun sprang der Student plötzlich zu einem anderen Thema über, redete von den wissenschaftlichen Verdiensten Höpfners, sehr geschickt, aber Höpfner antwortete kaum und wartete nur, daß der Besucher, der also doch kein Geld zu begehren schien, sein Stammbuch vorlege — nach der Sitte jener Zeit — oder sich verabschiede. Nun aber redete der Besucher wieder von seinen eigenen Verhältnissen und ließ keinen Zweifel, daß er sich in größter Not befinde. Höpfner tastete wieder nach dem Geldbeutel: da empfahl sich der seltsame Mensch mit vielen Entschuldigungen, daß er

42

den Herrn Professor so lange aufgehalten; und mit ungeschicktesten Verbeugungen schob er sich zur Tür hinaus.

Vor Mittag langte dann auch Schlosser und Merck in Gießen an; Goethe erzählte ihnen sogleich von seinem Besuch bei Höpfner, und jetzt war die Lust groß, das Spiel fortzusetzen. Höpfner ward zum Mittagessen in den Gasthof geladen, wo man abgestiegen war; ebenso ein anderer Gießener Professor, Christian Heinrich Schmid, der über Poesie und Beredsamkeit an der Universität las und ein arger literarischer Sünder war. Als die beiden Professoren mit Schlosser und Merck sich zu Tisch setzten, ließ jener Fremde, der den Morgen bei Höpfner gewesen, um die Ehre bitten, der Unterhaltung so vorzüglicher Männer beiwohnen zu dürfen. Schlosser widersprach; unterdessen trat Jener aber schon in's Zimmer und man ließ sich's gutmütig gefallen, daß er sich unten an den Tisch setzte. Er betrug sich auch bescheiden genug, saß still bei seinem Nösel billigen Wein und war dankbar, als ihm die Herren auch von ihrem besseren ein Glas einschenkten. Allmählich mischte er sich in die Unterhaltung, ganz gescheite Sachen vorbringend; nach einiger Zeit wurde er lebhaft und höchst beredt — der gute Wein tat seine Wirkung. Höpfner und Schmid lauschten erstaunt den kühnen, geistvollen Reden des jungen Menschen, Schmid freilich mit einigem Mißbehagen, denn es schien, als ob sich Jener über ihn lustig mache, indem er von Mollusken redete, die zwar einen Körper, ja eine gewisse Gestalt hätten und doch nichts Besseres seien als lebendiger Schleim, oder vom Efeu, der überall, wo er sich aussaugend anschmiege, die Hauptrolle spielen wolle.

Immer lebhafter wurde der junge Mann, immer witziger und phantasievoller; andere Gäste hatten sich an den Tisch gesetzt und gestellt und lauschten voll Verwunderung; ja, Einige stiegen sogar auf Stühle und blickten über die Anderen weg nach dem Menschen mit den feurigen Augen, der mit wohlklingender Stimme

die wunderbarsten Dinge sagte. In ein begeistertes Lob auf
alle selbständigen Geister und insbesondere auf den Professor
Höpfner klang die Rede aus, und zum Schluß lag Höpfner,
der nicht wußte, wie ihm geschah, in den Armen des Fremden.

„Ich bin Goethe!“ rief Dieser nun. Und die Umstehenden
sagten es nach: „Goethe!“ und waren so gescheit wie vorher.
Als aber ein Jahr darauf das Schauspiel ‚Göß von Berlichingen‘
von sich reden machte, da sagten sie wieder: „Goethe“ und nun
hatten die zwei Silben einen neuen Klang.

In Frankfurt.
September 1772 bis November 1775.

Briefe an den glücklichen Nebenbuhler. [Weihnachten 1772 bis Herbst 1773]

In Wetzlar war Goethe am liebsten im Hause des Amtmanns
Buff, der die Besitzungen des Deutschen Ritterordens in
und bei der Stadt verwaltete. Die Hausfrau war seit einigen
Jahren tot; jetzt führte die zweite Tochter ‚Charlotte‘ die Wirtschaft und verpflegte und erzog ihre sehr zahlreichen Geschwister.
Lottchen zählte drei Jahre weniger als Goethe; sie hatte sich aber
schon als Fünfzehnjährige dem Gesandtschaftssekretär Kestner,
der am Reichskammergericht arbeitete, heimlich versprochen;
außer dem Hause wußte man nichts davon. Goethe verliebte
sich in sie; dann erfuhr er, wie sie mit Kestner stand, und nun
hatte er schwer gegen sein liebendes Verlangen zu kämpfen.

Schließlich war seine Abreise von Wetzlar eine Flucht vor
dieser Liebe.

Von Frankfurt aus setzte er mit Kestner und Lotte Buff
und ihren Geschwistern durch Briefe das freundschaftliche Verhältnis fort. Hier sind Stücke aus seinen Briefen an Kestner.

44

Christtag früh. Es ist noch Nacht, lieber Kestner. Ich bin aufgestanden, um bei Lichte morgens wieder zu schreiben, das mir angenehme Erinnerungen voriger Zeiten zurückruft. Ich habe mir Koffee machen lassen, den Festtag zu ehren, und will Euch schreiben, bis es Tag ist.

Der Türner hat sein Lied schon geblasen; ich wachte drüber auf: „Gelobet seist du, Jesus Christ!" Ich habe diese Zeit des Jahrs gar lieb: die Lieder, die man singt! Und die Kälte, die eingefallen ist, macht mich vollends vergnügt.

Ich habe gestern einen herrlichen Tag gehabt; ich fürchtete für den heutigen, aber Der ist auch gut begonnen, und da ist mir's für's Enden nicht angst. Gestern Nacht versprach ich schon meinen lieben zwei Schattengesichtern [den Schattenrissen von Lotte und Lene Buff, die an seiner Wand hingen], Euch zu schreiben: sie schweben um mein Bett wie Engel Gottes! Ich hatte gleich bei meiner Ankunft Lottes Silhouette angesteckt; wie ich in Darmstadt war, stellten sie mein Bett herein, und siehe! Lottens Bild steht zu Häupten! Das freute mich sehr; Lenchen hat jetzt die andere Seite. Ich dank' Euch, Kestner, für das liebe Bild. Es stimmt weit mehr mit Dem überein, was Ihr mir von ihr schriebt, als Alles, was ich imaginiert hatte: so ist es nichts mit uns, die wir raten, phantasieren und weissagen.

Der Türner hat sich wieder zu mir gekehrt; der Nordwind bringt mir seine Melodie, als blies er vor meinem Fenster.

Gestern, lieber Kestner, war ich mit einigen guten Jungens auf dem Lande; unsere Lustbarkeit war sehr laut, und Geschrei und Gelächter von Anfang zu Ende. Das taugt sonst nichts für die kommende Stunde — doch was können die heiligen Götter nicht wenden, wenn's ihnen beliebt! Sie gaben mir einen frohen Abend: ich hatte keinen Wein getrunken, mein Aug' war ganz unbefangen über die Natur. Ein schöner Abend, als wir zurückgingen! Es ward Nacht — nun muß ich Dir sagen:

Das ist immer eine Sympathie für meine Seele, wenn die Sonne lang' hinunter ist und die Nacht von Morgen herauf nach Nord und Süd um sich gegriffen hat und nur noch ein dämmernder Kreis von Abend heraufleuchtet. Seht, Kestner, wo das Land flach ist, ist's das herrlichste Schauspiel; ich habe, jünger und wärmer, Stunden lang so ihr zugesehn hinabdämmern, auf meinen Wanderungen.

Auf der Brücke hielt ich still. Die düstere Stadt zu beiden Seiten, der still leuchtende Horizont, der Widerschein im Fluß, machte einen köstlichen Eindruck in meine Seele, den ich mit beiden Armen umfaßte. Ich lief zu den Gerocks, ließ mir Bleistift geben und Papier und zeichnete zu meiner großen Freude das ganze Bild so dämmernd warm, als es in meiner Seele stand. Sie hatten alle Freude mit mir darüber, empfanden Alles, was ich gemacht hatte, und da war ich's erst gewiß. Ich bot ihnen an, drum zu würfeln; sie schlugen's aus und wollen, ich soll's Mercken schicken. Nun hängt's hier an meiner Wand und freut mich heute wie gestern.

Wir hatten einen schönen Abend zusammen wie Leute, denen das Glück ein großes Geschenk gemacht hat. Und ich schlief ein, den Heiligen im Himmel dankend, daß sie uns Kinderfreude zum Christ bescheeren wollen. Als ich über den Markt ging und die vielen Lichter und Spielsachen sah, dachte ich an Euch und meine Bubens: wie Ihr ihnen kommen würdet, diesen Augenblick, ein himmlischer Bote mit dem blauen Evangelio, und wie, aufgerollt, sie das Buch erbauen werde. Hätt' ich bei Euch sein können, ich hätte wollen so ein Fest Wachsstöcke illuminieren, daß es in den kleinen Köpfen (als) ein Widerschein der Herrlichkeit des Himmels geglänzt hätte . . .

Die Torschließer kommen vom Burgemeister und rasseln mit Schlüsseln.

Das erste Grau des Tags kommt mir über des Nachbars Haus, und die Glocken läuten eine christliche Gemeinde zusammen.

46

Wohl, ich bin erbaut hier oben, auf meiner Stube, die ich lang'
nicht so lieb hatte als jetzt. Sie ist mit den glücklichsten Bildern
ausgeziert, die mir freundlichen guten Morgen sagen. Sieben
Köpfe nach Rafael, eingegeben vom lebendigen Geiste — einen
davon hab' ich nachgezeichnet und bin zufrieden mit, obgleich
nicht so froh. Aber meine lieben Mädchen! Lotte ist auch da!
Und Lenchen auch! Sagen Sie Lenchen, ich wünschte so sehnlich
zu kommen und ihr die Hände zu küssen als der Monsieur, der
so herzinnigliche Briefe schreibt. Das ist gar ein armseliger
Herre! Ich wollte meiner Tochter ein Deckbette mit solchen
Billetdoux füttern und füllen, und sie sollte so ruhig darunter
schlafen wie ein Kind! Meine Schwester hat herzlich gelacht:
sie hat von ihrer Jugend her auch noch Dergleichen. Was ein
Mädchen ist von gutem Gefühl, müssen dergleichen Sachen zuwider sein wie ein stinkig Ei . . .

Der Tag kömmt mit Macht: wenn das Glück auch so schnell
im Avancieren ist, so machen wir balde Hochzeit. Noch eine
Seite muß ich schreiben! So lang tu ich, als säh ich's Tages-
licht nicht . . .

Im Januar 1773.

Kann nicht unterlassen, mit heutiger Post noch an Hochdieselben einige Zeilen zu senden, sintemalen wir heute mit
Blaukraut und Leberwurst unser Gemüt ergötzt. Werden das
abenteuerliche Format verzeihen, wenn Denenselben attestiere,
daß es stehenden Fußes in dem Zimmer der so tugendbelobten
Mamsell Gerocks gefertigt wird. Dienet sodann zur freundlichen
Nachricht, daß wegen gesternabendigen unmäßiglich zu uns ge-
nommenen Wein die christliche Nachtruhe durch mancherlei, so
seltsamliche als verdrüßliche, Abenteuer geneckt und gestört
worden. Versetzte uns nämlich ein guter Geist zuerst nach
Wetzlar, in den »Kronprinzen«, zwischen gesprächige Tisch-
gesellschaft, die der leidige Teufel auf die noch leidigere
Philosophei zu diskurieren brachte und mich in seine Schlingen

47

verwickelte. Bald darauf fiel mir schwer auf's Herz: ich habe Lotten noch nicht gesehen! Eilte zu meiner Stube (den Hut zu holen), die ich denn nicht finden konnte, sondern durch Kammern, Säle, Gärten, Einöden, Wälder, Bilderkabinetts, Scheuern, Schlafzimmer, Besuchzimmer, Schweinställe auf eine unglaublich wunderbare Weise mit geängstigtem Herzen herumgetrieben wurde, bis mich endlich ein guter Geist (in Gestalt des Kronprinzen-Kaspars) an einer Galanterie-Bude antraf und über drei Speicher und Kornböden vor mein Zimmer brachte, wo dann zum Unglück sich kein Schlüssel fand, daß ich mich resolvierte, über ein Dach und Zinne zum Fenster hineinzusteigen. Gefahr und Schwindel und was folgt ... Genug, ich habe Lotten nicht zu sehen gekriegt. Also daß [ich] gegen Morgen erst in einen süßen Schlaf fiel und gegen halb Neun mein Bette verließ.

Wenn nun übrigens Hochdieselben an des Heiligen Römischen Reichs Gerechtigkeits - Purifikations-Wesen manche Feder verschaben und von dem Gekritze und Gekratze in dem Heiligtume des Deutschen Ordens sich erholen — wenn meine Buben noch über einander krabbeln wie junge Katzen. Albrecht bald die Kontinuation des ‚Christen in der Einsamkeit' herausgiebt, Georg bald versifiziert wie Gotter, und die Großen sich zur Physica glücklich hindurch chriisieren und analysieren [aufsätzeln und zergliedern],

   Wenn dem Papa sein Pfeifchen schmeckt,

   Der Doktor Hofrat Grillen heckt

   Und sie Karlinchen für Liebe verkauft,

   Die Lotte herüber, hinüber lauft,

   Lenchen treuherzig und wohlgemut

   In die Welt hinein lugen tut —

   Mit dreckigen Händen und Honigschnitten,

   Mit Löchern im Kopf nach deutschen Sitten

   Die Buben jauchzen mit hellem Hauf.

Tür ein, Tür aus, Hof ab, Hof auf, —
Und Ihr mit den blauen Augelein
Gucket so ganz gelassen drein,
Als wärt Ihr Männlein von Porzellan,
Seid innerlich doch ein wackrer Mann,
Treuer Liebhaber und warmer Freund:
So laß des Reichs und Christen Feind
Und Russ' und Preuß' und Belial
Sich teilen in den Erdenball!
Und nur das liebe Teutsche Haus
Nehmt von der großen Teilung aus!
Und daß der Weg von hier zu Euch
Wie Jakobs Leiter sei sicher und gleich!
Und unser Magen verdau' gesund!
So segnen wir Euch mit Herz und Mund!
Gott allein die Ehr,
Mir mein Weib allein!
So kann ich und Er
Wohl zufrieden sein!

26. Januar 1773.

Lotten sagt: Ein gewisses Mädchen hier, das ich von Herzen lieb habe und das ich, wenn ich zu heiraten hätte, gewiß vor allen Andern griffe, ist auch den 11. Januar geboren. Wäre wohl hübsch, so zwei Paare! Wer weiß, was Gottes Wille ist!

Die ‚Philosophie‘ solle sie doch ja lesen, sagt ihr! Bei Gott, sie wird ein ganz andres, herrliches Geschöpf werden. Werden ihr von den Augen fallen wie Schuppen: Irrtum, Vorurteile usw. Und wird sein wie der heiligen Götter eine.

Sagt ihr Das und gebt ihr das Buch! Und wenn sie ein Blatt drinne herabliest, so will ich (carte blanche für das scheußliche Ragout, das der Teufel erfinden mag) — fressen will ich's! Ich glaube, Lotte hält mich und Euch für Narren.

Sie, inmitten Karneval, eine „Philosophie'! Mach' sie sich einen Domino zurecht!

28. Januar.

Das waren wunderliche 24 Stunden! Gestern Abend putzt' ich meine Freundinnen auf den Ball, ob ich gleich nicht selbst mitging. Der einen hatt' ich aus der Fülle ihres Reichtums eine Aigrette von Juwelen und Federn zusammengestutzt und sie herrlich geziert.

Und einmal fiel mir's ein: wärst du doch bei Lotten und putztest sie so aus.

Dann ging ich mit Antoinetten und Nannen auf die Brücke einen Nachtspaziergang. Das Wasser ist sehr groß, rauschte stark, und die Schiffe alle versammelt in einander. Und der liebe trübe Mond ward freundlich gegrüßt. Und Antoinette fand Das alles paradiesisch schön und alle Leute so glücklich, die auf dem Lande leben, und auf Schiffen und unter Gottes Himmel. Ich laß' ihr die lieben Träume gern — macht' ihr noch mehr dazu, wenn ich könnte! Wir gingen nach Hause, und [ich] übersetzt' ihnen Homer, das jetzt gewöhnliche, Lieblings-Lektüre ist. Die Andern waren gefahren zu tanzen.

Heut Nacht weckt' mich ein gräßlicher Sturm um Mitternacht. Er riß und heulte: da dachte ich an die Schiffe und Antoinetten und ließ mir wohl sein in meinem zivilisierten Bett.

Kaum eingeschlafen, weckte mich der Trommelschlag und Lärm und Feuer-Rufen. Ich spring an's Fenster und seh den Schein stark, aber weit. Und bin angezogen, und dorthin. Ein großes, weites Haus: das Dach in vollen Flammen. Und das glühende Balkenwerk . . . und die fliegenden Funken . . . und den Sturm in Glut und Wolken. Es war schwer. Immer herunter brannt's und herum.

Ich lief zur Großmutter, die dorthin wohnt; sie war im Ausräumen des Silberzeugs. Wir brachten alle Kostbarkeiten in Sicherheit und nun warteten wir des Schicksals Weg ab.

50

Es dauerte von ein Uhr bis vollen Tag. Das Haus mit Seiten- und Hintergebäuden, auch Nachbars Werke, liegt. Das Feuer ist erstickt, nicht gelöscht. Sie sind ihm nun gewachsen; es wird nicht wieder aufkommen. Und so sag ich Euch nun „Gesegnete Mahlzeit" mit überwachten Sinnen, ein wenig, als hätt' ich getanzt, und andere Bilder in der Imagination.

Wie werden meine Tänzer nach Hause kommen sein?

5. Februar.

Zur Hochzeit komm' ich nicht . . .

Heute, Freitags früh wird [Merck] anlangen, und Leuchsenring mit. Und über Das alles Schlittschuhbahn, herrlich, wo ich die Sonne gestern herauf und hinab mit Kreistänzen geehrt habe! Und noch andere Sujets der Freude, die ich nicht sagen kann. Darüber laßt Euch wohl sein, daß ich fast so glücklich bin als Leute, die sich lieben wie Ihr — daß eben so viel Hoffnung in mir ist als in Liebenden — daß ich sogar zeither einige Gedichte gefühlt. Und was mehr ist Dergleichen.

Es grüßt Euch meine Schwester; es grüßen Euch meine Mädchen; es grüßen Euch meine Götter. Namentlich der schöne Paris hier zur Rechten,[1] die goldene Venus dort, und der Bote Merkurius, der Freude hat an den Schnellen und mir gestern unter die Füße band seine göttlichen Sohlen, die schönen goldnen, die ihn tragen über das unfruchtbare Meer und die unendliche Erde mit dem Hauche des Windes. Und so segnen Euch die lieben Dinger im Himmel!

Im Mai 1773.

Wie geht's Eurem Engel? Ich habe ein großes Kommerz mit ihr. Ihre Silhouette ist mit Nadeln an die Wand befestigt, und ich verliere meist alle Nadeln, und wenn ich bei'm

---

[1]) Er hatte eine Anzahl Antiken in Gipsabgüssen in seiner Stube.

Anziehn eine brauche, borg' ich meist eine von Lotten, und frage auch erst um Erlaubnis pp.

15. September.

Jetzt arbeit' ich einen Roman [Werthers Leiden]; es geht aber langsam. Und ein Drama für's Aufführen [im Gegensatz zum Lesestück ,Göß' den ,Clavigo'], damit die Kerls sehn, daß nur an mir liegt, Regeln zu beobachten und Sittlichkeit-Empfindsamkeit darzustellen. Adieu! Noch ein Wort (im Vertrauen) als Schriftsteller: meine Ideale wachsen täglich aus an Schönheit und Größe, und wenn mich meine Lebhaftigkeit nicht verläßt und meine Liebe, so soll's noch Viel geben für meine Lieben. Und das Publikum nimmt auch sein Teil.

Und so, gute Nacht, liebe Lotte! Im Kuwert sind Verse; die wollt' ich zu einem Porträt von mir an Lotten legen; da es aber nicht geraten ist, so hat sie inzwischen Das. Bis auf weiteres!

> Wenn einen seligen Biedermann,
> Pastorn oder Ratsherrn lobesan
> Die Wittib läßt in Kupfer stechen
> Und drunter ein Verslein radebrechen,
> Da heißt's:
>> „Seht hier von Kopf und Ohren
>> Den Herrn Ehrwürdig, Wohlgeboren!
>> Seht seine Mienen und seine Stirn —
>> Aber sein verständig Gehirn,
>> So manch Verdienst um's Gemeine Wesen
>> Könnt ihr ihm nicht an der Nase lesen!"
> So, liebe Lotte, heißt's auch hier:
> Ich schicke da mein Bildnis Dir!
> Magst wohl die lange Nase sehn,
> Der Augen Blick, der Locken Wehn,
> S' ist ohngefähr das garst'ge Gesicht —
> Aber meine Liebe siehst Du nicht!

Auf dem Land und in der Stadt ... [Dezember 1773]

Auf dem Land und in der Stadt
Hat man eitel Plagen,
Muß um's Bißchen, das man hat,
Sich mit'm Nachbar schlagen.
Rings auf Gottes Erde weit
Ist nur Hunger, Kummer, Neid:
Mögt eins 'naußer laufen!

Erdennot ist keine Not:
Als dem Feig' und Matten!
Arbeit schafft dir täglich Brot,
Dach und Fach und Schatten.
Rings, wo Gottes Sonne scheint,
Findst ein Mädchen, findst ein' Freund:
Laß uns immer bleiben!

Rettung. [1773]

Mein Mädchen ward mir ungetreu,
Das machte mich zum Freudenhasser.
Da lief ich an ein fließend Wasser,
Das Wasser lief vor mir vorbei.

Da stand ich nun verzweifelnd, stumm,
Im Kopfe war mir's wie betrunken.
Fast wär ich in den Strom gesunken,
Es ging die Welt mit mir herum.

Auf einmal hört ich was, das rief,
(Ich wandte just dahin den Rücken)
Es war ein Stimmchen zum Entzücken:
„Nimm dich in acht! der Fluß ist tief!"

Da lief mir was durch's ganze Blut,
Ich seh, so ist's ein süßes Mädchen.
Ich frage sie: wie heißt du? — „Käthchen“.
O schönes Käthchen, du bist gut!

Du hältst vom Tode mich zurück,
Auf ewig dank' ich dir mein Leben!
Allein Das heißt mir wenig geben,
Nun sei auch meines Lebens Glück!

Und dann klagt ich ihr meine Not;
Sie schlug die Augen lieblich nieder,
Ich küßte sie und sie mich wieder;
Und vor der Hand nichts mehr vom Tod!

Hypochonder.

[Vor 1778]

Der Teufel hol' das Menschengeschlecht!
    Man möchte rasend werden!
Da nehm' ich mir so eifrig vor:
Will Niemand weiter sehen,
Will all das Volk Gott und sich selbst
. Und dem Teufel überlassen!
Und kaum seh' ich ein Menschengesicht,
So hab' ich's wieder lieb.

Probatum est.

A. Man sagt: Sie sind ein Misanthrop!
B. Die Menschen haff' ich nicht, Gott Lob!
   Doch Menschenhaß, er blies mich an,
   Da hab' ich gleich dazu getan.
A. Wie hat sich's denn so bald gegeben?
B. Als Einsiedler beschloß ich zu leben.

Katechetische Induktion. [1773]

Lehrer: Bedenk, o Kind, woher sind diese Gaben?
       Du kannst nichts von dir selber haben.

Kind: Ei, Alles hab' ich vom Papa.

Lehrer: Und Der? von wem hat's Der?

Kind: Vom Großpapa.

Lehrer: Von wem hat's denn der Großpapa bekommen?

Kind: Der hat's genommen!

Dilettant und Kritiker. [Gedruckt Oktober 1773]

Es hatt' ein Knab' eine Taube zart,
   Gar schön von Farben und bunt,
Gar herzlich lieb nach Knabenart,
Geätzet aus seinem Mund,
Und hatte so Freud' am Täubchen fein,
Daß er nicht konnte sich freuen allein.

Da lebte nicht weit ein Altfuchs herum,
Erfahren und lehrreich und schwätzig darum;
Der hatte den Knaben manch' Stündlein ergötzt,
Mit Wundern und Lügen verprahlt und verschwätzt.

„Muß meinem Fuchs doch mein Täubelein zeigen!"
Er lief und fand ihn strecken in Sträuchen.
„Sieh, Fuchs, mein lieb Täublein, mein Täubchen so schön!
Hast du dein Tag so ein Täubchen gesehn?"

„Zeig' her!" — Der Knabe reicht's. — „Geht wohl an;
Aber es fehlt noch Manches dran.
Die Federn, zum Exempel, sind zu kurz geraten." —
Da fing er an, rupft' sich den Braten.

Der Knabe schrie. — „Du mußt stärkre einsetzen,
Sonst ziert's nicht, schwinget nicht." —
Da war's nackt — Mißgeburt! und in Fetzen!
Dem Knaben das Herze bricht.

Wer sich erkennt im Knaben gut,
Der sei vor Füchsen auf seiner Hut.

Gleichnis. [1773]

Da hatt' ich einen Kerl zu Gast:
    Er war mir eben nicht zur Last,
Ich hatt' so mein gewöhnlich Essen.

Hat sich der Mensch pumpsatt gefressen
Zum Nachtisch, was ich gespeichert hatt'!

Und kaum ist mir der Kerl so satt,
Tut ihn der Teufel zum Nachbar führen,
Über mein Essen zu räsonnieren:
Die Supp' hätt können gewürzter sein,
Der Braten brauner, firner der Wein.

Der Tausendsackerment!
Schlagt ihn tot den Hund! Es ist ein Rezensent!

Kenner und Enthusiast. [1774]

Ich führt' einen Freund zum Maidel jung,
    Wollt ihm zu genießen geben;
Was alles es hätt: gar Freud' genung,
Frisch-junges-warmes Leben.
Wir fanden sie sitzen an ihrem Bett,
Tät sich auf ihr Händlein stützen.
Der Herr, der macht ihr ein Kompliment,
Tät gegen ihr über sitzen.

56

Er spitzt die Nase . . . er sturt sie an,
Betracht' sie herüber, hinüber —
Und um mich war's gar bald getan,
Die Sinnen gingen mir über!

Der liebe Herr für allen Dank
Führt mich drauf in eine Ecken
Und sagt: sie wär' doch allzuschlank
Und hätt auch Sommerflecken.
Da nahm ich von meinem Kind Adieu
Und scheidend sah ich in die Höh:
Ach, Herre Gott, ach, Herre Gott,
Erbarm' dich doch des Herren!

Da führt' ich ihn in die Galerie,
Voll Menschenglut und Geistes;
Mir wird's da gleich, ich weiß nicht wie,
Mein ganzes Herz zerreißt es.
O Maler! Maler! rief ich laut,
Belohn' dir Gott dein Malen!
Und nur die allerschönste Braut
Kann dich für uns bezahlen!

Und sieh, da ging mein Herr herum . . .
Und stochert sich die Zähne . . .
Registriert in Katalogum
Mir meine Göttersöhne!
Mein Busen war so voll und bang,
Von hundert Welten trächtig:
Ihm war bald was zu kurz, zu lang,
Wägt' Alles gar bedächtig.

Da warf ich in ein Eckchen mich,
Die Eingeweide brannten.
Um ihn versammelten Männer sich,
Die ihn einen Kenner nannten.

Eisfreuden.

Das Schlittschuhlaufen war um die Mitte des 18. Jahrhunderts in Mittel- und Süddeutschland noch nicht üblich; an vielen Stellen erwachte die Lust dazu erst, als der große Dichter der Zeit, Klopstock, den Eislauf in einer Ode verherrlichte und sich selber Unsterblichkeit zuschrieb, weil er das bisherige Schlittschuh-Laufen, das nur ein Rennen und Eilen gewesen war, zum Kunstwerk und Tanz erhöhte:

> Unsterblich ist mein Name dereinst!
> Ich erfinde noch dem schlüpfenden Stahl
> Seinen Tanz! Leichteren Schwungs fliegt er hin,
> Kreiset umher, schöner zu sehn . . . .
> Zur Linken wende du dich, ich will
> Zu der Rechten hin halbkreisend mich drehn.
> Nimm den Schwung, wie du mich ihn nehmen siehst!
> Also! Nun fleug schnell mir vorbei!
> So gehen wir den schlängelnden Gang
> • An dem langen Ufer schwebend hinab.

Eine Dichterin jener Zeit, Sophie v. La Roche aus Ehrenbreitstein sah sich in Frankfurt dies neue Vergnügen an; sie wußte, daß ihr junger Freund Goethe dabei sein würde. Sie schrieb ihre Erlebnisse stets auf:

„Wir mußten ein gutes Stück vor die Stadt hinausfahren, bis wir endlich an der Landstraße still hielten und lang an einer Mauer über gefrornen Boden gingen. Am Ende folgten wir einem kleinen Wiesengraben, woran Weiden stehen, und hörten auf einmal Musik und lautes Rufen. Zugleich flogen über zehn Eisläufer vor uns, die uns dann die Hand boten, über den Graben zu kommen und uns auf den zubereiteten Platz zu der übrigen Gesellschaft zu setzen. — Eine Reihe Bänke mit Tuch belegt, und Dielen auf dem Boden, die Füße vor der

Kälte zu schützen; ganz kleine Tischchen, immer drei Fuß breit voneinander, mit Servietten gedeckt, worauf dann Schokolade, Kaffee, kleine warme Pastetchen, Konfekt und fremde Weine, Schinken und Braten gesetzt und angeboten wurde.

„Der Schauplatz war auserlesen. Eine viel Morgen Lands fassende Wiese, auf welcher der noch fließende Bach etliche Tage lang ausgetreten war, und dieses, einen halben Schuh tiefe Wasser zu einem festen, glatten Spiegel gefroren; das ganze Stück auf zwei Seiten mit Weiden besetzt, die dritte, eine weite Aussicht, wo verschiedene Gärten und Lusthäuser stehen, und oben an der Ecke, die uns am nächsten war, ein Busch Ulmen, hinter denen ein schöner Bauerhof, mit seinem neuen Ziegeldach, die Szene um so viel einnehmender machte. Der Himmel heiter, nicht der geringste Wind, und für Jännertage Sonne genug. Bei den kühnen Schlittschuhläufern waren die Söhne der angesehensten Familien, junge Engländer, Offiziere — und einer der seltensten und vortrefflichsten Köpfe Deutschlands; alle in kurzen Pelz-röcken, und runden, ihnen recht passenden Kappenhüten.“

In späteren Jahren erzählte Goethes Mutter einer jungen Freundin, Bettina Brentano, von diesen Zeiten, und Bettina erzählte dem alten Dichter ein Stück seiner Jugend wieder.

„An einem hellen Wintertag, an dem Deine Mutter Gäste hatte, machtest Du ihr den Vorschlag, mit den Fremden an den Main zu fahren. „Mutter, Sie hat mich ja doch noch nicht Schlittschuh laufen sehen, und das Wetter ist heut so schön!“ Ich [Elisabeth Goethe] zog meinen karmoisinroten Pelz an, der einen langen Schlepp hatte und vorn herunter mit goldnen Spangen zugemacht war, und so fahren wir denn hinaus. Da schleift mein Sohn herum wie ein Pfeil zwischen den Andern durch! Die Luft hatte ihm die Backen rot gemacht, und der Puder war aus seinen braunen Haaren geflogen.

Wie er nun den karmoisinroten Pelz sieht, kommt er herbei an die Kutsche und lacht mich ganz freundlich an.

„Nun, was willst du?“ sag' ich.

„Ei Mutter, Sie hat ja doch nicht kalt im Wagen, geb'
Sie mir Ihren Sammetrock!“

„Du wirst ihn doch nicht anziehen wollen?“

„Freilich will ich ihn anziehen.“

Ich zieh' halt meinen prächtig-warmen Rock aus; er zieht
ihn an, schlägt die Schleppe über den Arm, und da fährt er hin:
wie ein Göttersohn auf dem Eis.

Der Musensohn. [Um 1774]

Durch Feld und Wald zu schweifen,
Mein Liedchen wegzupfeifen,
So geht's von Ort zu Ort!
Und nach dem Takte reget,
Und nach dem Maß beweget
Sich Alles an mir fort.

Ich kann sie kaum erwarten,
Die erste Blum' im Garten,
Die erste Blüt' am Baum.
Sie grüßen meine Lieder,
Und kommt der Winter wieder,
Sing' ich noch jenen Traum.

Ich sing' ihn in der Weite,
Auf Eises Läng' und Breite,
Da blüht der Winter schön!
Auch diese Blüte schwindet,
Und neue Freude findet
Sich auf bebauten Höhn.

Denn wie ich bei der Linde
Das junge Völkchen finde,

Sogleich erreg' ich sie.
Der stumpfe Bursche bläht sich,
Das steife Mädchen dreht sich
Nach meiner Melodie.

Ihr gebt den Sohlen Flügel
Und treibt durch Tal und Hügel
Den Liebling weit von Haus.
Ihr lieben, holden Musen,
Wann ruh' ich Ihr am Busen
Auch endlich wieder aus?

Dr. Bahrdt und die Evangelisten. [Februar 1774]

Karl Friedrich Bahrdt, Professor der Gottesgelahrtheit in Gießen, gab 1773 den ersten Teil seiner Evangelien-Verdeutschung heraus, die zugleich eine Verbesserung der Evangelien in Ton und Stil sein sollte. Da „die Verfasser der Heiligen Schrift unstudierte Leute waren", so modernisierte er ihren „ekelhaften morgenländischen Dialog" und ließ auch Christus kultivierter reden. Goethe als Verehrer des alten Echten und auch der Lutherschen Bibelübersetzung antwortete ihm, indem er folgenden dramatischen ‚Prolog zu den neuesten Offenbarungen Gottes verdeutscht durch Dr. Karl Friedrich Bahrdt' in Druck gab:

Die Frau Professorn tritt auf im Putz, den Mantel umwerfend.
Bahrdt sitzt am Pult, ganz angezogen, und schreibt.
Frau Bahrdt.
So komm denn, Kind! Die Gesellschaft im Garten
Wird gewiß auf uns mit dem Kaffee warten.
Bahrdt.
Da kam mir ein Einfall von ohngefähr,
(sein geschrieben Blatt ansehend.)
So redt' ich, wenn ich Christus wär!

Frau Bahrdt.

Was kommt ein Getrappel die Trepp herauf?

Bahrdt.

's ist ärger als ein Studentenhauf!

Das ist ein Besuch auf allen Vieren!

Frau Bahrdt.

Gott behüt! 's ist der Tritt von Tieren.

Die vier Evangelisten mit ihrem Gefolg treten herein.   Die Frau Doktorn
tut einen Schrei.

Matthäus mit dem Engel, Markus begleitet vom Löwen,
Lukas vom Ochsen, Johannes, über ihm der Adler.

Matthäus.

Wir hören, du bist ein Biedermann

Und nimmst dich unsers Herren an?

Uns wird die Christenheit zu enge!

Wir sind jetzt überall im Gedränge!

Bahrdt.

Willkomm' ihr Herrn!   Doch tut mir's leid:

Ihr kommt zur ungelegnen Zeit!

'Muß eben in Gesellschaft 'nein.

Johannes.

Das werden Kinder Gottes sein:

Wir wollen uns mit dir ergötzen.

Bahrdt.

Die Leute würden sich entsetzen!

Sie sind nicht gewohnt solche Bärte breit,

Und Röcke so lang und Falten so weit —

Und eure Bestien, muß ich sagen,

Würde jeder Andre zur Tür 'naus jagen.

Matthäus.

Das galt doch Alles auf der Welt,

Seitdem uns unser Herr bestellt!

Bahrdt.

Das kann mir weiter nichts bedeuten.

Genug: so nehm' ich euch nicht zu Leuten!

Markus.

Und wie und was verlangst denn du?

Bahrdt.

Daß ich's euch kürzlich sagen tu:

Es ist mit eurer Schriften Art,

Mit euren Falten und eurem Bart,

Wie mit den alten Talern schwer:

Das Silber fein geprobet sehr,

Und gelten dennoch jetzt nicht mehr!

Ein kluger Fürst, der münzt sie ein

Und tut ein tüchtigs Kupfer drein:

Da mag's denn wieder fort kursieren!

So müßt ihr auch, wollt ihr rulieren,

Euch in Gesellschaft produzieren,

So müßt ihr werden wie Unsereiner:

Geputzt, gestutzt, glatt — 's gilt sonst Keiner!

Im seidnen Mantel und Kräglein flink,

Das ist doch gar ein ander Ding!

Lukas der Maler.

'Möcht' mich in dem Kostüme sehn!

Bahrdt.

Da braucht ihr gar nicht weit zu gehn,

Hab' just noch einen ganzen Ornat.

Der Engel Matthäi.

Das wär' mir ein Evangelisten-Staat!

Kommt —

Matthäus.

Johannes ist schon weggeschlichen

Und Bruder Markus mit entwichen.

Des Lukas Ochs kommt Bahrdten zu nah, er tritt nach ihm.

Bahrdt.

Schafft ab zuerst das garstig Tier!
Nehm' ich doch kaum ein Hündlein mit mir.

Lukas.

Mögen gar nichts weiter verkehren mit dir.
(Die Evangelisten mit ihrem Gefolg ab.)

Frau Bahrdt.

Die Kerls nehmen keine Lebensart an!

Bahrdt.

Komm, 's sollen ihre Schriften dran!

Wielands Rache. [Mai oder Juni 1774]

In denselben Jahren erster voller Jugendkraft, wo Goethe den ‚Göz' und ‚Werther' schuf, verfaßte er auch allerlei Scherze und Possen, in denen bald persönliche Bekannte, bald Berühmtheiten der literarischen Welt in Zerrbildern gezeigt und wegen ihrer Schwächen gehänselt wurden. Eine dieser Satiren richtete sich gegen Wieland.

Goethe liebte Wielands Erzählungen, ehrte ihn auch als Über-setzer, der Shakespeares Dramen in Deutschland erst recht be-kannt gemacht hatte, aber er ärgerte sich an Wielands Hang zu kritischen Anmerkungen, namentlich wenn er darin Shakespeare oder einen der großen griechischen Dichter antastete, denn für diese war der jüngere Goethe in noch höherem Grade begeistert als ihr Erneuerer Wieland, der über einem sehr warmen Herzen einen sehr kühlen Kopf trug. Nun hatte Wieland eine ‚Alceste' gedichtet, d. h. einen von Euripides bereits dramatisch gestalteten Stoff in neuzeitlicher und wielandischer Weise neu behandelt. Wieland war in diese Arbeit aus einem besonderen Grunde ver-liebt: sie diente als Text zu einer von Anton Schweizer kom-ponierten Oper, die als die erste völlig deutsche Oper gelten

64

konnte. Ihr Dichter ließ sich deshalb verführen, in seiner neuen
Zeitschrift, dem „Teutschen Merkur', sehr ausführlich über seine
,Alceste' sich zu verbreiten, sie mit derjenigen des Euripides zu
vergleichen, wobei natürlich die Vorzüge des neuen und die
Mängel des antiken Werkes in's Licht traten. Durch diese Ver-
kleinerung des griechischen Dichters wurde Goethe zu einer
groben Satire gereizt, die er eines Sonntagsnachmittags bei
einer guten Flasche Burgunder in einer Sitzung niederschrieb;
,Götter, Helden und Wieland' war ihr Titel. Zum Druck war
sie nicht bestimmt, aber Goethe ließ sich von Freunden oder
Halbfreunden beschwatzen, daß er den Druck zugab.

Als das Stückchen unter die Leute gekommen war, sah er
dem neuen Heft des ,Teutschen Merkurs', das Wielands Antwort bringen mußte, mit größter Ungeduld entgegen.

Wieland aber war ein sehr kluger, erfahrener und zugleich
wohlwollender Mann. Die gegen ihn gedichtete Posse lobte
er, wenn auch nicht ohne Spott! „Der Herr Dr. Goethe, nachdem er uns in seinem ,Götz' gezeigt hat, daß er Shakespeare sein
könnte, wenn er wollte, hat uns in dieser heroisch-farcikalischen
Pasquinade bewiesen, daß er, wenn er wollte, auch Aristophanes
sein könnte. Denn so wie es ihm in diesem kritischen Wrexekek
Koax Koax beliebt hat, mit Wieland und Wielands ,Alceste'
sein Spiel zu treiben, so trieb es Aristophanes ehemals mit dem
nämlichen Euripides, welchen Herr Goethe hier mit der ihm
eigenen Laune dem Verfasser des Singspiels ,Alceste' auf den
Kopf treten läßt. Wir empfehlen diese kleine Schrift allen
Liebhabern der pasquinischen Manier als ein Meisterstück von
Persiflage und sophistischem Witze, der sich aus allen möglichen
Standpunkten sorgfältig denjenigen auswählt, aus dem ihm der
Gegenstand schief vorkommen muß, und sich dann recht herzlich
lustig darüber macht, daß das Ding so schief ist."

Wieland hatte früher aber auch versprochen, über Goethes
,Götz' seine Meinung zu sagen. Und nun schrieb er:

„Was ich versprochen, will ich jetzt tun, wie wohl ich leicht voraussehe, daß manche wunderlichen Leute Ärgernis daran nehmen und mir übel ausdeuten werden, daß ich Gerechtigkeit gegen einen Menschen ausübe, der es, wie sie sich einbilden, nicht um mich verdient hat. Gerechtigkeit braucht Niemand von uns zu verdienen, dächte ich; wir sind sie einem Jeden schuldig, dem Teufel selbst, wie das Brokardikum [Sprüchwort] sagt. Ein Autor ist darum nicht gleich ein Duns, weil er unbillig oder unartig gegen uns ist. Und warum sollte ein böser Mensch (gesetzt auch, daß einer, der uns nicht liebt, darum gleich ein böser Mensch sein müßte) nicht ein gutes Werk schreiben können? — — —

„Junge mutige Genien sind wie junge mutige Füllen! Das strotzt von Leben und Kraft, tummelt sich wie unsinnig herum, schnaubt und wiehert, wälzt sich und bäumt sich, schnappt und beißt, springt an den Leuten hinauf, schlägt vorn und hinten aus und will sich weder fangen noch reiten lassen. Desto besser! denn wenn es die Ohren sinken ließe und die Lenden schleppte, würde jemals ein Buzephalus oder Brigliador daraus werden können? ... Man muß die Herren ein wenig toben lassen; und wer etwa von ungefähr (denn sie meinen es selten so übel) von ihnen gebissen oder mit dem Huf in die Rippen geschlagen wird, betrachte sich als ein Opfer für das gemeine Beste der gelehrten Republik und tröste sich damit, daß aus diesen nämlichen wilden Jünglingen, sofern sie glücklich genug sein sollten, in Zeiten auszutoben, noch große Männer werden können ... Mit der Zeit wird sich's schon geben. Man versichert mich, die Männerchen hätten entsetzlich viel Genie, sehr viel Wissenschaft und das beste Herz von der Welt. Genie, Wissenschaft, gutes Herz! Das ist just, als ob Jemand Feuer im Busen trüge: Das kann nicht lange verborgen bleiben!! Und so wie ich mich kenne, bin ich gewiß, daß wir am Ende sehr gute Freunde werden müssen.“

Wieland bespricht dann den ‚Göß‘ im Einzelnen, und nennt das Ganze „ein schönes Ungeheuer.“

„Möchten wir viele solche Ungeheuer haben! Der Fortschritt zu wahren Meisterstücken würde dann sehr leicht sein. Wer hat es gelesen, ohne zu fühlen, daß ihn nicht leicht eine andere Lektüre mit solcher Gewalt ergriffen, so stark interessiert, so mächtig erschüttert, so durchaus vom ersten Zug bis zum leßten in die Begeisterung des Dichters hineingezogen und aus ununterbrochenem Anschauen der lebendigen Gemälde, die er ut Magus [wie ein Zauberer] vor unsern Augen vorbeiführt, angeheftet habe? Welche Wunder sollte das Genie, das Dies getan hat, nicht auf unsrer Schaubühne wirken können, wenn es ihm einfiele, Schauspiele zu schreiben, die man aufführen könnte!“

Goethe hatte das Heft, in dem „Wielands Rache“ zu erwarten war, im Hause des Weinhändlers Bölling, der den ‚Merkur‘ hielt, erwartet; aber vorher zeigte es ihm „Tante Fahlmer“, eine ältere Freundin. Sie hat selber diesen Auftritt geschildert:

Goethe. Tante.

Die Tante Fahlmer sißt vor ihrem Klavier, spielt aber nicht mehr darauf, sondern liest in Mad. du Boccage. Goethe kömmt gestiefelt und in einem englischen Überrock. Noch auf der obersten Stubentreppe stehend und eines seiner gestiefelten Beine hervorstreckend:

Goethe: Tante! Da komme ich. Ja, gestiefelt und eingemummelt. Das ist die Variation.

Tante: Aber Sie riechen doch als wie in Ambrosia getaucht?

Goethe: Ich komme vom Dechant Dumeiß. — Aber was machen denn Sie, liebe Tante?

Tante: Da, mit Mad. du Boccage unterhalt‘ ich mich ganz gut. Wie gefällt Ihnen Dies hier?

Goethe: O — gut! gut! Ist recht gut!

Tante: Wiſſen Sie? Sie haben mir's lange gemacht, bis Sie wieder herangekommen ſind. Ich habe Etwas bekommen, das für Sie zu allererſt mit zum Genuß ſoll ſein, aber mit der Zeit — o, dann kömmt's zum General-Traktement für das Publikum ...

(Wir gingen miteinander in der Stube auf und ab. Des kleinen George Jacobi Kribbelkrabbel-Briefchen lag auf meinem Tiſche.)

Tante: Da leſen Sie vom kleinen George.

(Goethe lieſt. Unterdeſſen holt die Tante ihre Arbeit und die Blätter vom ‚Merkur‘ und ſetzt ſich an ihren Schreibtiſch, Goethe gegenüber.)

Tante: Sehen Sie hier! Nun was habe ich?

Goethe: Was iſt's? Was iſt's, lieb Täntchen? laſſen Sie ſehen!

Tante: Es iſt, worauf Sie ſich bei Bölling, wenn's ankäme, als auf ein herrliches Traktement zu Gaſt geladen haben. Aber ich habe noch mehr.

(Tante hält ihm die Rezenſion über ‚Götz von Berlichingen‘ vor die Augen und gibt ihm die Blätter zuſammen.)

Goethe (nach einigem Leſen): Nu, Wieland, du biſt ein braver Kerl! Ein ganzer Kerl! Was? fängt er's ſo an? O, gut! Nun, Sie wiſſen, Tante, was ich immer von Wieland geſagt habe — ob ich ihm nicht immer gut war? Ich habe allezeit geſagt: es iſt ein ganzer Kerl, ein guter Menſch. Aber ich bin gegen ihn aufgebracht worden. Den verfluchten Dreck [Götter, Helden und Wieland] ſchrieb ich in der Trunkenheit. Ich war trunken! Und, wie ich Ihnen geſagt habe, in Ewigkeit hätte ich's nicht ſelber in Druck gegeben; aber ich hatte es nicht mehr allein in Händen. Und ich bin wie der Herodes: in gewiſſen Augenblicken kann man Alles von mir erhalten. Schon lange haben mir die Kerls vorgeſchwätzt: „Laß's drucken! laß's drucken!“ — „Nä, ihr ſollt nicht!“ — Da kommen ſie mir aber aufs neu: „O mein! laß es uns drucken!“ Und ich hatte, Gott weiß! weder

68

neue Bosheit noch Ärger gegen Wieland." — „Nun, so druckt's
und schert euch!" — Da, da! (mit dem Finger auf das Blatt
deutend) Das ist just, was mich an Wieland so ärgerte und mich
reizte, mich gegen ihn auszulassen. Da der Ton. Sehen Sie,
liebe Tante, ich will's nicht sagen: ich selbst hab' recht. Wieland
hat unrecht. Denn Alter, Zeitpunkte, Alles macht Verschieden-
heit in der Art zu sehen und zu empfinden. Jetzt denk' ich nur
so und so; vielleicht in dem Alter von Wieland, wer weiß, noch
eher? — denke ich just so wie er. Drum, was soll ich sagen? Hat
er nun recht? Oder hab' ich nun recht? Der Eindruck, den man
itzt selbst hat, gilt. Wieland hat recht, daß er so urteilt, aber
mich ärgert's nun noch. — „Mit der Zeit!" „Mit der Zeit!" Ja,
Das ist's! Das ist's! Just, just so spricht mein Vater! Die nämliche
Händel, die ich mit Diesem in politischen Sachen habe, hab' ich
mit Wieland in diesen Punkten. Der Vater-Ton! Der ist's just,
der mich aufgebracht hat. — Sagen Sie mir um Gotteswillen,
warum er sich just an seine allerschlechteste Arbeit machte und
mit den ewigen Briefen sie verteidigte? Sein ‚Musarion‘, ein
Werk, wovon ich jedes Blatt auswendig lernte, das aller-
vortrefflichste Ganze, das je erschienen ist — Nichts, Nichts
nimmt er sich an als der ‚Alceste‘, die für mich jetzt das schlechteste
von allen seinen Werken ist. — Ich muß weiter lesen. — Ganz
brav! Ganz brav! Nun Wieland, unsere Fehde ist aus; dir kann
ich nichts mehr tun. Das garstige Fratzenzeug hat er schon gelesen, Das seh' ich.

Tante: Ja freilich! Kommen Sie, lesen Sie! Das hier ist
die Antwort darauf.

Er wurde rot. Ich sah, daß es ihn erschütterte.

Goethe: Besser hätt' er's nicht machen können! Sehr gut!
Ich sag's ja, nun muß ich ihn auf immer gehen lassen. Wieland
gewinnt viel bei dem Publico dadurch, und ich verliere. Ich
bin eben prostituiert.

(Tante lachte herzlich.)

Nun wieder an den Anfang der Rezension. Die Vergleichung mit dem jungen Füllen usw. Durchgeschnattert und dabei vielmal ausgerufen: Es ist wahr! er hat recht! ganz exzellent! — Weiter gelesen. — Gut! Meinen Weislingen beurteilt er, wie ich ihn will gelesen haben. — Gut! Besser als Wieland versteht mich doch Keiner! — An der Stelle, wo er wegen der Vermischung der Sprachen in verschiedenen Jahrhunderten getadelt wird, sagte er: Auch recht! auch gut! Aber, wer Teufel anders, als ein Wieland, Lessing, kann mich hierinnen beurteilen? Freilich hat er ganz recht. Ich hab's selber genug gefühlt usw. Die Folge meiner Werke soll's zeigen, ob ich meine Fehler kannte.

Tante: Haben Sie, seit ich zu Düsseldorf war, nicht sonst noch etwas Hübsches im Genre des Göttergesprächs komponiert?

Goethe: Nichts, liebe Tante. Den ‚Satyros‘ — nun, Der war schon vor Ihrer Abreise fertig.

Tante: Gar nichts? Ein dergleichen freundschaftliches Drama. (Sie guckte ihm gerade in die Augen.) Sie sind aufrichtig, Goethe! Darum müssen Sie mir's gestehen.

Goethe: Das will ich. Ja, liebe Tante, fragen Sie nur!

Tante: ‚Das Unglück der Jacobi‘?

Goethe: Ja, Das ist wahr. Aber schon lange, ehe ich sie noch alle kannte. Es war bloß auf Anekdoten, auf Wischwaschereien gebaut, Alles von Hörensagen. Ihr alle seid lächerlich mitgespielt. Sie auch, Tante! Niemand als die La Roche, Merck und der Dechant haben's gelesen; und Niemand mehr in der Welt soll es auch zu hören und zu sehen bekommen; es soll nie wieder an das Licht riechen. Es ist auch nicht einmal ausgemacht [= fertig geworden], gilt nicht mehr.

Tante: Aber ich doch muß es hören?

Goethe: Liebe Tante, Das kann unmöglich sein. Verlangen Sie es nicht! — —

Das Weltkind in der Mitten. [Juni und Juli 1774]

Namentlich durch seinen ‚Götz‘ war Goethe schon weithin bekannt geworden, und da er in Frankfurt an einer Kreuzung der Völkerstraßen wohnte, so suchten ihn Gelehrte, Künstler, Schriftsteller von auswärts manchmal auf. Am 23. Juni 1774 erschien Lavater aus Zürich, „Helfer“ d. h. Hülfsgeistlicher an einer dortigen Kirche. Er war acht Jahre älter als Goethe; auch er war weithin bekannt, teils wegen seiner herzlichen frommen Schriften, teils wegen seiner Bemühungen, aus dem Gesicht und der Gestalt (auch aus dem Gange, der Handschrift und den Geberden) des Menschen seine Eigenschaften abzulesen und die Kenntnisse, die er sich dadurch erwarb, zu einer gemeinnützigen Wissenschaft zu gestalten. Jetzt besuchte er die Gesinnungsverwandten am mittleren und unteren Rhein, und Goethe schloß sich ihm an, denn er und Lavater verstanden sich trotz mancher Gegensätze recht gut. Goethe war auch in seiner Art fromm und hätte sich selber für gläubig gehalten, da alles Verneinen, Anzweifeln und Abstreiten in göttlichen Dingen ihm zuwider war; seine pietistischen Freunde ließen ihn jedoch noch nicht für einen Christen gelten, und Goethe spürte selber in Gesellschaft dieser Frommen seinen „liberalen Weltsinn“ als ein Unterscheidendes.

Während Goethe mit Lavater herumstreifte oder im Emser Bade vergnügter Tage genoß, traf ein anderer berühmter Schriftsteller und Geisterbeweger: Basedow, in Frankfurt ein. Goethe sah ihn dort bei seiner Rückkehr; als nun auch Basedow nach Ems reiste, fuhr Goethe auch wieder dahin, am 15. Juli. Sogleich begannen nun auch wieder allerlei fröhliche Streiche. Öfters reizte Lavater seine Tischnachbarn, sich über Goethes Schriften auszusprechen, ohne sie wissen zu lassen, daß Goethe dabei sitze; einmal verkleidete sich Goethe in einen Landgeistlichen oder Landschulmeister und einen anwesenden Freund in dessen Eheweib; die Beiden erschienen abends in der Gesellschaft und

zeichneten sich so sehr durch übertriebene Demut und Höflichkeit
aus, daß die Andern nicht aus dem Lächeln und Kichern her-
auskamen. Von den übrigen Abenden heißt es: „Es ward
unmäßig getanzt . . . an Abend-, Mitternacht- und Morgen-
ständchen fehlte es auch nicht."

Zwischendurch las Lavater Goethes neuen Roman in der
Handschrift: ‚Die Leiden des jungen Werthers‘, oder Goethe
sprach seine neuesten Gedichte: „Es war ein König in Thule"
oder „Es war ein Buhle frech genung" oder „Hoch auf dem
alten Turme steht des Helden alter Geist."

Am 18. Juli fuhr er mit Lavater und Basedow in einem
Schifflein die Lahn abwärts, dann ein Stückchen den Rhein
hinab bis Koblenz. Er hatte sein Vergnügen, die beiden seltsamen Nachbarn zu beobachten: Lavater immer lieb, zart, duldsam, klaren Auges und höchst reinlich in der Kleidung — Basedow
dagegen rauchte beständig einen schlechten Tabak und setzte seine
Pfeife immer wieder durch widrig dunstenden Schwamm in
Brand; auch sonst gab er nichts auf sein Äußeres; aus seinem
zusammengepackten Gesicht blickte ein scharfes Auge hervor; eine
heftige, rauhe Stimme bellte den Gegner an, und er behandelte
fast alle Leute wie Gegner, weil er am Widerreden sein größtes
Vergnügen hatte. Seine Geistesgaben waren sehr groß, seine
Unterhaltung höchst anregend, und das Streben, dem er jetzt
seine Kraft widmete, höchst rühmlich; er wollte nämlich durch
eine natürlichere und geistvollere Erziehung der Kindheit und
Jugend den zahllosen Übeln der Zeit entgegenwirken. Jetzt war er
auf einer Missionsreise für sein Erziehungswerk unterwegs, und er
hätte sich auch manchen freigebigen Gönner erwerben können, wenn
er seine Beredsamkeit nur auf dem Gebiete der Lehre und Schule
erprobt hätte. Aber er war zugleich ein religiöser Aufklärer
und konnte es nicht lassen, die Gläubigen mit seinen Angriffen
zu plagen. So auch im Gasthofe zu Koblenz, wo er einen hart-
näckigen Tanzmeister durchaus zum Gegner der Kindertaufe

72

machen wollte — während Lavater einem Landgeistlichen die Herrlichkeiten der „Offenbarung Johannis' anpries. Goethe horchte
bald rechts, bald links, und diese Stunde gefiel ihm so, daß er sie
in einem Gedichte festhielt:

Zwischen Lavater und Basedow
Saß ich bei Tisch, des Lebens froh.

Herr Helfer, der war gar nicht faul,
Setzt sich auf einen schwarzen Gaul,
Nahm einen Pfarrer hinter sich
Und auf die Offenbarung strich,
Die uns Johannes der Prophet
Mit Rätseln wohl versiegelt hätt.
Er öffnet' die Siegel kurz und gut,
Wie man Theriaksbüchsen öffnen tut,
Und maß mit einem heilgen Rohr
Die Kubus-Stadt und Perlen-Tor
Dem hoch erstaunten Jünger vor.

Ich war indes nicht weit gereist,
Hatt' ein Stück Salmen aufgespeist.

Vater Basedow unter dieser Zeit
Packt einen Tanzmeister an seiner Seit
Und zeigt ihm: was die Taufe klar
Bei Christ und seinen Jüngern war
Und daß sich's gar nicht ziemet jetzt,
Daß man den Kindern die Köpfe netzt.
Drob ärgert sich der Andre sehr
Und wollte gar nichts hören mehr,
Und sagt, es müßt ein jedes Kind,
Daß in der Bibel anders stünd.

Und ich, behaglich unterdessen
Hatt' einen Hahnen aufgefressen.

Und, wie nach Emmaus, weiter ging's
Mit Sturm- und Feuerschritten:
Prophete rechts, Phrophete links,
Das Weltkind in der Mitten!

Einige Tage später wurde ein Arzt in Elberfeld, Dr. Jung, am frühen Morgen in einen Gasthof gerufen: ein Fremder bedürfe seiner Hülfe. Man führte ihn in das Zimmer, und er fand den Kranken mit einem dicken Tuch um den Hals und den Kopf in Tücher verhüllt. Der Fremde streckte die Hand aus dem Bette und bat mit schwacher Stimme: „Herr Doktor, fühlen Sie mir einmal den Puls; ich bin gar krank und schwach." Der Arzt fühlte den Puls und sagte dann erstaunt: „Ich finde gar nichts; der Puls geht ganz ordentlich!"

Bei diesen Worten hatte aber auch schon der Kranke die Tücher vom Kopf gerissen, er sprang aus dem Bette und dem Doktor um den Hals. Es war Goethe. Die Beiden kannten sich von Straßburg her. Jung, ein armer Schneidersohn, der sich mühsam hinaufarbeitete, hatte Goethen viel zu danken und freute sich nun von Herzen, als er diesen guten Menschen wiedersah.

Goethe war, als Basedow nach Neuwied abbog, mit Lavater nach Mühlheim am Rhein gefahren. Von da begab er sich allein nach Düsseldorf, um die Brüder Jacobi zu besuchen, die er als Dichter und Schriftsteller kannte. Hier vernahm er, sie seien gerade in Elberfeld; also fuhr auch er dorthin.

Nun ereignete es sich zufällig, daß an diesem Vormittag auch Lavater in Elberfeld eintraf. Einige Fromme des Landes begleiteten ihn. Andere wurden herbeigerufen, und nachmittags saßen sie alle in der großen Stube des Kaufmanns Caspari zu gottseligem Gespräch beisammen. Aber nicht bloß die Pietisten, zu denen auch Dr. Jung gehörte, sondern auch dessen Gast und

74

Lavaters Freund Goethe und außerdem Goethes Freund Fritz
Jacobi und in dessen Gesellschaft auch dessen Freund Heinse, ein
talentvoller Dichter, Verfasser von höchst heidnischen, wollüstigen
Romanen. Die Einheimischen wußten nicht recht, welches
Geistes Kinder unter ihnen saßen; umsomehr waren Heinse und
Goethe im Innern belustigt, wenn ihre Augen über die wunderliche Gesellschaft glitten. Goethe hielt es schließlich auf seinem
Stuhle nicht aus, tanzte um den Tisch her, machte Gesichter und
verbarg gar nicht mehr, wie sehr ihn dieser Zirkel gaudierte. Die
Elberfelder aber glaubten: der Mensch müsse nicht recht klug
sein, und flüsterten wohl ein: Gott sei bei uns! für sich. Dr. Jung
aber und Lavater, die Goethes Wesen schon kannten, hätten am
liebsten laut aufgelacht, wenn ein Elberfelder den Narren mit
starren, gleichsam bemitleidenden Augen ansah und Goethe dann
mit großem, hellem Blick erwiderte.

Es dauerte aber nicht lange, so fühlten sie sich alle wie gute
Freunde. Der Frömmste im Kreise war der Rektor Hasenkamp
aus Duisburg; da er jetzt einen Dichter vor sich hatte, begann
er über Klopstocks Messiade zu reden: ob nicht die scholastischen
Ideen von lauter Schriftwahrheiten ersetzt werden könnten? Dann
von Gellert, der eine Komödie: ‚Die Betschwester‘ geschrieben: ob
nicht Goethe ein Stück: ‚Der Gebetsverehrer‘ schreiben wolle?
Goethe wies es nicht von sich; aber er rühmte den angegriffenen
Klopstock laut; dann strich er im Übermut auch den anwesenden
Dichter Heinse heraus und schließlich ging er auf Lavater zu,
umarmte ihn und küßte ihn zärtlich.

Lavater zog dann mit den Frommen weiter, in eine Bet-
stunde zum Pfarrer Müller in Wichlinghausen; Goethe, Jacobi
und Heinse legten ihre Sättel auf und ritten nach Düsseldorf zu.
In seiner Manteltasche hatte Goethe jetzt neben seinen eigenen letzten
Gedichten eine neue Handschrift: Dr. Jung hatte ihm seine bisherige Lebensgeschichte, die er aufgeschrieben, mitgegeben. Nach
einigen Jahren gab Goethe das Buch von überflüssigem Beiwerk

gereinigt in Druck und überraschte den Verfasser, der gerade
wieder in Geldnöten war, mit dem Honorar. Das Buch erwarb
sich großen Ruhm: ‚Henrich Stillings Jugend, eine wahrhafte
Geschichte' hieß es, und „Jung-Stilling", wie Dr. Jung sich nunmehr nannte, ließ nun noch viele andere Schriften folgen.

Der Meister einer ländlichen Schule. [1774]

Wir lasen eben, wie Goethe im Emser Bade unter der
Maske eines ländlichen Pfarrers oder Schulmeisters auftrat.
Er hat diese Gestalt auch in Versen vorgestellt und zu einer
Parabel benutzt:

Ein Meister einer ländlichen Schule
 Erhub sich einst von seinem Stuhle
Und hatte fest sich vorgenommen,
In bessere Gesellschaft zu kommen;
Deswegen er im nahen Bad
In den sogenannten Salon eintrat.
Verblüfft war er gleich an der Tür',
Als wenn's ihm zu vornehm widerführ',
Macht daher dem ersten Fremden rechts
Einen tiefen Bückling, es war nichts Schlecht's!
Aber hinten hätt' er nicht vorgesehn,
Daß da auch wieder Leute stehn,
Gab einem zur Linken in den Schoß
Mit seinem Hintern einen derben Stoß.
Das hätt' er schnell gern abgebüßt;
Doch wie er eilig Den wieder begrüßt,
So stößt er rechts einen Andern an:
Er hat wieder Jemand was Leids getan!
Und wie er's Diesem wieder abbittet,
Er's wieder mit einem Andern verschüttet.

76

Und komplimentiert sich zu seiner Qual,
Von hinten und vorn so durch den Saal,
Bis ihm endlich ein derber Geist
Ungeduldig die Türe weist.

Möge doch Mancher in seinen Sünden
Hiervon die Nutzanwendung finden!

•

Da er nun seine Straße ging,
Dacht' er: „Ich machte mich zu gering —
Will mich aber nicht weiter schmiegen —
Denn wer sich grün macht, Den fressen die Ziegen." —
So ging er gleich frisch querfeldein,
Und zwar nicht über Stock und Stein,
Sondern über Acker und gute Wiesen,
Zertrat Das alles mit laatschen Füßen.

Ein Besitzer begegnet ihm so
Und fragt nicht weiter wie? noch wo?
Sondern schlägt ihn tüchtig hinter die Ohren.

„Bin ich doch gleich wie neugeboren!"
Ruft unser Wandrer hochentzückt.
„Wer bist du, Mann, der mich beglückt?
Möchte mich Gott doch immer segnen,
Daß mir so fröhliche Gesellen begegnen!"

Der Sektenbruder. [1774]

Frankfurt war eine lutherische Stadt, doch wurden Katholiken
und Reformierte geduldet, sowie auch die Juden in ihrer Gasse.
Zwischen den abgesonderten Konfessionen war kein Streit; wohl
aber teilten sich die Lutherischen, soweit sie eifrig waren, in
Orthodoxe und Pietisten. Diese letzteren, unter ihnen besonders
auch Herrnhuter, fanden sich meist in den höheren Klassen; sobald die pietistische Bewegung in die Handwerkerkreise und das

niedere Volk eindrang, wurde sie radikaler: man trat in schärferen
Gegensatz zur Kirche und zu den Vornehmen, schalt heftig auf
die bezahlten Pfaffen und erfreute sich am eigenen Besserwissen
und Salbadern. Unter sitzenden Handwerkern: Schneidern und
Schustern, waren von je die Grübler und Propheten häufig, jetzt
also auch die pietistischen Separatisten. Goethe kannte solche
Leute in der Vaterstadt, und als er eines Tages begann, die
Geschichte des ewigen Juden und darin das Verhalten der
Menschen zur Religion zu zeigen, drängten sich diese Frankfurter
Nachbarn ganz natürlich vor seine Phantasie, denn das Volks-
buch von Ahasver, dem ewigen Juden, erzählte ja, daß dieser
Mann ein Schuster und ein frommer Eiferer gewesen sei.

In Judäa, dem heiligen Land,
War einst ein Schuster wohlbekannt
Wegen seiner Herzfrömmigkeit
Zur gar verdorbnen Kirchenzeit.
War halb Essener, halb Methodist,
Herrnhuter, mehr Separatist,
Denn er hielt viel auf Kreuz und Qual:
Genug er war Original
Und aus Originalität
Er andern Narren gleichen tät.

Die Priester vor so vielen Jahren
Waren, als wie sie immer waren
Und wie ein Jeder wird zuletzt,
Wenn man ihn hat in ein Amt gesetzt.
War er vorher wie ein Ameis krabblich,
Und wie ein Schlänglein schnell und zabblich.
Wird er hernach in Mantel und Kragen
In seinem Sessel sich wohl behagen;
Und ich beschwöre bei meinem Leben:
Hätte man Sankt Paulen ein Bistum geben,

Poltrer wär' worden ein fauler Bauch
Wie caeteri confratres auch.

Der Schuster aber und Seinesgleichen
Verlangten täglich Wunder und Zeichen.
Daß einer pred'gen sollt' für Geld,
Als hätt' der Geist ihn hingestellt!
Nickten die Köpfe sehr bedenklich
Über die Tochter Zion kränklich,
Daß ach! auf Kanzel und Altar
Kein Moses und kein Aaron war,
Daß es dem Gottesdienste ging,
Als wär's ein Ding wie ein ander Ding,
Das einmal nach dem Lauf der Welt
Im Alter dürr zusammenfällt.

„O weh der großen Babylon!
„Herr, tilge sie von deiner Erden!
„Laß sie im Pfuhl gebraten werden!
„Und, Herr, dann gieb uns ihren Thron!"
So sang das Häuflein, kroch zusammen,
Teilten so Geist's- als Liebesflammen.
Gafften und langeweilten nun —
Hätten Das auch können im Tempel tun.
Aber das Schöne war dabei:
Es kam an Jeden auch die Reih,
Und wie sein Bruder welscht' und sprach,
Durft er auch welschen eins hernach.
Denn in der Kirche spricht erst und letzt
Der, den man hat hinauf gesetzt,
Und gläubigt euch und tut so groß
Und schließt euch an und macht euch los:
Und ist ein Sünder wie andre Leut —
Ach, und nicht einmal so gescheut!

Von der Wiederkehr des Heilands. [1774]

Nach den Separatisten die angestellten Hirten und Ober-
hirten! Der Dichter erzählt von Christus, der auf die Erde zurückgekehrt sei. Zuerst besuchte er die katholischen Länder; nun tritt
er auf lutherisches Gebiet über. Unterwegs gesellt sich ein be-
häbiger Pastor zu ihm, der gerade zum Superintendenten geht.

Er war nunmehr der Länder satt,
  Wo man so viele Kreuze hat
Und man vor lauter Kreuz und Christ
Ihn eben und sein Kreuz vergißt.
Er trat in ein benachbart Land,
Wo er sich nur als Kirchfahn fand,
Man aber sonst nicht merkte sehr,
Als ob ein Gott im Lande wär'.
Wie man ihm denn auch bald beteuert:
Aller Sauerteig sei hier ausgescheuert,
Befurcht' er, daß das Brot so lieb
Wie ein Matzkuchen sitzen blieb.

  Davon sprach ihm ein geistlich Schaf,
Das er auf hohem Wege traf,
Daß eine macklige Frau im Bett,
Viel Kinder und viel Zehnten hätt,
Der also Gott ließ im Himmel ruhn
Und sich auch was zu gute tun.

  Unser Herr fühlt ihm auf den Zahn,
Fing etlichmal von Christo an:
Da war der ganze Mensch Respekt!
Hätte fast nie das Haupt bedeckt!
Aber der Herr sah ziemlich klar,
Daß er drum nicht im Herzen war,
Daß er dem Mann im Hirne stand
Als wie ein Holzschnitt an der Wand.

Sie waren bald der Stadt so nah,
Daß man die Türme klärlich sah.
„Ach", sprach mein Mann: „hier ist der Ort,
Aller Wünsche sichrer Friedens-Port!
Hier ist des Landes Mittelthron;
Gerechtigkeit und Religion
Spedieren wie der Selzerbrunn
Petschiert ihren Einfluß ringsherum."

Sie kamen immer näher an:
Sah immer der Herr nichts Seinigs dran!
Sein innres Zutraun war gering,
Als wie er einst zum Feigbaum ging —
Wollt aber doch eben weiter gehn
Und ihm recht unter die Äste sehn.

So kamen sie denn unter's Tor,
Christus kam ihnen ein Fremdling vor,
(Hätt' ein edel Gesicht und einfach Kleid).
Sprachen: „der Mann kommt gar wohl weit?"
Fragt ihn der Schreiber: wie er hieß?
Er gar demütig die Worte ließ:
„Kinder, ich bin des Menschen Sohn."
Und ganz gelassen ging davon.
Seine Worte hatten von jeher Kraft:
Der Schreiber stande wie vergafft,
Der Wache war, sie wußt' nicht wie,
Fragt Keiner: „was bedienen Sie?"
Er ging grad durch und war vorbei.

Da fragten sie sich überlei,
Als in Rapport sie's wollten tragen:
„Was tät der Mann Kurioses sagen?" —
„Sprach er wohl unsrer Nase Hohn?" —
„Er sagt: er wär des Menschen Sohn!" —

Sie dachten lang; doch auf einmal
Sprach ein branntwein'ger Korporal:
„Was mögt ihr euch den Kopf zerreißen!
Sein Vater hat wohl Mensch geheißen!"

Christ sprach zu seinem G'leiter dann:

„So führet mich zum Gottesmann,
Den ihr als einen solchen kennt
Und ihn Herr Oberpfarrer nennt!"
Dem Herren Pfaff Das krabbeln tät.
War selber nicht so hoch am Bret.
Hätt' so viel Häut um's Herze ring.
Daß er nicht spürt', mit wem er ging.
Auch nicht einmal einer Erbse groß;
Doch war er gar nicht liebelos
Und dacht: „Kommt Alles ringsherum,
Verlangt er ein Viaticum."

Kamen an's Oberpfarrers Haus,
Stand von uralters noch im Ganzen.
Reformation hätt' ihren Schmaus
Und nahm den Pfaffen Hof und Haus:
Um wieder Pfaffen 'nein zu pflanzen,
Die nur in allem Grund der Sachen,
Mehr schwätzen, wen'ger Grimassen machen.
Sie klopften an, sie schellten an,
Weiß nicht bestimmt, was sie getan.
Genug, die Köchin kam hervor.
Aus der Schürz' ein Krauthaupt verlor,
Und sprach: „der Herr ist im Konvent,
Ihr heut nicht mit ihm sprechen könnt."
„Wo ist denn das Konvent?" sprach Christ —
„Was hilft es euch, wenn ihr's auch wißt?"

Verfetzt die Köchin porrifch drauf.
„Dahin geht nicht eines Jeden Lauf!" —
„Möcht's doch gern wiffen!" tät er fragen.
Sie hätt' nicht Herz es zu verfagen,
Wie er den Weg zur Weiblein Bruft
Von alten Zeiten wohl noch wußt.
Sie zeigt's ihm an und er tät gehn. — — —

Ein lutherifcher Geiftlicher fpricht: [Vor 1777]

Heiliger lieber Luther,
  Du fchabteft die Butter
Deinen Gefellen vom Brot!
Das verzeih' dir Gott!!

Der Heilige und der Faun. [Um 1775]

In der Wüfte ein heiliger Mann
  Zu feinem Erftaunen tät treffen an
Einen ziegenfüßigen Faun. Der fprach:
„Herr, betet für mich und meine Gefährt',
Daß ich zum Himmel gelaffen werd',
Zur Seligen Freud': uns dürftet danach!"

Der heilige Mann dagegen fprach:
„Es fieht mit deiner Bitte gar gefährlich,
Und gewährt wird fie dir fchwerlich.
Du kommft nicht zum Englifchen Gruß:
Denn du haft einen Ziegenfuß."

Da fprach hierauf der wilde Mann:
„Was hat euch mein Ziegenfuß getan?
Sah ich doch manche ftrack und fchön
Mit Efelsköpfen gen Himmel gehn!"

Wie's auf Erden und im Olymp zugeht.

[Sommer 1774]

(Prolog zum neu-eröffneten moralisch-politischen Puppenspiel.)

Ach, schau' sie! guck sie! komm herbei!
    Der Papst und Kaiser und Klerisei
Haben lange Mäntel und lange Schwänz',
Paradieren mit Eichel- und Lorbeerkränz',
Trottieren und stauben zu hellen Schaaren,
Machen ein Gezwatzer als wie die Staaren,
Drängt Einer sich dem Andern vor,
Deutet Einer dem Andern ein Eselsohr.
Da steht das liebe Publikum
Und sieht erstaunend auf und um:
Was all der tollen Reuterei
Für Anfang, Will' und Ende sei.

Oho! Sa sa! Zum Teufel zu!
O weh! laß ab! laß mich in Ruh!
Herum, heraus, hinab, hinein —
Das muß ein Schwarm Autoren sein!

„O Herr! Man krümmt und krümmt sich so,
Zabbelt wie eine Laus, hüpft wie ein Floh
Und fliegt einmal und kriecht einmal:
Und endlich läßt man euch in Saal.
Sei's Kammerherr nun, sei's Lakai:
Genug, daß einer drinnen sei!"

Nun weiter auf, nun weiter an!
Wie's tummelt auf der Ehrenbahn!

Ach sieh! wie schöne pflanzt sich ein
Das Völklein dort im Schattenhain!
Ist wohl zu recht und wohlzumut,

Zäunt Jeder sich sein kleines Gut,
Beschneid't die Nägel in Ruh und Fried'
Und singt sein Klimpimpimperlied.

Da kommt ein Flegel ihm auf den Leib,
Frißt seine Apfel, beschläft sein Weib —
Sich drauf die Bürgerschaft rottiert:
Gebrüllt, gewetzt und Krieg geführt!
Und Höll' und Erd bewegt sich schon:

Da kommt euch ein Titanensohn
Und packt den ganzen Hügel auf
Mit Städt' und Wäldern und allem Hauf,
Mit Schlachtfeldslärm und liebem Sang —
Es wankt die Erde, dem Volk wird bang —
Und trägt sie eben in einem Lauf
Zum Schemel den Olymp hinauf!

Deß wird Herr Jupiter ergrimmt:
Den ersten besten Strahl er nimmt
Und schmeißt den Kerl die Kreuz und Quer
Hurlurli-burli in's Tal daher!

Und freut sich seines Siegs so lang,
Bis Juno ihm macht wieder bang.

So ist die Eitelkeit der Welt!
Ist Keines Reich so festgestellt,
Ist keine Erdenmacht so groß:
Fühlt Jeder doch sein Endelos!

Drum treib's ein Jeder wie er kann!
Ein kleiner Mann ist auch ein Mann!
Der Hoh' stolziert, der Kleine lacht:
So hat's ein Jeder wohlgemacht!

Genialisch Treiben. [Vor 1705]

So wälz' ich ohne Unterlaß,
   Wie Sankt Diogenes, mein Faß.
Bald ist es Ernst, bald ist es Spaß;
Bald ist es Lieb', bald ist es Haß;
Bald ist es Dies, bald ist es Das;
Es ist ein Nichts, und ist ein Was.
So wälz' ich ohne Unterlaß,
Wie Sankt Diogenes, mein Faß.

An Schwager Kronos. [10. Oktober 1774.]

Der Sänger von ‚Wanderers Sturmlied‘ sah sich zuweilen auch in der Postkutsche. Da ist man hübsch sicher vor Wind, Schnee und Regen und dem „Sohn des Wassers und der Erde“ — aber eingesperrt! Der Lenker der Pferde ist unser Diener, aber er beherrscht uns viel mehr als, daß er dient. Dieser Postillon ist ja der Herr über die Z e i t des im Kasten Eingeschlossenen; oft genug ist die Straße glatt, führt sie bergab. Jener aber „haudert“ langsam weiter: er schont wie ein Hauderer (Lohnfuhrmann) Pferde und Wagen. In der aufgeregten Phantasie des Dichters wächst sich der saumselige „Schwager“ aus zu einem Gott der träge dahinschleichenden Zeit, zu einem „Schwager Kronos“; und beide treibt nun der Dichter mit zornigen Worten an. Nur für zweierlei Aufenthalt ist er nicht böse: da, wo eine weite Aussicht auf Welt und Himmel sich eröffnet, und da, wo ein hübsches Mädchen den Kutscher wie den Fahrgast mit kühlem Trunke und freundlichen Blicken labt. Dann aber frisch weiter! Und endlich in's Dunkle, in die „Hölle“ hinab! Rasch hinab, so lange das Auge noch vom Licht erfüllt ist, ehe das Greisenalter den Körper halb zerstört und den Geist aller Begeisterung beraubt hat. Mit der Hölle ist nicht der christliche Strafort gemeint, sondern die Unterwelt.

wie sie die alten Germanen sich ausmalten, auch wohl einmal die
Israeliten. Bei Jesaias (Kap. 14) heißt es vom besiegten König
von Babel: „Die Hölle drunten erzitterte vor dir, da du ihr
entgegenkamest. Sie erwecket dir die Toten, alle Gewaltigen
der Welt, und heißet alle Könige der Heiden von ihren Stühlen
aufstehen, daß Dieselbigen alle untereinander reden: Du bist
auch geschlagen gleich wie wir . . . . wie bist du vom Himmel
gefallen, schöner Morgenstern!“ Und ähnlich lautet es in einem
skaldischen Todesgesange König Hakos, übersetzt von Herder:
„»Hermoder und Braga!« sprach Odin, »geht dem König entgegen! Es kommt ein König, ein Held im Ruhme zu unsrer
Hall!« . . . Die Götter alle willkommen ihn hießen, den guten
König, und standen auf.“

So drückt das Gedicht die gleiche Stimmung .und Lebens-
anschauung aus wie später das Drama ‚Egmont‘. Vgl. S. 185.
Es ist ein Bekenntnis zum raschen, fröhlichen, starken Leben und
ein Wunsch, zu sterben, ehe die Kraft erlischt.

Die Sprache ist schwer verständlich wie bei ‚Wanderers
Sturmlied‘, und zwar aus demselben Gründen. Die antikische
Gesinnung reizte zu antikischer Wortstellung und Redeweise;
namentlich aber drückt das Übereinanderstolpern der Worte auch
die Hast der Gedanken aus; dergleichen Gedichte wollen nicht
verstanden werden wie wissenschaftliche Prosa, sondern müssen
vom Gefühl des Dichters zum Gefühl des Hörers überspringen.

Spude dich, Kronos!
   Fort den rasselnden Trott!
Bergab gleitet der Weg;
Ekles Schwindeln zögert
Mir vor die Stirne dein Haudern!
Frisch, den holpernden —
Stock, Wurzeln, Steine — den Trott
Rasch in's Leben hinein!

Nun schon wieder?
Den eratmenden Schritt
Mühsam Berg hinauf?
Auf denn! nicht träge denn!
Strebend und hoffend an!

Weit, hoch, herrlich der Blick!
Rings ins Leben hinein — — —
Vom Gebürg zum Gebürg — — —
Über der ewige Geist, — — —
Ewigen Lebens ahndevoll.

Seitwärts des Überdachs Schatten
Zieht dich an,
Und der Frischung verheißende Blick
Auf der Schwelle des Mädchens da?
Labe dich! Mir auch, Mädchen,
Diesen schäumenden Trunk
Und den freundlichen Gesundheitsblick!

Ab dann, frischer hinab!
Sieh, die Sonne sinkt!
Eh' sie sinkt, eh' mich faßt
Greisen im Moore Nebelduft,
Entzahnte Kiefer schnattern
Und das schlockernde Gebein.

Trunknen vom letzten Strahl
Reiß' mich, ein Feuermeer
Mir im schäumenden Aug',
Mich Geblendeten, Taumelnden
In der Hölle nächtliches Tor.

Töne, Schwager, dein Horn,

Raff'le den schallenden Trub,

Daß der Orkus vernehme: ein Fürst kommt,

Drunten von ihren Sitzen

Sich die Gewaltigen lüften!

Erste Bekanntschaft mit Herzog Karl August.

Am 11. Dezember 1774 trat in der frühen Abenddämmerung ein hochgewachsener, wohlgebildeter Mann in Goethes Vaterhaus und ließ sich in des Dichters Stube führen. „Fritz Jacobi, bist du's?“ Aber es war ein Fremder, der sich als ein Hauptmann v. Knebel vorstellte. Früher sei er in preußischen Diensten und dabei mit den Berliner Schriftstellern in fleißigem Verkehr gewesen; seit kurzem sei er in Weimar als Begleiter des Prinzen Konstantin angestellt.

Von Weimar hatte Goethe schon viel gehört. Die Fremden, die dort gewesen waren, rühmten, daß die Herzogin-Regentin zur Erziehung ihrer beiden Söhne die vorzüglichsten Männer berufen, daß sie die Künste liebe und übe, daß eines der besten deutschen Theater dort bestehe, daß Wieland sehr fleißig und wirksam sei, Licht in die Köpfe zu bringen und doch auch seinen Lesern Vergnügen zu bereiten. Die allerneueste Kunde war allerdings schlimm gewesen: daß das herzogliche Schloß niedergebrannt sei, damit auch das Hoftheater, weshalb dann die Theatergesellschaft die Stadt verlassen habe.

Nach all diesen Dingen fragte Goethe seinen Gast aus, und als er hinzufügte, er möchte wohl über die weimarischen Verhältnisse noch besser unterrichtet sein, antwortete Knebel: dazu sei just die beste Gelegenheit, denn eben seien der Erbprinz Karl August und sein jüngerer Bruder Konstantin in Frankfurt angelangt, und diese hätten den lebhaften Wunsch, den Dichter des

‚Götz von Berlichingen‘ kennen zu lernen. Ihr Aufenthalt in Frankfurt sei aber nur kurz. Goethe möge sich deshalb sofort umkleiden und mit ihm gehen.

So geschah es. Die Prinzen empfingen ihn freundlich, auch der Leiter der Reise, Graf Görtz, der bisherige Erzieher des Erbprinzen.

Zufällig lag auf einem Tische der erste Teil von Mösers ‚Patriotischen Phantasien‘. Das Buch war erst kürzlich erschienen. Goethe hatte es aber bereits gelesen und durchdacht, während die Anderen nur darin geblättert hatten. Goethe berichtete, wovon der ebenso gelehrte wie vernünftige und wohlwollende Justus Möser ausgehe und wohin er ziele. Wenn man sonst dem Deutschen Reiche Zersplitterung, Anarchie und Ohnmacht vorwarf, so erschien aus dem Möserschen Standpunkte gerade die Menge kleiner Staaten als höchst erwünscht zur Ausbreitung der Kultur im einzelnen und nach den sehr verschiedenen Bedürfnissen, die aus der Lage und Beschaffenheit dieser kleinen Bezirke hervorgehen. Möser erlangte seine Erfahrungen und Urteile immer von seiner Heimat, von Stadt und Stift Osnabrück, und untersuchte immer aus genauer Kenntnis des Vergangenen und Gegenwärtigen, ob eine Veränderung möglich oder wünschenswert sei und wo etwa ein Eingreifen des Reiches nütze oder schade. So dürfte nur jeder Staatsverweser an seinem Orte auf gleiche Weise verfahren, um die Verfassung seines Umkreises und deren Verknüpfung mit Nachbarn und mit dem Ganzen auf’s beste kennen zu lernen und sowohl Gegenwart als Zukunft zu beurteilen.

Da Mösers niedersächsische Verhältnisse erwähnt wurden, stellten die weimarischen Herren ihre obersächsischen dagegen: wie sowohl die Naturprodukte als die Sitten, Gesetze und Gewohnheiten sich von den frühesten Zeiten her anders gebildet und nach der Regierungsform und der Religion bald auf die eine, bald auf die andere Weise gestaltet hätten. Man versuchte, die

Unterschiede von Niedersachsen und Obersachsen sich genauer klar-
zumachen, und war einig, daß dabei Mösers Vorbild sehr er-
sprießlich sein müsse.

Auch als man sich zum Abendessen setzte, wurde dies politische
Gespräch fortgeführt. Mit Vergnügen und Bewunderung bemerkten die weimarischen Herren, daß Goethe, der doch als Dichter
weithin berühmt geworden war, gar kein Bedürfnis zeigte, von
Theaterstücken und Romanen zu reden, sondern daß er einen
praktisch-gemeinnützigen Schriftsteller wie Justus Möser weit
über die Dichter zu stellen schien. Doch bald ging das Gespräch
auch auf andere Gegenstände über; manches Thema klang nur
an, ohne daß man sich daran hätte satt reden können. Da nun
die Herrschaften in Frankfurt nicht verweilen konnten, so nahmen
sie Goethen das Versprechen ab, daß er ihnen nach Mainz folgen
und dort ein paar Tage bleiben wolle.

So geschah es. In Mainz kam denn auch auf neueste
Literatur die Rede und also auch auf Wieland und auf Goethes
derbe Spötterei gegen ihn. Das war ein peinlicher Gegenstand.
Goethe wußte, daß die Prinzen ihren Lehrer Wieland verehrten;
auch ging es gegen den Ruhm Weimars, wenn man, wie Goethe
es getan, seinen einzigen weithin bekannten Schöngeist lächerlich
zu machen suchte; Wielands neue Zeitschrift ‚Der teutsche
Merkur‘ trug ja, da sie sehr viel gelesen wurde, auch sehr viel
dazu bei, daß die Deutschen auf die kleine thüringische Residenz
die Augen richteten. Aber Goethe bemerkte gleich zu Anfang,
daß die Prinzen nach Art der Jugend den ihrem Lehrer gespielten
Streich nicht sehr ernsthaft nahmen, und als er nun erzählte,
wie Alles zugegangen sei, und aufrichtig versicherte, daß auch
er Wieland achte und schätze, war man auch hierüber einig. Mit
Vergnügen hörten die Prinzen zu, als Goethe ihnen schilderte,
wie er und seine besten Freunde solche Neckereien und Ver-
spottungen mit einander trieben, damit sich Keiner gewöhne, zu
gut von sich zu denken und auf seinen Lorbeeren einschlafe.

Man verglich diese Schöngeister-Gesellschaft jenen Flibustiers, welche sich in jedem Augenblick der Ruhe zu verweichlichen fürchteten, weshalb der Anführer, wenn es keine Feinde und nichts zu rauben gab, unter dem Gelagtisch eine Pistole losschoß, damit es auch im Frieden nicht an Wunden und Schmerzen fehlen möge.

Die Tage in Mainz verstrichen sehr angenehm, und als Goethe seinen Eltern Bericht erstattete, bemerkte der Vater mit Sorge, daß zwischen seinem Sohne und dem weimarischen Erbprinzen, der im nächsten Herbst die Regierung antreten sollte, eine herzliche Freundschaft begonnen hatte. Sollte sein Sohn ein Hofmann werden?

Als Bürger einer Freien Reichsstadt redete der alte Goethe mißtrauisch, wo nicht verächtlich von den Fürstenhöfen. »Procul a Jove, procul a fulmine« [weit von Zeus, weit vom Blitz], liebte er zu sagen oder: mit großen Herren sei nicht gut Kirschen essen, worauf dann der Sohn fragte, ob es etwa besser sei, mit einer genäschigen Menge aus einem Korbe zu speisen? Das Thema wurde in Ernst und Scherz soviel behandelt, daß der junge Mann das Für und Wider schließlich in Versen neben einander stellte. Einen A ließ er die republikanische, einen B die monarchische Gesinnung aussprechen:

A: Lang bei Hofe, lang bei Höll!
  B: Dort wärmt sich mancher gute Gesell!
A: So wie ich bin, bin ich mein eigen;
  Mir soll Niemand eine Gunst erzeigen.
    B: Was willst du dich der Gunst denn schämen?
    Willst du sie geben, mußt du sie nehmen!
A: Willst du die Not des Hofes schauen:
  Da, wo dich's juckt, darfst du nicht krauen!
    B: Wenn der Redner zum Volke spricht,
    Da, wo er kraut, da juckt's ihn nicht.
A: Hat einer Knechtschaft sich erkoren,
  Ist gleich die Hälfte des Lebens verloren

92

Ergeb' sich, was da will, so denk' er:
Die andre Hälfte geht auch zum Henker.

    B: Wer sich in Fürsten weiß zu schicken,
Dem wird's heut oder morgen glücken.
Wer sich in den Pöbel zu schicken sucht,
Der hat sein ganzes Jahr verflucht.

A: Wenn dir der Weizen bei Hofe blüht,
So denke nur, daß nichts geschieht.
Und wenn du denkst, du hättest's in der Scheuer,
Da eben ist es nicht geheuer.

    B: Und blüht der Weizen, so reift er auch,
Das ist immer so ein alter Brauch;
Und schlägt der Hagel die Ernte nieder,
's andre Jahr trägt der Boden wieder.

A: Wer ganz will sein eigen sein,
Schließe sich in's Häuschen ein,
Geselle sich zu Frau und Kindern,
Genieße leichten Rebenmost
Und überdies frugale Kost,
Und nichts wird ihn am Leben hindern.

    B: Du willst dem Herrscher dich entziehn?
So sag, wohin willst du denn fliehn?
O nimm es nur nicht so genau!
Denn es beherrscht dich deine Frau,
Und Die beherrscht der dumme Bube:
So bist du Knecht in deiner Stube!

Als stärksten Beweisgrund pflegte der Vater das Schicksal Voltaires auszuspielen, der zuerst bei Friedrich dem Großen in höchster Gunst gewesen und schließlich auf seinen Befehl hier in Frankfurt verhaftet worden sei. Hierauf hätte der Sohn zwar erwidern können, daß Voltaire nicht unschuldig gewesen, aber er schwieg, damit der Vater recht behielt.

Aber nach Weimar führte ihn sein Schicksal dennoch.

Noch Etwas gegen das Hofleben. [1774 bis 1775]

Auch mit seinem Freunde Merck sprach Goethe über die weimarischen Aussichten, und Dieser wird noch schärfer als der Vater die Übel des Hoflebens ausgesprochen haben: „Da, wo's dich juckt, Darfst du nicht krauen!" Merck diente zuweilen als Modell zum Mephistopheles im ‚Faust', daher stimmt Mephistopheles in Auerbachs Keller gerade ein Lied über die Nöte der Fürstendiener an:

Es war einmal ein König,
Der hatt' einen großen Floh,
Den liebt' er gar nicht wenig,
Als wie seinen eignen Sohn.
Da rief er seinen Schneider,
Der Schneider kam heran:
„Da miß dem Junker Kleider
Und miß ihm Hosen an!"

In Sammet und in Seide
War er nun angetan,
Hatte Bänder auf dem Kleide,
Hatt' auch ein Kreuz daran,
Und war sogleich Minister
Und hatt' einen großen Stern.
Da wurden seine Geschwister
Bei Hof' auch große Herrn.

Und Herrn und Fraun am Hofe,
Die waren sehr geplagt,
Die Königin und die Zofe
Gestochen und genagt,
Und durften sich nicht knicken
Und weg sie jucken nicht!
Wir knicken und ersticken
Doch gleich, wenn einer sticht!

94

Künstler=Glückseligkeit.

Gedichte an Merck, als ihn Goethe bewogen hatte, auch noch das Zeichnen zu erlernen.

Lieber Bruder. [4. Dez. 1774]

Wer nicht richtet, sondern fleißig ist,
Wie ich bin und wie Du bist,
Den belohnet auch die Arbeit mit Genuß!
Nichts wird auf der Welt ihm Überdruß!
Denn er bläcket nicht mit stumpfem Zahn
Lang' Gesottnes und Gebratnes an,
Das er, wenn er noch so sittlich kaut,
Endlich doch nicht sonderlich verdaut;
Sondern faßt ein tüchtig Schinkenbein,
Haut da gut taglöhnermäßig drein,
Füllt bis oben gierig den Pokal,
Trinkt und wischt das Maul wohl nicht einmal.

Sieh, so ist Natur ein Buch lebendig,
Unverstanden, doch nicht unverständlich.
Denn Dein Herz hat viel und groß Begehr,
Was wohl in der Welt für Freude wär,
Allen Sonnenschein und alle Bäume,
Alles Meergestad und alle Träume
In Dein Herz zu sammeln miteinander,
Wie die Welt durchwühlend Banks Solander.[1]
Und wie muß Dir's werden, wenn Du fühlest,
Daß Du Alles in dir selbst erzielest?
Freude hast an Deiner Frau und Hunden,
Als wohl Keiner in Elysium gefunden.

---

[1] Josef Banks (1743 bis 1820) und Daniel Solander (1739 bis 1781) waren Naturforscher und Weltreisende.

Als er da mit Schatten lieblich schweifte
Und an goldnen Gottgestalten streifte!
Nicht in Rom, in Magna-Grācia:
Dir im Herzen ist die Wonne da!
Wer mit seiner Mutter, der Natur, sich hält,
Find't im Stengelglas wohl eine Welt!

      ✦   ✦   ✦

Mein altes Evangelium   [5. Dez. 1774]
Bring ich Dir hier schon wieder.
Doch mir ist's wohl um mich herum,
Darum schreib' ich Dir's nieder.

Ich holte Gold, ich holte Wein,
Stellt Alles da zusammen:
Da, dacht ich, da wird Wärme sein,
Geht mein Gemäld' in Flammen!
Auch tät ich bei den Schätzen hier
Viel Glut und Reichtum schwärmen . . .
Doch Menschenfleisch geht Allem für [vor]
Um sich daran zu wärmen!

O, daß die innre Schöpfungskraft
Durch meinen Sinn erschölle!
Daß eine Bildung voller Saft
Aus meinen Fingern quölle!
Ich zittre nur, ich stottre nur,
Ich kann es doch nicht lassen!
Ich fühl: ich kenne dich, Natur,
Und so muß ich dich fassen!

Wenn ich bedenk, wie manches Jahr
Sich schon mein Sinn erschließet,
Wie er, wo dürre Heide war,
Nun Freudenquell genießet,

Da ahnd' ich ganz, Natur, nach dir
Dich frei und lieb zu fühlen:
Ein lustger Springbrunn wirst du mir
Aus tausend Röhren spielen,
Wirst alle meine Kräfte mir
In meinem Sinn erheitern
Und dieses enge Dasein hier
Zur Ewigkeit erweitern!

———

(Mit einer Zeichenmappe.)

Hier schick' ich Dir ein teures Pfand,
Das ich mit eigner hoher Hand
Mit Zirkel rein und Lineal
Gefertigt Dir zur Zeichen-Schal'
Und auch zu festem Kraft und Grund
In einer guten Zeichen-Stund.
Nimm's, lieber Alter, auf Dein Knie
Und denke mein, wenn's um dich schwebt,
Wie es in Sympathien hie
Um mein verschwirbelt Hirnchen lebt!
Geb' Gott Dir Lieb zu deinem Pantoffel!
Ehr' jede krüppliche Kartoffel!
Erkenne jedes Dings Gestalt!
Sein Leid und Freud, Ruh und Gewalt!
Und fühle, wie die ganze Welt
Der große Himmel zusammenhält:
Dann Du ein Zeichner, Kolorist,
Haltungs- und Ausdrucks-Meister bist!

Denk- und Trostsprüchlein.

's geschieht wohl, daß man an einem Tag
Weder Gott noch Menschen lieben mag:
Dringt Nichts Dir nach dem Herzen ein —
Sollt's in der Kunst wohl anders sein?

Drum hetz' Dich nicht zur schlimmen Zeit,
Denn Füll' und Kraft sind nimmer weit.
Hast in der schlappen Stund geruht:
Ist Dir die gute doppelt gut!

Lilis Bär. [Februar und März 1775]

Mit einer jungen Dame, die ihren Namen nicht genannt hatte, unterhielt Goethe 1775 einen Briefwechsel — er erfuhr übrigens bald, daß er es mit Gräfin Auguste Stolberg zu tun hatte, einer Schwester jener Brüder Stolberg, die als junge Dichter in Klopstocks Fußtapfen gingen. Am 13. Februar schilderte er dieser noch namenlosen Freundin, wie er lebe:

„Wenn Sie Sich, meine Liebe, einen Goethe vorstellen können, der im galonierten Rock, sonst von Kopf zu Fuße auch in leidlich konsistenter Galanterie, umleuchtet vom unbedeutenden Prachtglanze der Wandleuchter und Kronenleuchter, mitten unter allerlei Leuten, von ein paar schönen Augen am Spieltische gehalten wird, der in abwechselnder Zerstreuung aus der Gesellschaft in's Konzert und von da auf den Ball getrieben wird und mit allem Interesse des Leichtsinns einer niedlichen Blondine den Hof macht, so haben Sie den gegenwärtigen Fastnachts-Goethe. — — —

„Aber nun giebt's noch einen: Den im grauen Biberfrack mit dem braunseidnen Halstuch und Stiefeln, der in der streichenden Februarluft schon den Frühling ahndet, dem nun bald seine liebe weite Welt wieder geöffnet wird, der immer in sich lebend, strebend und arbeitend, bald die unschuldigen Gefühle der Jugend in kleinen Gedichten, das kräftige Gewürze des Lebens in mancherlei Dramas, die Gestalten seiner Freunde und seiner Gegenden und seines geliebten Hausrats mit Kreide auf grauem Papier, nach seiner Maße auszudrücken sucht, weder rechts noch links fragt: was von Dem gehalten werde, was er machte? weil er arbeitend immer gleich eine Stufe höher steigt, weil er nach

98

keinem Ideale springen, sondern seine Gefühle sich zu Fähigkeiten
kämpfend und spielend entwickeln lassen will."

Drei Wochen später schrieb der Maler Georg Melchior
Kraus an einen Freund in Weimar, den Schriftsteller Bertuch,
und erzählte auch von Goethe:

„Goethe ist jetzo lustig und munter in Gesellschaften, geht auf
Bälle und tanzt wie rasend! Macht den Galanten beim schönen
Geschlecht: Das war er sonsten nicht. Doch hat er noch immer
seine alte Laune. Im eifrigsten Gespräch kann ihm einfallen,
aufzustehen, fortzulaufen und nicht wieder zu erscheinen. Er ist
ganz sein, richtet sich nach keiner Menschen Gebräuche. Wenn
und wo alle Menschen in feierlichsten Kleidungen sich sehen lassen,
sieht man ihn im größten Négligé, und ebenso, im Gegenteil. Er
hat seit einem Jahr viel gezeichnet und auch etwas gemalt.
Viele Schattenbilder und auch andere Gesichter in Profil macht
er, trifft öfters recht gut die Gleichheit."

In diesen Bildern ist ein Verliebter gezeichnet. Eine blonde
Sechzehnjährige erregte das Herz des Dichters, Elisabeth oder
Lili Schönemann, Tochter einer reichen Kaufmannswitwe. Lili erwiderte seine Liebe mit ganzem Herzen, aber ihre Mutter war gegen
diese Verbindung und Goethes Eltern nicht sehr dafür; der Unterschied der Religion — denn die Schönemanns waren reformiert
— ward in jenen Kreisen sehr ernst genommen; namentlich aber
paßte der junge Rechtsanwalt Goethe, der mehr Possendichter
als Rechtsanwalt war, nicht in diese Kaufmannskreise hinein:
Das empfand man auf beiden Seiten. Trotzdem galten die
Liebenden eine Zeit lang für Brautleute und hatten vergnügte
Zeiten miteinander. Namentlich im nahen Städtchen Offenbach,
wo Lili an schönen Frühlings- und Sommertagen bei Verwandten
wohnte und Goethe sich dann bei seinem Freunde André ein-
quartierte. Johann André, Seidenfabrikant und Musiker — wir
verdanken ihm die Melodie des Rheinweinliedes „Bekränzt mit
Laub den lieben vollen Becher" — trieb bis in die Nacht seine

Späße am Klavier; das Pärchen saß derweil im dunkeln Winkel und hörte ihm zu, mehr oder weniger aufmerksam. Eines Abends kam Goethe in so aufgeregt-lustige Stimmung, daß er sich in ein weißes Laken einband und dann hohe Stelzen bestieg und im Mondenscheine durch die Straßen des Städtchens schritt: bei manchem niedrigen Hause blickte er in die Fenster des Obergeschosses, zu nicht geringem Erschrecken der Bewohner. Ein andermal spazierte er in Kleidung einer Dame mit langer Schleppe herum. Öfter aber fühlte er sich als den Gegenstand des Spieles, und seine junge blonde Lili war die Spielerin und Herrin. Als er ihrer Tante einmal von Frankfurt den gewünschten Käse schickte, schrieb er: „Da ist Käs, liebe Frau, und gleich in Keller mit ihm! , Der Kerl ist wie ich: so lang er die Sonne nicht spürt und ich Lili nicht sehe, so sind wir feste, tapfre Kerls." Ein andermal fragte er in einem Gedichte an diese Tante, was er in Offenbach so oft mündlich vorbrachte:

> Frau Dorville, wo mag Lili sein?
>
> Ist sie in ihrer Stub' allein?

Wie oft suchte er sich loszureißen! Lili aber hatte ihn am Bändchen. Und es schien, als ob sie solche Gewalt über alle Wesen habe. Goethe erleichterte sich auch diese Not, indem er sie dichterisch darstellte.

Lilis Park.

> Ist doch keine Menagerie
>
> So bunt als meiner Lili ihre!
>
> Sie hat darin die wunderbarsten Tiere
>
> Und kriegt sie 'rein, weiß selbst nicht wie.
>
> O wie sie hüpfen, laufen, trappeln,
>
> Mit abgestumpften Flügeln zappeln,
>
> Die armen Prinzen allzumal
>
> In nie gelöschter Liebesqual!
>
> „Wie hieß die Fee? Lili?" — Fragt nicht nach ihr!
>
> Kennt ihr sie nicht, so danket Gott dafür!

Welch ein Geräusch! Welch ein Gegacker,
Wenn sie sich in die Türe stellt
Und in der Hand das Futterkörbchen hält.
Welch ein Gequiek, welch ein Gequacker!
Alle Bäume, alle Büsche scheinen lebendig zu werden:
So stürzen sich ganze Herden
Zu ihren Füßen. Sogar im Bassin die Fische
Patschen ungeduldig mit den Köpfen heraus.
Und sie streut dann das Futter aus
Mit einem Blick, Götter zu entzücken,
Geschweige die Bestien! Da gehts an ein Picken,
An ein Schlürfen, ein Hacken;
Sie stürzen einander über die Nacken,
Schieben sich, drängen sich, reißen sich,
Jagen sich, stängen sich, beißen sich,
Und Das um ein Stückchen Brot,
Das, trocken, aus den schönen Händen schmeckt,
Als hätt es in Ambrosia gesteckt.

Aber der Blick auch! der Ton,
Wenn sie ruft Pipi! Pipi!,
Zöge den Adler Jupiters vom Thron!
Der Venus Taubenpaar,
Ja, der eitle Pfau sogar,
Ich schwöre: sie kämen,
Wenn sie den Ton von weitem nur vernähmen.

Denn so hat sie aus des Waldes Nacht
Einen Bären, ungeleckt und ungezogen,
Unter ihren Beschluß herein betrogen,
Unter die zahme Kompanie gebracht
Und mit den Andern zahm gemacht.
(Bis auf einen gewissen Punkt versteht sich!)

Wie schön und ach! wie gut
Schien sie zu sein! Ich hätte mein Blut
Gegeben, um ihre Beete zu begießen!

„Ihr sagtet i ch! Wie? Wer?" —
Gut denn, ihr Herrn, gradaus: Ich bin der Bär!
In einem Filetschurz gefangen!
An einem Seidenfaden ihr zu Füßen!
Doch, wie Das alles zugegangen,
Erzähl ich euch zur andren Zeit —
Dazu bin ich zu wütig heut.

Denn ha! steh ich so an der Ecke
Und hör' von weitem das Geschnatter,
Seh' das Geflitter, das Geflatter,
Kehr ich mich um
Und brumm'
Und renne rückwärts eine Strecke
Und seh mich um
Und brumm'
Und laufe wieder eine Strecke —
Und kehr' doch endlich wieder um.

Dann fängt's auf einmal an zu rasen,
Ein mächtiger Geist schnaubt aus der Nasen,
Es wildzt die innere Natur.
Was! du ein Bär! Ein Häschen nur!
So ein Pipi! Eichhörnchen, Nuß zu knacken!
Ich sträube meinem borst'gen Nacken,
Zu dienen ungewöhnt.
Ein jedes aufgestutztes Bäumchen höhnt
Mich an, ich flieh vom Bowling Green,
Vom niedlich glatt gemähten Grase.
Der Buchsbaum zieht mir eine Nase!
Ich flieh in's dunkelste Gebüsch dahin,

Durch die Häge zu dringen,
Über die Planken zu springen!
Mir versagt Klettern und Sprung.
Ein Zauber bleit mich nieder,
Ein Zauber häkelt mich wieder.
Ich arbeite mich ab, und bin ich matt genung,
Dann lieg ich an gekünstelten Kaskaden,
Und käu' und wein' und wälze halb mich tot —
Und ach! es hören meine Not
Nur porzellanene Dreaden.

Auf einmal! Ach, es dringt
Ein seliges Gefühl durch alle meine Glieder:
Sie ist's, die dort in ihrer Laube singt!
Ich hör' die liebe, liebe Stimme wieder,
Die ganze Luft ist warm, ist blütevoll.
Ach, singt sie wohl, daß ich sie hören soll?
Ich dringe zu, tret' alle Sträuche nieder,
Die Büsche fliehn, die Bäume weichen mir,
Und so — zu ihren Füßen liegt das Tier.

Sie sieht es an: „Ein Ungeheuer! Doch drollig!
Für einen Bären, hm, zu mild,
Für einen Pudel zu wild,
So zottig, täpsig, knollig!"
Sie streicht ihm mit dem Füßchen über'n Rücken:
Er denkt, im Paradiese zu sein.
Wie ihn alle sieben Sinnen jucken!
Und sie sieht ganz gelassen drein.
Ich küß' ihre Schuhe, kau' an den Sohlen
So sittig, als ein Bär nur mag;
Ganz sachte heb' ich mich und schmiege mich verstohlen
Leis an ihr Knie — am günstgen Tag
Läßt sie's geschehn und kraut mir um die Ohren
Und patscht mich mit mutwillig-derbem Schlag;

Ich knurr' in Wonne neugeboren.
Dann fordert sie mit süßem, eitlem Spotte:
Allons tout doux! eh la menotte!
Et faites Serviteur,
Comme un joli Seigneur![1])
So treibt sie's fort mit Spiel und Lachen:
Es hofft der oft betrogne Tor —
Doch will er sich ein Bißchen unnütz machen,
Hält sie ihn kurz als wie zuvor.

Doch hat sie auch ein Fläschchen Balsamfeuers,
Dem keiner Erde Honig gleicht,
Wovon sie wohl einmal, von Lieb und Treu erweicht,
Um die verlechzten Lippen ihres Ungeheuers
Ein Tröpfchen mit der Fingerspitze streicht
Und wieder flieht und mich mir überläßt
Und ich dann, losgebunden-fest,
Gebannt bin, immer nach ihr ziehe,
Sie suche, schaudre, wieder fliehe!
So läßt sie den zerstörten Armen gehen,
Ist seiner Lust, ist seinen Schmerzen still,
Ha! manchmal läßt sie mir die Tür' halb offen stehen,
Seitblickt mich spottend an, ob ich nicht fliehen will?

Und ich? Götter, ist's in euren Händen,
Dieses dumpfe Zauberwerk zu enden?
Wie dank' ich, wenn ihr mir die Freiheit schafft!
Doch sendet ihr mir keine Hülfe nieder.
Nicht ganz umsonst reck' ich so meine Glieder!
Ich fühl's! Ich schwör's: noch hab' ich Kraft!

---

[1]) Komm' hübsch sachte, gib das Pfötchen, mach deinen
Diener wie ein feiner Herr!

Vagabundenpoesie. (Frühjahr 1775)

Um 1774 waren Singspiele beliebt, in denen einzelne Handwerke auf die Bühne gebracht wurden: Schuster, Hufschmiede, Töpfer, Faßbinder, Jäger, Fischer. Da bekam Goethe Lust, im Gegensatz dazu romantische Gegenstände zu bearbeiten, nämlich das Leben der Räuber, Strolche, Freibeuter, in seiner Wildheit, Fröhlichkeit und Natürlichkeit zu zeigen, namentlich aber auch, was damals in der deutschen Literatur noch neu gewesen wäre, „die Verknüpfung edler Gesinnungen mit vagabundischen Handlungen als ein glückliches Motiv" auf die Bretter zu bringen; kurz Goethe plante, was Schiller einige Jahre später mit größter Wirkung leistete. Goethes Stück hieß ‚Claudine von Villa Bella'; es war in Prosa mit Liedern durchsetzt. Aber auch sonst schrieb Goethe ein paar Gedichte aus vagabundischem Geiste.

Mit Mädeln sich vertragen.

Mit Mädeln sich vertragen,
Mit Männern 'rumgeschlagen
Und mehr Kredit als Geld:
So kommt man durch die Welt!

Ein Lied, am Abend warm gesungen,
Hat mir schon manches Herz errungen;
Und steht der Neider an der Wand,
Hervor den Degen in der Hand!
Raus, feurig, frisch
Den Flederwisch!
Kling! Kling! Klang! Klang!
Dik! Dik! Dak! Dak!
Krik! Krak! — — —

Mit Mädeln sich vertragen,
Mit Männern 'rumgeschlagen,

Und mehr Kredit als Geld:
So kommt man durch die Welt.

————

Hans Liederlich und der Kamerade.

Hans Liederlich:

Ein Glas zu dem Schmatz!
Nun, Das schlürft sich so süß!
Verkauf' ich den Schuh,
So behalt' ich die Füß!
A Maid und a Wein,
Musik und Gesang:
I wollt'i, so hätt' i's
Das Leben entlang.

Wenn ich scheid aus diesem Elend
Und laß' hinter mir ein Testament,
So wird daraus nur ein Zank,
Und weiß mir's Niemand keinen Dank!
Alles verzehrt vor meinem End':
Das macht ein richtig Testament.

Der Kamerade:

Ein Glas zu dem Schmatz!
Nun, Das schlürft sich so süß!
Behaltst du die Schuh,
Nun, so schonst du die Füß'.
A Maid und a Wein,
Musik und Gesang:
Bezahl' sie, so hast sie
Das Leben entlang!

Ein Dritter:

Da wächst der Wein, wo's Faß ist!
Er regnet gern, wo's naß ist!
Zu Tauben fliegt die Taube,
  — Zur Mutter paßt die Schraube,

106

Der Stöpfel sucht die Flaschen,
Die Zehrung Reisetaschen,
Weil Alles, was sich rühret,
Zum Schluß doch harmonieret.

Denn Das ist Gottes wahre Gift [Gabe],
Wenn die Blüte zur Blüte trifft;
Deswegen Jungfern und Junggesellen
Im Frühling sich gar gebärdig stellen.

Ein Aber dabei:

Es wäre schön, was Gut's zu kauen,
Müßte man es nur nicht auch verdauen!
Es wäre herrlich, genug zu trinken,
Tät einem nur nicht Kopf und Knie sinken!
Hinüber zu schließen, Das wären Possen,
Würde nur nicht wieder herüber geschossen!
Und jedes Mädchen wär' gern bequem,
Wenn nur eine Andere in's Kindbett käm'!

Freibeuter. [Gedr. 1827]

Mein Haus hat kein' Tür',
Mein' Tür hat ke' Haus;
Und immer mit Schätzel
Hinein und heraus.

Mei Küch hat ke' Herd,
Mei Herd hat ke' Küch;
Da bratet's und siedet's
Für sich und für mich.

Mei Bett hat ke' G'stell,
Mei G'stell hat ke' Bett.
Doch wüßt' ich nit E'nen,
Der's luftiger hett.

Mei Keller is hoch,
Mei Scheuer is tief;
Zu oberst zu unterst —
Da lag ich und schlief.

Und bin ich erwachen,
Da geht es so fort;
Mei Ort hat ke' Bleibens,
Mei Bleibens ke'n Ort.

Der Universaltyrann. [Mitte Mai 1775]

Im Mai 1775 kehrten die beiden Grafen Fritz und Christian Stolberg und ihr Freund Freiherr v. Haugwitz, als sie die Schweiz besuchen wollten, in Frankfurt bei Goethe ein. Es waren genialische, von Jugendkraft aufgeregte Menschen, die sich ein vermeintliches ehemaliges Deutschtum, das sie wieder erneuern wollten, zusammenphantasierten. Sie begehrten auch, gegen die Tyrannen zu kämpfen — welche Tyrannen auch bloß Erzeugnisse ihrer Einbildungskraft waren.

Fritz Stolberg hatte einen Freiheitsgesang aus dem 20. Jahrhundert gedichtet:

> Der Tyrannen Rosse Blut,
>
> Der Tyrannen Knechte Blut,
>
> Der Tyrannen Blut!
>
> Der Tyrannen Blut!
>
> Der Tyrannen Blut
>
> Färbte deine blauen Wellen,
>
> Deine Felsen wälzenden Wellen!

Goethes Mutter, nach einem mittelalterlichen Volksbuche „Frau Aja" von ihnen genannt, sah und hörte ihren Phantastereien mit Vergnügen zu. Als einmal wieder der poetische Tyrannenhaß zum Ausbruch kam, stieg sie in den Keller hinab und holte aus einem der ältesten Fässer in geschliffener Karaffe roten Wein. Den setzte sie vor die jungen Leute und sagte:

„Hier ist das wahre Tyrannenblut! Daran ergötzt euch! Aber alle Mordgedanken laßt mir aus dem Hause!"

Begeistert griff Goethe den Gedanken seiner Mutter auf:

„Jawohl Tyrannenblut!" rief er aus, „keinen größeren Tyrannen gibt es als Den, dessen Herzblut man euch vorsetzt. Labt euch daran! Aber mäßig! Denn ihr müßt befürchten, daß er euch durch Wohlgeschmack und Geist unterjoche! Der Weinstock ist der Universaltyrann, der ausgerottet werden sollte; zum

108

Patron sollten wir deshalb den heiligen Lykurgus, den Thrakier,
wählen und verehren. Er griff das fromme Werk kräftig an,
aber vom betörenden Dämon Bacchus verblendet und verberbt,
verdient er in der Zahl der Märtyrer obenan zu stehen.

„... Dieser Weinstock ist der allerschlimmste Tyrann, zugleich
Heuchler, Schmeichler und Gewaltsamer. Die ersten Züge seines
Bluts munden euch, aber ein Tropfen lockt den andern unauf-
haltsam nach. Sie folgen sich wie eine Perlenschnur, die man
zu zerreißen fürchtet!“ — — —

Goethe begleitete die neuen Freunde auf ihrer Fahrt nach
Süden. „Das macht uns herrliche Freuden, daß wir mit Goethe
reisen,“ schrieb Christian Stolberg heim. „Er ist ein wilder, un-
bändiger, aber sehr guter Junge, voll Geist, voll Flamme. Und
wir lieben uns schon so sehr. Schon sag ich? Seit der ersten
Stunde waren wir Herzensfreunde. Wir Vier sind bei Gott eine
Gesellschaft, wie man sie von Peru bis Indostan umsonst suchen
könnte! Und so herrlich schicken wir uns zusammen! In Frankfurt
haben wir uns alle Werthers-Uniform machen lassen: einen
blauen Rock mit gelber Weste und Hosen.“

Der „Universaltyrann“ ward auf der Reise auch nicht ge-
schont, und sogar in einer Morgenstunde am Zürchersee schrieb
Goethe die wilden Verse:

> Ohne Wein kann uns auf Erden
> Nimmer wie dreihundert werden!
> Ohne Wein und ohne Weiber
> Hol' der Teufel unsre Leiber!

Aber dann kam ihm der Gedanke an seine blonde Braut
daheim, die man ihm bestritt und vor der er selber flüchtete.

> Aug', mein Aug', was sinkst du nieder?
> Goldne Träume, kommt ihr wieder?
> Weg, du Traum, so gold du bist!
> Hier auch Lieb' und Leben ist!

Auf der Welle blinken
Tausend schwebende Sterne.
Liebe Nebel trinken
Rings die türmende Ferne.

Morgenwind umflügelt
Die beschattete Bucht,
Und im See bespiegelt
Sich die reifende Frucht.

———

Wenn ich, liebe Lili, dich nicht liebte,
Welche Wonne gäb' mir dieser Blick!
Und doch, wenn ich, Lili, dich nicht liebte,
Was, was wär' mein Glück?

Als hätte sie Lieb' im Leibe. [September 1775]

Über den 17. September 1775, einen Sonntag, den er in Offenbach verlebte, berichtet Goethes Tagebuch für Gustchen Stolberg: „Da ich aufstand, war mir's gut. Ich machte eine Szene an meinem ‚Faust'. Vergängelte ein paar Stunden. Verliebelte ein paar mit einem Mädchen, davon Dir die Brüder erzählen mögen, das ein seltsames Geschöpf ist. Saß in einer Gesellschaft: ein Dutzend guter Jungens, so grad, wie sie Gott erschaffen hat. Fuhr auf dem Wasser selbst auf und nieder; ich habe die Grille, selbst fahren zu lernen. Spielte ein paar Stunden Pharao und verträumte ein paar mit guten Menschen. Und nun sitz' ich, Dir gute Nacht zu sagen."

Man sollte meinen, Das sei ein reich besetzter und fröhlicher Sonntag gewesen, aber Goethe fährt fort: „Mir war's in all Dem wie einer Ratte, die Gift gefressen hat: sie läuft in alle Löcher, schlürft alle Feuchtigkeit, verschlingt alles Eßbare, das ihr

in den Weg kommt, und ihr Innerstes glüht von unauslöschlich-
verderblichem Feuer. Heut vor acht Tagen war Lili hier! Und
in dieser Stunde war ich in der grausamst-feierlichst-süßesten
Lage meines ganzen Lebens!" . . .

Dies eigene Gefühl tat der Dichter in grimmigem Humor
in ein Lied, das in Auerbachs Keller ein roher Bursch' singt:

> Es war eine Ratt' im Kellernest,
> Lebte nur von Fett und Butter,
> Hatte sich ein Ränzlein angemäst,
> Als wie der Doktor Luther.
> Die Köchin hatt' ihr Gift gestellt,
> Da ward's so eng ihr in die Welt,
> Als hätte sie Lieb' im Leibe!
>
> Sie fuhr herum, sie fuhr heraus
> Und soff aus allen Pfützen,
> Zernagt', zerkratzt' das ganze Haus,
> Wollte nichts ihr Wüten nützen;
> Sie tät gar manchen Angstsprung.
> Bald hatte das arme Tier genung,
> Als hätt' es Lieb' im Leibe.
>
> Sie kam vor Angst am hellen Tag
> Der Küche zugelaufen,
> Fiel an den Herd und zuckt' und lag
> Und tät erbärmlich schnaufen.
> Da lachte die Vergifterin noch:
> „Ha! sie pfeift auf dem letzten Loch!
> Als hätte sie Lieb' im Leibe!"

In Weimar
November 1775 bis August 1786.

Als Gaſt in Weimar. [1775]

Am 7. November 1775 traf Goethe in Weimar ein; am Abend
vergnügte er ſich ſchon auf einer Redoute im ‚Stadthauſe‘
und von nun an gehörte er auf einige Wochen zu einer höchſt
luſtigen und lauten Geſellſchaft. Ihr Oberhaupt war der acht-
zehnjährige Herzog Karl Auguſt, der, eben von ſeinen Erziehern
freigegeben und zu gleicher Zeit Herr zweier Fürſtentümer geworden, ſich ſeiner Freiheit und Jugendkraft in wilder Weiſe
erfreute. Sein Körper war ſchwächlich — umſomehr ſtürmte er
auf ihn ein, um ſich ſtark und feſt zu machen. Goethe ließ ſich
von dem Jüngling anſtecken, tollte und tobte mit ihm herum —
und zur Abwechſlung verſenkten ſie ſich dann in die ernſteſten
Geſpräche. Das wilde Treiben ſahen und hörten die Andern:
wenn der Herzog und ein berühmter Dichter ſich auf den Markt
ſtellten und mit einer großen Parforce-Karbatſche um die Wette
knallten, ſo ſprach ſich Das herum und blieb in der Leute Gedächtnis; auch wußten ſie von den vielen Trinkgelagen, Eisfeſten,
Schlittenfahrten, Jagden, Faſtnachtsſcherzen — die ernſten
Stunden hatten die beiden neuen Freunde für ſich allein.

Der weimariſche Hof beſtand faſt nur aus jungen Leuten;
der 42jährige Wieland erſchien faſt wie ein ehrwürdiger Greis.
Die Herzogin-Mutter war erſt 36 Jahre, und gerade ſie war bei
fröhlichen Streichen gern dabei; Goethe ward ihr ebenſo lieb
wie ihrem Sohne; ſie ſah es gern, wenn er ausgelaſſen und
übermütig wurde, ſich den Zopf aufband und das Haar um den
Kopf ſchüttelte, mit Händen und Beinen ſich geberdete, ſich auf

Goethe 1776
Zeichnung von G. M. Kraus

dem Boden wälzte, mit übermütigen, phantastischen Reden sich
selbst und die Andern erregend.

Auch Wielands Herz ward sogleich von Liebe zu Goethe
entzündet. Den König der Geister nannte er ihn, den liebenswürdigsten, größten und besten Menschensohn. Und als er die
ersten Januartage von 1776 mit Goethe in Stetten (südlich von
Erfurt) in der Familie v. Keller verbracht und dort wiederum
Goethes Bezauberungskunst beobachtet und erfahren hatte, rühmte
er sie gar öffentlich in seinem ‚Teutschen Merkur‘. Es geschah
in einem an „Psyche“ gerichteten Gedichte; Psyche nannte er die
junge Frau v. Bechtolsheim, geb. v. Keller, die eben diese Tage
bei den Eltern und Geschwistern in Stetten mitgefeiert hatte.
Wieland war zuerst in Stetten eingetroffen, Goethe erschien erst
einige Tage danach:

> Und als wir nun so um und um
> Eins in dem Andern glücklich waren
> Wie Geister im Elysium:
> Auf einmal stand in unsrer Mitte
> Ein Zauberer! — Aber, denke nicht,
> Er kam mit unglückschwangerm Gesicht
> Auf einem Drachen angeritten:
> Ein schöner Hexenmeister es war!
> Mit einem schwarzen Augenpaar,
> Zaubernden Augen voll Götterblicken,
> Gleich mächtig zu töten und zu entzücken:
> So trat er unter uns, herrlich und hehr,
> Ein echter Geisterkönig daher.
> Und Niemand fragte, wer ist denn Der?
> Wir fühlten beim ersten Blick: ’s war Er!
> Wir fühlten’s mit allen unsern Sinnen,
> Durch alle unsre Adern rinnen.
> So hat sich nie in Gottes Welt
> Ein Menschensohn uns dargestellt,

Der alle Güte und alle Gewalt
Der Menschheit so in sich vereinigt!
So feines Gold, ganz innrer Gehalt,
Von fremden Schlacken so ganz gereinigt;
Der, unzerdrückt von ihrer Last,
So mächtig alle Natur umfaßt,
So tief in jedes Wesen sich gräbt,
Und doch so innig im Ganzen lebt!

Das laß mir einen Zaubrer sein!
Wie wurden mit ihm die Tage zu Stunden!
Die Stunden, wie augenblicks verschwunden!
Und wieder Augenblicke, so reich,
An innerm Werte Tagen gleich!
Was macht er nicht aus unsern Seelen?
Wer schmelzt wie er die Lust in Schmerz?
Wer kann so lieblich ängsten und quälen?
In süßern Tränen zerschmelzen das Herz?
Wer aus der Seelen innersten Tiefen
Mit solch' entzückendem Ungestüm
Gefühle erwecken, die ohne ihn,
Uns selbst verborgen, im Dunkeln schliefen?

O welche Gesichte, welche Szenen
Hieß er vor unsern Augen entstehn!
Wir wähnten nicht zu hören, zu sehn:
Wir sahn! Wer malt wie er? So schön,
Und immer ohne zu verschönen!
So wunderbarlich wahr! So neu,
Und dennoch Zug vor Zug so treu!
Doch wie, wie sag' ich: malen? Er schafft,
Mit wahrer, mächtiger Schöpferkraft
Erschafft er Menschen; sie atmen, sie streben!
In ihren innersten Fasern ist Leben!

Und Jedes so ganz es selbst, so rein!
Könnte nie etwas Anders sein!
Ist immer echter Mensch der Natur,
Nie Hirngespenst, nie Karikatur,
Nie kahles Gerippe von Schulmoral,
Nie überspanntes Ideal!

Noch einmal, Psyche, wie flogen die Stunden
Durch meines Zaubrers Kunst vorbei!
Und wenn wir dachten, wir hätten's gefunden,
Und, was er sei, nun ganz empfunden,
Wie wurd' er so schnell uns wieder neu!
Entschlüpfte plötzlich dem satten Blick
Und kam in andrer Gestalt zurück;
Ließ neue Reize sich uns entfalten,
Und jede der tausendfachen Gestalten
So ungezwungen, so völlig sein,
Man mußte sie für die wahre halten!
Nahm unsre Herzen in jeder ein,
Schien immer nichts davon zu sehen,
Und, wenn er immer glänzend und groß,
Ringsumher Wärme und Licht ergoß,
Sich nur um seine Achse zu drehen.

Einige Wochen nach Goethes Ankunft erschienen auch die beiden Grafen Stolberg in Weimar, und der eine von ihnen, Friedrich Leopold, zeigte Lust, auf immer sich diesem geistreich-fröhlichen Hofe anzuschließen. Auch der ältere, Christian, rühmte Weimar:

„Die ganze herzogliche Familie ist, wie keine fürstliche Familie ist. Man geht mit ihnen allen um, ganz als wären's Menschen wie Unsereiner. . . . Unser Goethe war da und ist da; Den hab' ich noch viel lieber gekriegt. . . . Einen Abend soupierten wir bei'm Prinzen, des Herzogs Bruder. Miteins

ging die Tür auf, und siehe: die alte Herzogin kam herein mit
der Oberstallmeisterin, einer trefflichen, guten, schönen Frau
v. Stein. Beide trugen zwei alte Schwerter aus dem Zeughause,
eine Elle höher wie ich, und schlugen uns zu Rittern. Wir
blieben bei Tische sitzen, und die Damen gingen um uns herum
und schenkten uns Champagner ein. Nach Tische ward Blinde
Kuh gespielt; da küßten wir die Oberstallmeisterin, die neben der
Herzogin stand. Wo läßt sich Das sonst bei Hofe tun?"

Der Hofhunde Bellen und der Damen Sticheln.
[Anfang 1776]

Der Tanzmeister Aulhorn war zugleich Bassist in des Herzogs
Kapelle; wenn er aber im Hofkonzert eine Baßarie vor-
zutragen begann, so heulten die Hunde des Herzogs auf, und die
ganze Gesellschaft lachte. Aulhorn hatte eine sehr schöne Stimme,
aber die Hunde waren andrer Meinung und gaben ihre An-
sicht laut kund.

Mit solchen ehrlichen oder auch mit den bei Gefahr wach-
samen, laut warnenden Hunden könnte man die Hofleute vergleichen, die ihre Gedanken offen und laut heraussagen, selbst
gegen ihre durchlauchtigsten Herrschaften. Solche Hofleute soll
es für gewöhnlich nicht geben; der junge Herzog Karl August
aber wollte um sich ein Gebiet der Ehrlichkeit, Geradheit, der
biedermännischen Derbheit schaffen und wollte die Unwahrheit
auch unter den Namen der Höflichkeit, Rücksicht und feinen Sitte
nicht dulden. Seinen ganzen Hof konnte er freilich nicht in
seinem Sinne umwandeln, aber seine nächsten Freunde stimmten
in seinen Ton ein, besonders in fröhlichen Stunden.

In dieser lustigen Gesellschaft Weimars herrschte derselbe
Geist der Neckerei, dem Goethe schon in Frankfurt manches Mal
nachgegeben; man verspottete die „Spießbürger" draußen; man
verspottete aber auch sich gegenseitig: Das gehörte auch zur Ab-

härtung, zum Viel-Vertragen-lernen. Die Einen hielten sich an tätlichen Schabernack und an Witze in prosaischer Rede; Andere bestiegen den Pegasus. Bei fröhlichen Zusammenkünften wurden solche Spott- und Stachelgedichte vorgelesen. Mâtinéen nannte man sie, was man mit Hofhunde-Gebell übersetzen kann, denn das französische Wort mâtin bedeutet einen großen Hofhund.

So ward am 6. Januar 1776 ein ‚Schreiben eines Politikers an die Gesellschaft' vorgelesen, das von Friedrich Hildebrand v. Einsiedel herrührte. „Politiker“ nannte er den Tadler, dem er in seiner Reimerei das Wort gab, weil die fröhliche Gesellschaft ja gerade im Gegensatz zu Jenen stand, die „politisches“ Benehmen verlangten. Und so sprach der Politiker:

Ihr lieben Herren allerseit, Wie Ihr soeben versammlet heut, Ich bitt euch: hört gelassen an Ein Wort von einem weisen Mann. Der in der Welt sich was versucht, Die großen Höf' hat all' besucht, Weiß Lebensart polit und fein, Spricht sein Französisch obendrein, Könnt' all Tag' Reisemarschall sein! Der Pflicht er sich entledigt gern, Lobt sich dabei das Dunkelfern, Denn so der Mittagssonne Licht Ist allemal sein casus nicht. —

Doch ohne länger zu verweilen, Wolln wir zur Sache selber eilen!

Ihr wißt, und es ist sonnenklar, Bewiesen durch viel tausend Jahr, Gesagt von Griechen, Römern, Britten: Daß böse Gesellschaft verderbe die Sitten. Dies alte Sprichwort kurz und rund Soll abgeben meines Schreibens Grund. Wie ich's gedenk' zu applizieren, Sollt ihr gleich in der Folge spüren.

Die Fama mit den tausend Ohren, Der ihr umsonst tut Esel bohren, Verkündigt viel zu eurer Schmach Von euren Jucks am Sammestag. Drum ich aus Mitleid euch will führen, Lehren, Gutes und Böses separieren, Und wenn's beliebt, zum Neuen Jahr. Den Star euch stechen ganz und gar.

's versteht sich und ist wohl vergönnt, Wenn euch die Langeweile brennt, Zuweilen Spaß für euch zu treiben! Nur muß er stets in Schranken bleiben. Und nicht, wie's leider von euch kund, Das Ding all werden gar zu bunt. Kann solch' ein Wesen nicht bestehn! Müßt alle so zum Teufel gehn!

Der Wahrheit euch zu überführen, Sollt ihr die Mustrung all' passieren, Werd Mann für Mann genau skizzieren, Daß nicht mehr gilt ein X für U. Tritt Keiner in des Andern Schuh. Hoff', da ihr trinkt viel Punsch und Wein, 's wird unter euch kein' Rangsucht sein.

Zuerst also: von ohngefähr Läuft mir ein langer Bursch[1] die Quer Von ungeschlachter, roher Art, Tut allklug schon, hat kaum 'en Bart. Sein Äußerlichs natürlich und schlecht[2] Ist alle gut, ist alle recht, 's wird aber nichts 'durch effektuiert: Die große Welt will's modulliert! Weil er so läuft auf der tollen Bahn, Sieht ihn drum keine Hofdam' an. Bleibt ein Geselle plump und grob, Hat für den bon ton keinen Kopp! Mag indeß eine Weil' so springen, Ein Weib ihn zur Raison tut bringen!

Wend' mich nun dorthin, weiter unten, Zu einem andern Vagabunden. Der Knabe mit der platten Stirn[3] Hält Wunderding von seinem Gehirn. Der Narr, weil er mit Gelehrten lebt, Meint drum, er sei auch ein Adept. Glaubt, er hielt' den Teufel beim Schwanz, Wenn er sich deckt mit Andrer Glanz. Könnt' er für Trägheit selbst was schaffen, Tät' er nicht allen Quark begaffen, In allen Dreck seine Nase stecken, Und dann posaunen an allen Ecken . . . Er treibt mit Zucht und Ordnung Spott, Lebt wie ein Schwein, ohn' all' Gebot. Schleicht jämmerlich bei Hofe 'rum: Ist halb verrückt, halb toll, halb dumm . . .

Doch schlimmer als Die allesamt Ist Jener dort, zur Höll' verdammt, Der seine Schand selbst etalliert, Das Ärgste von sich im Munde führt[4], Der gelebt in Sodom[5] lange Jahr', Ist

---

[1] Moritz v. Wedel. [2] = schlicht. [3] v. Einsiedel selbst.
[4] Knebel. [5] Potsdam und Berlin.

drum an ihm kein gutes Haar; Von einem galligt-ranz'gen
Spleen, Auch ihn die Mädchens alle fliehn. Wär gern zuweil'n
e' Bösewicht: Da fehlt's dem Kerl an Schnellgewicht, — Dann
wieder 'n empfindsam Schaf: Da hindert ihn der Dumpfheit
Schlaf, Drum er in ewger Tollheit rennt, Weiß nicht, was
'n auf den Wirbel brennt.

Auch mißbehäglich mich ansticht Der Philosophen Angesicht.
Der Eine[1]) schwärmt und Unsinn schwätzt, Euch auf sein Stecken-
pferdchen setzt Und eure Phantasie rumhetzt: Beliebt's euch,
Das nicht zu goutieren, Tut er euch launisch exorzieren.

Der Andre[2]) analytisch kalt, Braucht an der Sinnlichkeit
Gewalt. Nie seinen spitzen Reden traut! Auch sich's dabei
gar schlecht verdaut.

Dem Ausbund Aller[3]), dort von Weiten, Möcht ich auch
ein Süpplein zubereiten! Fürcht' nur sein ungeschliffnes Reiten;
Denn sein verfluchter Galgenwitz Fährt aus ihm wie Geschoß
und Blitz. 's ist ein Genie von Geist und Kraft (Wie eben
unser Herrgott Kurzweil schafft), Meint, er könn' uns alle
übersehn, Täten für ihn rum auf Vieren gehn. Wenn der
Fraß so mit einem spricht, Schaut er einem stier in's Angesicht,
Glaubt, er könn's 'fein riechen an, Was wäre hinter Jedermann.
Mit seinen Schriften unsinnsvoll Macht er die halbe Welt itzt
toll. Schreibt 'n Buch von ein'm albern Tropf, Der heiler
Haut sich schießt vor'n Kopf! Meint Wunder, was er ausgedacht,
Wenn ihr einem Mädel Herzweh macht! Paradiert sich darauf
als Doktor Faust, Daß 'm Teufel selber vor ihm graust! Mir
könnt er all gut sein im Ganzen (Tät mich hinter meinen Damm
verschanzen) — Aber wär' ich der Herr im Land, Würd' Er
und all sein Zeugs verbannt!

Nun denk' man sich 'en Fürstensohn,[4]) Der so vergißt Geburt und Thron Und lebt mit solchen lockern Gesellen, Die

---

[1]) Wieland. [2]) Prof. Albrecht. [3]) Goethe. [4]) den Herzog.

dem lieben Gott die Zeit abprellen. Die tun, als wär'n sie Seinesgleichen. Ihm nicht einmal den Fuchsschwanz streichen, Die des Bruders[1]) Respekt so ganz verkennen, Tout court ihn Bruder-Herz tun nennen. Glauben: es wohne da Menschenverstand, Wo man all Etikette verbannt, Sprechen immer aus vollem Herz. Treiben mit der heil'gen Staatskunst Scherz. Sind ohne Plan und Politik, Verhunzen unser bestes Meisterstück, Daß es ist ein Jammer anzusehn, Wie alle Projekte ärschlings gehn.

Hoff' aber, ich hab sie schön kuriert. Sie weidlich alle prostituiert, Daß Jedermann wird danken sein, Der saubern Herrn Kolleg' zu sein!   Mephistopheles.

• • •

Wenn sich Frauen unter einander sticheln, so geht es gewöhnlich auf heimliche Verehrer. Goethe machte der Frau Oberstallmeisterin v. Stein in auffälliger Weise den Hof; also wurde sie geneckt und mußte sich gegen die Neckerinnen wehren. Sie schrieb ein „Schauspiel in drei Abteilungen", aber es füllte nur ein paar Seiten, denn viele Worte machen war ihre Sache nicht. Sie selber trat darin als „Gertrud" auf, die Herzogin-Mutter als „Adelheid", deren Gesellschafterin Luise v. Göchhausen als „Thusnelde" und die Gattin des Stallmeisters v. Werthern als „Kunigunde." Goethe aber ward „Rino" genannt nach Versen in Offians Gedichten: „Rinos Seele war wie ein Feuerstrahl" und „Schlank bist du auf dem Hügel, schön unter den Söhnen der Heide." Zuerst zeichnete Frau v. Stein Goethes erstes Erscheinen in Weimar spottweise.

I.

Rino tritt in den Saal, wo eben getanzt wird.

Rino (beiseite):

Sind da eine Menge Gesichter herum,
Scheinen alle recht adlig' Gänse dumm.

Verschiedene werden präsentiert.

---

[1]) des Prinzen Konstantin.

Adelheid:

Wir haben dich lange bei uns erwart',
Du einziges Geschöpf in deiner Art!

Thusnelde:

Ich bin sehr neugierig auf dich gewesen,
's ist nun mal so in meinem Wesen.

Rino:

Können also jetzt Ihre Neugier stillen:
Wie's Ihnen beliebt, nach Ihrem Willen!

Gertrud (von weitem):

Gleichgültig ist er mir eben nicht,
Doch weiß ich nicht, ob er oder Werther mir spricht.

Kunigunde:

Ja, ja! 's ist Werther ganz und gar,
So liebenswert, als er immer mir war!

Gertrud:

Ich freue mich, Ihre Bekanntschaft zu machen.

Apropos des Balles: Mögen Sie gern tanzen und lachen?

Rino:

Manchmal! Doch meistens schleicht mit mir
Herum ein trauriges Gefühl
Über das enge Erdengewühl.

Gertrud:

Ist mir doch, als wär' das Intreſſe der Geſellſchaft vorbei!

Adelheid:

Mir ist hier alles recht ennuyant-einerlei.

Kunigunde (traurig):
Heut mag ich gar nicht gern tanzen.

Thusnelde.
Nun daß er auch fort ist! Über den dummen Hansen!

II.

Die Unterredung ist auf der Redoute. Rino tanzt, Adelheid, Gertrud,
Kunigunde, Thusnelde sitzen in einer Ecke.

Gertrud (auf Rino deutend):
Ich bin ihm zwar gut, doch, Adelheid, glaub' mir's nur:
Er geht auf aller Frauen Spur!
Ist wirklich, was man eine Kokette nennt!
Gewiß, ich hab' ihn nicht verkennt!

Adelheid:
Du sollst mit deiner Lästerung schweigen,
Sonst werd' ich dir noch heut meine Ungnade zeigen!
Hat dir gewiß was nicht recht gemacht?

Thusnelde:
Und wer hat dich zu dem Gedanken gebracht?
Sag' doch, da du keine Heilige bist,
Warum er dir so gleichgültig ist?
Willst gewiß dahinter was verstecken!

Gertrud:
Nun, über das Mädchen ihr Necken!
Für mich ist die Liebe vorbei . . .
Auch schein' ich ihm sehr einerlei.

Kunigunde:
Ich ihm leider es bin! Doch kann ich wohl fühlen,
Wie könnt' ich denn so gut ‚Luise' [im ‚Westindier'] spielen?

Thusnelde:
Bei mir die Liebe mehr auf der Zunge ist,
Drum, mein Herz, du nicht zu bedauern bist.

Meinen Witz will ich recht an ihm reiben,
Im Freiheitsstreit mit ihm die Zeit mir vertreiben!

III.

Adelheid:

Heut kommt der Freund zu mir,
Und ich laß' ihn weder dir, dir, noch dir!
Will mich ganz allein an ihm laben,
Und ihr sollt nur das Zusehen haben!

Thusnelde:

Wissen Das recht gut zu verstehn!
Wird auch wohl nach keiner von uns sehn.

Kunigunde (mit einem Seufzer):

Ja, ich muß ihn wohl zedieren,
Denn meine Augen können ihn am wenigsten rühren.

Gertrud:

Er hat mir wohl so mancherlei gesagt,
Daß, hätt' ich es nicht reiflich überdacht,
Ich wär' stolz auf seinen Beifall worden.
Doch treibt ihn immer Liebe fort:
Ein neuer Gegenstand an jedem neuen Ort!
Die schönern Augen sind gleich sein Orden,
Vor [Für] die muß er manch treues Herz ermorden.
So ist er gar nicht Herr von sich.
Der arme Mensch! Er dauert mich!

Thusnelde:

Wie sie nun wieder ihre Weisheit purgiert!
Ach, Kind, wirst von dir selbst bei der Nase geführt,
Hätt'st nur Billetts wie unsereins!

Gertrud:
Und glaubst du denn, ich hätte keins?

Thusnelde:
Nun, so weis' doch dein Portefeuille.
Gertrud weist es.

Adelheid:
Wahrhaftig, so ein dick Paket wie ich!

Kunigunde:
Und ebensoviel als ihr schrieb er an mich!

Thusnelde:
Und meine dazu, so wird's ein Recueil!

◆　　◆　　◆

Ein ähnliches Stückchen ist aus Wielands Feder vorhanden. Er durfte natürlich seine Liebe zu Goethe offen zeigen, auch die der Seinen zu ihrem häufig einkehrenden Hausfreunde. Wieland besaß einige Abgüsse von Antiken; Goethe liebte darunter besonders eine Nachbildung der jüngsten Niobe-Tochter, und Goethes Begeisterung für Kunstwerke, seine liebreiche Versenkung in ihre Schönheiten, sein Glück in ihrer Betrachtung, war für seine Kameraden, auch für die Frauen des Hauses, ein bisher unbekanntes Schauspiel. Wieland gibt uns die inneren Reden der Gesellschaft, während Goethe stumm seine Niobetochter mit Augen liebkost.

Goethe und die jüngste Niobetochter.
Herzensgespräch der Zuschauer.

Einsiedel:　　Hofft er wohl gar, vom Überfluß
　　　　　　　Seines allmächtigen Genius
　　　　　　　So viel Kraft und Geist und Leben
　　　　　　　Dem kalten, toten Bild zu geben,

124

	Als es braucht, unter seinem Kuß In süßem Mitgefühl aufzubeben?
Wedel:	Wollt' wünschen, ich hätt' so leidend und kalt Die holde Welling in meinen Armen! Bei Gott! sie sollte mir bald Erwarmen!
Kalb:	Der närr'sche Mensch!
Wieland, Kalben ansehend:	He, trauter Herr, Nicht wahr, wer izt gleich Goethe wär'! Ist doch tausendmal glücklicher Als wir alle miteinander!
Kalb:	Sub rosa: wär' ich nicht Alexander, So möcht' wohl so ein Schwärmer sein!
Wieland:	Topp! Wenn er tauschen will, schlagt ein!
Sophiechen[1]):	Der Ungetreue! Wie er sie küßt! Nein, ich verzeihe Ihm's nun und nimmer, So schön er ist! Wie er sie liebt! Was er für süße Namen ihr gibt! Dem toten Mädchen, Das weder Hände hat noch Füße! Wie er sie drückt, Wie er sie streichelt, Wie er ihr schmeichelt! Als ob keine Sophie wär'!

---

[1]) Damit ist nach Düntzer ein Töchterchen Wielands gemeint, das jedoch erst sieben Jahre zählte. Goethe galt aber um jene Zeit auch als Bewerber um Sophie v. Kalb, einer Schwester des mitauftretenden Johann Alexander v. Kalb.

Der Ungetreue!

Nein, ich verzeihe

Ihm nimmermehr!

Einsiedel: Mir wird so warm vom Zusehn schon!

Wollt', ich wär' der Berlepschin Endymion![1]

Wielands Mutter:

Hätt' ich in meinem fünfzehnten Jahr

So einen Menschen erblickt,

Ich fürchte, er hätte mir ganz und gar

Den Kopf verrückt.

Wielands Frau:

Ob ich ihm wohl, wenn ichs erlebe,

In acht Jahren mein Mädchen gäbe?

Wieland: Ihr Erdenklöße, den T . . l wißt,

Wie einem Genie zu Mute ist!

Seht nicht, wie seine ganze Seele

In Wonnegefühl

Sich untertaucht! nennt's Sinnenspiel,

Wenn um diese keuschen Jugendwangen,

Diese heil'gen Lippen seine Seele spielt,

Ganz begierdenfrei sich fühlt,

Von Bedürfnis und Verlangen

Ganz entblößt, entkörpert ganz,

Wie ein Geist in Himmelsglanz,

Im Genuß des Schönen-Guten schwebt

Und wahres Götterleben lebt!

Mephistopheles raunt Wielanden in's Ohr:

Närrchen! daß deine Bonhommie

Dich ewig doch an der Nase zieh'!

---

[1] Frau Emilie v. Berlepsch aus Hannover, geborene v. Oppel aus Weimar, hielt sich viel in Weimar auf. Sie war sehr verliebter Natur; in späteren Jahren war sie eine Zeit lang Jean Pauls nächste Freundin; auch ging sie auf Goethes Eroberung aus.

126

Siehst immer, du blödes Schafgesicht,
Den Wald vor Bäumen und Sträuchen nicht.
Meinst immer, 's sei Andern auch wie dir,
Und bleibst drum ein Träumer für und für.
Merkst denn nicht, daß es nur Mutwill ist?
Und daß er in Niobes Töchterlein
Nichts Anders als Bein von seinem Bein,
Nichts als sein liebes Gretchen küßt?
Und denkt dann im Herzen: wie lieblich und fein
Ihm wäre, wenn er bei Mondes Schein
Auf halb beleuchtetem Blumenbett
Solch' Mägdlein in den Armen hätt'.
Denkt: solche Unschuld, fromm und schlecht
Und graden Sinns, wär' mir eben recht!
Könnt' ihr weis machen, was ich wollt',
Nennt' ich sie kosend mein Liebchen, mein Gold!
Machte noch gar sich ein Gewissen,
Wenn ich sie küßte, nicht wiederzuküssen;
Liebte vor lauter Unschuld mich
So treuherzig und inniglich,
Schmiegte so schön sich an meine Brust,
Daß ich verging' vor unendlicher Lust.
Glaub' mir, Alter, so denkt er fürbaß!
Wieland: Apage, Satanas!

Ilmenau.   [1776]

In und um Ilmenau ging es im Sommer 1776 sehr ausgelassen
zu. Der Herzog und seine Freunde berieten mit Berg-
kundigen über die Wiedereröffnung des früher ergiebigen und
in schlechten Zeiten aufgegebenen Ilmenauer Bergbaues; man
glaubte, was man wünschte: daß binnen kurzem ein Quell des
Reichtums sich von hier über das arme weimarische Land ergießen

würde, und man verjubelte schon einen Teil des erhofften Segens. Goethe war dabei oft erregt und wild genug, aber doch immer wieder der Ernsteste in der jungen Schar.

Einmal sagte der neunzehnjährige Herzog im Übermut: „Ich will mir auch die Seitenhaare am Kopfe ganz wegschneiden!“

Kühl antwortete Goethe: „Das kann man bald machen; nicht so rasch geht es, sie wieder wachsen zu lassen.“

Die Scherze, die man trieb, waren oft jungenhaft-derb. Einmal z. B. zog Einsiedel, als sie sich alle hungrig zum Abendessen gesetzt hatten, das Tischtuch mit allen Speisen vom Tische und floh sogleich die Treppe hinunter, einem Verstecke zu. Am andern Morgen, so war das Gesetz, durfte sich Niemand mehr rächen; die Sünden des vorigen Tages mußten vergessen sein.

Einige Male stieg die Jugendlust so weit, daß es zu körperlichen Handgreiflichkeiten kam, wobei sich hoher Adel, niederer Adel und Bürgerliche durch einander hetzten und neckten. Auch hier blieb Goethe der Kühlere. „Nicht Das!“ flüsterte er dem von auswärts gekommenen Bergkommissionsrat v. Trebra zu, als sich eine Gelegenheit bot, auch dem Landesherrn einen Puff oder Schlag zu versetzen. „Nicht Das! Von ihren Leibern haltet euch fern. Duldet lieber, was sie körperlich euch zufügen!“

(In späteren Jahren dagegen fand er einen entgegengesetzten Rat des Generals v. Seebach „ganz sublim und grandios.“ „Schlagt doch zu!“ rief Seebach beim Plumpsackspiel in Wilhelmstal den anderen Hofleuten zu. „Schlagt doch zu, so gut wird es euch nicht leicht wieder, euren Fürsten und Herrn prügeln zu dürfen!“)

.In Stützerbach bei Ilmenau wohnte ein wohlhabender Krämer, Johann Elias Glaser, der seine komischen Seiten hatte, deshalb viel gehänselt wurde, sich aber auch an den Possen gern tätig beteiligte; es war nicht immer deutlich, ob er ein unfreiwilliger oder ein freiwilliger Narr war. Als er 1781 starb, schrieb Knebel als „Glasers Grabschrift“:

128

„Hier liegt Der, den man Narr genannt

Und der sich selbst für schlecht bekannt.

Der ist nicht immer Narr, den man den Narren nennt,

Und Der nicht immer schlecht, der sich für schlecht bekennt."

Auch Goethe half ihn zu „schinden", einmal wenigstens in Wiedervergeltung einer „nächtlichen Perturbation", zu der Glaser die Hand geboten hatte.

Die weimarische Gesellschaft hatte in Stützerbach den Glasmachern bei ihrer Arbeit zugesehen; dann versammelte sie sich in Glasers guter Stube zu einem fröhlichen Mittagsmahle. Glaser war in Person nicht dabei, doch an der Wand am Ende der Tafel hing sein Bild, Bruststück in Lebensgröße, die eine Hand mit langer Manschette im Busen, das breite, zahme Gesicht durch sehr weiß gepuderte buschige Perücke herrlich geschmückt. Die Schmausenden tranken dem würdigen Ölgemälde zu; angeheitert suchten sie dann unten das Vorbild auf, den Kaufmann, der in seinen Gewölben hantierte. Die weimarischen Herren griffen mit zu, beluden sich mit Kisten, Kästen und Tonnen, leeren und vollen, die mit Pfeffer und Ingwer, Zucker und Kaffee, Tabak und anderen Waren überschrieben waren, und schleppten sie auf die Dorfstraße und irgendwo hin, ließen die Tonnen auch den Berg hinunterkollern.

Goethe nahm nicht daran teil. Er ging still wieder zur Stube hinauf, nahm das Gemälde von der Wand, schnitt sorgsam das fade Krämergesicht heraus, steckte seinen eigenen braunen Kopf mit den funkelnden Augen durch das Loch, setzte sich so an den Tisch, den goldenen Rahmen des Bildes auf die Tischplatte gestützt und verdeckte seinen Körper mit einem Tischlaken.

Als nun die Andern zum Kaffeetrinken heraufkamen, schauten sie das wunderlich verwandelte Bild an. Gelächter gab es, und die Lehre zugleich: wir können an des Andern Stelle geraten, der Andere auch an unsere Stelle.

Zuweilen ward die Nacht auch im Walde, im rasch hergerichteten Lager verbracht.

Wo bin ich? Ist's ein Zaubermärchenland?
Welch nächtliches Gelag am Fuß der Felsenwand?
Bei kleinen Hütten, dicht mit Reis bedecket,
Seh' ich sie froh an's Feuer hingestrecket.
Es dringt der Glanz hoch durch den Fichtensaal;
Am niedern Herde kocht ein rohes Mahl;
Sie scherzen laut, indessen, bald geleeret,
Die Flasche frisch im Kreise wiederkehret.

Sagt, wem vergleich' ich diese muntre Schar?
Von wannen kommt sie? um wohin zu ziehen?
Wie ist an ihr doch Alles wunderbar!
Soll ich sie grüßen? soll ich vor ihr fliehen?
Ist es der Jäger wildes Geisterheer?
Sind's Gnomen, die hier Zauberkünste treiben?
Ich seh' im Busch der kleinen Feuer mehr;
Es schaudert mich — ich wage kaum, zu bleiben.
Ist's der Ägyptier verdächt'ger Aufenthalt?
Ist es ein flüchtiger Fürst wie im Ardenner-Wald?
Soll ich Verirrter hier in den verschlungnen Gründen
Die Geister Shakespeares gar verkörpert finden?

So schilderte Goethe eine solche Szene und dann einzelne Freunde: Knebel und Seckendorff.

Wie nennt ihr ihn? Wer ist's, der dort gebückt,
Nachlässig stark die breiten Schultern drückt?
Er sitzt zunächst, gelassen, an der Flamme,
Die markige Gestalt aus altem Heldenstamme.
Es saugt begierig am geliebten Rohr,
Es steigt der Dampf an seiner Stirn empor.

130

Gutmütig-trocken weiß er Freud' und Lachen
Im ganzen Zirkel laut zu machen,
Wenn er mit ernstlichem Gesicht
Barbarisch-bunt in fremder Mundart spricht.

Wer ist der Andre, der sich nieder
An einen Sturz des alten Baumes lehnt
Und seine langen feingestalten Glieder
Ekstatisch faul nach allen Seiten dehnt
Und, ohne daß die Zecher auf ihn hören,
Mit Geistesflug sich in die Höhe schwingt
Und von dem Tanz der himmelhohen Sphären
Ein monotones Lied mit großer Inbrunst singt?

Dann sieht er sich selbst, wie er vor der Laubhütte des
schlafenden Herzogs sitzt, und seine Stimmung wird ernst; er hat
nun genugsam erfahren, daß sein Evangelium der Freiheit und
offenen Natürlichkeit auch Unheil anrichtet.

Sei mir gegrüßt: Der hier in später Nacht
Gedankenvoll an dieser Schwelle wacht!
Was sitzest du entfernt von jenen Freuden?
Du scheinst mir auf was Wichtiges bedacht.
Was ist's, daß du in Sinnen dich verlierest
Und nicht einmal dein kleines Feuer schürest?

„O frage nicht! denn ich bin nicht bereit,
Des Fremden Neugier leicht zu stillen;
Sogar verbitt' ich deinen guten Willen;
Hier ist zu schweigen und zu leiden Zeit.

Ich bin dir nicht imstande selbst zu sagen,
Woher ich sei, wer mich hierher gesandt;
Von fremden Zonen bin ich her verschlagen
Und durch die Freundschaft festgebannt.

— — — — — — — — — — — — — — —

Und wenn ich unklug Mut und Freiheit sang
Und Redlichkeit und Freiheit sonder Zwang,
Stolz auf sich selbst und herrliches Behagen,
Erwarb ich mir der Menschen schöne Gunst.

Doch ach! ein Gott versagte mir die Kunst,
Die arme Kunst, mich künstlich zu betragen!
Nun sitz' ich hier, zugleich erhoben und gedrückt,
Unschuldig und gestraft, und schuldig und beglückt.

Selbstgespräche. [1776 bis 1780]

Der du von dem Himmel bist,
   Alles Leid und Schmerzen stillest,
Den, der doppelt elend ist,
Doppelt mit Erquickung füllest,
Ach, ich bin des Treibens müde!
Was soll all der Schmerz und Lust?
Süßer Friede,
Komm, ach komm in meine Brust!

———

Ach, was soll der Mensch verlangen?
Ist es besser, ruhig bleiben?
Klammernd fest sich anzuhangen?
Ist es besser, sich zu treiben?

Soll er sich ein Häuschen bauen?
Soll er unter Zelten leben?
Soll er auf die Felsen trauen?
Selbst die festen Felsen beben.

Eines schickt sich nicht für Alle!
Sehe Jeder, wie er's treibe,
Sehe Jeder, wo er bleibe,
Und wer steht, daß er nicht falle!

———

Ich weiß nicht, was mir hier gefällt,
In dieser engen, kleinen Welt
Mit leisem Zauberband mich hält!
Mein Karl und ich vergessen hier,
Wie seltsam uns ein tiefes Schicksal leitet,
Und, ach ich fühl's, im stillen werden wir
Zu neuen Szenen vorbereitet.

***

An das Schicksal oder Gott.

Du hast uns lieb, du gabst uns das Gefühl:
Daß ohne dich wir nur vergebens sinnen,
Durch Ungeduld und glaubenleer Gewühl
Voreilig dir niemals was abgewinnen.
Du hast für uns das rechte Maß getroffen,
In reine Dumpfheit uns gehüllt,
Daß wir von Lebenskraft erfüllt,
In holder Gegenwart der lieben Zukunft hoffen.

***

An die Sorge.

Kehre nicht in diesem Kreise
Neu und immer neu zurück!
Laß, o laß mir meine Weise,
Gönn', o gönne mir mein Glück!

Soll ich fliehen? Soll ich's fassen?
Nun gezweifelt ist genug.
Willst du mich nicht glücklich lassen,
Sorge, nun so mach' mich klug!

Willst du immer weiter schweifen?
Sieh, das Gute liegt so nah!
Lerne nur das Glück ergreifen,
Denn das Glück ist immer da.

***

Schaff, das Tagwerk meiner Hände,
Hohes Glück, daß ich's vollende!
Laß, o laß mich nicht ermatten!
Nein, es sind nicht leere Träume:
Jetzt nur Stangen, diese Bäume
Geben einst noch Frucht und Schatten.

Eis-Lebens-Lied.

Sorglos über die Fläche weg!
Wo vom kühnsten Wager die Bahn
Dir nicht vorgegraben du siehst.
Mache dir selber Bahn!

Stille, Liebchen, mein Herz!
Kracht's gleich, bricht's doch nicht!
Bricht's gleich, bricht's nicht mit dir!

Feiger Gedanken
Bängliches Schwanken,
Weibisches Zagen,
Ängstliches Klagen
Wendet kein Elend
Macht dich nicht frei.

Allen Gewalten
Zum Trutz sich erhalten,
Nimmer sich beugen,
Kräftig sich zeigen,
Rufet die Arme
Der Götter herbei!

Das erste Eigentum. [Mai 1776]

Goethe entschloß sich, in Weimar zu bleiben: der junge Herzog,
den er liebte, bedurfte seiner.

Kaum war er sich hierüber im Klaren, so erwachte in ihm
das Verlangen nach einem eigenen Heim. Im Wochenblättchen
ward ein Garten, in dem auch ein Häuschen stand, ausgeboten:
es lag draußen vor der Stadt, im Tale der Ilm, dicht an einem

herrschaftlichen Lustgarten, den man den ‚Stern‘ nannte. Goethe griff zu; der Herzog ersetzte ihm alle Kosten des Erwerbes und der Einrichtung.

Am 21. April 1776 ward Goethe eingetragener Grundeigentümer und zugleich Bürger der Stadt Weimar. Freilich sein neues Heim mußte erst noch geschaffen werden.

Der größte Teil des Grundstücks war Wildnis, und der Boden war steinig und arm an Erde, auch so abschüssig, daß eine Pflege fast unmöglich erschien. Nur die unteren Lagen, neben dem Hause, waren einer Ebene ähnlich; sie waren von jeher zum Gemüsebau verwertet. Spargelbeete versprachen baldige Ernte. An günstiger Stelle stand ein Bienenhaus.

Das Wohnhaus, aus Erdgeschoß und Stockwerk bestehend, war modrig und klapprig; die Esse verfallen, das Schindeldach leck, die Fußböden löcherig. Ein Keller war nicht vorhanden; unter der Treppe, wo man einen Kellereingang vermuten konnte, war ein Ziehbrunnen.

Haus und Garten wollte hier also besagen: Ruine und Wildnis. Bei schlechtem Wetter war hier nichts Anlockendes — bei Sonnenschein war's für Poetenaugen ein Fleckchen aus Märchenland.

Vom 3. bis 10. Mai war Goethe im Gebirge. Als er heimkam, war der Garten noch ebenso grau und wüst wie vorher; in Weimar ward es viel später Frühling als in seiner bisherigen Heimat am Main und Rhein. Noch am 14. Mai bat er die Freundin, ihren Spaziergang lieber zu Wielands älteren Anlagen zu richten: „Mein Garten sieht so noch raupig aus.“ Aber trotzdem gingen sie beide an diesem Tage auch in's Ilmtal hinunter, in den Garten hinein. Eigentum und Zukunftspläne sind starke Magnete.

Und endlich kam der holde Knabe Lenz auch in's rauhe weimarische Land. Und mit ihm rückte eine Schar Arbeiter, soviel als Goethe hatte auftreiben können, zur Gartentür hinein;

jeden Morgen kamen sie an mit Hacken und Schaufeln, Äxten und Spaten, und auch die Maurer kamen mit Kellen und Gelten, Piken und Hämmern. Und Goethe ging von Einem zum Andern, zeigte und ließ sich zeigen; er verstand schon viel von solchem Handwerk, denn er hatte immer Sinn dafür gehabt. Zwischendurch machte er auf dem Papier Entwürfe, wie er's sich vorstellte.

Den 17. und 18. Mai, Freitag und Sonnabend, war Goethe fast den ganzen Tag draußen, und die Freunde suchten ihn dort schon auf. Am Freitagnachmittag kam die Herzogin-Mutter mit dem Prinzen Konstantin heraus, um im Ilmtal zu spazieren und die neue goethische Welt zunächst von draußen zu sehen. Herr und Frau v. Stein, ihre Knaben Fritz und Ernst, Herr v. Schardt, auch zwei junge Mädchen, Schutzbefohlene des Steinschen Hauses, Sophie und Karoline v. Ilten, waren schon bei ihm; es kamen noch Mehrere hinzu, und bald war es eine große, vergnügte Gesellschaft, aufgeregt von Plänen und Vorschlägen, was hier draußen noch alles eingerichtet und getrieben werden sollte.

Am Sonnabendvormittag saß Goethe wieder im Garten und ließ sich von den tausend Vögeln ihre Frühlingslieder vorsingen. Er zeichnete Rasenbänke, die er anlegen lassen wollte, dann einen Grundriß zu einem „englischen Garten;" dazwischen sah er den Arbeitern zu.

Am Nachmittag kamen Herzogin Amalie und Prinz Konstantin schon wieder: diesmal wollten sie sich Haus und Garten ordentlich zeigen lassen; sie waren guten, lieben Humors und neckten Goethe, daß er schon so schön hausvatern könne. Unterdessen blieben die Maurer und anderen Arbeiter eifrig am Werke bis die Dunkelheit sie vertrieb. Als sie endlich gegangen waren, Fürstenvolk und Arbeitsvolk, aß Goethe ein Stück kalten Braten, das ihm sein Diener, Schreiber und Hausmeister Philipp Seidel herausgebracht hatte. Dann schwätzten sie beide als gute Freunde
136

miteinander, bis der Herr sagte: „Philipp, geh heim! Ich schlafe hier und will die erste Nacht allein sein."

Bis Elf blieb er noch auf, schaute und lauschte hinaus, genoß die feierliche Ruhe der Nachtstunden und freute sich auch schon auf den nächsten Morgen.

„Es ist eine herrliche Empfindung, da draußen im Feld allein zu sitzen. Morgen früh, wie schön! . . . Alles ist so still. Ich höre nur meine Uhr ticken und den Wind und das Wehr von ferne."

Um vier Uhr schon wachte er in dieser ersten Nacht auf; der erste Sonnenstrahl hatte ihn getroffen. „Wie schön das Grün!" dachte er, als er halbtrunken das Auge auftat. Dann wandte er den Kopf vom Fenster ab und schlief wieder ein.

Als er aufstand und hinaustrat, war der Himmel bedeckt, und doch erschien ihm der Tag herrlicher als je. Er eilte zum Spargelbeet, entdeckte mit Lust die herausschauenden Köpfe, stach sie, wusch sie am Ziehbrunnen, wickelte sie ein und dachte an die Freundin. Dann kam ihm ein Märchen in den Sinn, das er einst von der Mutter gehört: ein Kind war von seiner Stiefmutter in den Wald geführt und dort verlassen worden; als es herumirrte, fand es endlich ein einsames Häuslein, ein Häuslein wie seines hier, und darin wohnte ein fabelhaftes Tier, ein Erdkühlein.

„Du bist nun das Erdkühlin," sagte Goethe zu sich selber. „Und nun Erdkühlin für ewig!" fügte er hinzu.

Philipp kam; er mußte den Spargel zur Frau v. Stein tragen und ein Zettelchen dazu. „Die Ruhe hier draußen ist unendlich," stand darin.

Wir nahmen dies Stück aus unserm Buche: ‚Goethes Leben im Garten am Stern‘.

Goethe oder der Teufel? [Juni 1777]

Die nachfolgende Geschichte gehört zu denen, die vielleicht nicht wahr, aber doch kennzeichnend für ihren Helden sind. Sie zeigt uns, wie Goethe in der „weimarischen Geniezeit" Vielen erschien oder wie seine Teilnahme an dieser Geniezeit nach einigen Jahrzehnten Vielen erschien. Johannes Falk, der sie erzählt, hat alle Beteiligten gut gekannt; irgendwelche Tatsache muß seiner Erzählung zugrunde liegen. Er hat sie von dem alten Dichter und Dichter-Beschützer Gleim in Halberstadt, der 1777 in Weimar gewesen war.

„Ich war abends zu einer Gesellschaft bei der Herzogin Amalie geladen, wo es hieß, daß Goethe späterhin auch kommen würde. Als literarische Neuigkeit hatte ich den neuesten Göttinger Musenalmanach mitgebracht, aus dem ich eins und das andere der Gesellschaft mitteilte. Indem ich noch las, hatte sich auch ein junger Mann, auf den ich kaum gemerkt, mit Stiefeln und Sporen und einem kurzen, grünen aufgeschlagenen Jagdrock unter die übrigen Zuhörer gemischt. Er saß mir gegenüber und hörte sehr aufmerksam zu. Außer einem Paar schwarzglänzender, italienischer Augen, die er im Kopfe hatte, wüßte ich sonst nichts, das mir besonders an ihm aufgefallen wäre. Allein es war dafür gesorgt, ich sollte ihn schon näher kennen lernen. Während einer kleinen Pause nämlich, wo einige Herren und Damen über dies oder jenes Stück ihr Urteil abgaben, eins lobten, das andere tadelten, erhob sich jener feine Jägersmann — denn dafür hatte ich ihn anfänglich gehalten — vom Stuhl, nahm das Wort und erbot sich in demselben Augenblick, wo er sich auf eine verbindliche Weise gegen mich verneigte, daß er, wofern es mir so beliebte, im Vorlesen, damit ich nicht allzusehr ermüdete, von Zeit zu Zeit mit mir abwechseln wollte. Ich konnte nicht umhin, diesen höflichen Vorschlag anzunehmen, und reichte ihm auf der Stelle das Buch. Aber Apollo und die neun Musen, die drei

138

Grazien nicht zu vergessen, was habe ich da zuletzt hören müssen!
Anfangs ging es zwar ganz leidlich:

> Die Zephir'n lauschten,
> Die Bäche rauschten,
> Die Sonne
> Verbreitet' ihr Licht mit Wonne.

„Auch die etwas kräftigere Kost von Voß, Leopold Stolberg,
Bürger wurde so vorgetragen, daß sich Keiner darüber zu be-
schweren hatte. Auf einmal aber war es, als ob den Vorleser
der Satan des Übermutes beim Schopfe nehme, und ich glaubte,
den wilden Jäger in leibhaftiger Gestalt vor mir zu sehen. Er
las Gedichte, die gar nicht im Almanach standen; er wich in alle
nur möglichen Tonarten und Weisen aus. Hexameter, Jamben,
Knittelverse und wie es nur immer gehen wollte. Alles unter-
und durcheinander, wie wenn er es nur so herausschüttelte.

„Was hat er nicht alles mit seinem Humor an diesem Abend
zusammenphantasiert! Mitunter kamen so prächtige, wiewohl nur
ebenso flüchtig hingeworfene, als abgerissene Gedanken, daß die
Autoren, denen er sie unterlegte, Gott auf den Knien dafür
hätten danken müssen, wenn sie ihnen vor ihrem Schreibpulte
eingefallen wären. Sobald man hinter den Scherz kam, verbreitete sich eine allgemeine Fröhlichkeit durch den Saal. Er
versetzte allen Anwesenden irgend etwas. Auch meiner Mäzen-
schaft, die ich von jeher gegen junge Gelehrte, Dichter und
Künstler für eine Pflicht gehalten habe — so sehr er sie auf der
einen Seite belobte, so vergaß er doch nicht auf der anderen
Seite, mir einen kleinen Stich dafür beizubringen, daß ich mich
zuweilen bei den Individuen, denen ich diese Unterstützung zuteil
werden ließ, vergriffe. Deshalb verglich er mich witzig genug
in einer kleinen, ex tempore in Knittelversen gedichteten Fabel
mit einem frommen und dabei über die Maßen geduldigen Trut-
hahn [!], der eigene und fremde Eier in großer Menge und mit

großer Geduld besitzt und ausbrütet, dem es aber en passant
wohl auch einmal begegnet und der es nicht übelnimmt, wenn
man ihm ein Ei von Kreide statt eines wirklichen unterlegt.

„»Das ist entweder Goethe oder der Teufel!« rief ich Wieland
zu, der mir gegenüber am Tische saß. — »Beides!« gab mir Dieser
zur Antwort; »Er hat einmal heute wieder den Teufel im
Leibe; da ist er wie ein mutiges Füllen, das vorn und hinten
ausschlägt, und man tut wohl, ihm nicht allzunahe zu kommen.«“

Plessing. [3. Dezember 1777]

Durch seinen ‚Werther‘ zog Goethe die Zuneigung manches
jungen Menschen auf sich, der dem unglücklichen Helden
dieser Dichtung verwandt war. Nicht Wenige schrieben an den
Dichter, schütteten ihm ihr Herz aus und hofften auf eine herzliche Erwiderung, vielleicht auch auf ein Freundschaftsverhältnis.
So wandte sich auch ein gewisser Plessing, Sohn des Superintendenten zu Wernigerode, im Sommer 1777 an Goethe. Man
erkannte in seinem Briefe einen jungen, durch Schulen und Uni-
versitäten gebildeten Mann, dem aber seine Kenntnisse nicht zu
innerer, sittlicher Beruhigung gediehen, der vielmehr in Selbst-
quälerei seine Zeit und Kraft verzehrte. Goethe nahm lebhaften
Anteil an dem Briefschreiber, der ihm sein Leiden vortrug; er
glaubte jedoch statt des Duldens Eigensinn, statt des Ertragens
Hartnäckigkeit und statt eines sehnsüchtigen Verlangens nach den
Mitmenschen ein abstoßendes Wegweisen zu bemerken. Der Dichter
hätte den jungen Mann gern besser kennen gelernt; aber es
wäre allzu gewagt gewesen, ihn zu sich zu bescheiden; Goethe hatte
schon mit ähnlichen Geistern viel Mühe gehabt, die sich wenig
lohnte. So ließ er die Sache hängen und antwortete auch nicht.

Da erhielt er einen zweiten kürzeren, aber sehr lebhaften,
fast heftigen Brief von Plessing, worin Dieser ihn um Antwort
beschwor. Doch mit Gewalt ließ sich Goethe nie etwas ab-

140

dringen. Immerhin behielt er den unglücklichen Menschen in
Gedanken.

In den letzten Novembertagen jenes Jahres ritt er dem
Harze zu. Er wollte allein sein, wollte die Bergwerke kennen
lernen, dachte aber auch an Plessing. In ein Gedicht, das
damals sich bildete: „Harzreise im Winter‘ flossen diese Gedanken
mit hinein:

Ach, wer heilet die Schmerzen

Deß, dem Balsam zu Gift ward?

Der sich Menschenhaß

Aus der Fülle der Liebe trank!

Erst verachtet, nun ein Verächter,

Zehrt er heimlich auf

Seinen eignen Wert

In ung'nügender Selbstsucht . . .

Ist auf deinem Psalter,

Vater der Liebe! ein Ton

Seinem Ohre vernehmlich,

So erquicke sein Herz!

Öffne den umwölkten Blick

Über die tausend Quellen

Neben dem Durstenden

In der Wüste!

Am 2. Dezember kam der Dichter nachmittags in Wernigerode an; er schrieb sich im Gasthofe, nach seiner Gewohnheit,
unter angenommenem Namen ein; er wollte namentlich auch von
Plessing nicht sogleich erkannt werden. So begann er zuerst
mit einem Kellner ein Gespräch; er sagte ihm, es sei seine Art,
wenn er an einen fremden Ort komme, wo er keine Bekannten
habe, sich nach jüngeren Personen zu erkundigen, die sich durch
Wissenschaft und Gelehrsamkeit auszeichneten: ob er ihm nicht
Jemand dieser Art nennen könne, mit dem sich ein angenehmer

Abend zubringen ließe. Der Kellner nannte sogleich Plessing; gegen Einheimische sei er unfreundlich und durch seine finstere Laune bedrückend, aber den Fremden begegne er zuvorkommend.

Der Kellner lief zum Pfarrhause und kam sogleich mit einer Einladung zurück. Bald stand Goethe seinem Briefschreiber gegenüber: wie sein Brief, erregte auch der junge Mann Interesse, ohne doch Anziehungskraft auszuüben. Der Gast stellte sich als einen Zeichenkünstler aus Gotha vor, der wegen Familienangelegenheiten in dieser unfreundlichen Jahreszeit Schwester und Schwager in Braunschweig zu besuchen habe.

Mit Lebhaftigkeit fiel ihm Plessing beinahe in's Wort.

„Da Sie so nahe an Weimar wohnen, so werden Sie doch auch diesen Ort, der sich so berühmt macht, öfters besucht haben?"

Der Gast bejahte und fing an, vom Maler Kraus, von der Zeichenschule, von Bertuch zu sprechen; er redete auch von Professor Musäus, Bibliothekar Jagemann, Kapellmeister Wolf und ihren Frauen und versicherte, jeder Fremde sei im Kreise dieser Personen wohl aufgehoben .. Sein Zuhörer aber fuhr ungeduldig heraus:

„Warum nennen Sie denn Goethe nicht?"

Der Gast erwiderte: er habe auch Goethe kennen gelernt und sei als ein Künstler freundlich von ihm aufgenommen worden. Aber viel könne er nicht von ihm berichten, denn Goethe lebe ziemlich für sich allein oder mit dem Herzoge und unter den Hofleuten.

Plessing hatte mit unruhiger Aufmerksamkeit zugehört und begehrte eine eingehendere Schilderung jenes Dichters, der so viel von sich reden mache. Der verkappte Goethe folgte dem Wunsche, und wenn Plessing etwas scharfsichtiger gewesen wäre, hätte er wohl bemerken müssen, wer sein Gast war. Aber der Grübler und Träumer ging aufgeregt im Zimmer auf und ab.

Unterdeſſen war die Magd hereingetreten und hatte eine Flaſche Wein und ein kaltes Abendbrot auf den Tiſch geſetzt. Pleſſing ſchenkte dem Gaſt und ſich ſelber ein; ſie ſtießen an, Pleſſing goß ſein Getränk haſtig hinunter, der Gaſt trank das ſeinige langſam aus. Nun ergriff Pleſſing heftig den Arm ſeines Gaſtes:

„O verzeihen Sie meinem wunderlichen Betragen! Sie haben mir aber ſo viel Vertrauen eingeflößt, daß ich Ihnen Alles entdecken muß. — Dieſer Mann, wie Sie mir ihn beſchreiben, hätte mir doch antworten ſollen! Ich habe ihm einen ausführlichen, herzlichen Brief geſchickt, ihm meine Zuſtände, meine Leiden geſchildert, ihn gebeten, ſich meiner anzunehmen, mir zu raten, mir zu helfen! Und nun ſind ſchon Monate verſtrichen: ich vernehme nichts von ihm! Wenigſtens hätte ich doch ein ablehnendes Wort auf ein ſo unbegrenztes Vertrauen verdient.“

Der Gaſt meinte: ſolches Betragen des Dichters könne er freilich weder erklären, noch entſchuldigen. Aber Das wiſſe er freilich, daß Goethe von Menſchen und Geſchäften und von ſeinen eigenen Gedanken arg belagert werde; er gelte ſonſt für einen wohlwollenden und hilfsbereiten jungen Mann.

„Sind wir zufällig ſoweit gekommen,“ erwiderte nun Pleſſing mit einiger Faſſung, „muß ich Ihnen auch den Brief vorleſen. Sie ſollen urteilen, ob er nicht irgend eine Antwort verdiente.“

Und Goethe hörte nun den ſehr langen Brief an, deſſen Inhalt er noch ganz genau im Gedächtnis hatte. Er hörte alſo nur halb hin und betrachtete den Vorleſenden genauer. Auch jetzt noch ſagte der Mann ihm nicht zu. Er mochte Achtung und Teilnahme verdienen, denn ein ernſtliches Wollen, ein edler Sinn und Zweck waren erkennbar, aber ihm ging das Gefällige völlig ab: obſchon in dem Briefe von den zärtlichſten Gefühlen die Rede war, blieb der Vortrag ohne Anmut, und eine ganz eigene beſchränkte Selbſtigkeit tat ſich hervor.

Als Plessing geendet hatte, fragte er haftig, was sein Gast dazu sagte, ob man ein solches Schreiben ohne Antwort lassen durfte?

Langsam erwiderte Dieser:

„Ich glaube jetzt zu begreifen, warum der junge Dichter, auf den Sie so viel Vertrauen gesetzt, gegen Sie stumm geblieben ist. Seine jetzige Denkweise weicht zu sehr von der Ihrigen ab, als daß er hoffen durfte, sich mit Ihnen verständigen zu können.“

Und er fuhr fort: „Ich habe selbst einigen Unterhaltungen in seinem Kreise beigewohnt und habe ihn behaupten hören: man werde sich aus einem schmerzlichen, selbstquälerischen, düstern Seelenzustande nur durch Beschauung der Natur und durch eine herzliche Teilnahme an der äußeren Welt retten und befreien. Schon die allgemeinste Bekanntschaft mit der Natur, gleichviel von welcher Seite, ein tätiges Eingreifen, sei es als Gärtner oder Landbebauer, als Jäger oder Bergmann, ziehe uns von uns selbst ab. Die Richtung geistiger Kräfte auf wirkliche, wahrhafte Erscheinungen gebe nach und nach das größte Behagen, Klarheit und Belehrung, wie denn der Künstler, der sich treu an der Natur halte und zugleich sein Inneres auszubilden suche, gewiß am besten fahren werde.“

Plessing erschien bei dieser Rede sehr unruhig und ungeduldig, wie man über eine fremde oder verworrene Sprache, deren Sinn wir nicht verstehen, ärgerlich werden kann. Doch der Gast fuhr fort:

„Mir als Landschaftsmaler mußten solche Sätze sehr rasch einleuchten, da ja meine Kunst unmittelbar auf die Natur gewiesen ist. Ich habe nun seit jener Zeit emsiger und eifriger als bisher nicht etwa nur ausgezeichnete und auffallende Naturbilder und Erscheinungen betrachtet, sondern mich zu Allem und Jedem liebevoll gewendet. Und es schien mir dann freilich, als ob die Natur meine Liebe zurückstrahle.“

Der Gaſt fuhr fort, um vom Allgemeinen zu beſtimmten Beiſpielen überzugehen, von ſeiner notgedrungenen Winterreiſe zu reden, die ihm, ſtatt beſchwerlich zu ſein, beſtändig Genuß gewähre. Er ſchilderte mit maleriſcher Poeſie und doch ganz einfach und gegenſtändlich ſein Herankommen an das Gebirge, den morgendlichen Schneehimmel über den Bergen, die mannigfaltigſten Tageserſcheinungen, die wunderlichen Turm- und Mauerbefeſtigungen der freien Reichsſtadt Nordhauſen und ihre Erſcheinung bei Abenddämmerung. Und ſo weiter bis zu der geſtern geſehenen Baumannshöhle.

Hier unterbrach ihn Pleſſing lebhaft und verſicherte: der kurze Weg, den er daran gewendet, dieſe berühmte Höhle zu ſehen, hätte ihn gereut! Sie habe keineswegs dem Bilde ſich gleichgeſtellt, das er in ſeiner Phantaſie vorher von ihr gehabt.

Eine derartige Äußerung kam dem Gaſt nicht unerwartet: wie oft hatte er bei ſolchen Kranken bemerkt, daß ſie den Wert einer wahren Wirklichkeit gegen ein trübes Phantom ihrer düſtern Einbildungskraft von ſich ablehnen! Ebenſowenig war er verwundert, als Pleſſing auf ſeine Frage, wie er ſich die Höhle vorgeſtellt gehabt, eine Beſchreibung machte, wie kaum der kühnſte Theatermaler den Vorhof der Unterwelt darzuſtellen gewagt hätte.

Er verſuchte noch Einiges zu ſagen, was dem Zuhörer zu einer geiſtigen Geſundung dienlich ſein konnte, aber Pleſſing erwiderte ihm geradezu: ihm könne und ſolle Nichts in der Welt genügen!

Nun fühlte ſich der Gaſt im Innern zugeſchloſſen und zugleich wußte er, daß er gegen dieſen Menſchen ſeine Schuldigkeit getan habe.

Pleſſing wollte ihm noch den zweiten Brief vorleſen. Er lehnte es wegen großer Müdigkeit ab. Er wurde zum nächſten Tage zum Mittageſſen in der Familie geladen, aber durch ein Billet entſchuldigte er ſich am andern Morgen: er müſſe ſogleich weiter reiſen. — —

Nach einigen Jahren erschien Plessing in Weimar: sein innerer Zustand war entschieden gebessert. Die Beiden hatten lange Gespräche, danach auch einigen Briefwechsel, und im Spätjahre 1792 besuchte Goethe den Professor Plessing zu Duisburg, wo er als Gelehrter und geachteter Schriftsteller lebte. Noch immer erschien er einem Unerreichbaren nachzustellen, aber er hatte sich doch auch mit dem Erreichbaren und Wirklichen einigermaßen befreundet.

Auf dem Brocken im Winter. [10. und 11. Dezember 1777]

(Aus Briefen an Frau v. Stein, geschrieben im Torfhause am 10. und in Klaustal am 11. Dezember.)

Was soll ich vom Herren sagen mit Federspulen, was für ein Lied soll ich von Ihm singen? .. Mit mir verfährt Gott wie mit seinen alten Heiligen, und ich weiß nicht, woher mir's kommt.

Ich will Ihnen entdecken (sagen Sie's Niemand!), daß meine Reise auf den Harz war, daß ich wünschte, den Brocken zu besteigen. Und nun, Liebste, bin ich heut oben gewesen!... Nun, Liebste, tret' ich vor die Türe hinaus: da liegt der Brocken im hohen, herrlichen Mondschein über den Fichten vor mir, und ich war oben heut! Und habe auf dem Teufelsaltar meinem Gott den liebsten Dank geopfert.

(Am nächsten Tage.) Wie ich gestern zum Torfhaus kam, saß der Förster bei seinem Morgenschluck in Hembsärmeln. Und diskursive redete ich vom Brocken, und er versicherte mir die Unmöglichkeit, hinaufzugehen. Und wie oft er Sommers droben gewesen wäre und wie leichtfertig es wäre, jetzt es zu versuchen.

Die Berge lagen im Nebel; man sah nichts. „Und so", sagte er, „ist's auch jetzt oben; nicht drei Schritt vorwärts können Sie sehn." — „Und wer nicht alle Tritte weiß ..." Usw.

Da saß ich mit schwerem Herzen. Mit halben Gedanken, wie ich zurückkehren wollte. Und ich kam mir vor wie der

146

König, den der Prophet mit dem Bogen schlagen heißt und der
zu wenig schlägt.[1])

Ich war still und bat die Götter, das Herz dieses Menschen
zu wenden und das Wetter. Und war still.

So sagt er zu mir: „Nun können Sie den Brocken sehen!"
Ich trat an's Fenster, und er lag vor mir, klar wie mein Ge-
sicht im Spiegel. Da ging mir das Herz auf, und ich rief:
„Und ich sollte nicht hinaufkommen?! Haben Sie keinen Knecht?
Niemanden?"

Und er sagte: „Ich will mit Ihnen gehn."

Ich habe ein Zeichen in's Fenster geschnitten zum Zeugnis
meiner Freudentränen. . Ich hab's nicht geglaubt bis auf der
obersten Klippe. Alle Nebel lagen unten, und oben war herrliche Klarheit. . .

Am Hofe zu Dessau. [Mai 1778]
(Nach F. v. Matthisson.)

Zwischen Herzog Karl August von Weimar und Fürst Friedrich
Franz von Anhalt-Dessau bestand gute Freundschaft, und
Goethe ward mit hineinbezogen. Einst an einem Sommernach-
mittage war man in der Vorhalle des Wörlitzer Schlosses beisammen. Die Fürstin war mit einer Stickerei beschäftigt, der Fürst
las etwas vor, Goethe zeichnete, und ein Hofkavalier überließ
ohne Zwang und Sorge sich indes einem behaglichen Nichtstun.
Da zog ein Bienenschwarm vorüber. Goethe sagte: „Die
Menschen, an welchen ein Bienenschwarm vorüberstreicht, treiben
nach einem alten Volksglauben Dasjenige, was gerade im
Augenblick des Ansummens von ihnen mit Vorliebe getrieben
wurde, noch sehr oft und sehr lange. Die Fürstin wird
noch viel und noch recht köstlich sticken, der Fürst wird noch

---

[1]) Der Prophet Elisa und der König Joas, 2. Könige, Kap. 13.

unzähligemal interessante Sachen vorlesen, ich selbst werde gewiß
unaufhörlich im Zeichnen fortmachen, und Sie, mein Herr Kammerherr, werden bis in's Unendliche faulenzen."

Burmann. [Mitte Mai 1778]

Als Goethe im Frühjahr 1778 nach Berlin kam, besuchte er
den Dichter, Musiker und Redakteur der Spenerschen Zeitung Gottlob Wilhelm Burmann, einen höchst talentvollen, aber
auch sonderbaren Menschen, der ihm über seine ‚Stella' ein sehr
enthusiastisches Schreiben zugesandt hatte.

Als Burmann den Fremden sah, fragte er ihn nach dem
Namen.

„Goethe."

Da sprang Burmann vor Freuden hoch auf; dann warf er
sich sogleich auf den Boden und wälzte sich wie ein Kind herum.

„Was machen Sie da? Was fehlt Ihnen?"

„O, ich kann meine Freude, daß Sie mich besuchen, nicht
besser ausdrücken!"

„Nun, wenn's Das ist," versetzte Goethe, „dann will ich
mich auch zu Ihnen legen."

Im neuen weimarischen Parke. [Januar, Juli und
August 1778]

Die Landschaft, die Goethe aus seinen Fenstern sah und durch
die ihn seine Spaziergänge zunächst und zumeist führten,
verlangte förmlich nach einer Ausbildung zu einem „englischen
Park." Ein Fluß schlängelte sich durch ein grünes Wiesental;
den einen Rand des Tales bildeten die Hügel, an deren Abhang
sich Goethes Garten und andere Gärten erstreckten; gegenüber
stiegen die Höhen schroffer und näher am Flusse auf; die Felsen
lagen an manchen Stellen bloß. Bisher hatten die weimarischen
Herzöge im französischen Sinne kunstvolle Gartenanlagen ge-

148

schaffen und immer noch künstlicher ausbilden lassen; die jüngere
Partei aber war für das Englische, Natürlichere, Freiere; sie
hatte durch den Herzog, der ein großer Naturfreund war, die
Obermacht; aber auch diese Jüngeren hatten noch Neigung für
die Zierlichkeiten der alten Zeit oder für neue Geschmacks-
spielereien, und das Ergebnis von den neuen Parkanlagen in
Weimar, Tiefurt und Belvedere war, daß man in diesen drei
nahen Anlagen schließlich Alles zu vereinigen suchte, was nach
der einen oder andern Vorstellung zu einem Park gehörte.

Goethe hatte viel Einfluß auf die Umgestaltung seiner Nach-
barschaft; desto eher durfte er über das gemeinsame Werk nach
Art der früheren ‚Mâtinéen‘ spotten. Als am 30. Januar 1778
zum Geburtstage der Herzogin Luise sein Festspiel: ‚Der Triumph
der Empfindsamkeit‘ gegeben wurde, führte er die Zuhörer auch
in „eine rauhe und felsige Gegend":

> Herren und Frauen allzugleich,
> Merkt wohl, Das hier ist Plutons Reich!
> Und ich, wie ich mich vor Euch stelle,
> Das ich zuerst bedeuten muß,
> Ich nenne mich Askalaphus
> Und bin Hofgärtner in der Hölle.

Als solcher schilderte er nun die neuen Schöpfungen an den
Gewässern der Hölle — oder auch in Weimar und Tiefurt, die
Bemühungen und Wünsche des Herzogs, der Herzogin-Mutter,
des Prinzen Konstantin, der Freunde Knebel und Bertuch und
seine eigenen.

> Da schleppen nun Titanen ohne Zahl,
> Den alten Sisyphus mit eingeschlossen,
> Rastlos geschunden und verdrossen,
> Gar manches schöne Berg und Tal
> Zusammen.
> Aus den flutenden Flammen

Des Acherons herauf
Müssen die ewigen Felsen jetzt!
Und gält's tausend Hände,
Sie werden an irgend einem Ende
Als Point de vue zurecht gesetzt.

Um Eins nur ist es jammerschade,
Um's schöne Erdreich im Elysium!
Aber es ist keine Gnade,
Wir gehn damit ganz sündlich um.
Sonst dankt man Gott, wenn man die Steine
Vom Acker hat:
Aber hier! sechs Meilen herum sind keine
Zu finden mehr, und wir haben es noch nicht satt
Damit verschütten wir den Boden,
Wo das weichste Gras,
Die liebsten Blümchen blühen, und warum Das?
Alles um des Mannigfaltigen willen!
Ein frischer Wald, eine feine Wiese,
Das ist uns Alles alt und klein;
Es müssen in unserm Paradiese
Dorn' und Disteln sein!

Dafür aber auch graben wir in den Hainen
Elysiums die schönsten Bäume aus
Und setzen sie, wo wir es eben meinen,
An manche leere Stelle
Herüber in die Hölle,
Um des Cerberus Hundehaus,
Und formieren Das zu einer Kapelle.

Denn, nota bene! in einem Park
Muß alles Ideal sein,
Und, salva venia, jeden Quark

Wickeln wir in eine schöne Schal' ein.
So verstecken wir zum Exempel
Einen Schweinstall hinter einen Tempel;
Und wieder ein Stall, versteht mich schon,
Wird geradeswegs ein Pantheon.
Die Sach' ist: wenn ein Fremder drin spaziert,
Daß Alles wohl sich präsentiert!
Wenn's Dem denn hyperbolisch dünkt,
Posaunt er's hyberbolisch weiter aus —
Freilich der Herr vom Haus
Weiß meistens, wo es stinkt. . . .

Was ich sagen wollte, zum vollkommnen Park
Wird uns wenig mehr abgehn.
Wir haben Tiefen und Höh'n,
Eine Musterkarte von allem Gesträuche,
Krumme Gänge, Wasserfälle, Teiche,
Pagoden, Höhlen, Wieschen, Felsen und Klüfte,
Eine Menge Reseda und andres Gedüfte,
Weimutsfichten, babylonische Weiden, Ruinen,
Einsiedler in Löchern, Schäfer im Grünen,
Moscheen und Türme mit Kabinetten,
Von Moos sehr unbequeme Betten,
Obelisken, Labyrinthe, Triumphbogen, Arkaden,
Fischerhütten, Pavillons zum Baden,
Chinesisch-gotische Grotten, Kiosken, Tings,
Maurische Tempel und Monumente,
Gräber, ob wir gleich Niemand begraben —
Man muß es Alles zum Ganzen haben!

Ein Einziges ist noch zurücke,
Und drauf ist jeder Lord so stolz:
Das ist eine ungeheure Brücke
Von Holz

Und einem Bogen von Hängewerk —

Die ist unser ganzes Augenmerk.

Denn ernstlich kann kein Park bestehn

Ohne sie, wie wir auf jedem Kupfer sehn.

Auch in unsern toleranten Tagen

Wird immer mehr drauf angetragen,

Auf Kommunikation, wie bekannt,

Dem man sich auch gleich stellen muß;

Elysium und Erebus

Werden vice versa tolerant.

Wir freuten uns der Brücke schon;

Doch leider Acheron und Pyriphlegethon

Speien ewige Flammen,

Da fehlt's uns an gescheiten Leuten;

Und bringen wir die Brücke nicht zusammen,

So will der ganze Park nichts bedeuten;

Das Kostüme leidet weder Erz noch Stein,

Von Holz muß so eine Brücke sein! [1])

Ehe der Herzog noch diese hochgeschwungene Holzbrücke bekam (wir sehen sie auf alten Parkbildern), ward ihm durch Goethe ein Anderes, Unerwartetes, bescheert: ein Kloster.

In Goethes Heimat war es Sitte, den Namenstag geliebter Menschen zu feiern; er hatte nicht vor, diese Sitte in Thüringen einzuführen, aber er benützte sie gern als eine gute Gelegenheit, die junge Herzogin zu ehren. Ihr Geburtstag fiel in den Winter, ihr Namenstag dagegen in die schönste Jahreszeit, auf den 9. Juli. So beschloß man, zum 9. Juli ein Wald- und Buschfest nach ältern italienischen Mustern vorzubereiten. Es sollte

<hr>

[1]) Erebus: die finstere Unterwelt; Acheron und Pyriphlegethon (der Feuerflammende) ihre Flüsse; vice versa: gegenseitig; salva venia: mit Respekt zu sagen. Das Folgende aus des Verfassers Buche: ‚Goethes Leben im Garten am Stern‘.

im ‚Stern‘ abgehalten werden; in den uralten Baumgängen,
auf den breiten Plätzen sollten sich Nymphen, Faunen,
Jäger, Schäfer, Schäferinnen begegnen und das ewige Liebesspiel von Erhörung und Abweisung, Eifersucht und Ver-
söhnung spielen.

Aber in den ersten Julitagen fielen gewaltige Regenmassen.
Es entstand eine Überschwemmung, die den tiefgelegenen Stern
und die Wiesen daneben auf Wochen hinaus zu Festplätzen un-
tauglich machte.

Da richtete sich das Auge von selbst auf das höhere Gelände am andern Ufer. Unter der alten Schießhausmauer lag
ein wüster, nie betretener, elrunder Platz; eine Gruppe alter
Eschen beschattete ihn. Goethe trommelte seine Gärtner, Zimmer-
leute und Hilfsarbeiter zusammen: der Platz ward gesäubert, ge-
ebnet, und daran ward eine ‚Einsiedelei‘ erbaut: ein Zimmer
mäßiger Größe, das man eilig mit Stroh deckte und mit Moos
bekleidete. In drei Tagen und Nächten ward Alles getan, ohne
daß man bei Hofe oder in der Stadt etwas davon wußte. Zugleich ward ein ganz neues Festspiel ausgedacht. Freund Seckendorff übernahm diesmal das Dichten, und in wenigen Stunden
ward es einstudiert.

Am 9. Juli ward Herzogin Luise mit ihren Damen geladen.
Als sie den Weg am linken Ufer der Ilm herankamen, schritt
ihnen eine Schar Mönche mit großen Bärten und in weißen
Kutten entgegen.

Der Pater Orator begrüßte die Damen, der Pater Provisor,
Pater Guardian, Pater Dekorator, Pater Florian, Pater Küchen-
meister nahmen auch das Wort. Das böse Unwetter, so be-
richteten sie, habe auch ihr Kloster ergriffen und fortgerissen; sie
seien nun mit der neuen Sintflut über Berg und Tal geschwommen,
und hier seien sie an dem Felsen hängen geblieben. Und sie
stellten sich gegenseitig vor; z. B. die Patres, als die sich der
Herzog und Goethe vermummt hatten, wurden so geschildert:

Der dicke Herr ist der Pater Guardian,
Ein überaus heilig- und stiller Mann,
Den wir, dem löblichen Kloster zum besten,
Mit Allem, was lecker und nährend ist, mästen.
Und Dieser hier: Pater Dekorator,
Der all unsern Gärten und Bauwerk steht vor.
Der hat nun beinahe drei Nacht nicht geschlafen,
Um uns hier im Tal ein Paradies zu verschaffen.
Denn, wenn Der was angreift, so hat er nicht Ruh,
Stopft Tag und Nacht die Löcher mit Heckenwerk zu,
Macht Wiesen zu Felsen und Felsen zu Hänge,
Bald gradaus, bald zickzack, die Breit und die Länge. . .

Die Damen wurden nun in die Einsiedelei geführt, deren einzigen Raum man hochtrabend das ‚Refektorium‘ nannte. Dort stand auf grobem Tischtuche eine Bierkaltschale; die Teller waren irdene und die Löffel ordinäre Blechlöffel. Schon wollten einige schnippische Huldinnen bemerken, daß diese Art Abspeisung nur groben Witz verrate: da wandte sich auch schon der dickvermummte Herzog an seinen Freund Goethe:

Herr Dekorator, der Platz ist sehr enge,
Und unsere Klausur ist eben nicht strenge:
Ich dächte, wir führten die Damen in's Grüne.

Der Angeredete machte Schwierigkeiten, ging aber hinaus, wie wenn er sich umsehen wolle, und trat dann wieder herein:

Euer Hochwürden! Der Platz ist ersehen;
Wenn's Ihnen gefällig ist, wollen wir gehen.

Und nun öffnete sich eine hintere Tür: auf dem neuen geebneten Platze unter den alten Eschen stand eine wohlgeschmückte fürstliche Tafel, und aus dem Grün erklang heiterste Musik. Dazwischen erbrauste ein Wasserfall, den man für diesen Tag hierher geleitet hatte. Die Damen traten mit Ah! und O! heraus. Die Mönche wollten ihre vornehmen Gäste bedienen, aber die Damen verlangten, neben ihren Mönchen zu speisen. Und so geschah es, und es war ihnen allen wie ein Märchen. —

Die Herzogin-Mutter war diesmal nicht von der Partie, denn sie war gerade auf einer Rheinreise. Als sie wiederkam, bereitete Goethe auch ihr ein kleines Fest. Am 22. August trat sie abends um Sechs mit ihren Damen und den nächsten Freunden in sein Häuschen; als der Garten besehen war, geleitete er sie über die Brücken vor und in die neue Einsiedelei. Hier ward Essen aufgetragen, und es war ein fröhliches Erzählen von der Reise, vom Besuche bei Goethes Mutter, von dem trefflichen Merck, der in den Rheinstädten als Führer gedient hatte. In den Gläsern leuchtete Johannisberger Sechziger und rühmte in seiner Sprache gleichfalls die sonnigen Ufer des Rheins.

Als dann aber die eine Tür des Häuschens sich auftat, da bot sich ein Anblick, wie man ihn in dieser besonderen Schönheit auch am Rhein nicht gesehen hatte. Das Ufer der Ilm war auf und ab in Rembrandts Geschmack beleuchtet, ein wunderbares Zaubergemisch von Hell und Dunkel. Herzogin Amalie und Alle waren entzückt; man hatte in letzter Zeit so viel von Rembrandts Landschaften gesprochen: hier lebte eine! Man stieg die kleine Treppe hinunter und schritt zwischen Felsenstücken und Buschwerken den Fluß entlang und über die Brücke nach dem Stern hinunter: nach und nach zerfiel die ganze Vision in eine Menge kleiner Nachtstücke; man sah die Freunde und sich selber von diesen Fackeln und Feuern bald hell, bald matt beleuchtet, und Jeder war dankbar und glücklich gestimmt. „Ich hätte Goethen vor Liebe fressen mögen“, erzählt Wieland, der auch dabei war, im nächsten Briefe an Merck.

Mit diesen beiden Festen war der neue Bezirk für die Geselligkeit erobert und eingeweiht. Namentlich aber verliebte sich der Herzog in das neue Plätzchen und er gewöhnte sich, in

der Moos- und Strohhütte, die er im Andenken an das Festspiel sein Kloster nannte, stunden- und tagelang zu hausen. So
mußte man sie fester und wohnlicher machen; man umgab sie mit
einer Galerie, führte eine Treppe herab nach dem Flusse, in dem
der Herzog nun auch zu baden begann. Goethe und er waren
jetzt nächste Nachbarn und konnten noch vertraulicher mit einander
die innersten Gedanken austauschen. Manchmal schrieben sie auf
ein Blatt ihre Briefe; der Eine begann, der Andere schrieb das
Nachwort; z. B. an die Frau v. Stein reimte der Fürst in seiner
Natur-Einsiedelei:

> Ich schlafe, ich schlafe von heute bis morgen,
> Ich träume die Wahrheit ohne Sorgen,
> Habe heute gemacht den Kammer-Etat,
> Bin heute göttlich in meinem Selbst gebadt.
> Die Geister der Wesen durchschweben mich heut,
> Geben mir dumpfes, doch süßes Geleit.
> Wohl dir, Gute, wenn du lebest auf Erden,
> Ohne Anderer Existenz gewahr zu werden!
> Tauche Dich ganz in Gefühle hinein,
> Um liebevollen Geistern Gefährtin zu sein!
> Sauge den Erdsaft, saug' Leben dir ein,
> Um liebevoller Geister Gefährtin zu sein!

Goethe las es und schrieb weiter:

> Und ich geh' meinen alten Gang
> Meine liebe Wiese lang,
> Tauche mich in die Sonne früh,
> Bad' ab im Monde des Tages Müh,
> Leb' in Liebesklarheit und -kraft,
> Tut mir wohl des Herren Nachbarschaft,
> Der in Liebesdumpfheit und -kraft hinlebt
> Und sich durch seltnes Wesen webt.

Der Schäfer. [Ende 1779]

Es war ein fauler Schäfer.
Ein rechter Siebenschläfer,
Ihn kümmerte kein Schaf.

Ein Mädchen konnt' ihn fassen:
Da war der Tropf verlassen,
Fort Appetit und Schlaf!

Es trieb ihn in die Ferne,
Des Nachts zählt' er die Sterne,
Er klagt' und härmt' sich brav.

— — — — — — — —

Nun da sie ihn genommen,
Ist Alles wieder kommen:
Durst, Appetit und Schlaf.

Vom Jahrmarkt in Plundersweilern. [1777, 78, 79]

Die Einrichtung und Leitung der Vergnügungen bei Hofe
war Sache der angestellten Kammerherren: Sigmund
v. Seckendorf und Friedrich v. Einsiedel. Goethe war, weil er
nicht aus abliger Familie kam, nicht in ein Hofamt gesetzt, obwohl er dort seinem Freunde, dem Herzog, am nächsten gewesen
wäre; trotzdem wurde er eine Art maître de plaisir des Hofes,
weil er sich besser darauf verstand als der vergeßliche, unpraktische
Einsiedel und sich beliebter machte als der unzufriedene Seckendorff. Er hatte seine liebe Not manchmal mit dem Liebhaber-
Theater der Hofleute, die schon vor seiner Zeit gespielt hatten,
aber erst durch ihn zu tüchtigen Leistungen bewogen wurden.
Zu den wirksamsten Stücken gehörten seine eigenen lustigen: ein
paar ältere wie das ‚Jahrmarktsfest zu Plundersweilern‘, und
ein paar neue: ‚Der Triumph der Empfindsamkeit‘ (30. Januar 1778
zuerst aufgeführt) und ‚Die Vögel‘ (18. August 1780). Freilich

hatten diese Stücke nur zu jener Zeit und in jenem Kreise ihre volle Wirkung, denn sie steckten voller Anspielungen und Ausführungen, die später und anderwärts ihre Kraft verloren.

Ein Bildchen aus dem Treiben des ‚Jahrmarktsfestes‘ ist der Murmeltier-Knabe aus der wälschen Schweiz. So lautet sein Liedchen:

Ich komme schon durch manches Land
Avecque la marmotte,
Und immer was zu essen fand,
Avecque la marmotte,
Avecque si, avecque la,
Avecque la marmotte.

Ich hab’ gesehn gar manchen Herrn,
Avecque la marmotte,
Der hätt die Jungfer gar zu gern,
Avecque la marmotte,
Avecque si, avecque la,
Avecque la marmotte.

Hab’ auch gesehn die Jungfer schön,
Avecque la marmotte,
Die täte nach mir Kleinem sehn,
Avecque la marmotte,
Avecque si, avecque la,
Avecque la marmotte,

Nun laßt mich nicht so gehn, ihr Herrn,
Avecque la marmotte,
Die Burschen essen und trinken gern,
Avecque la marmotte,
Avecque si, avecque la,
Avecque la marmotte.

Weil das ‚Jahrmarktsfest‘ besonders der Herzogin-Mutter Amalie gefallen hatte, richtete ihr Goethe 1781 zum Weihnachtsabend eine Belustigung ‚Das Neueste von Plundersweilern‘ ein. Er ließ von Kraus, dem früher genannten Maler, ein Gemälde der neuesten Literatur malen und machte ein Gedicht dazu. Der lahme Tanzmeister Aulhorn mußte sich so wieder anziehen, wie er im ‚Jahrmarktsfest‘ als „Lustige Person“ aufgetreten war; Goethe selbst verwandelte sich in einen vornehmen Philister von Plundersweilern. Eine große Bürgemeistersweste trug er über dem künstlichen Bauche; Manschetten, Chapeau und Halskrause paßten dazu; der Rock hatte sehr große Aufschläge; rote Strümpfe reichten bis über die Knie; den Kopf zierte eine mächtige schwarze Perücke. In diesem Schmucke ging er, die Herzogin einzuholen, als nach der gewöhnlichen Bescherung das Bild in goldenem Rahmen aufgestellt und durch vierzehn Lichter erleuchtet war. Nach steifen Verbeugungen redete er die Fürstin an und bat sie, denen Vornehmen zu Plundersweilern die hohe Ehre nicht abzuschlagen, sie ein Weilchen zu besuchen; sie hätten den Mut, darum zu bitten, da ihnen diese hohe Gnade voriges Jahr zum Jahrmarkt gegönnt gewesen sei. Aber der dasige Senat lasse sich entschuldigen, daß er nicht selbst zur Aufwartung gekommen sei; seine Glieder seien alle verheiratet und hätten alle Kinder; sie könnten sich dahero ohnmöglich des Vergnügens berauben, ihren kleinen Zöglingen heute Abend den Heiligen Christ zu bescheren. Derowegen hätte man ihn armen Hagestolzen abgeschickt, Ihre Durchlaucht einzuladen und devotest willkommen zu heißen.

Als die Herzogin vor das Bild geleitet worden war, hinkte Aulhorn als Lustige Person heran, um mit einem Stabe auf die dargestellten Einzelheiten zu zeigen, während Goethe die Beschreibung vortrug:

   Im Deutschen Reich gar wohl bekannt
   Ist der Ort, Plundersweilern genannt ...

So begann er. Und nun nahm er die literarischen Zustände
dieses Ortes oder des Deutschen Reiches vor, z. B. die neuen
Leihbibliotheken:

> Wie man denn schon seit langen Zeiten
> Läßt Kaffee öffentlich bereiten,
> Daß für drei Pfennig Jedermann
> Sich seinen Magen verderben kann:
> So teilt man nun den Leseschmaus
> Liebhabern für sechs Pfennig aus.

Die alten Freunde, die Rezensenten, bekamen natürlich auch
ihr Teil. In einem gar prächtigen Palast mit großem Tore
wohnt die Kritik.

> Sie hat zwar weder Leut noch Land,
> Auch weder Kapital noch Pfand,
> Sie bringt auch selber nichts hervor,
> Und lebt und steht doch groß im Flor:
> Denn was sie reich macht und erhält,
> Das ist eine Art von Stempelgeld;
> Drum sehn wir alle neue Waren
> Zum großen Tor hineingefahren.
>
> Am Fenster läßt sich Einer blicken,
> Der reißt gar Alles grob zu Stücken;
> Ein Andrer mißt das Werk mit Ellen;
> Ein Dritter läßt's auf der Wage schnellen;
> Ein Vierter, oben auf dem Haus,
> Klopft gar die alten Kleider aus.
> Gar viele Fenster sind auch zu;
> Das deutet nicht auf innre Ruh.
> Die Meisten arbeiten wie in der Gruft
> Und kommen selten an frische Luft.
>
> Doch scheint's, ihr möget nicht verweilen …

Nun zeigte er seinen ‚Werther‘ und die armseligen weichen
Werther-Schwärmer. Dann Klopstock und seine schwärmenden
Anbeter, namentlich den jüngeren Cramer, der nicht nur das
Messias-Gedicht, noch ehe es vollendet war, schon so liebreich
auslegte, wie Eustathius den Homer, sondern auch über die
menschlichen und häuslichen Eigenschaften und Verhältnisse des
Dichters bereits ein Buch herausgegeben hatte. Auf Goethes
Jahrmarktsbilde war nun Klopstock als ein anderer Jahrmarkts-
bild-Erklärer gezeichnet: er steht in einem Mönchsgewande vor
einer großen Leinwand, auf der, wie sonst die schauderhaften
Moritaten, „der sündigen Menschheit Erlösung“ in einzelnen
Szenen abgemalt war. Während der begeisterte Dichter diese
Szenen schwungvoll in Worten schildert, hebt ihm der kleine
Cramer die Kutte in die Höhe, so daß Beine und Untergewand
sichtbar werden.

Der Mann, den ihr am Bilde seht,
  Scheint halb ein Barde und halb Prophet..
Kaum ist das Lied nur halb gesungen,
Ist alle Welt schon liebdurchdrungen.
Man sieht die Paare zum Erbarmen
In jeder Stellung sich umarmen.
Ein Zögling kniet ihm an dem Rücken,
D e r denkt die Welt erst zu beglücken!
Zeigt des Propheten Strümpf‘ und Schuh‘,
Beteuert, er hab‘ auch Hosen dazu,
Und, was sich Niemand denken kann,
Einen Steiß habe der große Mann!

Vor diesem himmlischen Bericht
Fällt die ganze Schule auf‘s Angesicht
Und rufen: „Preis dir in der Höh‘,
O trefflicher Eustathie!“

Im Zeughause. [12. Sept. 1782]

Prinz August von Gotha, der jüngere Bruder des Herzogs Ernst, kam oft und gern nach Weimar; er liebte den Verkehr mit Herder, Wieland und Goethe, die dann auch ihrerseits ihm gern einen guten Tag einrichteten. Einmal bereitete Goethe ein Mittag- oder Abendessen vor, zu dem er den Prinzen und mehrere muntere Damen der Gesellschaft laden wollte.

„Morgen führe ich die Mädchen an und den Prinzen dazu," schrieb er seiner Freundin v. Stein; „wenn's gelingt, gibt's eine Geschichte auf Zeitlebens."

Das Essen fand im Zeughause statt, wo an den Wänden die alten Ritterrüstungen aufgestellt waren. Als man anfing, recht fröhlich zu werden, hörte der Prinz ein Rasseln hinter sich; erstaunt blickte er sich um — es war wohl eine Täuschung gewesen. Dann schrie eine der Fräulein auf: jener Ritter dort drüben habe sich bewegt! Sogleich ertönte ein Husten aus einer andern Ecke, aus einem Harnisch und Visier heraus. Und nun klappte ein vierter Eisenmann sein Visier auf, stieg heraus und sprach: „Die Herrschaften werden entschuldigen ..."

Goethe hatte vier Soldaten in diese Rüstungen gesteckt; sie mußten sich mausestill verhalten, bis er ihnen das Zeichen gab, das sie zum Leben erweckte.

Epiphanias. [6. Januar 1781]

Goethes Wirksamkeit für die Unterhaltungen am Hofe er- streckte sich auch auf das Halbtheater der Aufzüge und Maske- raden. „Wie Du die Feste der Gottseligkeit ausschmückst", scherzte er gegen Lavater, so schmücke ich die Aufzüge der Torheit ... Ich traktiere die Sachen als Künstler, und so geht's noch."

Wir haben einige Gedichte Goethes, die zu solchen Gelegen- heiten entstanden. Z. B. eins zum Epiphaniastage 1781.

Die Polizei in Weimar verbot im Wochenblättchen jedesmal um Neujahr das „Sternsingen" am Heiligen-Dreikönigs-Tage, weil es zum öffentlichen Unfug geworden war. Eben dies Verbot brachte

162

den Dichter auf den Gedanken, zu einer Redoute am 6. Januar 1781 seine Sänger als die heiligen drei Könige aufziehen, singen und wieder abziehen zu lassen. Einer der Könige war Aulhorn, den wir schon kennen; einen anderen gab der Konsistorialsekretär Seidler, der seiner schönen Stimme halber oft zu Hof-Unterhaltungen gerufen wurde; ein besonderer Spaß aber war, daß auch die schöne Sängerin Korona Schröter sich hinter der Maske eines alten Königs versteckte; ihr Vers fiel deshalb rätselhaft aus. So sangen sie:

Die Drei:

Die heil'gen drei König' mit ihrem Stern,
   Sie essen, sie trinken, und bezahlen nicht gern:
Sie essen gern, sie trinken gern,
Sie essen, trinken, und bezahlen nicht gern.

Die heil'gen drei König' sind kommen allhier,
Es sind ihrer drei und sind nicht ihrer vier;
Und wenn zu dreien der vierte wär',
So wär' ein heil'ger drei König mehr.

Korona:

Ich erster bin der weiß' und auch der schön',
Bei Tage solltet ihr erst mich sehn!
Doch ach, mit allen Spezerein
Werd' ich sein Tag kein Mädchen mir erfrei'n.

Seidler:

Ich aber bin der braun' und bin der lang',
Bekannt bei Weibern wohl und bei Gesang.
Ich bringe Gold statt Spezerein,
Da werd' ich überall willkommen sein.

Aulhorn:

Ich endlich bin der schwarz' und bin der klein'
Und mag auch wohl einmal recht lustig sein.
Ich esse gern, ich trinke gern,
Ich esse, trinke und bedanke mich gern.

Die Drei:

Die heil'gen drei König' sind wohlgesinnt,
Sie suchen die Mutter und das Kind;
Der Joseph fromm sitzt auch dabei,
Der Ochs und Esel liegen auf der Streu.

Seidler:

Wir bringen Myrrhen, wir bringen Gold —

Korona:

Dem Weihrauch sind die Damen hold —

Aulhorn:

Und haben wir Wein von gutem Gewächs,
So trinken wir drei so gut als ihrer sechs.

Die Drei:

Da wir nun hier schöne Herr'n und Frau'n,
Aber keine Ochsen und Esel schau'n:
So sind wir nicht am rechten Ort
Und ziehen unseres Weges weiter fort.

Wechsellied zum Tanze. [Um 1782]

Goethe war ein eifriger Tänzer, und zuweilen sogar eine Art Ballet-Meister für den Hof. „Ich habe die Touren zu dem Aufzug der Herzoginnen komponiert," schreibt er im Februar '82 einmal seiner Freundin Stein; „er soll', hoff' ich, artig werden und auch zu einem künftigen Ballet die Grundlage geben. . . . Schubert" — ein Geiger und Komponist — „spielt noch, da ich dies schreibe, auf der Violine."

Später bat er den berühmten Komponisten Reichardt um „ein halb Dutzend oder halb Hundert Tänze", zu Englischen und Quadrillen. „Nur recht charakteristische: die Figuren erfinden wir schon! Verzeihen Sie, daß ich mit solcher Frechheit mich an einen Künstler wende: doch auch selbst das geringste Kunstwerk muß ein Meister machen, wenn es recht und echt werden soll."

Hier ist ein solcher Tanz, wie ihn Goethe aufführen und
singen ließ. (Reichardts Melodie dazu findet man in meinem
Buche ,Die Tonkunst in Goethes Leben' I 207.)

Die Gleichgültigen:

Komm mit, o Schöne, komm mit mir zum Tanze!
Tanzen gehöret zum festlichen Tag!
Bist du mein Schatz nicht, so kannst du es werden.
Wirst du es nimmer, so tanzen wir doch.
Komm mit, o Schöne, komm mit mir zum Tanze,
Tanzen verherrlicht den festlichen Tag!

Die Zärtlichen:

Ohne dich, Liebste, was wären die Feste?
Ohne dich, Süße, was wäre der Tanz?
Wärst du mein Schatz nicht, so möcht' ich nicht tanzen,
Bleibst du es immer, ist Leben ein Fest!
Ohne dich, Liebste, was wären die Feste?
Ohne dich, Süße, was wäre der Tanz?

Die Gleichgültigen:

Laß sie nur lieben, und laß du uns tanzen!
Schmachtende Liebe vermeidet den Tanz.
Schlingen wir fröhlich den drehenden Reihen,
Schleichen die Andern zum dämmernden Wald.
Laß sie nur lieben, und laß du uns tanzen!
Schmachtende Liebe vermeidet den Tanz.

Die Zärtlichen:

Laß sie sich drehen, und laß du uns wandeln!
Wandeln der Liebe ist himmlischer Tanz.
Amor, der nahe, der höret sie spotten,
Rächet sich einmal, und rächet sich bald.
Laß sie sich drehen, und laß du uns wandeln!
Wandeln der Liebe ist himmlischer Tanz.

Der Rattenfänger. [Gedruckt 1803]

Auch dies Gedicht ist als Aufführung, nämlich als Kinder-
ballet mit Gesang, zu denken, der Rattenfänger also wirklich als
ein wohlbekannter, im Städtchen sehr umschwärmter Sänger.

Ich bin der wohlbekannte Sänger,
Der vielgereiste Rattenfänger,
Den diese altberühmte Stadt
Gewiß besonders nötig hat!
Und wären's Ratten noch so viele,
Und wären Wiesel mit im Spiele:
Von allen säubr' ich diesen Ort,
Sie müssen mitelnander fort!

Dann ist der gutgelaunte Sänger
Mitunter auch ein Kinderfänger,
Der selbst die wildesten bezwingt,
Wenn er die goldnen Märchen singt.
Und wären Knaben noch so trutzig,
Und wären Mädchen noch so stutzig,
In meine Saiten greif' ich ein,
Sie müssen alle hinterdrein!

Dann ist der vielgewandte Sänger
Gelegentlich ein Mädchenfänger;
In keinem Städtchen langt er an,
Wo er's nicht Mancher angetan.
Und wären Mädchen noch so blöde,
Und wären Weiber noch so spröde:
Doch allen wird so liebebang
Bei Zaubersaiten und Gesang.

(Von Anfang.)

Ich armer Teufel, Herr Baron. [Vor 1781]

Ich armer Teufel, Herr Baron,
Beneide Sie um Ihren Stand,
Um Ihren Platz, so nah am Thron,
Und um manch schön Stück Ackerland,
Um Ihres Vaters festes Schloß,
Um seine Wildbahn und Geschoß.

Mich armen Teufel, Herr Baron,
Beneiden Sie, so wie es scheint,
Weil die Natur vom Knaben schon
Mit mir es mütterlich gemeint.
Ich ward, mit leichtem Mut und Kopf,
Zwar arm, doch nicht ein armer Tropf.

Nun dächt' ich, lieber Herr Baron,
Wir ließen's beide, wie wir sind:
Sie blieben des Herrn Vaters Sohn,
Und ich blieb' meiner Mutter Kind.
Wir leben ohne Neid und Haß,
Begehren nicht des Andern Titel,
Sie keinen Platz auf dem Parnaß,
Und keinen ich in dem Kapitel.

Zweite Harzreise. [Sept. 1783]

Der Bergkommissionsrat v. Trebra aus Zellerfeld hörte einst
in Weimar oder Ilmenau mit an, wie Goethe von einer
Besteigung des Brockens erzählte, die er um die Weihnachtszeit 1777
unternommen habe. Trebra wußte nicht, was er von der Erzählung denken solle. Goethe machte nicht den Eindruck eines
Prahlers oder Lügners, und doch erschien ihm die Geschichte un-
glaubhaft. Er war ja seit Jahren im Oberharze daheim und
wußte also, wie schwer dort im Winter aller Verkehr war; er

war selber um Weihnachten 1771 bei einer Reise von Claustal nach Andreasberg auf dem Bruchberge stecken geblieben, und was war der Bruchberg gegen den Brocken! Selbst im Sommer wagten sich nur Wenige auf den unwirtlichen Berg. Im Winter aber wäre es Verwegenheit, denn dann sind die Schluchten mit Schnee ausgefüllt, Felsen und Löcher sind nicht erkennbar, ein Fehltritt ist kaum zu vermeiden. Ohne Führer konnte Niemand den waghalsigen Aufstieg wagen, Trebra aber kannte in jenem Bezirke Niemand, der im Winter zur Führung bereit gewesen wäre.

Als Trebra in den Harz zurückgekehrt war, wurde es ihm immer wahrscheinlicher, daß der sonst so wahrhaft scheinende Goethe diesmal in lustiger Gesellschaft aufgeschnitten hatte; er habe eben als Poet gedacht: auf ein Brockenmärchen mehr oder weniger kommt es nicht an!

Im September 1783 aber erschien Goethe, begleitet von dem Knaben Fritz v. Stein, in Zellerfeld bei seinem Freunde v. Trebra. Am nächsten Tage stiegen sie zum Kommunion-Torfhause, das an der Hauptstraße von Nordhausen nach Braunschweig lag. Es war zugleich Forst- und Wirtshaus; der Förster Degen bewirtete die wenigen Gäste. Man setzte sich zum Mittagessen vor das kleine Haus, denn die Herbstsonne schien freundlich; der Förster, eifrig bestrebt, seinem Berghauptmann zu Diensten zu sein, faßte den fremden Herrn nicht sogleich in's Auge. Als er es aber getan, rief er aus:

„Aha! da sind Sie ja doch noch einmal wiedergekommen! Jetzt ist es freilich eine bessere Jahreszeit, den Brocken zu besuchen! Unsere Fahrt von damals vergesse ich nicht."

Trebra blickte auf:

„So habt Ihr den Herrn im Winter auf den Berg geführt, Degen? Wie konntet Ihr Gott so versuchen?"

„Ja, Herr Berghauptmann", antwortete der Förster, „der Herr gab mir so viele gute Worte! Ich hätt's freilich zu einer anderen Winterszeit dennoch nicht getan. Aber damals hatten wir eben
168

einen gar starken Frost gehabt; der hatte eine harte Rinde über
den tiefen Schnee gefroren, deshalb ging's. Solches Wagnis
hat vorher oder nachher kein Fremder wieder von mir verlangt,
aber damals lief's gut ab, und wir haben eine herrliche Aussicht
von der Spitze gehabt; der Herr wird's wohl noch wissen."

An der Rehberger Klippe. [Sept. 1783]

Als Goethe mit dem Berghauptmann v. Trebra und Fritz
v. Stein am 21. September 1783 auf den Brocken gestiegen
war, nahmen sie den Rückweg über Schierke, Elend und Oder-
brückhaus. Trebra erzählte von bergmännischen Dingen und
sprach auch vom Urgestein Granit, für den Goethe eine besondere
Verehrung hatte. Er sagte, daß er hier in der Nähe, am Fuße der
Achtermannshöhe Steine gesehen habe, in denen Granit mit
einem schwarzen, jaspisartigen Tongestein zusammengewachsen sei:
so innig seien beide Gesteine mit einander verbunden, daß,
wenn man die Stücke zerschlage, der Sprung durch beide Gesteine hindurch gehe und sie nie von einander trenne.

Goethe hätte dieses geologische Wunder auch gern gesehen,
aber Trebra mußte an jenem Tage seines Dienstes halber einen
andern Weg machen. Als sie jedoch am Rehberger Graben nach
Andreasberg hinuntergingen, hatten sie das Glück, ebensolche
zusammengesetzte Felsblöcke zu entdecken. Sie waren von Tisch-,
Stuhl- und Ofengröße. Die Wanderer pochten sich Stücke ab
und zerschlugen mehrere, um das „Aufsitzen" des eingewachsenen
dunkelblauen, fast schwarzen Tongesteins auf dem blaß-fleisch-
roten Granit immer schöner zu sehen.

Goethe war noch nicht zufrieden. Diese Felsblöcke waren
offenbar von der Rehberger Klippe heruntergestürzt; er verlangte
zu ihrer ursprünglichen Stelle. Behende stieg und kletterte er
hinauf. „Behutsam! Vorsichtig!" rief Trebra hinter ihm her:
„die moosigen, schlüpfrigen Felsstücke sind gefährlich! Da gibt's
leicht ein Ausrutschen und Beinbrechen."

„Nur fort, nur fort!" rief Goethe voraneilend. „Wir müssen noch zu großen Ehren kommen, ehe wir die Hälse brechen!"

Sie kamen hinauf an den Fuß der Felswand und sahen ganz deutlich, wie das jüngere Gestein in langer Linie auf dem Granit aufsaß. Aber sie konnten, obwohl beide von guter Größe, nicht hinanreichen. Und nuch Das verlangte Goethe; er mußte das Erschaute auch noch mit Händen erfassen.

„Wenn du dich hinstellen wolltest," sagte er zu Trebra, „so wollte ich an jenen, in den Felsen verwachsenen Wurzeln mich halten und mich auf deine Schultern schwingen. Dann könnte ich doch hinanreichen!"

Und so geschah es. Goethe hatte seinen Willen, ein Stück der Erdschöpfung zu ergreifen.

Zum Andenken an diesen Tag ließ Trebra viele Jahre später einen dieser Mischgesteine zu einer kleinen Tischplatte glätten und die obigen Worte vom Halsbrechen hineingraben. Man sieht den Tisch noch heute in Goethes Gartenhause. Goethe zeigte diese Platte im Alter einmal einem Hausfreund, Friedrich v. Müller, und erzählte von jenem Tage. „Ja", fügte er hinzu, „wenn man in der Jugend nicht tolle Streiche machte und mitunter einen Buckel voll Schläge mit hinwegnähme, was wollte man denn im Alter für Betrachtungsstoff haben!"

In Italien.
September 1786 bis Juni 1788.

Der päpstliche Offizier. [21.—25. Okt. 1786]

Am 3. September 1786 trat Goethe seine längst geplante und ersehnte Reise nach Italien an. Am 10. und 11. überschritt er die Sprachgrenze. Verona war die erste Station, Vicenza die zweite, Padua die dritte; darauf folgte ein längerer Aufenthalt in Venedig.

Von Bologna bis Perugia fuhr Goethe auf einem zwei-
rädrigen Wagen in Gesellschaft eines päpstlichen Offiziers, der
sich Graf Cesare nannte. Bei Beginn der Fahrt wollte der
Dichter dem Fahrtgenossen ein Kompliment machen, und äußerte:
da er ein Deutscher und deshalb gewohnt sei, mit Soldaten umzugehen, so wäre es ihm angenehm, nun mit einem päpstlichen
Offizier zu reisen.

„Nehmt mir nicht übel“, versetzte Jener, „Ihr könnt wohl
eine Neigung zum Soldatenstande haben, denn ich höre, in
Deutschland ist Alles Militär. Aber was mich betrifft, obgleich
unser Dienst sehr läßlich ist und ich in Bologna, wo ich in
Garnison stehe, meiner Bequemlichkeit vollkommen pflegen kann,
so wollte ich doch, daß ich diese Jacke los wäre und das Gütchen
meines Vaters verwaltete. Ich bin aber der jüngere Sohn, und
so muß ich mir's gefallen lassen.“

Es dauerte nicht lange, so fiel unserm Offizier Goethes ernst-
haftes, nachdenkliches Wesen auf. Und bald redete er ihm zu:
»Che pensa! non deve mai pensar l'uomo, pensando s'invecchia!«
[Was grübelt Ihr? Der Mensch muß niemals grübeln, vom
Grübeln wird man alt.] Und später: »Non deve fermarsi
l'uomo in una sola cosa, perchè allora divien matto; bisogna
aver mille cose, una confusione nella testa!« [Der Mensch muß
sich nicht auf eine einzige Sache heften, denn dann wird er verrückt; man muß tausend Sachen, eine Konfusion im Kopfe haben].

Bald bat er auch um die Erlaubnis, Goethe nach einigen
Dingen über die protestantische Religion ausfragen zu dürfen,
von der er viel Wunderliches gehört habe.

„Dürft ihr denn mit einem hübschen Mädchen auf einem
guten Fuß leben, ohne gerade mit ihr verheiratet zu sein? Erlauben Das euch eure Priester?“

Goethe: „Unsere Priester sind kluge Leute, die von solchen
Kleinigkeiten keine Notiz nehmen. Freilich, wenn wir sie darum
fragen wollten, so würden sie es uns nicht erlauben!“.

Der Offizier: „Ihr braucht sie also nicht zu fragen? O ihr Glücklichen! Und da ihr ihnen nicht beichtet, so erfahren sie's nicht!"

Er schalt nun auf seine Pfaffen, fragte jedoch bald weiter:

„Was die Beichte betrifft, wie verhält es sich damit? Man erzählt uns, daß alle Menschen, auch die keine Christen sind, dennoch beichten müssen: weil sie aber in ihrer Verstockung nicht das Rechte treffen können, so beichten sie einem alten Baume, was denn freilich lächerlich und gottlos genug ist, aber doch beweist, daß sie die Notwendigkeit der Beichte anerkennen."

Goethe erklärte seinem Gefährten die protestantische Beichte. Sie kam ihm sehr bequem vor, aber er meinte, es sei wohl ebenso gut, wie wenn man einem Baume beichte.

Erst nach einigem Zaudern wagte er die nächste Frage. Einer seiner Priester, der ein wahrhafter Mann sei, habe ihm gesagt, daß ein Protestant seine eigene Schwester heiraten dürfe. Das sei doch eine starke Sache!

Als Goethe sich nun bemühte, dem Offizier eine richtigere Meinung von der evangelischen Lehre und Sitte beizubringen, hörte er kaum darauf: es klang ihm zu nüchtern und zu alltäglich. Dagegen hatte er noch eine Frage:

„Man versichert uns, daß Friedrich der Große, der so viele Siege, selbst über die Gläubigen, davongetragen hat und die Welt mit seinem Ruhm erfüllt, daß er, den Jedermann für einen Ketzer hält, wirklich katholisch sei und vom Papst die Erlaubnis habe, es zu verheimlichen. Er kommt, wie man weiß, in keine eurer Kirchen, verrichtet aber seinen Gottesdienst in einer unterirdischen Kapelle, mit zerknirschtem Herzen, weil er die heilige Religion nicht öffentlich bekennen darf. Denn freilich, wenn er Das täte, würden ihn seine Preußen, die ein bestialisches Volk und wütende Ketzer sind, auf der Stelle totschlagen, wodurch dann der Sache nicht geholfen wäre. Deswegen hat ihm der heilige Vater jene Erlaubnis gegeben, wofür der König die allein-

172

feligmachende Religion im stillen soviel ausbreitet und begünstigt,
wie möglich."

Goethe hörte diese Erzählung wohl mit Verwunderung an,
aber auch mit Bewunderung für die klugen katholischen Priester,
die ihre Schäflein durch ein solches Gewebe der Täuschung von
den Andersdenkenden zu trennen wußten. Und über Friedrich
den Großen antwortete er nur: da es ein völliges Geheimnis
sei, könne freilich Niemand davon Zeugnis geben.

In der Stadt des heiligen Franziskus.

[26. Oktober 1786]

Durch den heiligen Franz, den Gründer des Franziskaner-
ordens und innerlichsten Christen, ist das Städtchen Assisi,
das zu Goethes Zeit etwa 4000 Einwohner zählte, weltberühmt
geworden, denn hier ist der Heilige geboren und hier liegt er
auch begraben. Goethe aber stieg nicht seinetwegen zu Fuß nach
Assisi hinauf, sondern weil er wußte, daß dort auch ein Minervatempel noch wohl erhalten stand. Jetzt war dieser Tempel der
Jungfrau Maria geweiht.

Es war das erste noch vollständige antike Gebäude, das
Goethe mit Augen sah, und er war glücklich, es zu beschauen.
Mit der Bauwissenschaft, besonders mit den Schriften Vitruvs
und Palladios hatte er sich in den letzten Wochen so viel beschäftigt, daß er sich zuweilen einen Baumeister nannte, damit
die Italiener sich nicht unnötig Gedanken über seine eifrige Betrachtung der Gebäude machten.

Als er in der glücklichsten Stimmung von jenem Minervatempel zur Stadt hinabging, hörte er hinter sich rauhe, heftige
Stimmen und merkte bald, daß es Sbirren, d. h. Polizeisoldaten,
waren, die es auf ihn gemünzt hatten. Vier Kerle, zwei davon
mit Flinten bewaffnet, gingen an ihm vorbei, brummten, kehrten
nach einigen Schritten um und umgaben ihn.

Sie fragten, wer er wäre und was für ein Geschäft er hier hätte.

173

Goethe erwiderte, er sei ein Fremder, der seinen Weg über
Assisi zu Fuß mache, indeß sein Vetturin [Fuhrmann] nach Foligno fahre.

Dies kam ihnen nicht glaubhaft vor: daß Jemand einen
Wagen bezahle und zu Fuß gehe!

Sie fragten, ob er im großen Kloster, dem berühmten Heilig-
tum der Stadt, gewesen sei.

„Nein“, erwiderte Goethe. Da er ein Baumeister sei, so habe
er diesmal nur die Maria della Minerva in Augenschein genommen. Das sei, wie sie wüßten, ein musterhaftes Gebäude.

Sie läugneten es nicht, nahmen aber sehr übel, daß der Fremde
jene kleine Kirche besucht, dagegen ihrem Orts-Heiligen seine
Aufwartung nicht gemacht habe. Sie sprachen nun ihren Verdacht aus, daß er wohl ein Konterbandist sei.

Goethe, immer ruhig bleibend, zeigte ihnen das Lächerliche,
daß ein Mensch, der allein auf der Straße gehe, ohne Ranzen,
mit leeren Taschen, verbotene Waren einschwärzen solle. Er
wolle aber sehr gern mit ihnen in die Stadt zum Podestà gehen
und Diesem seine Papiere vorzeigen. Da werde sich ja heraus-
stellen, daß er ein ehrenwerter Fremder sei.

Sie brummten hierauf: Das sei nicht nötig. Und da sich
Goethe fortgesetzt ernst und fest betrug, so ließen sie von ihm ab
und eilten der Stadt zu. Er sah ihnen nach. Da gingen nun
diese rohen Kerle vor ihm hin; hinter ihm her aber blickte die
liebliche Minerva gar freundlich und tröstend, und zur Seite lag
der trübselige Dom des heiligen Franziskus.

Nun kam einer der vier Männer, ein Unbewaffneter, zurück,
höflich grüßend:

„Ihr solltet, mein Herr Fremder, wenigstens mir ein Trink-
geld geben! Denn ich versichere Euch, daß ich Euch sogleich für einen
braven Mann gehalten und Dies laut gegen meine Kameraden
erklärt habe. Das sind aber Hitzköpfe, gleich oben hinaus, und
kennen die Welt nicht.“

Goethe lobte ihn und ersuchte ihn, die Fremden, die künftig nach Assisi kämen, sowohl wegen der Religion als wegen der Kunst, zu beschützen, besonders die Baumeister, die zum Ruhme der Stadt den Minervatempel, den man noch niemals richtig abgezeichnet und in Kupfer gestochen, messen und zeichnen wollten. Er möchte ihnen zur Hand gehen, sie würden sich dann gewiß dankbar erweisen.

Dabei drückte er ihm einige Silberstücke in die Hand, die den Mann hoch erfreuten. Nun war seine Freundschaft groß.

Er bat Goethe, ja bald wieder zu kommen; besonders dürfe er das Fest des Heiligen nicht versäumen; da könne er sich gewiß erbauen und vergnügen. Und wenn er als ein hübscher Mann, wie billig, ein hübsches Frauenzimmer begehre, so werde ihn die schönste und ehrbarste Frau von ganz Assisi auf seine Empfehlung hin mit Freuden aufnehmen.

Der Mann verabschiedete sich schließlich mit der Beteuerung, daß er noch heute Abend am Grabe des Heiligen des freundlichen Fremden in Andacht gedenken und für seine fernere Reise beten werde.

Und Goethe schritt weiter, nach Foligno zu, froh, mit der Natur und sich selber wieder allein zu sein.

In Rom. [Spätjahr 1786]

Am 29. Oktober erreichte er das wichtigste Ziel: Rom. Er kehrte im Gasthaus zum Bären (Locanda dell' Orso) ein und schickte zu dem jungen Maler Wilhelm Tischbein, mit dem er seit Jahren Briefe gewechselt und dem er im Herzog von Gotha einen erwünschten Gönner verschafft hatte. Rasch eilte Tischbein zu jener Locanda: ein schlanker Mann im grünen Rock saß am Kamin, stand auf, ging ihm entgegen und sagte: „Ich bin Goethe."

Und der Geheimrat v. Goethe erklärte ihm, daß er von der

vornehmen Welt in Rom nichts wissen, daß er sich vor ihr verbergen und nur mit Künstlern leben wolle.

Und Goethe zog in dasselbe Haus, wo Tischbein, Georg Schütz und Friedrich Bury wohnten, die „Malerburschen", wie sie Herder zwei Jahre später verächtlich nannte. Ein alter Kutscher, Collina, und seine Piera waren die Hausleute; als „Filippo Miller, Tedesco, pittore" [Deutscher, Maler] meldete sich Goethe für die Polizei. „Was mir noch sehr an ihm freut," berichtete Tischbein an Lavater, „ist sein einfaches Leben. Er begehrte von mir ein klein Stübchen, wo er in schlafen und ungehindert in arbeiten könnte, und ein ganz einfaches Essen, das ich ihm leicht verschaffen konnte, weil er mit so Wenigem begnügt ist. Da sitzet er nun jetzo und arbeitet des Morgens, um seine ‚Iphigenia' fertig zu machen, bis neun Uhr. Dann geht er aus und siehet die großen hiesigen Kunstwerke."

Zu vollständigem Genuß gehört der Besitz. Goethe kaufte an Abgüssen, Denkmünzen u. dgl. soviel, wie er als Reisender sich aufladen durfte. Ein kolossaler Jupiterkopf war eine der ersten Anschaffungen; am Weihnachtstage (1786) erzählte er davon in seinem Briefe nach Weimar:

„Er steht meinem Bette gegenüber wohl beleuchtet, damit ich sogleich meine Morgenandacht an ihn richten kann. . . .

„Unserer alten Wirtin schleicht gewöhnlich, wenn sie das Bett zu machen hereinkommt, ihre vertraute Katze nach. Ich saß im großen Saale und hörte die Frau drinnen ihr Geschäft treiben. Auf einmal, sehr eilig und heftig gegen ihre Gewohnheit, öffnet sie die Türe und ruft mich eilig zu kommen und ein Wunder zu sehen. Auf meine Frage: was es sei, erwiderte sie: die Katze bete Gott-Vater an. Sie habe diesem Tiere wohl längst angemerkt, daß es Verstand habe wie ein Christ; Dieses aber sei doch ein großes Wunder. — Ich eilte mit eigenen Augen zu sehen, und es war wirklich wunderbar genug. Die Büste steht auf einem hohen Fuße, und der Körper ist weit unter der Brust

176

abgeſchnitten, ſo daß alſo der Kopf in die Höhe ragt. Nun
war die Katze auf den Tiſch geſprungen, hatte ihre Pfoten dem
Gott auf die Bruſt gelegt und reichte mit ihrer Schnauze, indem
ſie die Glieder möglichſt ausdehnte, gerade bis an den heiligen
Bart, den ſie mit der größten Zierlichkeit beleckte und ſich weder
durch die Interjektion der Wirtin, noch durch meine Dazwiſchen-
kunft im mindeſten ſtören ließ.

„Der guten Frau ließ ich ihre Verwunderung, erklärte mir
aber dieſe ſeltſame Katzenandacht dadurch, daß dieſes ſcharf
riechende Tier wohl das Fett möchte geſpürt haben, das ſich aus
der Form in die Vertiefungen des Bartes geſenkt und dort erhalten hatte.“

In Rom befand ſich ſeit kurzem auch ein anderer deutſcher
Schriftſteller, der Hannoveraner Karl Philipp Moritz. Er war
acht Jahre jünger als Goethe, aus der Armut hergekommen und
berühmt geworden durch die Erzählung ſeiner Jugendkämpfe
(‚Anton Reiſer, ein pſychologiſcher Roman‘) — ganz ſo wie jener
Dr. Jung, der ſich Henrich Stilling nannte. Jetzt zahlte
ihm ſein Verleger Campe Vorſchüſſe, damit er ein Reiſewerk
über Italien ſchreibe. Moritz war ſehr glücklich über die Be-
kanntſchaft mit Goethe. „Der Umgang mit ihm bringt die
ſchönſten Träume meiner Jugend in Erfüllung, und ſeine Erſcheinung iſt mir, ſowie Mehreren, ein unverhofftes Glück“. . . . .
Und er zitierte, was in Goethes Drama der Bruder Martin zu
Götz v. Berlichingen ſagt: „Es iſt eine Wolluſt, einen großen
Mann zu ſehen.“

Leider ereignete es ſich, daß Moritz auf der Heimkehr von
einem Ausfluge, den er mit Goethe und Anderen unternahm,
mit ſeinem Pferde auf dem glatten römiſchen Pflaſter zu Fall
kam und den Arm brach. Vierzig Tage mußte er, mit vielen
Schmerzen, im Zimmer verbringen; Goethe ſorgte in dieſer
ſchlimmen Zeit als ſein „Beichtvater und Vertrauter, als Finanz-
miniſter und geheimer Sekretär“. Als ſein Beichtvater — denn

Moritz litt unter der Liebe zu einer verheirateten Frau und an anderen innerlichen Nöten. Es gelang Goethen, selbst in dies Krankenzimmer soviel Frohsinn und Freude hineinzubringen, wie das Leiden des armen, von römischen Heilkünstlern recht ungeschickt behandelten Mannes irgend zuließ. Moritz schilderte diese Wochen in einem Briefe an Campe, als er wieder schreiben konnte:

„Was nun während der vierzig Tage, die ich unter fast unaufhörlichen Schmerzen unbeweglich auf einem Fleck habe liegen müssen, der edle, menschenfreundliche Goethe für mich getan hat, kann ich ihm nie verdanken; wenigstens aber werde ich es nie vergessen. Er ist mir in dieser fürchterlichen Lage, wo sich also Alles zusammenfand, um die unsäglichen Schmerzen, die ich litt, noch zu vermehren und meinen Zustand zugleich gefahrvoll und trostlos zu machen [gemeint sind Nachrichten aus der Heimat], Alles gewesen, was ein Mensch einem Menschen nur sein kann. Täglich hat er mich mehr als einmal besucht und mehrere Nächte bei mir gewacht. Um alle Kleinigkeiten, die zu meiner Hülfe und Erleichterung dienen konnten, ist er unaufhörlich besorgt gewesen und hat Alles hervorgesucht, was nur irgend dazu abzwecken konnte, mich bei gutem Mute zu erhalten. Und wie oft, wenn ich unter meinen Schmerzen erliegen und verzagen wollte, habe ich in seiner Gegenwart wieder neuen Mut gefaßt, und weil ich gern standhaft vor ihm erscheinen wollte, bin ich oft dadurch wirklich standhaft geworden.

„Er lenkte zugleich den guten Willen meiner hiesigen deutschen Landsleute, deren jetzt eine starke Anzahl ist und deren freundschaftliches Betragen gegen mich mir nie aus dem Gedächtnis kommen wird. Sie waren den andern Tag fast alle bei mir; sie erboten sich alle, bei mir zu wachen. Goethe ließ sie losen, wie sie der Reihe nach bei mir wachen sollten, und sogleich waren alle Nächte besetzt, so daß es an Jeden nur ein paarmal kam. Und dann ließ er andere Zwölf um die Stunden

178

am Tage losen, so daß Jeder den Tag über eine Stunde bei
mir bleiben sollte, damit ich immer abwechselnde Gesellschaft
hätte. Alle waren sogleich willig, und so waren die Stunden
am Tage besetzt und wurden alle richtig gehalten. Selbst die
Leute, bei denen ich wohne, waren durch diese Liebe und Freundschaft so vieler Menschen gegen einen ihrer leidenden Brüder
gerührt und folgten dem Beispiel. . . . Dies alles zusammen-
genommen flößte mir zuerst wieder eine Art von Zutrauen gegen
mein Geschick ein. Ich dachte: es drückt mich zwar nieder, aber
es will mich doch nicht sinken lassen."

Der Humor geht noch über den Mist. [5. April 1787]

Im großen ganzen hatte Goethe in Italien auch an den
Menschen viel Wohlgefallen; nur ihre Unreinlichkeit ekelte
ihn immer wieder an: „das Sauleben dieser Nation", wie er es
später nannte. Schon im allerersten italienischen Gasthofe hatte
er mit dem Hausknecht ein unvergeßliches Gespräch. Goethe
fragte nach einem uns notwendig erscheinenden Kabinet. Der
Hausknecht deutete in den Hof hinunter: „Qui abasso, puo
servirsi!" — „Dove?" — „Da per tutto, dove vuol!" [Da unten
können Sie sich bedienen! — Wo? — Überall, wo's beliebt!]

In Venedig und anderen Städten sah er dann, wie die
Vorhallen der vornehmsten Gebäude vom Volke als Aborte benutzt wurden. Anderwärts, so in Neapel, hing die Beseitigung
der häuslichen Abfälle ganz von dem Bedürfnisse der Landleute
ab: was sie als Dünger mitnahmen, ging fort; was sie aber
für ihre Felder und Gärten nicht brauchten, blieb liegen.

In Palermo fand er eine neue Form dieser Liederlichkeit.
Er kaufte bei einem Handelsmanne verschiedene Kleinigkeiten;
als er mit ihm vor dem Laden stand, kam ein Luftstoß, und
sofort wirbelte die ganze Länge der Straße ein arger Staub
auf und legte sich in alle Buden und Fenster. Goethe rief aus:

„Bei allen Heiligen! sagt mir, woher kommt diese Unreinlichkeit in eurer Stadt? Ist ihr denn nicht abzuhelfen? Diese Straße wetteifert an Länge und Schönheit mit dem Korso zu Rom! An beiden Seiten sind Schrittsteine, die jeder Laden- und Werkstattbesitzer mit unablässigem Kehren reinlich hält, aber er schiebt Alles in die Mitte der Straße herunter, die dadurch immer unreinlicher wird und euch mit jedem Windshauch den Unrat zurücksendet! In Neapel tragen geschäftige Esel jeden Tag das Kehricht nach Gärten und Feldern; sollte denn bei euch nicht irgend eine ähnliche Einrichtung entstehen oder getroffen werden?"

„Es ist bei uns nun einmal, wie es ist", versetzte der Mann. „Was wir aus dem Hause werfen, verfault gleich vor der Tür und lagert sich übereinander. Ihr seht hier Schichten von Stroh und Rohr, von Küchenabgängen und allerlei Unrat. Das trocknet zusammen und kehrt als Staub zu uns zurück. Gegen Den wehren wir uns den ganzen Tag. Aber seht, unsere schönen, geschäftigen Besen vermehren, zuletzt abgestumpft, nur den Unrat vor unseren Häusern."

So war es auch wirklich. Man hatte dort niedliche kleine Besen von Zwergpalmen; sie schleifen sich leicht ab, und die stumpfen Reste lagen zu Tausenden auf der Straße.

Ob denn dagegen keine Anstalt zu treffen sei, fragte Goethe noch einmal.

Und Jener antwortete: im Volke gehe die Rede, daß gerade Die, welche für Reinlichkeit zu sorgen hätten, wegen ihres großen Einflusses nicht genötigt werden könnten, die Gelder pflichtmäßig zu verwenden. Und dabei sei noch der wunderliche Umstand, daß man fürchte, nach der Fortschaffung des Mistes werde erst deutlich zum Vorschein kommen, wie schlecht das Pflaster darunter beschaffen sei. Und dadurch könnte dann wieder die unredliche Verwaltung einer zweiten öffentlichen Kasse zu Tage kommen.

Aber, setzte er mit possierlichem Ausdruck hinzu, Das sei nur

180

Auslegung von Übelgesinnten. Er dagegen sei der Meinung
Derjenigen, die behaupten, der Adel erhalte seinen Karossen gern
diese weiche Unterlage, damit sie ihre herkömmliche abendliche
Lustfahrt auf elastischem Boden bequem vollbringen könnten.

Und da der Mann einmal im Zuge war, scherzte er auch
über andere Polizeimißbräuche, und Goethe ging von ihm mit
dem tröstlichen Bewußtsein, daß der Mensch noch immer Humor
genug haben kann, sich auch über das Ekelhafte lustig zu machen.

Der Malteser. [8. April 1787]

Am Ostersonntag ward Goethe vom Vizekönig des mit dem
Königreich Neapel verbundenen Königreichs Sizilien zu
Tisch geladen. Da er etwas früh in das Schloß kam, fand er
die Säle noch leer; nur ein kleiner munterer Mann, ein Malteser,
ging auf ihn zu. Und als Dieser hörte, daß der Fremde ein
Deutscher sei, erzählte er, er sei selber in Deutschland gewesen,
in Erfurt. Goethe gab ihm nun erwünschte Auskunft über das
Ergehen verschiedener Bekannter: des Statthalters v. Dalberg,
des Präsidenten v. Dacheröden und Anderer.

Mit besorgter Miene erkundigte sich dann der Malteser
nach Weimar.

„Wie steht es denn mit dem Manne, der, zu meiner Zeit jung und
lebhaft, dort Regen und schönes Wetter machte? Ich habe seinen
Namen vergessen. Genug aber, er ist der Verfasser des ‚Werther‘!“

Nach einer kleinen Pause, als wenn er sich bedächte, erwiderte Goethe:

„Die Person, nach der Ihr euch gefällig erkundigt, bin ich selber.“

Mit dem sichtbarsten Zeichen des Erstaunens fuhr der
Malteser zurück und rief aus:

„Da muß sich viel verändert haben!“

„O ja!“ versetzte Goethe, „zwischen damals und heute, zwischen
Weimar und Palermo habe ich manche Veränderung gehabt.“

181

Prinz Pallagonia.[12. April 1787]

Zu jener Zeit zählten das Schloß des Prinzen Pallagonia und sein Garten zu den größten Sehenswürdigkeiten von Palermo. Freilich hatte man in diesem Schloß und Garten einen Genuß zum Verrücktwerden. Überall waren von dem Besitzer die unmöglichsten Figuren aufgestellt, z. T. waren sie auch aus dem seltsamsten Material gebildet, z. B. aus Bilderrahmen oder Untertassen. Man sah Pferde mit Menschenhänden, Riesen mit modernen zugeknöpften Gamaschen, ein sitzendes Pferdeweib usw.: solcher Figuren waren es Tausende! In der Kapelle stand ein großes Kruzifix: in den Nabel des Heilands war ein Haken eingeschraubt, von diesem führte eine Kette bis in den Kopf eines kniend Betenden, der aber nicht auf dem Boden angebracht war, sondern in der Luft schwebte. Die Gesimse der kleinen Gebäude waren durchaus schief, bald nach der einen, bald nach der andern Seite hängend, soviel, als nur möglich, gegen Wasserwage und Senklot verstoßend, und die Dachreihen waren mit Schlangen, Drachen, kleinen Büsten, musizierenden Affenchören und ähnlichem Wahnsinn besetzt. Ein ungeheures Vermögen war an diese Häßlichkeiten verwandt.

Einige Tage, nachdem er diese Anblicke gehabt hatte, plauderte Goethe wieder mit jenem Kaufmann, den wir schon kennen. Auf einmal trat ein Laufer, groß und wohlgekleidet, an ihn heran und hielt ihm einen silbernen Teller vor, auf dem schon einige Kupfer- und Silbermünzen lagen. Da Goethe nicht begriff, um was es sich handle, machte er das Zeichen des Nichtverstehens oder Nichtgebens, und der Laufer eilte weiter; auf der andern Straßenseite präsentierte ein anderer Laufer gleichfalls den Teller.

Goethe fragte den Kaufmann, was Das bedeute. Zugleich aber sah er in der Straßenmitte einen langen hagern Herrn herankommen, hofmäßig gekleidet, anständig und gelassen über den Mist dahinschreitend. Frisiert und gepudert, den Hut
182

unter dem Arm, in seidenem Gewande, den Degen an der Seite, die Schuhe mit Steinschnallen geziert: so trat der bejahrte Herr ernst einher; Aller Augen waren auf ihn gerichtet.

„Das ist der Prinz Pallagonia", sagte der Kaufmann. „Er geht von Zeit zu Zeit durch die Stadt und erbittet für die in der Barbarei gefangenen Sklaven ein Lösegeld. Zwar bringt das Einsammeln nie viel ein, aber der Gegenstand bleibt doch im Andenken, und oft vermachen Diejenigen, die sich bei Lebzeiten zurückhielten, bei ihrem Tode schöne Summen für diesen Zweck. Schon viele Jahre ist der Prinz Vorsteher dieser Anstalt und hat damit unendlich viel Gutes gestiftet."

„Statt auf die Torheiten seines Landsitzes", rief Goethe aus, „hätte er für diesen edlen Zweck jene große Summen verwenden sollen! Kein Fürst in der Welt hätte dann mehr Gutes getan!"

Dagegen sagte der Kaufmann:

„Sind wir doch alle so! Unsere Narrheiten bezahlen wir gern selbst; für unsere guten Werke aber sollen Andere das Geld hergeben!"

Die Windstille. [16. Mai 1787]

Bei der Rückfahrt von Messina nach Neapel begab es sich, daß das Schiff an einem herrlichen Sommertage in der Nähe der Felseninsel Capri von einer Windstille bedroht wurde. Goethe begriff anfangs nicht, wieso die Stille bedrohlich sei, aber Kundige zeigten ihm, daß um die schroff aufsteigende Insel eine Meeresströmung sich bewege: diese erfasse das Schiff, wenn es ihr keine andere Kraft entgegen zu setzen habe, und treibe es langsam aber sicher den Felsen zu, an denen es zerschellen müsse. Und kein Fußbreit Vorsprung oder Bucht biete sich dort zur Rettung dar.

Nun sahen auch Goethe und Kniep — auch ein deutscher Maler, sein Begleiter durch Sizilien — mit Grauen dem Kommenden entgegen. Obwohl die Nacht herabsank, bemerkten sie doch, daß das Schiff schwankend und schwippend sich den Felsen näherte, die immer düsterer dastanden. Nicht die geringste Bewegung war in der Luft zu bemerken; Einer nach dem Andern hob ein Schnupftuch oder ein Band in die Höhe, aber keine Andeutung eines leichten Hauches zeigte sich.

Immer erregter wurden die Mitfahrenden, immer lauter und wilder. Und weil sie schon vorher Ursache zur Unzufriedenheit mit dem Kapitän zu haben glaubten, drangen sie auf Diesen ein, beschimpften ihn und bedrohten ihn. Einige Männer sannen auf Rettung des Schiffes, aber die Weiber und auch viele Männer tobten gegen den Kapitän.

Da ergriff Goethe das Wort; ihm war von Jugend auf Anarchie verdrießlicher als der Tod selbst. Er trat vor die Menge und stellte ihr vor, daß ihr Lärmen und Schreien Denen, von welchen noch allein Rettung zu hoffen sei, Ohr und Kopf verwirrten, so daß sie weder ruhig denken, noch sich unter einander verständigen könnten.

„Was euch betrifft", rief er aus, „kehrt in euch selbst zurück! Und dann sendet euer brünstiges Gebet zur Mutter Gottes! Auf sie kommt es ganz allein an, ob sie sich bei ihrem Sohne verwenden mag, daß er für euch tue, was er damals für seine Apostel getan, als auf dem stürmenden See Tiberias die Wellen schon in das Schiff schlugen! Der Herr schlief; doch als ihn die Trost- und Hilflosen aufweckten, gebot er sogleich dem Winde, zu ruhen. Ebenso kann er jetzt der Luft gebieten, sich zu regen, wenn es anders sein heiliger Wille ist."

Diese Worte taten die beste Wirkung. Eine unter den Frauen, mit denen Goethe sich schon vorher über sittliche und geistliche Gegenstände unterhalten hatte, rief aus: Ah! il Barlamé! benedetto il Barlamé! Und wirklich fingen sie, da sie ohnehin schon auf den Knien lagen, ihre Litaneien mit mehr als herkömmlicher Inbrunst leidenschaftlich zu beten an.

184

Die Windstille dauerte noch Stunden lang; auf dem Schiffe wechselten Gebet und Klagen ab, das Schiff schwankte immer stärker in der Inselströmung, die Matrosen holten lange Stangen herbei, um damit wenigstens eine Zeit lang das Fahrzeug von den Felsen abzuhalten. Goethe mußte sich wegen Seekrankheit in der Kajüte niederlegen, aber vor seiner Phantasie stand nun das Bild aus Merians Kupferbibel: „Jesus auf dem See Tiberias.“

Plötzlich erhob sich über ihm Getöse, und sogleich kam Kniep herunter: es habe sich ein Wind erhoben, die Segel seien aufgezogen und das Schiff entferne sich sichtbar von den Todesfelsen.

Egmont. [1787]

Den frohmütigen ritterlichen Mann gestaltete Goethe in seinem ‚Egmont‘, den er von Italien aus, vollendet und gedruckt, den Freunden sandte. Unbesieglichkeit schrieb er solchem Charakter zu, denn auch in schlimmsten Zeiten, im Gefängnis selbst, in der Stunde vor der Hinrichtung bleibt Egmont der Aufrechte, der Andere noch aufrichten kann. An seinen jungen Freund Karl August dachte Goethe viel, als er diese Scenen schrieb; aber auch an sich selbst und sein eigenes Schicksal.

Hier sind Worte aus Egmonts Munde:

Zum Sekretär, der ihn warnt:

Daß ich fröhlich bin, die Sachen leicht nehme, rasch lebe, Das ist mein Glück, und ich vertausch’ es nicht gegen die Sicherheit eines Totengewölbes . . . Leb’ ich nur, um auf’s Leben zu denken? Soll ich den gegenwärtigen Augenblick nicht genießen, damit ich des folgenden gewiß sei? Und diesen wieder mit Sorgen und Grillen verzehren?“

„Wenn ihr das Leben gar zu ernsthaft nehmt, was ist denn dran? Wenn uns der Morgen nicht zu neuen Freuden weckt, am Abend uns keine Lust zu hoffen übrig bleibt, ist’s wohl des

An- und Auszieḩens wert? Scḩeint mir die Sonne ḩeut, um
Das zu überlegen, was gestern war, und um zu raten, zu verbinden, was nicḩt zu erraten, nicḩt zu verbinden ist, das Scḩick-
sal eines kommenden Tags?"

„Wie von unsicḩtbaren Geistern gepeitscḩt, geḩen die Sonnen-
pferde der Zeit mit unsres Scḩicksals leicḩtem Wagen durcḩ,
und uns bleibt Nicḩts als: mutig gefaßt die Zügel festzuḩalten
und bald recḩts, bald links, bald vom Steine ḩier, vom Sturze
da die Räder wegzulenken. Woḩin es geḩt, wer weiß es?
Erinnert er sicḩ docḩ kaum, woḩer er kam!"

„Icḩ steḩe ḩocḩ und kann und muß nocḩ ḩöḩer steigen. Icḩ
füḩle mir Hoffnung, Mut und Kraft. Nocḩ ḩab' icḩ meines
Wacḩstums Gipfel nicḩt erreicḩt. Und steḩ' icḩ droben einst, so
will icḩ fest, nicḩt ängstlicḩ steḩen. Soll icḩ fallen, so mag ein
Donnerscḩlag, ein Sturmwind, ja ein selbst-verfeḩlter Scḩritt
micḩ abwärts in die Tiefe stürzen — da lieg' icḩ mit viel
Tausenden! Icḩ ḩabe nie verscḩmäḩt, mit meinen guten Kriegs-
gesellen um kleinen Gewinnst das blut'ge Los zu werfen — und
sollt' icḩ knickern, wenn's um den ganzen freien Wert des Lebens
geḩt?" — —

Zu Ferdinand in der letzten Nacḩt:

„War dir mein Leben ein Spiegel, in dem du dicḩ gerne
betracḩtetest, so sei es aucḩ mein Tod. Die Menscḩen sind nicḩt
nur zusammen, wenn sie beisammen sind; aucḩ der Entfernte,
der Abgescḩiedene lebt uns. Icḩ lebe dir — und ḩabe mir genug
gelebt. Eines jeden Tages ḩab' icḩ micḩ gefreut, an jedem Tage
mit rascḩer Wirkung meine Pflicḩt getan, wie mein Gewissen
sie mir zeigte. Nun endigt sicḩ das Leben, wie es sicḩ früḩer,
früḩer scḩon, auf dem Sande von Gravelingen, ḩätte endigen
können. Icḩ ḩöre auf, zu leben, aber icḩ ḩabe gelebt! So leb'
aucḩ du, mein Freund, gern und mit Lust, und scḩeue den
Tod nicḩt!"

Die Zeit gut angewendet. [1787—88]

Noch ein Jahr blieb Goethe in Italien, den größten Teil davon in Rom.

Als er fast achtzig Jahre zählte, besuchte ihn ein Architekt und Maler Zahn, der sich mit den Worten: „aus Italien kommend" bei dem alten Dichter melden ließ. Zahn konnte viel von den Ausgrabungen bei Pompeji erzählen und berichtete auch sonst hübsch über italienische Dinge. So kam auch der alte Geheimrat in's Plaudern über seine eigenen Erlebnisse vor vierzig Jahren.

„Ja", sagte er, „ich habe meine Zeit gut angewendet."

Das wußte der Gast schon: Goethe hatte in Italien viel studiert und in künstlerischen und philosophischen Angelegenheiten wichtige Erkenntnisse gewonnen; er hatte sich in den bildenden Künsten betrachtend, zeichnend, formend geübt; namentlich aber hatte er einige seiner besten poetischen Werke in neue, endgültige Gestalten umgeschaffen. Er war in Italien zum „Klassiker" geworden.

Aber so meinte es Goethe nicht, als er sich seiner wohl benützten Zeit freute; er dachte vielmehr an seine Mußestunden in Rom.

„Ja, ich habe meine Zeit gut angewendet, sie nicht mit Visiten vertrödelt."

„Kennen Sie auch die ‚Osteria alla Campana'?" fragte er dann.

„Die ‚Weinschenke zur Glocke'? Gewiß! Wir haben noch im vorigen Jahre Ihren Geburtstag dort gefeiert."

„Ist der Falerner noch immer gut?"

„Vortrefflich."

„Und was liefert die Küche?"

„Ach! man erhält Stuffato, eine Art Schmorbraten, Maccaroni und ein Gebackenes, das sie Fritti nennen."

„Es ist noch Alles, wie zu meiner Zeit“, sagte Goethe und schmunzelte behaglich. Dann fuhr er fort:

„In dieser Osteria hatte ich meinen gewöhnlichen Verkehr. Hier traf ich die Römerin, die mich zu den ‚Elegien‘ begeisterte. In Begleitung ihres Oheims kam sie hierher, und unter den Augen des guten Mannes verabredeten wir unsere Zusammenkünfte, indem wir den Finger in den verschütteten Wein tauchten und die Stunde, wo wir uns sehen konnten, auf den Tisch schrieben“ . . . .

„Ja, ich habe meine Zeit gut angewendet.“

Die Franzosen- und Theaterjahre.
I. Noch im alten Reiche 1790—1815.

Neue Wendung zur Natur. [1790—98]

Goethe behielt 1788 nach seiner Heimkehr aus Italien trotz mancher Verdrießlichkeiten seinen Wohnsitz in Weimar aus demselben Grunde, der 1776 die Bedenken überwog: Sein Freund, der Herzog, bedurfte seiner. Diesem Freunde zu liebe fuhr er im Jahre 1790 noch einmal nach Italien, um die Herzogin-Mutter heimzugeleiten; ihm zu liebe nahm er, der Friedensmann, jetzt sogar an Manövern und Feldzügen teil. Im Sommer 1790 ging es nach Schlesien; an das Kriegslager-Leben bei Breslau knüpfte sich eine Reise in's Polnische bis Czenstochau und Krakau. Zwei Jahre später fuhr er an den Rhein und in Frankreich hinein, wo die deutschen Fürsten die alte Ordnung der Dinge wiederherstellen wollten. Sie wurden zurückgeschlagen, und nun hatten die Bundestruppen Jahre hindurch auf deutschem Boden, besonders in der Pfalz, mit den Franzosen um die einzelnen Städte und Bezirke zu ringen. Die Belagerung von Mainz, das den

188

Revolutionstruppen durch Verrat zugefallen war, zog sich lange
hin. Im Sommer 1793 leistete Goethe auch hier im Lager
seinem Herzoge Gesellschaft.

Goethe bewegte sich in diesen Jahren also viel unter
Fremden. Es war ihm schon längst reichlich und bitterlich bekannt geworden, daß man ihn selten verstand. Er hatte deshalb gelernt, als ein Schweigender und Verschlossener durch die
Menge zu schreiten: nur dort wurde er gemütlich, wo er Liebe
und Vertrauen fühlte oder wo er es mit schlichten Menschen
zu tun hatte, die nicht daran dachten, ihn als ein öffentliches Wunder-
wesen zu beobachten und über ihn Glossen zu machen. „Kalt
kann er eigentlich nicht reden, und dazu will er sich mit Fremden
zwingen", schrieb der Oberbergrat v. Schuckmann über Goethes
Aufenthalt in Breslau. „Vertraut [geworden], folgt er seiner
Natur und wirft aus dem reichen Schatz die Ideen in ganzen
Massen hervor." Alle Notabilitäten von Breslau fänden, so
berichtet Schuckmann weiter, daß Goethe sich sonderbar ausdrücke, daß er nicht zu verstehen sei und lästige Prätensionen
mache, „und doch hatte er sich von meiner guten Mutter recht
vertraulich die Wundertaten des Enkels und ihre Wirtschaft
erzählen lassen, die ihn auch recht lieb darum hat." In demselben Jahre machte ein junges Fräulein v. Dacheröden in
Erfurt (nachmals die Gattin Wilhelm v. Humboldts) eine ähnliche Erfahrung. „Er ging mir fast nicht von der Seite, sprach
offen, so geistvoll und herzlich, aber wenn ein Dritter dazu
kam, sprach er das fadeste Zeug, das man denken mag." Ähnlich
fand ihn der Schriftsteller Huber, Schillers Freund, als Goethe
im Sommer 1792 durch Mainz kam: zuerst kalt, vornehm und
langweilig. „Indessen freute mich, nachdem der erste Anfall von
zurückstoßender Steifigkeit vorbei war, die milde Leichtigkeit und
der Schein von Anspruchlosigkeit in seinem gesellschaftlichen Ton.
Den ersten Abend wurden wir alle durch guten Wein gestimmt;
in Augenblicken machte es mir vielen Spaß, seine Mutter

ganz in ihm wiederzufinden, und Das war dann, wenn er launig und kräftig etwas auseinandersetzte, worin eben ihre Originalität vorzüglich liegt. Den zweiten Abend erzählte er sehr niedlich und launig Manches von Italien und war durchaus leicht und gutmütig." — — Goethe saß an diesen beiden Abenden mit Huber und den beiden Ehepaaren Forster (Georg und Therese, geb. Heyne, aus Göttingen) und Sömmering (Samuel Thomas und Elisabeth, geb. Grunelius) zusammen; namentlich Frau Sömmering, die aus Frankfurt stammte, kannte seine Mutter genau und sah und hörte es sogleich, wenn Goethe sich wie die Frau Rat geberdete oder ausdrückte: ihre Ausrufe des Vergnügens stimmten ihn dann noch heiterer.

Als Goethe 1792 aus dem französischen Feldzuge heimkehrte, besuchte er in Düsseldorf seinen Freund Fritz Jacobi; acht Tage wollte er bleiben, es wurden fünf Wochen. Nach seiner Abreise schrieb Helene Jacobi an Gräfin Sophie Stolberg über ihren Gast: „Er ist und bleibt der wahre Zauberer. Was die Leute Sonderbares von ihm schwatzen und reden, ist, weil sie immer nur die linke Seite sehen; und Dies ist auch das Verkehrteste an ihm, daß er so gerne das Verkehrte an sich herauswendet."

In Goethes Lebensverhältnissen war viel Unerwünschtes, z. B. daß ihm das Schicksal statt einer Gattin ein „Dirnchen" und von ihr einen Sohn bescherte. In den weimarischen Hof- und Staatsverhältnissen war auch Manches beklagenswert, zumal des Herzogs militärischer Ehrgeiz, der diese tüchtige Kraft und auch viel Geld dem Lande entzog. Überall im Menschenleben sah der Dichter unsagbar viel Peinliches, Ärgerliches, Drückendes. Wenn Goethe trotzdem seinen Frohsinn immer wieder gewann, so verdankte er dies Glück namentlich seinen häuslichen Freuden und seinem fleißigen Umgang mit der Natur, seinem Eindringen in alle ihre Reiche.

Mochte seine Christiane zur Geheimrätin nicht taugen, so verdankte er doch erst ihr eine wirkliche Behaglichkeit im eigenen

190

Heim und zahlreiche Stunden des Lebensgenusses. Sie wandte alle ihre Liebe ihm zu, war ständlich besorgt um sein Wohl und setzte dagegen für ihre Person alles Vertrauen auf ihn. Als Goethe Ende 1779 zu Zürich in Lavaters Hause „Engelsstille und Ruh bei allem Drange der Welt" gewahrte, sah er zugleich, woraus sie entsprangen: „daß Jeder sein Haus, Frau, Kinder und eine reine menschliche Existenz in der nächsten Notdurft hat: Das schließt aneinander und speit, was feindlich ist, sogleich aus." Jetzt endlich, in seinem vierzigsten Jahre, wurden ihm diese Güter beschert. Ihm sei jetzt gar wohl, vertraute er der Karoline Herder: „daß er ein Haus hätte, Essen und Trinken hätte u. dgl." Im gleichen Sinne schrieb er später aus Breslau an das Herdersche Ehepaar: „Wenn Ihr mich lieb behaltet, wenige Gute mir geneigt bleiben, mein Mädchen treu ist, mein Kind lebt, mein großer Ofen gut heizt — so hab' ich vorerst nichts weiter zu wünschen."

In derselben Zeit, wo sich Goethe von einem übermäßig-idealistischen Streben zu einer natürlichen Lebensart mit ihren sinnlichen Freuden bekehrte, näherte er sich auch als Forscher der Natur immer besser. Seine Kriegsfahrten mit seinem fürstlichen Freunde waren ihm dabei eher förderlich als hinderlich, zumal da Herzog Karl August selber ein großer Naturfreund und Lerner war. Das Feldlager in Schlesien war für die Soldaten ein unnützer Aufenthalt: eine Einleitung zu einem Kriege, der nicht stattfand.

Grün ist der Boden der Wohnung, die Sonne scheint durch
die Wände,
Und das Vögelchen singt über dem leinenen Dach.
Kriegerisch reiten wir aus, besteigen Silesiens Höhen,
Schauen mit gierigem Blick vorwärts nach Böhmen hinein.
Aber es zeigt sich kein Feind — und keine Feindin! O bringe,
Wenn uns Mavors betrügt, bring' uns, Kupido, den Krieg!

Wenn dann auch der Liebesgott wie der Kriegsgott fernblieb, so lag doch die weite Landschaft mit allen Wundern der Natur stets vor den Blicken. „In all dem Gewühle" des schlesischen Lagers begann Goethe eine Abhandlung über die Bildung der Tiere. Ein Ausflug in die Grafschaft Glatz und dann die weitere Reise nach Osten, die ihn in die Gruben von Tarnowitz und in die Salzbergwerke von Wielitzka führten, erfreuten in ihm den Mineralogen, der gern auch ein praktischer Bergmann gewesen wäre, und den Geologen, der sich die Gestaltung der Erde wie diejenige aller ihrer Geschöpfe zu erklären suchte.

Von seinem Eifer für die Gesteinskunde wird erzählt: in Ruhla habe er den Forstmeister v. Stein-Nordheim, einen wegen seiner Grobheit bekannten Mann beredet, trotz schlechter Wetteraussichten mit ihm den Inselsberg zu besteigen, um dessen geologischen Bau zu betrachten. Stein verwies auf die Wolken und riet ab, Goethe aber blieb bei seinem Entschlusse. Als nun unterwegs der Nebel immer dichter ward und sich zuletzt in einen Regen auflöste, ward Herr v. Stein sehr ärgerlich und fing an zu schelten: Das sei vorauszusehen und er ein Narr gewesen, daß er nachgegeben; nun stehe er hier pitschennaß in der Einsamkeit. Goethe konnte nichts dagegen sagen; er selber ertrug die Unbill des Wetters zufriedener, weil er Steine fand, die ihn beschäftigten und erfreuten. Er zeigte sie alle dem murrenden Freunde, nannte ihre Namen, redete eifrig über ihre Eigenschaften.

„Was gehn mich Ihre Steine an!" rief Jener endlich. „Ich rede von Ihrem Starrsinn, der uns in dies Wetter geführt hat!"

Goethe schwieg schuldbewußt, und Herr v. Stein suchte einzulenken. „Da Sie ein so großer Mineraloge sind", fuhr er fort, „so sagen Sie mir wenigstens, zu welchen Steinen ich gehöre?"

„Sie sind ein Kalk-Stein", erwiderte Goethe.

„Wieso?"

„Weil Sie aufbrausen, wenn Wasser auf Sie kommt."

•

Goethes liebster Bezirk in der Naturwissenschaft war jetzt
die Licht- und Farbenlehre. Er glaubte wichtige Entdeckungen
darin gemacht zu haben und noch zu machen; überall achtete er
auf Lichtwirkungen und Farbenerscheinungen. Selbst im Feldzuge gegen die Franzosen, unter dem Lärm und Zischen der
Kugeln vergaß er alle Gefahren und Entbehrungen bei solchen
Beobachtungen. Man lag vor Verdun und tat das Letzte, um
die Stadt zu beschleßen. Goethe stand auf einer Wiese, wo die
Zelte aufgeschlagen waren — nun möge er selbst weiter erzählen:

„Auf dem großen grünen ausgebreiteten Teppich zog ein
wunderliches Schauspiel meine Aufmerksamkeit an sich: eine Anzahl Soldaten hatten sich in einen Kreis gesetzt und hantierten
etwas innerhalb desselben. Bei näherer Untersuchung fand ich
sie um einen trichterförmigen Erdfall gelagert, der, von dem
reinsten Quellwasser gefüllt, oben etwa dreißig Fuß im Durch-
messer haben konnte. Nun waren es unzählige kleine Fischchen,
nach denen die Kriegsleute angelten, wozu sie das Gerät neben
ihrem übrigen Gepäcke mitgebracht hatten. Das Wasser war das
klarste von der Welt, und die Jagd lustig genug anzusehen. Ich
hatte jedoch nicht lange diesem Spiele zugeschaut, als ich bemerkte, daß die Fischlein, indem sie sich bewegten, verschiedene
Farben spielten. Im ersten Augenblick hielt ich diese Erscheinung
für Wechselfarben der beweglichen Körperchen, doch bald eröffnete sich mir eine willkommene Aufklärung. Eine Scherbe
Steingut war in den Trichter gefallen, welche mir aus der Tiefe
herauf die schönsten prismatischen Farben gewährte. Heller als
der Grund, dem Auge entgegengehoben, zeigte sie an dem von
mir abstehenden Rande die Blau- und Violettfarbe, an dem mir
zugekehrten Rande dagegen die rote und gelbe. Als ich mich
darauf um die Quelle ringsum bewegte, folgte mir, wie natürlich
bei einem solchen subjektiven Versuche, das Phänomen, und die
Farben erschienen, bezüglich auf mich, immer dieselbigen.

„Leidenschaftlich ohnehin mit diesen Gegenständen beschäftigt,

machte mir's die größte Freude, Dasjenige hier unter freiem
Himmel so frisch und natürlich zu sehen, weshalb sich die Lehrer
der Physik schon fast hundert Jahre mit ihren Schülern in eine
dunkle Kammer einzusperren pflegten. Ich verschaffte mir noch
einige Scherbenstücke, die ich hineinwarf, und konnte gar wohl
bemerken, daß die Erscheinung unter der Oberfläche des Wassers
sehr bald anfing, beim Hinabsinken immer zunahm und zuletzt
ein kleiner weißer Körper, ganz überfärbt, in Gestalt eines Flämm-
chens am Boden anlangte. — · — —

„Um Mitternacht fing das Bombardement an, sowohl von
der Batterie auf unserm rechten Ufer als von einer andern auf
dem linken, welche, näher gelegen und mit Brandraketen spielend,
die stärkste Wirkung hervorbrachte. Diese geschwänzten Feuer-
meteore mußte man denn ganz gelassen durch die Luft fahren
und bald darauf ein Stadtquartier in Flammen sehen. Unsere
Ferngläser, dorthin gerichtet, gestatteten uns, auch dieses Unheil
im einzelnen zu betrachten; wir konnten die Menschen erkennen,
die sich oben auf den Mauern dem Brande Einhalt zu tun
eifrig bemühten; wir konnten die freistehenden, zusammenstürzenden
Gesparre bemerken und unterscheiden. Dieses alles geschah in
Gesellschaft von Bekannten und Unbekannten, wobei es unsäg-
liche, oft widersprechende Bemerkungen gab und gar verschiedene
Gesinnungen geäußert wurden. Ich war in eine Batterie getreten, die eben gewaltsam arbeitete; allein der fürchterlich
dröhnende Klang abgefeuerter Haubitzen fiel meinem friedlichen
Ohr unerträglich: ich mußte mich bald entfernen. Da traf ich
auf den Fürsten Reuß XIII., der mir immer ein freundlicher,
gnädiger Herr gewesen. Wir gingen hinter Weinbergsmauern
hin und her, durch sie geschützt vor den Kugeln, welche heraus-
zusenden die Belagerten nicht faul waren. Nach mancherlei
politischen Gesprächen, die uns denn freilich nur in ein Labyrinth
von Hoffnungen und Sorgen verwickelten, fragte mich der Fürst,
womit ich mich gegenwärtig beschäftige, und war sehr verwundert,

194

als ich, anstatt von Tragödien und Romanen zu vermelden, aufgeregt durch die heutige Refraktionserscheinung, von der Farbenlehre mit großer Lebhaftigkeit zu sprechen begann. Denn es ging mir mit diesen Entwicklungen natürlicher Phänomene wie mit Gedichten: ich machte sie nicht, sondern sie machten mich. Das einmal erregte Interesse behauptete sein Recht, die Produktion ging ihren Gang, ohne sich durch Kanonenkugeln und Feuerballen im mindesten stören zu lassen. Der Fürst verlangte, daß ich ihm faßlich machen sollte, wie ich in dieses Feld geraten. Hier gereichte mir nun der heutige Fall zu besonderm Nutzen und Frommen.

„Bei einem solchen Manne bedurfte es nicht vieler Worte, um ihn zu überzeugen, daß ein Naturfreund, der sein Leben gewöhnlich im Freien, es sei nun im Garten, auf der Jagd, reisend oder durch Feldzüge durchführt, Gelegenheit und Muße genug finde, die Natur im großen zu betrachten und sich mit den Phänomenen aller Art bekannt zu machen. Nun bieten aber atmosphärische Luft, Dünste, Regen, Wasser und Erde uns immerfort abwechselnde Farbenerscheinungen, und zwar unter so verschiedenen Bedingungen und Umständen, daß man wünschen müsse, solche bestimmter kennen zu lernen, sie zu sondern, unter gewisse Rubriken zu bringen, ihre nähere und fernere Verwandtschaft auszuforschen. Hierdurch gewinne man nun in jedem Fach neue Ansichten, unterschieden von der Lehre der Schule und von gedruckten Überlieferungen. Unsere Altväter hätten, begabt mit großer Sinnlichkeit, vortrefflich gesehen, jedoch ihre Beobachtungen nicht fort-, noch durchgesetzt; am wenigsten sei ihnen gelungen, die Phänomene wohl zu ordnen und unter die rechten Rubriken zu bringen.

„Dergleichen ward abgehandelt, als wir den feuchten Rasen hin und her gingen; ich setzte, aufgeregt durch Fragen und Einreden, meine Lehre fort, als die Kälte des einbrechenden Morgens uns an ein Biwak der Österreicher trieb, welches, die ganze Nacht unterhalten, einen ungeheuern wohltätigen Kohlenkreis darbot.

Eingenommen von meiner Sache, mit der ich mich erst seit zwei Jahren beschäftigte und die also noch in einer frischen, unreifen Gärung begriffen war, hätte ich kaum wissen können, ob der Fürst mir auch zugehört, wenn er nicht einsichtige Worte dazwischen gesprochen und zum Schluß meinen Vortrag wieder aufgenommen und beifällige Aufmunterung gegönnt hätte.

„Der Morgen war frisch, aber trocken; wir gingen, teils gebraten, teils erstarrt, auf und ab.

„Gegen Mittag wurde die Stadt zum zweitenmal aufgefordert und erbat sich vierundzwanzig Stunden Bedenkzeit. Diese nutzten auch wir, uns etwas bequemer einzurichten, um zu proviantieren, die Gegend umher zu bereiten, wobei ich denn nicht unterließ, mehrmals zu der unterrichtenden Quelle zurückzukehren, wo ich meine Beobachtungen ruhiger und besonnener anstellen konnte; denn das Wasser war rein ausgefischt und hatte sich vollkommen klar und ruhig gesetzt, um das Spiel der niedersinkenden Flämmchen nach Lust zu wiederholen, und ich befand mich in der angenehmsten Gemütsstimmung.“

Die folgende Woche war nun für Goethe wie für seine ganze Umgebung überreich an schlimmsten und gefährlichsten Strapazen. Es regnete und stürmte unaufhörlich; kein Fußbreit trockenen Bodens! Die Zelte, statt zu schützen, tropften vor Nässe, und in all dieser Wasserflut fand sich doch kein reinliches Wasser zum Trinken und Kochen.

„Glückselig aber Der, dem eine höhere Leidenschaft den Busen füllte! Die Farbenerscheinung der Quelle hatte mich diese Tage her nicht einen Augenblick verlassen, ich überdachte sie hin und wieder...“

Bei frommen Katholiken. [Dezember 1792]

Im Dezember 1792 hatte Goethe Gelegenheit, in Münster einen Besuch zu erwidern, den ihm die Fürstin Amalie Gallizin, der Domherr v. Fürstenberg und der Philosoph Franz Hemster-

huis in Weimar abgestattet hatten. Hier trat Goethe in einen
Kreis von Männern und Frauen, die frömmste Katholiken waren,
aber auch Wissenschaften und Künste liebten und besonders das
Schulwesen verbesserten.

Die Fürstin besaß eine kostbare Sammlung antiker ge-
schnittener Steine; mit Eifer betrachtete Goethe diese Schätze;
er konnte Stunden lang darüber sprechen. Bei solchen Gesprächen
konnte man sich freilich nicht verbergen, daß die christliche Religion
mit der wahren bildenden Kunst immer sich zwiespältig befindet,
weil Jene sich von der Sinnlichkeit zu entfernen strebt, Diese nun
aber das sinnliche Element als ihren eigentlichen Wirkungskreis
anerkennt und darin beharren muß. Auch wenn Goethe über
die naturwissenschaftlichen Studien redete, die ihn beschäftigten:
Farbenlehre, Knochenlehre u. dgl., bemerkte er, daß die Fürstin,
ihr Freund Fürstenberg und ihre nächsten Hausgenossen seine
Begeisterung dafür keineswegs teilen konnten.

Glücklicher war er in der Unterhaltung größerer Gesellschaft
von würdigen Geistlichen, heranstrebenden Jünglingen, nahe wohnen-
den Edelleuten. Hier schilderte er unaufgefordert die römischen
Kirchenfeste: Karwoche und Ostern, Fronleichnam und Peter-Paul,
sodann zur Erheiterung die Pferdeweihe, woran auch andere
Haustiere teilnehmen. Diese Feste waren ihm damals noch in
allen charakteristischen Einzelheiten gegenwärtig, und er konnte sie
so anschaulich darstellen, daß Jedermann die Bilder vor sich zu
sehen glaubte. Und ihm lag jedes Verzerren oder Bewitzeln
fern; er legte in alle Veranstaltungen und Zeremonien den frommen
Sinn hinein, den ihre Urheber und aufrichtigen Teilnehmer darin
ausdrücken wollen. So kam es, daß einer der Zuhörer sich bei
den Andern erkundigte, ob Goethe wirklich protestantisch sei.

Die Fürstin erzählte ihm diese Frage und zugleich vertraute
sie ihm ein Anderes. Man hatte ihr nämlich vor seiner Ankunft
geschrieben: er wisse sich so fromm zu stellen, daß man ihn leicht
für religiös, ja für katholisch halten könne.

„Geben Sie mir zu, verehrte Fürstin!“ erwiderte Goethe, „ich stelle mich nicht für fromm, ich bin es am rechten Orte! Mir fällt nicht schwer, mit einem klaren, unschuldigen Blick alle Zustände zu beachten und sie wieder auch ebenso rein darzustellen. Jede Art fratzenhafter Verzerrung, wodurch sich dünkelhafte Menschen nach eigener Sinnesweise an dem Gegenstand versündigen, war mir von jeher zuwider! Was mir widersteht, davon wende ich den Blick weg, aber Manches, was ich nicht gerade billige, mag ich gern in seiner Eigentümlichkeit erkennen. Da zeigt sich dann meist, daß die Andern ebenso recht haben, nach ihrer eigentümlichen Art und Weise zu existieren, als ich nach der meinigen.“

Schon vorher hatte die Fürstin, als sie Goethes große Liebe zu ihren geschnittenen Steinen sah, ihm angeboten, er möge sie mit sich nehmen, um sie daheim in Ruhe zu studieren und seinen Freunden zu zeigen. Goethe hatte es abgelehnt, denn hier handelte es sich um unersetzliche Kostbarkeiten, die leicht in Verlust geraten, sehr leicht entwendet oder auch durch Fälschungen ersetzt werden konnten. Den Sammlern und Händlern durfte man damals solchen Schätzen gegenüber nicht viel Redlichkeit zutrauen; auch der Fürstin war bereits, als sie einmal in bester Gesellschaft die Sammlung zeigte, eine Herkules-Gemme abhanden gekommen.

Als der Tag des Abschieds nahte, sagte die Fürstin: „Hier gilt keine Widerrede! Sie müssen die Steine mitnehmen, ich verlange es!“

Goethe weigerte sich hartnäckig. Zuletzt sagte sie:

„So muß ich Ihnen denn eröffnen, warum ich es fordere. Man hat mir abgeraten, Ihnen diesen Schatz anzuvertrauen, und ebendeswegen will ich, muß ich es tun. Man hat mir vorgestellt, daß ich Sie doch auf diesen Grad nicht kenne, um auch in einem solchen Falle von Ihnen ganz gewiß zu sein. Darauf habe ich erwidert: Glaubt ihr denn nicht, daß der Begriff, den ich

von ihm habe, mir lieber sei als diese Steine? Sollte ich die Meinung
von ihm verlieren, so mag dieser Schatz auch hinterdrein gehn!"

Goethe weigerte sich nun nicht mehr. Als er abfuhr, setzte
sich die Fürstin bis zur nächsten Station in seinen Wagen. Die
bedeutendsten Punkte des Lebens und der christlichen Lehre kamen
abermals zur Sprache, Goethe wiederholte mild und ruhig sein
gewöhnliches Kredo; auch sie verharrte bei dem ihrigen. Und sie
verließ ihn mit dem Wunsche, ihn, wo nicht hier, so doch im
Himmel wieder zu sehen.

Nach der Übergabe von Mainz. [Juni 1793]

Zu den traurigsten Ereignissen in der unglücklichen Kampagne
von 1792 gehörte es, daß sich der französische General Custine
in kühnen Überfällen der Städte Speier, Worms und Mainz
bemächtigte; Mainz wurde ihm von einheimischen „Klubbisten",
d. h. von Anhängern der französischen Revolution, in die Hände
gespielt. Im Frühjahr 1793 versuchten die deutschen Truppen,
alle Franzosen aus deutschem Gebiet zurückzutreiben; Mainz
wurde zwei Monate lang blockiert; erst am 22. Juli 1793 kapi-
tulierte es. Allen Franzosen wurde freier Abzug verstattet, dagegen
richtete sich nun die Wut der andersgesinnten Mainzer gegen
ihre französisch-gesinnten Landsleute. Besonders Diejenigen, die
wegen der Klubbistenherrschaft aus Mainz ausgewandert oder
vertrieben waren und nun rasch zurückkehrten, rächten sich jetzt
unbarmherzig an ihren Vertreibern. Natürlich versuchten die
bekanntesten Klubbisten mit den Franzosen zu entkommen.

Goethe hatte als Begleiter seines Herzogs der Belagerung
zugesehen. Zuletzt wohnte er mit ihm in einem Chausseehause
vor der Stadt und in der Ordnungs- und Reinlichkeitsliebe, die
ihm eigen waren, ließ er den Platz vor dem Hause immer sorgfältig kehren und säubern, so daß hier wenigstens jede Spur
der allgemeinen Unordnung beseitigt wurde.

Am 23. Juli, als die Waffen schon ruhten, die Stadttore aber noch nicht eröffnet waren, fuhr er in einer Chaise spazieren. Ein ausgewanderter Mainzer, ein Perückenmacher, rief ihn an; auch dieser Mann hatte bei der Kunde von dem Fall der Festung sofort seinen bisherigen Aufenthalt verlassen, um nun den Auszug der Feinde triumphierend mit anzusehen. Er bat Goethe, seinen ermüdeten Knaben, den er an der Hand führte, auf den Wagen zu nehmen. Im Gespräch schimpfte er heftig über die Klubbisten, schwur ihnen Tod und Verderben. Goethe suchte ihn zu begütigen und stellte ihm vor, daß die Rückkehr in einen friedlichen und häuslichen Zustand nicht mit einem bürgerlichen Krieg, mit Haß und Rache müsse begonnen und alsogleich verunreinigt werden, weil sich das Unglück ja sonst verewige. Die Bestrafung solcher schuldigen Menschen müsse man den hohen Verbündeten und dem angestammten Landesfürsten nach seiner Rückkehr überlassen.

Da er Vater und Sohn mit Wein und Bretzeln erquickte und den Knaben auf seinen Wagen nahm, so hoffte er auf gute Wirkung seiner besänftigenden Zureden.

Am 25. Juli war der Auszug der Franzosen. Zu beiden Seiten hatten sich die früher ausgewanderten und nun wieder herbeigeeilten Mainzer aufgestellt. Mit Fluch- und Racheworten erleichterten sie ihre Herzen und feuerten sie sich gegenseitig an. Die wirklichen Franzosen ließen sie unbehelligt, aber wo ein Klubbist zu entkommen suchte, ward er gewiß erkannt, aus dem Wagen gerissen, geprügelt, wo nicht getötet.

Goethe stand mit dem in Weimar seßhaft gewordenen Engländer Gore am Fenster seines Chausseehauses und sah den Dingen zu. Französische Linfensoldaten kamen in guter Ordnung heranmarschiert; Mainzer Mädchen zogen mit ihnen aus, teils nebenher, teils innerhalb der Glieder. Ihre Bekannten begrüßten sie mit Spottreden: „Ei, Jungfer Lieschen, will sie sich auch in der Welt umsehen?“ oder „Hat sie auch Französisch gelernt, Gretel?“

Die Mädchen schienen aber heiter und getrost; einige riefen ihren Nachbarinnen ein Lebewohl zu, die meisten waren still und sahen ihre Liebhaber an.

Nicht alle Zuschauer begnügten sich jedoch mit solchen Spöttereien, manche stießen Schimpfreden und Drohungen aus; die Weiber hetzten die Männer auf: sie sollten doch diese liederlichen Dirnen nicht vorbeilassen, die in ihrem Bündelchen gewiß manche Habe von Mainzer Bürgern mit fortschleppten. Aber der feste Schritt des Militärs, durch nebenher gehende Offiziere erhalten, verhinderte Gewalttaten.

Immer heftiger ward indeß die Stimmung der Menge. Im gefährlichsten Moment erschien ein Zug aus der Stadt, der sofort allgemeine Wut auf sich zog. Einigen vierspännigen Wagen, die mit Kisten und Kasten reich beladen waren, ritt ein wohlgebildeter Mann voran; an seiner Seite ritt in Mannskleidern eine sehr schöne Frau.

„Haltet ihn an! Schlagt ihn tot!" rief es aus der Menge. „Das ist der Spitzbube von Architekten, der erst die Dombechanei geplündert und nachher selbst angezündet hat." Und sie drangen auf den Reiter ein.

Goethe sah, daß jetzt Mord und Zerstörung zu erwarten war. Der Burgfriede vor seines Herzogs Quartier aber durfte nicht gestört werden.

Er sprang hinunter, warf sich den Wütenden entgegen und schrie ihnen ein Halt! zu. Als er es noch einmal wiederholte, trat die tiefste Stille ein.

Stark und heftig sprach er auf die Menge ein. Dies sei das Quartier des Herzogs von Weimar, der Platz davor sei heilig. Wenn sie Unfug treiben und Rache ausüben wollten, so fänden sie anderwärts Raum genug. Der König von Preußen habe den Belagerten freien Auszug versprochen; wenn er diesen Mann hätte ausnehmen wollen, so hätte er Aufseher gestellt, ihn gefangen nehmen lassen; davon sei aber nichts bekannt, keine

Patrouille zu sehen. Und sie, wer sie auch seien, hätten hier im Bereiche der deutschen Armee keine andere Rolle zu spielen als ruhige Zuschauer zu bleiben; ihr Unglück und ihr Haß gebe ihnen hier keine Rechte. „Und ich leide ein für allemal an dieser Stelle keine Gewalttätigkeit!"

Das Volk staunte den vornehmen Fremden an, der so entschieden hier regieren wollte. Aber Einige wagten doch Widerrede, und ein paar Männer drangen vor, um den Pferden in die Zügel zu fallen und die Reiter zu ergreifen. Sonderbarerweise war auch der Perückenmacher von gestern dabei.

„Wie?" rief Goethe ihm entgegen. „Habt Ihr schon vergessen, was wir gestern zusammen gesprochen? Habt Ihr nicht darüber nachgedacht, daß man durch Selbstrache sich schuldig macht? Daß man Gott und seinen Oberen die Strafe der Verbrecher überlassen soll?"

Der Mann, der seinen Wohltäter vom vorigen Tage erkannte, trat zurück; sein Söhnchen sah freundlich zu Goethe herüber. Das Volk wich auseinander, die Wagen konnten weiterziehen. Der Reiter ritt an Goethe heran und fragte, wem er so großen Dienst schuldig sei; auch die Dame kam und sagte ihm Dank. Goethe erwiderte, er habe nur seine Schuldigkeit getan und die Sicherheit und Heiligkeit dieses Platzes behauptet. Er gab ihnen einen Wink, und sie ritten schnell weiter.

Die Menge war in ihrem Rachesinn irregemacht; sie blieb stehen. Dreißig Schritt weiter hätte sie Niemand gehindert.

Als Goethe wieder zu Freund Gore hinaufkam, rief ihm Dieser in seinem Englisch-Französisch entgegen: „Welche Fliege sticht Euch? Ihr habt Euch in einen Handel eingelassen, der übel ablaufen konnte!"

„Dafür war mir nicht bange", versetzte Goethe. „Findet Ihr es nicht selbst hübscher, daß ich Euch den Platz vor dem Hause so rein gehalten habe? Wie sähe es aus, wenn nun Alles voll Trümmer läge, die Jedermann ärgerten und Niemand

202

zu gute kämen! Mag auch Jener den Besitz nicht verdienen, den
er fortgeschleppt hat!"

Gore konnte sich noch lange nicht zufrieden geben, daß Goethe
mit eigener Gefahr für einen ihm unbekannten, vielleicht verbreche-
rischen Menschen soviel gewagt habe. Goethe aber wies ihn
immer scherzhaft auf den reinen Platz vor dem Hause und erklärte
schließlich ungeduldig:

"Es liegt nun einmal in meiner Natur: ich will lieber eine
Ungerechtigkeit begehen als Unordnung ertragen."

Künstlers Fug und Recht. [1792 oder '93]

Goethes poetische Werke in den Jahren 1791, '92, '93
glichen nach Art und Wert nicht seinen vorigen, und einige gute
Freunde (wie Fritz Jacobi) und Freundinnen (wie Charlotte
v. Stein) verhehlten ihm nicht ihr Mißvergnügen. Er antwortete,
indem er s e i n Recht betonte, wie er denn jetzt gar oft sein
Recht und sein Behagen gegen die Ansprüche der Menschen,
besonders der guten Freunde, verteidigte. Jeder Mensch, meinte
er, darf und muß zeitweilig auch gegen sich selbst einmal läßlich,
duldsam, sein; der Künstler, der Viele erfreut, darf sich selber
auch einmal einen Spaß machen. "Das Publikum", spottete er,
"will wie Frauenzimmer behandelt sein: man soll ihnen durchaus
nichts sagen, als was sie hören möchten." Das Publikum tut
jeden Künstler, wenn es ihn kennen gelernt hat, in ein bestimmtes
Schubfach, versieht ihn gewissermaßen mit einer Aufschrift; wenn der
Künstler nun das nächste Mal auf ganz anderem Felde, in neuem
Gewande, auftaucht, wird es verdrießlich. Goethe aber meinte:
"Die größte Achtung, die ein Autor für sein Publikum haben
kann, ist, daß er niemals Etwas bringt, was man erwartet,
sondern was er selbst, auf der jedesmaligen Stufe eigner und
fremder Bildung für recht und nützlich hält."

Als er den oben erwähnten Freunden in einem Gedichte
antwortete, gab er sich als einen Maler:

Ein frommer Maler mit vielem Fleiß
     Hatte manchmal gewonnen den Preis,
Und manchmal ließ er's auch geschehn,
Daß er einem Beffern nach mußt' stehn;
Hatte seine Tafeln fortgemalt,
Wie man sie lobt, wie man sie bezahlt.
Da kamen einige gut hinaus;
Man baut' ihn'n sogar ein Heiligenhaus.

Nun fand er Gelegenheit einmal,
Zu malen eine Wand im Saal;
Mit emsigen Zügen er staffiert,
Was öfters in der Welt passiert;
Zog seinen Umriß leicht und klar,
Man konnte sehn, was gemeint da war.
Mit wenig Farben er koloriert,
Doch so, daß er das Aug' frappiert.
Er glaubt' es für den Platz gerecht
Und nicht zu gut und nicht zu schlecht,
Daß es versammelte Herrn und Frau'n
Möchten einmal mit Luft beschau'n;
Zugleich er auch noch wünscht' und wollt',
Daß man dabei was denken sollt'.

Als nun die Arbeit fertig war,
Da trat herein manch Freundespaar,
Das unsers Künstlers Werke liebt,
Und darum desto mehr betrübt,
Daß an der losen leidigen Wand
Nicht auch ein Götterbildnis stand.
Die setzten ihn sogleich zur Red':
Warum er so was malen tät,
Da doch der Saal und seine Wänd'
Gehörten nur für Narrenhänd';

Er sollte sich nicht lassen verführen
Und nun auch Bänk' und Tische beschmieren;
Er sollte bei seinen Tafeln bleiben
Und hübsch mit seinem Pinsel schreiben.
Und sagten ihm von dieser Art
Noch viel Verbindlich's in den Bart.

Er sprach darauf bescheidentlich:
„Eure gute Meinung beschämet mich.
Es freut mich mehr Nichts auf der Welt,
Als wenn euch je mein Werk gefällt.
Da aber aus eigenem Beruf
Gott der Herr allerlei Tier' erschuf,
Daß auch sogar das wüste Schwein,
Kröten und Schlangen vom Herren sein,
Und er auch manches nur ebauchiert [im Rohen hinwirft]
Und gerade nicht alles ausgeführt
(Wie man den Menschen denn selbst nicht scharf
Und nur en gros betrachten darf):
So hab' ich als ein armer Knecht
Vom sündlich-menschlichen Geschlecht,
Von Jugend auf allerlei Lust gespürt
Und mich in Allerlei exerziert,
Und so durch Übung und durch Glück
Gelang mir, sagt ihr, manches Stück.
Nun dächt' ich: nach vielem Rennen und Laufen
Dürft' einer auch einmal verschnaufen,
Ohne daß Jeder gleich, der wohl ihm wollt',
Ihn 'nen faulen Bengel heißen sollt'.

Drum ist mein Wort zu dieser Frist,
Wie's allezeit gewesen ist:
Mit keiner Arbeit hab' ich geprahlt,
Und was ich gemalt hab', hab' ich gemalt."

Episteln.

An Schiller für seine Zeitschrift „Die Horen".

Jetzt, da Jeglicher liest und viele Leser das Buch nur
Ungeduldig durchblättern und, selbst die Feder ergreifend,
Auf das Büchlein ein Buch mit seltner Fertigkeit pfropfen,
Soll auch ich, du willst es, mein Freund, dir über das Schreiben
Schreibend, die Menge vermehren und meine Meinung verkünden,
Daß auch Andere wieder darüber meinen und immer
So ins Unendliche fort die schwankende Woge sich wälze.
Doch so fähret der Fischer dem hohen Meer zu, sobald ihm
Günstig der Wind und der Morgen erscheint; er treibt sein Gewerbe,
Wenn auch hundert Gesellen die blinkende Fläche durchkreuzen.

Edler Freund, du wünschest das Wohl des Menschengeschlechtes,
Unserer Deutschen besonders und ganz vorzüglich des nächsten
Bürgers, und fürchtest die Folgen gefährlicher Bücher; wir haben
Leider oft sie gesehn. Was sollte man, oder was könnten
Biedere Männer vereint, was könnten die Herrscher bewirken?
Ernst und wichtig erscheint mir die Frage, doch trifft sie mich eben
In vergnüglicher Stimmung. Im warmen, heiteren Wetter
Glänzet fruchtbar die Gegend; mir bringen liebliche Lüfte
Über die wallende Flut süß duftende Kühlung herüber,
Und dem Heitern erscheint die Welt auch heiter, und ferne
Schwebt die Sorge mir nur in leichten Wölkchen vorüber.

Was mein leichter Griffel entwirft, ist leicht zu verlöschen,
Und viel tiefer präget sich nicht der Eindruck der Lettern,
Die, so sagt man, der Ewigkeit trotzen. Freilich an Viele
Spricht die gedruckte Kolumne; doch bald, wie Jeder sein Antlitz,
Das er im Spiegel gesehen, vergißt, die behaglichen Züge,
So vergißt er das Wort, wenn auch von Erze gestempelt.

Reden schwanken so leicht herüber, hinüber, wenn Viele
Sprechen und Jeder nur sich im eigenen Worte, sogar auch

Nur sich selbst im Worte vernimmt, das der Andere sagte.
Mit den Büchern ist es nicht anders. Liest doch nur Jeder
Aus dem Buch sich heraus, und ist er gewaltig, so liest er
In das Buch sich hinein, amalgamiert sich das Fremde.
Ganz vergebens strebst du daher, durch Schriften des Menschen
Schon entschiedenen Hang und seine Neigung zu wenden;
Aber bestärken kannst du ihn wohl in seiner Gesinnung,
Oder, wär' er noch neu, in Dieses ihn tauchen und Jenes.

Sag' ich, wie ich es denke, so scheint durchaus mir: es bildet
Nur das Leben den Mann, und wenig bedeuten die Worte.
Denn zwar hören wir gern, was unsre Meinung bestätigt,
Aber das Hören bestimmt nicht die Meinung; was uns zuwider
Wäre, glaubten wir wohl dem künstlichen Redner; doch eilet
Unser befreites Gemüt, gewohnte Bahnen zu suchen.
Sollen wir freudig horchen und willig gehorchen, so mußt du
Schmeicheln! Sprichst du zum Volke, zu Fürsten und Königen, Allen
Magst du Geschichten erzählen, worin als wirklich erscheinet,
Was sie wünschen, und was sie selber zu leben begehrten.

Wäre Homer von Allen gehört, von Allen gelesen,
Schmeichelt' er nicht dem Geiste sich ein, es sei auch der Hörer,
Wer er sei, und klinget nicht immer im hohen Palaste,
In des Königs Zelt, die ‚Ilias‘ herrlich dem Helden?
Hört nicht aber dagegen Ulyssens wandernde Klugheit
Auf dem Markte sich besser, da wo sich der Bürger versammelt?
Dort sieht jeglicher Held in Helm und Harnisch, es sieht hier
Sich der Bettler sogar in seinen Lumpen veredelt.

Also hört' ich einmal, am wohlgepflasterten Ufer
Jener Neptunischen Stadt, allwo man geflügelte Löwen
Göttlich verehrt, ein Märchen erzählen. Im Kreise geschlossen,
Drängte das horchende Volk sich um den zerlumpten Rhapsoden.
„Einst“, so sprach er, „verschlug mich der Sturm an's Ufer der Insel,

Die Utopien heißt. Ich weiß nicht, ob sie ein Andrer
Dieser Gesellschaft jemals betrat; sie lieget im Meere
Links von Herkules' Säulen. Ich ward gar freundlich empfangen;
In ein Gasthaus führte man mich, woselbst ich das beste
Essen und Trinken fand und welches Lager und Pflege.
So verstrich ein Monat geschwind. Ich hatte des Kummers
Völlig vergessen und jeglicher Not; da fing sich im stillen
Aber die Sorge nun an: wie wird die Zeche dir leider
Nach der Mahlzeit bekommen? Denn nichts enthielte der Seckel.
„Reiche mir weniger!" bat ich den Wirt; er brachte nur immer
Desto mehr. Da wuchs mir die Angst, ich konnte nicht länger
Essen und sorgen, und sagte zuletzt: „Ich bitte, die Zeche
Billig zu machen, Herr Wirt!" Er aber mit finsterem Auge
Sah von der Seite mich an, ergriff den Knittel und schwenkte
Unbarmherzig ihn über mich her und traf mir die Schultern,
Traf den Kopf und hätte beinah mich zu Tode geschlagen.
Eilend lief ich davon und suchte den Richter; man holte
Gleich den Wirt, der ruhig erschien und bedächtig versetzte:
„Also müss' es Allen ergehn, die das heilige Gastrecht
Unserer Insel verletzen und unanständig und gottlos
Zeche verlangen vom Manne, der sie doch höflich bewirtet.
Sollt' ich solche Beleidigung dulden im eigenen Hause?
Nein! es hätte fürwahr statt meines Herzens ein Schwamm nur
Mir im Busen gewohnt, wofern ich dergleichen gelitten!"
Darauf sagte der Richter zu mir: „Vergesset die Schläge,
Denn ihr habt die Strafe verdient, ja schärfere Schmerzen;
Aber wollt ihr bleiben und mitbewohnen die Insel,
Müsset ihr euch erst würdig beweisen und tüchtig zum Bürger." —
„Ach!" versetzt' ich, „mein Herr, ich habe leider mich niemals
Gerne zur Arbeit gefügt. So hab' ich auch keine Talente,
Die den Menschen bequemer ernähren; man hat mich im Spott nur
Hans Ohnsorge genannt und mich von Hause vertrieben." —
„O, so sei uns gegrüßt!" versetzte der Richter; „du sollst dich
208

Oben sitzen zu Tisch, wenn sich die Gemeine versammelt,
Sollst im Rate den Platz, den du verdienest, erhalten.
Aber hüte dich wohl, daß nicht ein schändlicher Rückfall
Dich zur Arbeit verleite, daß man nicht etwa das Grabscheit
Oder das Ruder bei dir im Hause finde, du wärest
Gleich auf immer verloren und ohne Nahrung und Ehre.
Aber auf dem Markte zu sitzen, die Arme geschlungen
Über dem schwellenden Bauch, zu hören lustige Lieder
Unserer Sänger, zu sehn die Tänze der Mädchen, der Knaben
Spiele, Das werde dir Pflicht, die du gelobest und schwörest."

So erzählte der Mann, und heiter waren die Stirnen
Aller Hörer geworden, und Alle wünschten des Tages,
Solche Wirte zu finden, ja, solche Schläge zu dulden.

———

Würdiger Freund, du runzelst die Stirn? Dir scheinen die Scherze
Nicht am rechten Orte zu sein? Die Frage war ernsthaft,
Und besonnen verlangst du die Antwort; da weiß ich, beim Himmel!
Nicht, wie eben sich mir der Schalk im Busen bewegte.
Doch ich fahre bedächtiger fort. Du sagst mir: so möchte
Meinetwegen die Menge sich halten im Leben und Lesen.
Wie sie könnte; doch denke dir nur die Töchter im Hause,
Die mir der kuppelnde Dichter mit allem Bösen bekannt macht!

Dem ist leichter geholfen, versetz' ich, als es ein Andrer
Denken möchte. Die Mädchen sind gut und machen sich gerne
Was zu schaffen. Da gieb nur dem einen die Schlüssel zum Keller,
Daß es die Weine des Vaters besorge, sobald sie, vom Winzer
Oder vom Kaufmann geliefert, die weiten Gewölbe bereichern.
Manches zu schaffen hat ein Mädchen, die vielen Gefäße,
Leere Fässer und Flaschen in reinlicher Ordnung zu halten.
Dann betrachtet sie oft des schäumenden Mostes Bewegung,
Gießt das Fehlende zu, damit die wallenden Blasen
Leicht die Öffnung des Fasses erreichen, trinkbar und helle

Endlich der edelste Saft sich künftigen Jahren vollende.
Unermüdet ist sie alsdann, zu füllen, zu schöpfen,
Daß stets geistig der Trank und rein die Tafel belebe.

Laß der andern die Küche zum Reich; da giebt es, wahrhaftig!
Arbeit genug, das tägliche Mahl, durch Sommer und Winter,
Schmackhaft stets zu bereiten und ohne Beschwerde des Beutels.
Denn im Frühjahr sorget sie schon, im Hofe die Küchlein
Bald zu erziehen und bald die schnatternden Enten zu füttern.
Alles, was ihr die Jahreszeit giebt, Das bringt sie beizeiten
Dir auf den Tisch und weiß mit jeglichem Tage die Speisen
Klug zu wechseln, und reift nur eben der Sommer die Früchte,
Denkt sie an Vorrat schon für den Winter. Im kühlen Gewölbe
Gährt ihr der kräftige Kohl, und reifen im Essig die Gurken;
Aber die luftige Kammer bewahrt ihr die Gaben Pomonens.
Gerne nimmt sie das Lob vom Vater und allen Geschwistern,
Und mißlingt ihr etwas, dann ist's ein größeres Unglück,
Als wenn dir ein Schuldner entläuft und den Wechsel zurückläßt.
Immer ist so das Mädchen beschäftigt und reifet im stillen
Häuslicher Tugend entgegen, den klugen Mann zu beglücken.
Wünscht sie dann endlich zu lesen, so wählt sie gewißlich ein Kochbuch,
Deren Hunderte schon die eifrigen Pressen uns gaben.

Eine Schwester besorget den Garten, der schwerlich zur Wildnis,
Deine Wohnung romantisch und feucht zu umgeben, verdammt ist,
Sondern, in zierliche Beete geteilt, als Vorhof der Küche,
Nützliche Kräuter ernährt und jugendbeglückende Früchte.
Patriarchalisch erzeuge so selbst dir ein kleines gedrängtes
Königreich und bevölk're dein Haus mit treuem Gesinde.
Hast du der Töchter noch mehr, die lieber sitzen und stille
Weibliche Arbeit verrichten, da ist's noch besser! Die Nadel
Ruht im Jahre nicht leicht; denn noch so häuslich im Hause,
Mögen sie öffentlich gern als müßige Damen erscheinen.
Wie sich das Nähen und Flicken vermehrt, das Waschen und Bügeln,

Hundertfältig, seitdem in weißer arkadischer Hülle
Sich das Mädchen gefällt, mit langen Röcken und Schleppen
Gassen kehret und Gärten, und Staub erreget im Tanzsaal.
Wahrlich! wären mir nur der Mädchen ein Dutzend im Hause,
Niemals wär' ich verlegen um Arbeit, sie machen sich Arbeit
Selber genug; es sollte kein Buch im Laufe des Jahres
Über die Schwelle mir kommen, vom Bücherverleiher gesendet!

Die Spröde und die Bekehrte. [1796]

Zwei Lieder für ein Singspiel nach dem Italienischen.

An dem reinsten Frühlingsmorgen
 Ging die Schäferin und sang.
Jung und schön und ohne Sorgen,
Daß es durch die Wälder klang:
So lala, le ralla . . .

Thyrsis bot ihr für ein Mäulchen
Zwei, drei Schäfchen gleich am Ort,
Sie besann sich noch ein Weilchen;
Doch sie sang und lachte fort:
So lala, le ralla . . .

Und ein Andrer bot ihr Bänder,
Und der Dritte bot sein Herz;
Doch sie trieb mit Herz und Bändern
So wie mit den Lämmern Scherz,
So lala, le ralla . . .

*

Bei dem Glanz der Abendröte
Ging ich still den Wald entlang,
Damon saß und blies die Flöte,
Daß es von den Felsen klang,
So lala, le ralla . . .

Und er zog mich, ach, an sich nieder,
Küßte mich so hold, so süß;
Und ich sagte: Blase wieder!
Und der gute Junge blies:
So lala, le ralla . . .

Meine Ruhe ist nun verloren,
Meine Freude floh davon,
Und ich höre vor meinen Ohren
Immer nur den alten Ton
So lala, le ralla . . .

Der Edelknabe und die Müllerin. [September 1797]

Wohin? wohin?
    Schöne Müllerin!
Wie heißt du?

„Lise.“

Wohin denn? Wohin,
Mit dem Rechen in der Hand?

„Auf des Vaters Land,
Auf des Vaters Wiese.“

Und gehst so allein?

„Das Heu soll herein,
Das bedeutet der Rechen;
Und im Garten daran
Fangen die Birnen zu reifen an;
Die will ich brechen.“

Ist nicht eine stille Laube dabei?

„Sogar ihrer zwei,
An beiden Ecken!“

Ich komme dir nach,
Und am heißen Mittag

Wollen wir uns drein verstecken.
Nicht wahr, im grünen vertraulichen Haus ...
„Das gäbe Geschichten!"
Ruhst du in meinen Armen aus?

„Mit nichten!
Denn, wer die artige Müllerin küßt,
Auf der Stelle verraten ist.
Euer schönes dunkles Kleid
Tät' mir leid
So weiß zu färben.
Gleich und gleich! so allein ist's recht!
Darauf will ich leben und sterben.
Ich lobe mir den Müllerknecht:
An Dem ist nichts zu verderben."

Der Müllerin Verrat. [Herbst 1797]

Woher der Freund so früh und schnelle,
    Da kaum der Tag im Osten graut?
Hat er sich in der Waldkapelle,
So kalt und frisch es ist, erbaut?
Es starret ihm der Bach entgegen;
Mag er mit Willen barfuß gehn?
Was flucht er seinen Morgensegen
Durch die beschneiten wilden Höhn?

Ach, wohl! Er kommt vom warmen Bette,
Wo er sich andern Spaß versprach;
Und wenn er nicht den Mantel hätte,
Wie schrecklich wäre seine Schmach!
Es hat ihn jener Schalk betrogen,
Und ihm den Bündel abgepackt;
Der arme Freund ist ausgezogen,
Und fast wie Adam bloß und nackt.

Warum auch schlich er diese Wege
Nach einem solchen Apfelpaar,
Das freilich schön im Mühlgehege,
So wie im Paradiese, war.
Er wird den Scherz nicht leicht erneuen;
Er drückte schnell sich aus dem Haus,
Und bricht auf einmal nun im Freien
In bittre, laute Klagen aus:

„Ich las in ihren Feuerblicken
Nicht eine Silbe von Verrat!
Sie schien mit mir sich zu entzücken,
Und sann auf solche schwarze Tat!
Konnt' ich in ihren Armen träumen,
Wie meuchlerisch der Busen schlug?
Sie hieß den holden Amor säumen,
Und günstig war er uns genug.

„Sich meiner Liebe zu erfreuen!
Der Nacht, die nie ein Ende nahm!
Und erst die Mutter anzuschreien,
Nun eben als der Morgen kam!
Da drang ein Dutzend Anverwandten
Herein, ein wahrer Menschenstrom;
Da kamen Vettern, guckten Tanten,
Es kam ein Bruder und ein Ohm.

„Das war ein Toben, war ein Wüten!
Ein Jeder schien ein andres Tier.
Sie forderten des Mädchens Blüten
Mit schrecklichem Geschrei von mir. —
Was dringt ihr alle wie von Sinnen
Auf den unschuld'gen Jüngling ein?
Denn solche Schätze zu gewinnen,
Da muß man viel behender sein.

„Weiß Amor seinem schönen Spiele
Doch immer zeitig nachzugehn!
Er läßt fürwahr nicht in der Mühle
Die Blumen sechzehn Jahre stehn. —
Sie raubten nun das Kleiderbündel,
Und wollten auch den Mantel noch.
Wie nur so viel verflucht Gesindel
Im engen Hause sich verkroch!

„Nun sprang ich auf und tobt’ und fluchte,
Gewiß, durch Alle durchzugehn.
Ich sah noch einmal die Verruchte,
Und ach! sie war noch immer schön.
Sie alle wichen meinem Grimme;
Da flog noch manches wilde Wort,
Da macht’ ich mich mit Donnerstimme
Noch endlich aus der Höhle fort.

„Man soll euch Mädchen auf dem Lande,
Wie Mädchen aus den Städten, fliehn!
So lasset doch den Frau’n von Stande
Die Lust, die Diener auszuziehn!
Doch seid ihr auch von den Geübten
Und kennt ihr keine zarte Pflicht.
So ändert immer die Geliebten,
Doch sie verraten müßt ihr nicht.“

So singt er in der Winterstunde,
Wo nicht ein armes Hälmchen grünt.
Ich lache seiner tiefen Wunde,
Denn wirklich ist sie wohlverdient.
So geh’ es Jedem, der am Tage
Sein edles Liebchen frech betrügt,
Und nachts mit allzukühner Wage
Zu Amors falscher Mühle kriecht!

Schweizerlied. [Vielleicht Oktober 1797]

Uf'm Bergli
  Bin i gesässe,
Ha de Vögle
Zugeschaut;
Hänt gesunge,
Hänt gesprunge,
Hänt's Nästli
Gebaut.

In ä Garte
Bin i gestande,
Ha de Imbli
Zugeschaut;
Hänt gebrummet,
Hänt gesummet,
Hänt Zell
Gebaut.

Uf d' Wiese
Bin i gange,
Lugt' i Summervögle a;
Hänt gesoge,
Hänt gefloge,
Gar z' schön hänt's
Getan.

Und da kummt nu
Der Hansel,
Und da zeig' i
Em froh,
Wie sie's mache,
Und mer lache
Und mache's
Au so.

Legende vom Hufeisen. [Gedruckt 1798]

Als noch, verkannt und sehr gering,
  Unser Herr auf der Erde ging
Und viele Jünger sich zu ihm fanden,
Die sehr selten sein Wort verstanden,
Liebt' er sich gar über die Maßen,
Seinen Hof zu halten auf der Straßen,
Weil unter des Himmels Angesicht
Man immer bässer und freier spricht.
Er ließ sie da die höchsten Lehren
Aus seinem heil'gen Munde hören;
Besonders durch Gleichnis und Exempel
Macht' er einen jeden Markt zum Tempel.

So schlendert' er in Geistes Ruh
Mit ihnen einst einem Städtchen zu.
Sah etwas blinken auf der Straß',
Das ein zerbrochen Hufeisen was.
Er sagte zu Sankt Peter drauf:
„Heb' doch einmal das Eisen auf!"
Sankt Peter war nicht aufgeräumt,
Er hatte so eben im Gehen geträumt,
So was vom Regiment der Welt,
Was einem Jeden wohlgefällt,
Denn im Kopf hat Das keine Schranken;
Das waren so seine liebsten Gedanken.
Nun war der Fund ihm viel zu klein,
Hätte müssen Kron' und Zepter sein!
Aber wie sollt' er seinen Rücken
Nach einem halben Hufeisen bücken?
Er also sich zur Seite kehrt
Und tut, als hätt' er's nicht gehört.

Der Herr, nach seiner Langmut, drauf
Hebt selber das Hufeisen auf
Und tut auch weiter nicht dergleichen.
Als sie nun bald die Stadt erreichen,
Geht er vor eines Schmiedes Tür,
Nimmt von dem Mann drei Pfennig dafür.
Und als sie über den Markt nun gehen,
Sieht er daselbst schöne Kirschen stehen,
Kauft ihrer, so wenig oder so viel,
Als man für einen Dreier geben will,
Die er sodann nach seiner Art
Ruhig im Ärmel aufbewahrt.

Nun ging's zum andern Tor hinaus,
Durch Wies' und Felder ohne Haus,

Auch war der Weg von Bäumen bloß
Die Sonne schien, die Hitz' war groß,
Sodaß man viel an solcher Stätt'
Für einen Trunk Wasser gegeben hätt'.

Der Herr geht immer voraus vor Allen,
Läßt unversehens eine Kirsche fallen.
Sankt Peter war gleich dahinter her,
Als wenn es ein goldner Apfel wär'!
Das Beerlein schmeckte seinem Gaum!

Der Herr, nach einem kleinen Raum
Ein ander Kirschlein zur Erde schickt.
Wonach Sankt Peter schnell sich bückt.

So läßt der Herr ihn seinen Rücken
Gar vielmal nach den Kirschen bücken.

Das dauert eine ganze Zeit;
Dann sprach der Herr mit Heiterkeit:
„Tät'st du zur rechten Zeit dich regen,
Hätt'st du's bequemer haben mögen!
Wer geringe Ding' wenig acht't,
Sich um geringere Mühe macht."

Die anderen Dichter.

Echte Kunstwerke spenden uns Heiterkeit und Lebenskraft:
Goethe hat aus diesen Quellen täglich getrunken. Dabei
unterschied ihn Eins von vielen andern Dichtern und sonstigen
Künstlern: er konnte auch die Werke seiner Nachbarn und Zeitgenossen, die sich neben ihm um den Beifall der Kenner und
der Menge bewarben, dankbar genießen und recht herzlich loben.

Es ist leicht, Homer und die griechischen Tragiker anzuerkennen
oder Shakespeare oder Calderon oder auch neueste Dichter des Aus-

lunds, wie es damals Byron und Manzoni waren; aber Goethe
hat auch alles Vortreffliche, was Wieland, Herder, Schiller usw.
neben ihm hervorbrachten, sofort genossen, herzlich gerühmt und
kräftig gefördert.

Im Juni 1779 saßen Wieland und Goethe, weil die Herzogin von Württemberg ihre Bilder begehrte, dem Maler May.
Wieland hatte damals große Teile seines ‚Oberon‘ fertig;
Goethe bat ihn, sie vorzulesen, während er an der Reihe war,
dem Maler stillzuhalten. Goethe sei so amüsabel gewesen wie ein
Mädchen von fünfzehn Jahren, schrieb Wieland in der nächsten
Woche einem Freunde; „Tag meines Lebens habe ich Niemand
über das Werk eines Andern so vergnügt gesehen, als er es
mit dem ‚Oberon‘ durchaus, sonderlich mit dem fünften Gesang
war, worin Hüon sich von dem kaiserlichen Auftrag verbotenus
akquittieret.¹) Es war eine wahre Jouissance für mich.“

Wieland war solche gute Aufnahme bei den Kollegen nicht
gewöhnt. Als er sein hübsches ‚Sommermärchen‘ herausgegeben
hatte, brachte z. B. Herder nie die Rede darauf. „Herder sagt
lieber gar nichts davon; mich dünkt, bei Allem, was der wunderbare Mann liest, fällt ihm immer zuerst ein, daß Er's anders
und besser gemacht hätte.“ Als nun auch der ‚Oberon‘ im Druck
herauskam, (nachdem Wieland ihn siebenmal abgeschrieben, um
ihn siebenmal zu verbessern) verhielten sich die Literaten fast alle
kalt oder ablehnend. „Die abermalige hündische Gleichgültigkeit,
womit ‚Oberon‘ aufgenommen worden“, schalt jetzt Wieland,
„macht mir von dieser Seite die ganze Nation ekelhaft.“ Goethe
aber hatte ihm nach Empfang des Buches einen Lorbeerkranz
als ein sichtbares Zeichen seiner Bewunderung gesandt: „Empfange
aus den Händen der Freundschaft, was Dir Mitwelt und Nachwelt gern bestätigen wird.“ Und gegen Lavater urteilte Goethe:

---

¹) Hüon sollte auf Befehl des Kaisers Karl dem Kalifen
von Bagdad vier Backenzähne und eine Handvoll Barthaare abgewinnen.

„‚Oberon' wird, so lange Poesie Poesie, Gold Gold und Kristall Kristall bleiben, als ein Meisterwerk poetischer Kunst geliebt und bewundert werden."

An Herders Arbeiten nahm Goethe den gleichen Anteil, immer lobend und stärkend, wo es nur anging. Von seinem Hauptwerke sagt Herder selbst, er habe keine Schrift unter so vielen Kümmernissen und Ermattungen von innen und Störungen von außen geschrieben wie die ‚Philosophie' zur Geschichte der Menschheit', „so daß, wenn meine Frau und Goethe mich nicht unablässig ermuntert und angetrieben hätten, Alles im Hades der Ungeborenen geblieben wäre."

Erst recht setzte die Freundschaft mit Schiller die Fähigkeit voraus, sich an den Erfolgen des Andern mitzufreuen. Goethe, der Direktor eines Theaters, hatte mit seinen eigenen Stücken wenig Glück, die besten von ihnen wagte er gar nicht auf die Bühne zu bringen; Schiller dagegen hatte am selben Theater mit jedem Drama, das er vollendete, den allergrößten Erfolg. Auch wenn sie in Liedern und Balladen um die Palme rangen, schien Schiller den Sieg davonzutragen. Trotzdem aber hatte Schiller gerade in literarischen Dingen keinen besseren Freund und Helfer als Goethen.

Ebenso hielt es Goethe mit den deutschen Dichtern außerhalb Weimars. Lessing hatte ihn bei seinem Erscheinen auf dem Parnaß nicht eben freundlich begrüßt, aber er verehrte den streitbaren Mann in Wolfenbüttel so gut wie Einer. Vor ‚Nathan dem Weisen' sei Goethe ordentlich prosterniert, erzählten sich seine Bekannten (als dies Werk neu war); er werde nicht müde, ihn als das höchste Meisterstück menschlicher Kunst zu bewundern und zu preisen.

Im Januar 1776 erbot sich Gottfried August Bürger öffentlich, die homerischen Gedichte, von denen es noch keine würdige Übersetzung gab, zu verdeutschen, und gab zugleich eine Probe seiner begonnenen Arbeit. Aber er redete zugleich das Publikum

an: „Ich müßte mein Leben hassen, wenn ich für deinen Kalt-
sinn oder gar Undank Kraft und Saft meiner Jugend auf-
opfern wollte. Die bloße Gier nach dem Namen, bei Kennern
der Mann zu heißen, der imstande war, den Homer zu verdeutschen, kann mich nicht spornen, das mühselige Werk zu voll-
enden.“ Goethe antwortete ihm öffentlich im Namen der weimarischen Verehrer Homers, und nicht nur bat er ihn, als der
Berufenste frisch an's Werk zu gehen, sondern er sammelte Geld,
weil Bürger während eines so großen Unternehmens des Unter-
halts bedürfe; Goethe hoffte, die Gesinnungsverwandten an
andern Orten zu gleicher praktischer Hilfe zu reizen. Erfolg
hatte er weder hier noch dort, denn Bürger ward der übergroßen
Arbeit bald müde.

Ein Mann von größerer Ausdauer, Johann Heinrich Voß,
Schulrektor zu Eutin, wagte sich an die gleiche Aufgabe; Bürger
hatte die griechischen Hexameter in deutsche Jamben verwandeln
und die alte Dichtung frei verdeutschen wollen; Voß, ein strenger
Philologe, behielt die Hexameter bei und erstrebte auch sonst die
möglichste Gleichheit. Auch er fand, als er in Weimar als Gast
erschien (im Juni 1794), dort bessere Aufnahme als anderwärts.
Vergnügt schilderte er seiner Frau die Einzelheiten: ein Mahl
bei Goethe, der ihn nötigte, noch einen Tag länger zu bleiben,
dann einen Tee bei Herders, zu dem auch Goethe, Wieland,
Knebel und Bötticher sich einfanden. „Man umringte mich und
wollte Dies und Jenes von meinen Untersuchungen über Homer
hören. Am weitläufigsten ward von der homerischen Geographie
geredet, die sehr interessierte; ich mußte die Karte von der Odyssee
erklären und die Reisen des Odysseus. Alle gestanden, daß sie
überzeugt wären, und freuten sich der homerischen Einfalt. Aber
nun sollte ich vorlesen! Die ‚Odyssee‘ ward gewählt, und ich
las den Sturm des fünften Gesanges und den ganzen sechsten
Gesang von Nausikaa. Ein einhelliger, warmer Beifall erfolgte.
Alle gestanden, sie hätten einen solchen Versbau, eine so home-

rische Wortfolge, die gleichwohl so deutsch, so edel, so kindlich-
einfach wäre, sich nicht vorgestellt. Goethe kam und drückte mir
die Hand und dankte für einen solchen Homer..... Wir wurden
ausgelassen fröhlich. Dabei ward rechtschaffen gezecht: Stein-
wein und Punsch. Goethe saß neben mir; er war so aufgeräumt,
als man ihn selten sehen soll. Nach Mitternacht gingen wir
auseinander. Wieland sagte: ... ich müßte hier leben ...
Goethe hätte mit Begeisterung von mir geredet." — —

Dieser selbe Johann Heinrich Voß ließ unter dem Titel
‚Luise‘ eine größere ländliche Idylle erscheinen; sie gewann
sich viele Freunde. Als nun Goethes ‚Hermann und Dorothea‘
im Spätjahr 1797 herauskam, lag der Vergleich zwischen der
‚Luise‘ und der ‚Dorothea‘ nahe, schon weil beide Gedichte im
griechischen Hexameter erklangen, während sie dem Stoffe nach
sich in einfachen deutschen Verhältnissen bewegten. Nicht selten
war der Vergleich für Goethe kränkend; seine Gegner stellten
ihn gar als den schwächeren Nachahmer hin. Nie aber litten
Goethes Gefühle für Voß und sein Werk unter solcher Ungerechtigkeit.

Voß und seine wackere Hausfrau siedelten im Jahre 1802
nach Jena über. Goethe kam bald nach ihrem Einzuge auch
dorthin und besuchte sie in den nächsten Wochen oft. „Gegen
mich war er stets sehr artig", erzählte Ernestine über diese Zeit.
„Eine Freundlichkeit werde ich ihm nie vergessen, die mein Herz
traf. Einmal fand er mich im Garten knieend auf dem Boden,
um die Einfassung auszubessern. Er untersuchte teilnehmend
mein Geschäft und riet, Sachen zu wählen, die nicht so leicht
vom Zufall gestört würden. Meine Antwort war: ich wäre
noch zu unkundig in Jena, um die Plätze zu wissen, wo man
sich dergleichen verschaffe. Ich arbeitete fort, während die
Herren auf und ab gingen. Als wir einige Tage später abends
aus einer Gesellschaft heimkehrten, fanden wir Alles gar zierlich
und hübsch eingefaßt und überall Sommerblumen hingepflanzt,

222

unter denen so manche alte Bekannte. Goethe wollte den Dank dafür nicht annehmen, ward aber bei'm nächsten Besuch sehr heiter gestimmt durch unsere Freude daran."

Goethe und der Philologe Voß waren sehr verschiedenartige Charaktere, aber sie vertrugen sich merkwürdig gut, ohne daß die Aufrichtigkeit litt. Im Herbst 1803 war Goethe wieder einige Wochen in Jena. „Dann kam er", erzählt wieder Ernestine Voß, „abends in seinen Mantel gehüllt, den er noch in seiner Kriegsperiode genutzt, und hatte vorn auf der Brust eine Laterne, an einem Haken hängend.

„So faßte ihn einmal Voß, als er seine Hülle abgeworfen hatte, kräftig schüttelnd an beide Schultern, und sagte: »Ihr habt etwas gemacht, was uns gar sehr mißfallen!« — »Wieso?« rief er verwundert — »Ihr habt eine Sammlung so schöner Lieder soeben drucken lassen und uns nicht einmal auf diese Freude vorbereitet!«

„Der Übergang vom Ernst zu heiterer Gemütlichkeit in seinem schönen Auge war unbeschreiblich, und er ließ uns beide fühlen, daß ihn Dieses angenehm überrascht. Voß las nun seine Lieder selbst vor. ."

Eines Nachmittags blieb Goethe, in angeregtem Gespräch, so lange, daß Ernestine ihn zum Abendbrot einladen mußte. Er möge fürlieb nehmen, bat sie, ihr bescheidenes Essen entschuldigend. „Lassen Sie Das gut sein", erwiderte er. „Zu Vossen komme ich nicht des Essens wegen; wenn ich nach was Leckerem lüstern bin, habe ich schon meine aparten Freunde." Und nachher lobte er das selbstgebackene Brot so sehr, daß Ernestine, als sie ihn einmal mit ihrem Voß in Weimar besuchte, ihm zwei Gaben mitbrachte: so ein lockeres Brot und einen selbstgezogenen Rosenstock.

Goethe wollte den tüchtigen Gelehrten mit seiner braven Hausfrau gern in der Nähe festsetzen; er bot ihm ein Jahrgehalt vom Herzog von Weimar an, was aber zu Vossens

Plänen nicht paßte. Dann dürfe er aber Kleinigkeiten für die Wirtschaft nicht ablehnen, meinte Goethe: Korn zum Brotbacken, Futter für die Hühner, Brennholz, ein paar Hasen und Rehe in die Küche — und solche Tribute des Herzogs schlugen Vossens auch nicht aus.

Lieb war es ihnen auch, daß einer ihrer Söhne, Heinrich, als Professor am Gymnasium zu Weimar angestellt wurde. Goethe nahm sich des jungen Mannes sogleich wie ein Vater an. Nach einigen Wochen erzählte dieser neue Professor einem Freunde von seinen weimarischen Erlebnissen, auch von den sonntäglichen Lesestunden bei Goethe.

„Da sitzt die ganze Gesellschaft um einen langen Tisch. Goethe in der Mitte, und liest abwechselnd. Es traf sich, daß beide Male, als ich zugegen war, aus der ‚Luise‘ gelesen wurde. An Goethe kam die Stelle von der Trauung, die er mit dem tiefsten Gefühle las. Aber seine Stimme ward kleinlaut; er weinte und gab das Buch seinem Nachbarn: »Eine heilige Stelle!« rief er aus mit einer Innigkeit, die uns alle erschütterte. Nachher traf ihn die Stelle: »den Gesang, den unser Voß in Eutin uns dichtete«. Aus dem Pathos, mit welchem er diese Worte vortrug, hätte ich schon seine Liebe zu meinem Vater abnehmen können.“

Als Schiller noch nicht lange gestorben war, erhob sich ein Gerede, das dann viele Jahre und Jahrzehnte nicht zur Ruhe kam, das Gerede über die wichtige Frage: wer der Größere sei, Schiller oder Goethe, der Größere als Dichter und als Charakter, der bessere Volksfreund, der bessere Christ usw. Oft kam dies Gerede und Geschreibe vor Goethes Augen und Ohren, immer war vieles Ärgerliche und Unrichtige darin. Niemand hätte nun so gut wie er auf Schillers Schwächen deuten können, aber gerade Goethe fand die stärksten und schönsten Ausdrücke zum Preise Schillers, und bis heute führt man seine Worte an, wo man Schiller feiern will.

Goethe 1817
Zeichnung von Ferd. Jagemann

Einer der üblichsten Vorwürfe gegen Goethe war: er sei ein
Egoist. Hier ist eine seiner Antworten:

> Ich Egoist? Wenn ich's nicht besser wüßte!
> Der Neid, Das ist der Egoiste,
> Und was ich auch für Wege geloffen,
> Auf'm Neidpfad habt ihr mich nie betroffen!

Jean Paul. [1798. 1800]

Am Ende des 18. Jahrhunderts war Jean Paul Richter einer
der berühmtesten Dichter Deutschlands; namentlich die
Damen schwärmten für ihn. Er kam wiederholt zu längerem
Aufenthalt nach Weimar. Einmal mietete er sich am Markte
in Zimmern ein, unter denen die junge Sängerin Maticzek ihre
Wohnung hatte. Sie erwartete also seinen Besuch und machte
sich Gedanken, wie man diesem seltsamen humoristischen Genie
entgegenkommen und mit ihm umgehen müsse. Sie fragte Goethen
um seine Meinung und sagte, bisher habe sie vor, dem Herrn
Richter, wenn er eintrete, trillernd entgegenzutanzen.

„Kind, mach's wie bei mir und sei natürlich!" versetzte
Goethe. — —

•

Bei Goethe hatte Jean Paul nicht den gleichen Erfolg wie
gewöhnlich. Goethe wurde nicht herzlich mit ihm und sagte
ihm über seine Romane und Skizzen weder Angenehmes noch
Unangenehmes. Eines Abends legte der Gast es darauf an,
Goethes Urteil herauszulocken; aber Goethe merkte es sogleich
und tat ihm nun erst recht den Gefallen nicht. Jean Paul fing
an, von dem englischen Humoristen Sterne zu reden, den Goethe
liebte; Goethe lobte den Engländer eifrig mit, aber er fuhr
durchaus nicht fort, wie gewünscht wurde: „Sie aber, Herr
Richter . . ." Nun sprach Jean Paul von Hippel und seinen

anderen deutschen Kollegen. Goethe aber antwortete nach wie
vor, auf alles Mögliche überspringend, nur nicht auf den großen
Humoristen Jean Paul. So spielten sie Schach miteinander —
bis Jean Paul sich schachmatt fühlte. „Einen durchtrieseneren
Schalk gibt es auf Erden nicht wie den Goethe", meinte
Karoline Schlegel, als sie die Geschichte weiter erzählte, „und
dabei das frömmste Herz mit seinen Freunden" — —.

*

Ein andermal wollte Jean Paul Goethes Urteil über einen
philosophischen Streit jener Zeit hören, aber Goethe wußte, daß
Jener in philosophischen Dingen sein Gegner war.

„Wie gefällt Ihnen Jacobis Brief an Fichte?" fragte
Jean Paul. „Er bleibt sich gleich", war Goethes Antwort. „Gott
und auch der Teufel bleiben sich gleich", versuchte nun Jean Paul
von neuem, aber Goethe blieb stumm. „Kein Epigramm kann
ihn in Bewegung stochern", schalt der ärgerliche Humorist.

Auf die Dauer konnte Jean Paul nicht in Weimar wohnen,
denn das Bier war längst nicht so gut wie in seiner fränkischen
Heimat; seine Wirtin legte zwar ein Faß englisches Bier für
ihn ein; es war wohlschmeckend und kräftig, aber es war doch
nicht das herrliche Gebräu, bei dem er aufgewachsen war. Den
regelmäßigen Trunk des Tages krönte er abends noch mit ge-
selligem Becherschwingen. Ludwig v. Wolzogen, der nachmalige
preußische General, erzählt, er habe den Dichter „öfters in
ziemlich benebeltem Zustande nach Hause zu bringen die Freude
gehabt." „Goethe verglich ihn in solchen Momenten mit einem
Salamander, womit seine damalige hagere Gestalt vortrefflich
bezeichnet war."

Johannes Falk gibt uns noch ein Bildchen: Goethe aß zuweilen bei der Herzogin Amalie in Tiefurt zu Mittag. Er beschwerte sich, daß der dortige Herzogliche Mundkoch Goullon so
oft Sauerkraut vorsetze. Eines Tages, da man ihm wieder

Sauerkraut aufgetischt hatte, stand er voller Verdruß auf und
ging in ein Nebenzimmer, wo er ein Buch aufgeschlagen und
auf dem Tische liegen fand. Es war ein Jean Paulscher Roman.
Goethe las etwas davon; dann sprang er auf und sagte: „Nein,
Das ist zu arg! Erst Sauerkraut und dann fünfzehn Seiten
aus Jean Paul! Das halte aus, wer will!“

Der Logen-Nachbar. [Februar 1800]

Eine Frau Gotthardt saß mit ihrem kleinen Knaben im
Theater auf der letzten Bank im Parterre, als Kotzebues
Posse ‚Rochus Pumpernickel‘ gegeben wurde. Der kleine Junge
klagte, daß er die Vorgänge auf der Bühne nicht sehen könne;
da hob ihn die Mutter resolut auf die Brüstung der Loge hinter
ihr; die Loge war leer. Nun wählten Mutter und Söhnchen
auch in den nächsten Vorstellungen diese selben Plätze, und der
Knabe freute sich seines unbehinderten Blickes. Aber eines
Abends, als die Oper ‚Tarare‘ gespielt wurde und die Jagemann
eine große Arie sang, hörte er plötzlich die Tür hinter sich gehen;
er blickt sich um: Goethe selbst trat ein. So nahe hatte er den
Geheimen Rat noch nicht gesehen. Rasch schickte er sich an,
sich von seinem Platze hinunterzuschwingen: da erfaßt seinen
Arm eine starke Hand. Entsetzt, schuldbewußt harrte der Knabe
der Strafe. Aber eine freundliche Stimme flüsterte ihm zu:

„Bleib' getrost, mein Sohn! Wir beide haben Raum
genug. Wer wird den Andern ohne Not verdrängen!“

Das Gesicht des Knaben war wie von Purpur gefärbt;
liebreich ruhte Goethes Auge darauf.

Dann zog der Geheime Rat sein Textbuch hervor, zeigte dem
Knaben die Stelle, an der man war, und ließ ihn mitlesen.
Und in der Pause fragte er ihn aus: wer er sei, was er lerne
und treibe. Und schließlich lud er ihn ein, auch künftig neben
ihm am Pfeiler der Loge zu sitzen.

Bei Champagner im „Stadthause". [31. Dez. 1808]

Jn Weimar ist kein Ratskeller im Rathause, sondern die Stadt besitzt ein besonderes „Stadthaus" für Trink- und Vergnügungszwecke; es liegt auf dem Markte, dem Rathaus gegenüber. Hier kamen auch zu Goethes Zeit die Vereine zusammen, hier wurden Bälle und Redouten abgehalten. Von einem besonders festlichen Abende erzählt uns Henrich Steffens, ein Norweger nach Geburt, der, in Dänemark aufgewachsen, später ein deutscher Dichter und Patriot wurde:

„Den Anfang des Jahrhunderts verlebte ich in Weimar auf einer Maskerade, durch den Hof veranstaltet .... Nach Mitternacht zogen Goethe, Schiller und Schelling sich in ein Nebenkabinett zurück; ich durfte von der Gesellschaft sein. Einige Bouteillen Champagner standen auf dem Tisch, und die Unterhaltung wurde immer lebhafter.

„Da fiel mir, der ich mit meiner nordischen Virtuosität [d. h. der nordischen Trinkfestigkeit] nüchterner blieb als die alten Herren, die Veränderung auf, die mit zwei so bedeutenden Persönlichkeiten vorging. Goethe war unbefangen lustig, ja übermütig, während Schiller immer ernsthafter ward und sich in breiten, doktrinären ästhetischen Explikationen erging; sie hatten die größte Ähnlichkeit mit seiner bekannten Kritik über Klopstock, und er ließ sich nicht stören, wenn Goethe ihn durch irgend einen geistreichen Einwurf in seinem Vortrage zu verwirren suchte."

Eine andere Szene schilderte Goethe selbst 1815 in einem Versbriefe an Fanny Caspers, die von 1800 bis 1802 eine kleine, liebliche Schauspielerin in Weimar gewesen war und später als Erzieherin oder Gesellschafterin in Wien lebte (1819, als sie nach Rom kam, verliebte sich Thorwaldsen in sie; 1823 heiratete sie einen Bankier Doré). So erweckte Goethe die Erinnerung:

> Jn einer Stadt einmal
> Auf dem Stadthaus

Ein großer Saal,
Darin ein lustig Mahl.

Unter den Gästen
Eine artige Maus,
Wie's bei solchen Festen
Geht, im Champagner-Saus.

Sie hatte nicht so viel getrunken
Als Schiller, ich und Alle,
Sie war mir aber um den Hals gesunken.
In keiner Falle
Fing man so lieblich Mäuschen!
Niedlich war sie, niedlicher im Räuschchen!

Ich hielt sie feste, feste,
Wir küßten uns auf's beste.

Doch wickelt' sie sich heraus —
Fort war die Maus!

Die treibt sich im Osten und Süden:
Gott schenk' ihr Lieb' und Frieden!

Der Liebeshof. [1801/2]

Um die Wende des 18. und 19. Jahrhunderts hatte Goethe zur Geselligkeit mehr Wunsch als Talent. Es war ihm die rechte, gleiche Lebensgefährtin versagt: um so mehr sehnte er sich nach Freunden und Freundinnen, mit denen er in harmlos-gemütlichem Plaudern erwarmen konnte.

Tages Arbeit, Abends Gäste!
Saure Wochen, frohe Feste!

Diese Verse (von 1797) rief er auch sich selber zu.

Nun war in Weimar für Geselligkeit recht gut gesorgt; und wer sie liebte und dafür taugte, hätte von Sonntag früh bis zum Wochenende Unterhaltungsgelegenheit genug gefunden. Aber Goethe war zu groß und zu schwer, sowohl für die gewöhnlichen Männergesellschaften, wie für die Unterhaltungen mit Damen; ihre Interessen waren nicht die seinen; auch guckte bei dem Herrn Geheimen Rat garnicht selten sein seliger Vater, der Pedant, wieder heraus.

Zu den beliebtesten Gesellschaften im damaligen Weimar gehörten die „Freundschaftstage“ der alten, verwachsenen Hofdame Luise, genannt „Thusnelda“ v. Göchhausen. An den Sonnabend-Vormittagen ging man zu ihr; ihr Kaffee war berühmt, und auch ihre „Freundschaftsbrötchen“ wurden sehr gelobt. Es wurde geschwatzt, musiziert, deklamiert, diskutiert, gesungen, gelacht, vorgelesen, und wieder geschwatzt.

Goethe ging nicht hin; aber eines Morgens erschien er plötzlich; zufällig war diesmal kein anderer Mann da; auch der Damen waren wenige. Unter ihnen die schöne, feingebildete Gräfin Henriette v. Egloffstein, die sich durch Gesang und Deklamation auszeichnete: Schiller dachte an sie, wenn er sich die Jungfrau von Orleans bei der Niederschrift seines Dramas vorstellte. Sie möge uns das Weitere erzählen!

„Goethe äußerte seine Zufriedenheit darüber, daß er heute Hahn im Korbe sei. Dies käme ihm recht gelegen, weil er schon längst den Wunsch gehegt, ein vernünftiges Wort mit uns im Vertrauen zu sprechen. Und doch brachte er nur die extravagantesten Dinge vor, die uns desto mehr überraschten, als die meisten von uns ihn noch nie in einer solchen Stimmung gesehen und wir uns nunmehr erklären konnten, wie anziehend und liebenswürdig er in früherer Zeit gewesen sein müsse, bevor er die ihm jetzt eigene pedantische Steifheit angenommen hatte. In seiner lebhaften Unterhaltung kam er, wie man im gemeinen Leben sagt, vom Hundertsten in's Tausendste und endlich auch

230

auf Das, was er das Elend der jetzigen gesellschaftlichen Zustände nannte. Mit den grellsten Farben schilderte er die Geistesleerheit und Gemütlosigkeit, die sich gegenwärtig überall, besonders aber im geselligen Verkehr bemerklich mache, und hob dagegen das ehemalige gesellige Leben in kräftigen Zügen hervor.

„Während er hierüber wie der Professor auf dem Katheder dozierte, erhitzte er sich mehr und mehr, bis er endlich seinen ganzen Zorn über den Teufel der Hoffahrt ergoß, der die Genügsamkeit und den Frohsinn aus der Welt verbannt, dagegen aber die unerträglichste Langeweile eingeschmuggelt habe. Man müsse, meinte er, mit vereinten Kräften gegen diesen bösen Dämon zu Felde ziehen, sonst würde derselbe noch weit mehr Unheil stiften. Und gleich auf der Stelle wolle er uns den Vorschlag machen: wir sollten zur Erheiterung des nah bevorstehenden traurigen Winters einen Verein bilden, wie es deren in der guten alten Zeit so viele gegeben habe. Wenn nur ein paar gescheite Leute den Anfang machten, dann würden die Übrigen schon nachfolgen.

„Und sich plötzlich zu mir wendend, setzte er hinzu, indem er mir seine Hand reichte: die Wahrheit seiner Behauptung würde sich sogleich bestätigen, wenn ich ihn zum Partner annehmen und den Andern mit gutem Beispiel vorangehen wollte.

„Obgleich mich dieser Antrag überraschte, so hielt ich denselben doch nur für das Aufblitzen einer schnell vorübergehenden Laune und würde es für die lächerlichste Prüderie gehalten haben, nicht in den Scherz einzugehen. Ich legte also unbedenklich meine Hand in die seinige und belachte den Eifer, womit er die andern anwesenden Damen aufforderte: jede von ihnen möge gleichfalls einen poursuivant d'amour erwählen, denn unser Verein müsse nach der wohlbekannten Minnesängersitte eine cour d'amour bilden und auch so genannt werden, indem der Name die poetische Tendenz desselben und die Zwanglosigkeit bezeichne, die unter den Mitgliedern herrschen solle. Ob übrigens Amor seine Rechte bei den letzteren geltend machen könne und dürfe, möge der Macht des kleinen schelmischen Gottes überlassen bleiben.

„Goethes Aufforderung hätte eigentlich unsere Wirtin wegen ihres Alters und ihrer Mißgestalt beleidigen können, wäre die gute Dame nicht schon längst an unzarte Behandlung gewöhnt gewesen. Daher kam es denn im gegenwärtigen Falle, daß sie sogleich in seinen Vorschlag einging und mit der ihr eigenen komischen Manier erklärte: sie sei bereit, dem Aufruf Folge zu leisten, da sie mit Gewißheit darauf rechnen könne, einen treuen Seladon zu finden; die anderen schönen Damen möchten nur ihr Heil versuchen, ob ihnen ebenso dienstwillige Narren zu Gebote stehen würden als ihr.

„Goethe nahm diese humoristische Erklärung mit dem lebhaftesten Beifall auf und begab sich sogleich an den Schreibtisch unserer gefälligen Wirtin, wo er in der größten Geschwindigkeit die folgenden Statuten der cour d'amour improvisierte:

„Erstlich sollte die zu errichtende Gesellschaft aus lauter wohlassortierten Paaren bestehen, die Versammlung derselben wöchentlich einmal, abends nach dem Theater im Goethischen Hause stattfinden und dort ein Souper eingenommen werden, zu welchem die Damen das Essen, die Herren den Wein liefern würden.

„Zweitens werde jedem Mitgliede die Erlaubnis erteilt, einen Gast mitzubringen, jedoch nur unter der unerläßlichen Bedingung, daß dieser allen Teilen gleich angenehm und willkommen sei.

„Drittens dürfe während des Beisammenseins kein Gegenstand zur Sprache kommen, der sich auf politische oder andere Streitfragen beziehen könnte, damit die Harmonie des Vereins keine Störung erleide.

„Viertens und letztens sollten die gegenseitig erwählten Paare nur so lange zur Ausdauer in dem geschlossenen Bündnis
232

verpflichtet sein, bis die Frühlingslüfte den Eintritt der milderen
Jahreszeit verkündigten, wo dann jedem Teile freistehen müsse,
die bisher getragenen Rosenfesseln beizubehalten oder gegen
neue zu vertauschen.

„Als Goethe dies merkwürdige Aktenstück uns vorlas, konnte
ich mich nicht enthalten, seine auffallende Gravität und den
imponierenden Nachdruck zu belächeln, womit er einzelne Stellen
betonte." — —

Der Verein kam wirklich zu stande; jeden Mittwoch nach
dem Theater versammelten sich in Goethes, des Präsidenten,
Räumen sieben Paare: 1. Goethe und die Gräfin Egloffstein,
deren Erzählung wir eben lasen; 2. Geheimrat Wilhelm v. Wolzogen und seine Schwägerin Lotte Schiller; 3. Schiller und
Frau v. Wolzogen; 4. Friedrich v. Einsiedel und Frau Hofmarschall v. Egloffstein; 5. Hofmarschall v. Egloffstein und
Henriette v. Wolfskeel; 6. Hauptmann v. Egloffstein und Amalie
v. Imhoff; 7. Professor Heinrich Meyer und Fräulein v. Göchhausen. Auch der Herzog und der Erbprinz erschienen zuweilen.
Die beiden Dichter des Kreises brachten neue sangbare Lieder
mit; Schiller steuerte pathetisch-deklamatorische Gesänge bei:
„Lieben Freunde, es gab schön're Zeiten" und das Gedicht von
den vier Weltaltern: „Wohl perlet im Glase der purpurne
Wein . . . " Goethe blieb mehr im volkstümlichen Ton; sein
Stiftungslied begann:

> Was gehst du,
> Schöne Nachbarin,
> Im Garten so allein?

sein Silvesterlied:

> „Zwischen dem Alten,
> Zwischen dem Neuen
> Hier uns zu freuen,
> Schenkt uns das Glück,

Und das Vergangne
Heißt mit Vertrauen
Vorwärts zu schauen,
Schauen zurück."

Dann forderte er zur „Generalbeichte" auf:

„Lasset heut' im edlen Kreis
Meine Warnung gelten:
Nehmt die ernste Stimmung wahr,
Denn sie kommt so selten . . ."

Als der junge Erbprinz seine erste Reise nach Paris antrat, brachte Schiller ein politisches Lied dar, das nach der Rheinwein-Melodie „Bekränzt mit Laub" gesungen wurde:

Daß dich der vaterländsche Geist begleite,
Wenn dich das schwanke Brett
Hinüberträgt auf jene linke Seite,
Wo deutsche Treu vergeht . . .

Goethe dagegen sang auch jetzt ein fröhliches Tischlied:

„Mich ergreift, ich weiß nicht wie,
Himmlisches Behagen";

so begann es im Tonfall eines alten Sangs der fahrenden Studenten.

Der „Liebeshof" hatte nicht lange Bestand; es fehlte von vornherein hie und da an der Liebe. Die schöne Gräfin v. Egloffstein, die seit Jahren geschieden, also wieder heirats-fähig war, war Goethes Partnerin; aber sie wünschte nicht mit ihm in's Gerede zu kommen. Auch die eigentliche freie Gemütlichkeit kam nicht auf; Goethe führte das Präsidium manchmal mit Tyrannei und Pedanterie und drückte dadurch die Stimmung. „Alles mußte nach seiner Vorschrift mit feierlicher Förmlichkeit getan werden; ohne seine Erlaubnis durften wir weder essen

234

noch trinken, noch auffstehen oder uns niederſetzen, geſchweige
denn eine Konverſation führen, die ihm nicht behagte." —

Zu dieſer Zeit lebte auch Auguſt v. Kotzebue in Weimar,
ſeiner Vaterſtadt. Er war nicht nur mit ſeinen Theaterſtücken
viel erfolgreicher als Schiller und Goethe, ſondern verſtand ſich
auch viel beſſer als ſie auf den Umgang mit Menſchen und den
Gebrauch der Welt. Er machte ſich auch in Weimar beliebt;
in ſeiner Wohnung verſammelte ſich die vornehme Welt zu
vergnügten Stunden. Aber von dieſen Erfolgen ward ſein
Ehrgeiz nicht ſatt. Er, der viel Sünden und Unehre auf dem
Kerbholz hatte, wollte von Schiller und Goethe als ein Dichter
und Menſch gleichen Ranges angenommen werden und vor der
Welt als ein ſolcher erſcheinen. Das wäre nun jetzt auf das
deutlichſte geſchehen, wenn man ihn eingeladen hätte, Mitglied
von Goethes Liebeshof zu werden. Er ließ es anregen und
vorſchlagen; Einige waren dafür; Goethe ſprach deſto heftiger
dagegen. Kotzebues Stücke konnte er brauchen, mit dem Menſchen
wollte er nichts zu tun haben: verkehrte der Herr v. Kotzebue
auch bei Hofe, zum „geiſtlichen Hofe Weimars" ſollte er keinen
Zutritt haben! Von dieſem charakterloſen Menſchen war Unheil
zu erwarten, alſo mußte er außerhalb des Heiligtums bleiben.
Goethe ſprach dieſe Meinung einmal aus, indem er ein derbes
Bild beſchrieb: Das Bild ſtellte Goethen und einige Freunde
dar, wie ſie in einer Tempel-Vorhalle unter den Säulen
ſpazierten, vornehm-gutmütig dreinſchauend. Unten aber ſtand
Kotzebue mit abgezogenen Hoſen, auf ein Häuflein blickend, das
er eben geſetzt hatte. Die Unterſchrift bezog ſich auf dies Oben
und Unten und ging aus Kotzebues Munde:

> Ach, könnt' ich doch nur dort hinein!
> Gleich ſollt's voll Stank und Unrat ſein! — —

Kotzebue ward alſo abgewieſen, ſeine Verteidigerin, die
Göchhauſen, kräftig ausgeſcholten; aber die Unzufriedenheit im

„Liebeshofe“ war nun doch vergrößert. Als der Frühling kam,
hörten die Zusammenkünfte auf; man war ihrer müde.

Nachdem dieser Versuch, sich unter vornehmen Herren und
Damen einen fröhlich-behaglichen Abend der Woche einzurichten,
mißglückt war, sah Goethe das Völkchen der Schauspieler freundlicher an, das von Natur lustig war und dessen Streitigkeiten
gewöhnlich nicht zu ihm hinaufreichten. Diese Gesellschaft paßte
ja auch gut zu seiner Hausgenossin Christiane Vulpius, die
eine große Theaterfreundin und manchmal auch eine geschickte
Vermittlerin zwischen ihrem Geheimrat und den Bühnenleuten
war. Es kamen jetzt Zeiten, wo die Schauspieler und Sänger
häufig, nach dem Urteil einiger Freunde allzu häufig, in dem
Hause am Frauenplan einkehrten und es sich dort wohl sein ließen.
Und Goethe vergnügte sich unter ihnen, allzu leutselig und
duldsam nach dem Urteil der vornehmeren Freunde.

Zum neuen Jahr. [Ende 1801]

Zwischen dem Alten,
Zwischen dem Neuen
Hier uns zu freuen,
Schenkt uns das Glück,
Und das Vergangne
Heißt mit Vertrauen
Vorwärts zu schauen,
Schauen zurück.

Stunden der Plage,
Leider, sie scheiden
Treue von Freuden,
Liebe von Lust;
Bessere Tage
Sammeln uns wieder,
Heitere Lieder
Stärken die Brust.

Leiden und Freuden,
Jener verschwundnen,
Sind die Verbundnen
Fröhlich gedenk.
O des Geschickes
Seltsamer Windung!
Alte Verbindung
Neues Geschenk!

Dankt es dem regen
Wogenden Glücke;
Dankt dem Geschicke
Männiglich Gut;
Freut euch des Wechsels
Heiterer Triebe,
Offener Liebe,
Heimlicher Glut!

236

Andere schauen
Deckende Falten
Über dem Alten
Traurig und scheu;
Aber uns leuchtet
Freundliche Treue;
Sehet, das Neue
Findet uns neu.

So wie im Tanze
Bald sich verschwindet,
Wieder sich findet
Liebendes Paar:
So durch des Lebens
Wirrende Beugung
Führe die Neigung
Uns in das Jahr!

Tischlied.

[Februar 1802]

Mich ergreift, ich weiß nicht wie,
Himmlisches Behagen:
Will mich's etwa gar hinauf
Zu den Sternen tragen?
Doch ich bleibe lieber hier,
Kann ich redlich sagen,
Beim Gesang und Glase Wein
Auf den Tisch zu schlagen.

Wundert euch, ihr Freunde, nicht,
Wie ich mich gebärde!
Wirklich ist es allerliebst
Auf der lieben Erde;
Darum schwör' ich feierlich
Und ohn' alle Fährde,
Daß ich mich nicht freventlich
Wegbegeben werde.

Da wir aber allzumal
So beisammen weilen,
Dächt' ich, klänge der Pokal
Zu des Dichters Zeilen.
Gute Freunde ziehen fort,
Wohl ein hundert Meilen.
Darum soll man hier am Ort
Anzustoßen eilen.

Lebe hoch, wer Leben schafft!
Das ist meine Lehre.
Unser Herrscher denn voran,
Ihm gebührt die Ehre.
Gegen jeden Lebensfeind
Setz' er sich zur Wehre;
An's Erhalten denkt er zwar,
Mehr noch, wie er mehre!

Nun begrüß' ich sie sogleich,
Sie, die einzig Eine.
Jeder denke ritterlich
Sich dabei die Seine.
Merket auch ein schönes Kind,
Wen ich eben meine,
Nun so nicke sie mir zu:
„Leb' auch so der Meine!"

Freunden gilt das dritte Glas,
Zweien oder dreien,
Die mit uns am guten Tag
Sich im Stillen freuen
Und der Nebel trübe Nacht
Leis und leicht zerstreuen;
Diesen sei ein Hoch gebracht,
Alten oder neuen!

Breiter wallet nun der Strom
Mit vermehrten Wellen.
Leben jetzt im hohen Ton
Redliche Gesellen,
Die sich mit gedrängter Kraft
Brav zusammen stellen
In des Glückes Sonnenschein
Und in schlimmen Fällen!

Wie wir nun zusammen sind,
Sind zusammen Viele.
Wohl gelingen denn, wie uns,
Andern ihre Spiele!
Von der Quelle bis an's Meer
Mahlet manche Mühle,
Und das Wohl der ganzen Welt
Ist's, worauf ich ziele.

Generalbeichte. [Anfang 1802]

Melodie: Gaudeamus igitur.

Meister:

Lasset heut im edeln Kreis
   Meine Warnung gelten!
Nehmt die ernste Stimmung wahr,
Denn sie kommt so selten.
Manches habt ihr vorgenommen,
Manches ist euch schlecht bekommen,
Und ich muß euch schelten.

Reue soll man doch einmal
In der Welt empfinden!
So bekennt, vertraut und fromm,
Eure größten Sünden!
Aus des Irrtums falschen Weiten
Sammelt euch und sucht bei Zeiten
Euch zurechtzufinden.

Chor:

Ja, wir haben, sei's bekannt,
Wachend oft geträumet,
Nicht geleert das frische Glas,
Wenn der Wein geschäumet;

Manche rasche Schäferstunde,
Flücht'gen Kuß vom lieben Munde
Haben wir versäumet.

Still und maulfaul saßen wir,
Wenn Philister schwätzten.
Über göttlichen Gesang
Ihr Geklatsche schätzten.
Wegen glücklicher Momente,
Deren man sich rühmen könnte,
Uns zur Rede setzten.

Willst du Absolution
Deinen Treuen geben,
Wollen wir nach deinem Wink
Unabläßlich streben,
Uns vom Halben zu entwöhnen,
Und im Ganzen, Guten, Schönen,
Resolut zu leben;

Den Philistern allzumal
Wohlgemut zu schnippen,
Jenen Perlenschaum des Weins
Nicht nur flach zu nippen,
Nicht zu liebeln leis mit Augen,
Sondern fest uns anzusaugen
An geliebte Lippen.

Der Kläffer. [Um 1803]

An Kotzebue und Garlieb Merkel hatte Goethe solche Begleiter, wie er hier meint:

Wir reiten in die Kreuz' und Quer'
Nach Freuden und Geschäften.
Doch immer kläfft es hinterher
Und bellt aus allen Kräften.

So will der Spitz aus unserm Stall
Uns immerfort begleiten,
Und seines Bellens lauter Schall
Beweist nur: daß wir reiten.

Später:

Es mag sich Feindliches eräugnen,
Du bleibe ruhig, bleibe stumm!
Und wenn sie dir die Bewegung läugnen,
Geh' ihnen vor der Nas' herum!

Fießchen, komm' schnell! [Juli 1802]

Goethes Neigung, Andere eine Zeit lang über seine Person zu täuschen, zeigte sich auch in seinen älteren Jahren noch manchmal. So suchte er im Sommer 1801 den berühmten Professor Heyne in Göttingen auf und sprach lange mit ihm über griechische und römische Altertümer, ehe er sich zu erkennen gab. Ein Jahr später war er in der andern Universitätsstadt Halle einmal inkognito, ohne es zu wollen: um so mehr Spaß machte es ihm. Er hatte dort manche Freunde: den Tonsetzer Reichardt, den Naturforscher und Philosophen Steffens, den Altertums- und Sprachforscher Wolf, den großen Arzt Reil, aber mit dem Roman-Dichter und ehemaligen Feldprediger August Lafontaine war er noch nicht bekannt. Dieser Lafontaine war einer der gelesensten, geliebtesten, berühmtesten Schriftsteller der Zeit; er kam gleich nach Kotzebue und Jean Paul; auch sehr angesehene Leute zogen Lafontaines Romane denjenigen Goethes vor.

Eines Tages im Juli 1802 ging Lafontaine, der sich im Jahre vorher zur Ruhe gesetzt und einen schönen Garten bei Halle eingerichtet hatte, in diesem Garten spazieren, als er seinen Freund Reichardt mit einem Fremden herankommen sah. Aha! dachte er, Reichardt bringt mir den Kaufmann aus Hamburg, von dem er erzählt hat.

Die Gäste traten ein. Reichardt stellte vor, leise und unverständlich. Man ging im Garten auf und ab; der Fremde rühmte die Aussicht: selbst in Italien habe er eine solche Menge großartiger Gebäude, wie man sie von hier überschaue, nicht gesehen. Das Gespräch wandte sich auf Italien, auf Kunst und Altertum, und in jeder Minute erstaunte der biedere Theolog und Romanschreiber mehr über den Hamburger Kaufmann. Welche Kenntnisse, welcher Geist, welche Fähigkeit der Rede! Immer lebhafter wurde die Unterhaltung.

Endlich mußte man sich trennen. „Mein Herr“, sagte Lafontaine, „Sie haben mir ein so großes Interesse eingeflößt, daß ich mir Ihren Namen merken möchte.“ —

„Mein Name ist Goethe.“

Goethe?!

„Aber ich hab’ Ihnen doch den Namen gesagt!“ rief Reichardt. —

„Was, gesagt? Gebrummelt haben Sie was! Sie hatten mir einen Kaufmann aus Hamburg angemeldet. Ein andermal, wenn Sie einen Goethe bringen, so sprechen Sie, bitte, deutlich!“

Und Lafontaine wandte sich gegen sein Haus: „Fiekchen, komm’ schnell! Goethe ist hier!“

Frau v. Stael. [Dezember 1803. Januar 1804]

Im Dezember 1803 kam Frau v. Stael nach Weimar: die erste Frau Europas, wenn man die Reihe nach Talent, Geistes- und Willenskraft machte. Schon als Tochter ihres Vaters, des berühmten Ministers Necker, genoß sie Ansehen; sie hatte sich aber auch selbst in der Politik ausgezeichnet und gegen den allmächtigen Bonaparte den größten Mut bewiesen; sodann waren ihre Romane und anderen Schriften sehr wirksam und gehaltreich. Lieblich anzusehen war sie nicht; Wieland verglich sie der Gestalt nach mit einer schweizerischen Stallmagd, und im

Gesicht waren nur die Augen schön. Aber trotz des stämmigen, dicklichen Wuchses war sie höchst beweglich, und ihre Füßchen waren so flink wie ihre Zunge.

Goethe wäre diesem französischen Feuerkopf gern ausgewichen; aber es ließ sich nicht tun, denn beide weimarische Herzoginnen liebten die Stael, und Diese wollte durchaus alle Berühmtheiten des Städtchens kennen lernen: vor allem natürlich Goethe und Schiller.

Als sie mit Goethe zum ersten Male zusammen gewesen, erzählte man sich: Goethe habe nachher seinen Freunden gesagt: „Es war eine interessante Stunde! Ich bin nicht zu Worte gekommen! Sie spricht gut, aber viel, sehr viel!" Als man nun auch die Stael aushorchte, welchen Eindruck Goethe auf sie gemacht habe, behauptete auch sie, nicht zu Worte gekommen zu sein. „Wer aber so gut spricht, Dem hört man gern zu", meinte sie mit liebenswürdigem Lächeln.

Bei dem ersten Besuche, den Goethe der Dame abstattete, kam die Rede auf einen seiner Freunde. Die Stael erzählte, sie sei bei der regierenden Herzogin eingeladen gewesen und in ihr Zimmer getreten, ehe die Herzogin selbst erschien.

„Ich trete ein; ich sehe einen einzigen Herrn im Zimmer: groß, mager, blaß, in einer Uniform mit Schulterstücken. Ich nehme ihn für einen Kommandierenden der Truppen des Herzogs von Weimar und fühle mich durchdrungen von Hochachtung für den Herrn General. Er steht am Kamin, in düsterem Schweigen. Ich verkürze mir das Warten, indem ich auf und ab gehe. Nun kommt die Herzogin und stellt mir meinen General vor als den Herrn — Schiller. Ich war einige Augenblicke ganz vor den Kopf geschlagen."

„Nun!" meinte Goethe schmunzelnd, „was würden Sie denn von mir denken, wenn Sie mich im gleichen Kostüm sähen?" (Es ist natürlich die weimarische Hofuniform gemeint.)

„Ah! Sie würde ich nicht verkennen!" erwiderte die Französin

rasch, „und übrigens Ihnen würde diese Tracht auch sehr gut
stehen, wegen" — und sie machte die zugehörige Handbewegung
— „wegen Ihrer guten, schönen Rundheit."

Man war nun oft zusammen, und gewöhnlich war das Gespräch sehr angenehm. An Angriffen hin und her fehlte es
freilich auch nicht. Die Französin bewunderte die deutschen
Dichter sehr, aber entsetzte sich über ihren Mangel an Geschmack.
Sie hatte z. B. Goethes Gedicht vom Fischer übersetzt und dabei
das „hinauf in Todesglut" umschrieben in: „hinauf in die brennende
Luft." „Ach was!" rief Goethe aus, als sie ihm dies air brûlant
vorlas; „ich habe einfach die Kohlenglut in der Küche gemeint,
über der die Fische gebraten werden."

„Wie abscheulich!" rief sie dagegen.

Auch Vossens „Luise' hatte sie gelesen und sehr schön gefunden, aber die Tabakpfeife darin war ihr anstößig. Der
Herzog erwiderte ihr, daß im Homer sogar Schweine eine Rolle
spielen. „Auch Die", sagte sie, „gehören nicht in honette Gesellschaft hinein."

„Ich komme ihr nun mit einem berühmten französischen
Gedichte", meinte Goethe dazu, mit „Delilles ‚L'homme des
champs': da schlängelt sich sogar ein Bandwurm durch zwei
Verse hindurch!"

Ihre eigentliche Lust und Leidenschaft war: in der Gesellschaft zu philosophieren; d. h. über unauflösliche Probleme lebhaft hin und wieder zu reden und auch über solche Angelegenheiten des Denkens und Empfindens zu konversieren, die nach
Goethes Gefühl nur zwischen Gott und dem Einzelnen zur
Sprache kommen sollten. Dabei hatte sie als Frau und Französin
die Art, auf Hauptstellen positiv zu verharren und eigentlich nicht
genau zu hören, was der Andre sagte.

Ihre Oberflächlichkeit zeigte sich auch darin, daß sie im Gespräch vor allen Dingen Lebhaftigkeit verlangte; nicht einen
Augenblick Besinnen oder Schweigen gestattete sie, sondern der
244

Andere sollte, wie sie selber, immer so schnell bei der Hand sein, wie wenn Zwei sich den Federball zuwerfen.

Eines Abends trat sie bei Goethe ein:

„Ich habe Euch eine wichtige Nachricht anzukündigen. Moreau ist arretiert und mit einigen Andern des Verrats gegen den Tyrannen angeklagt!"

Goethe hatte seit langem den heimlichen Kampf zwischen Bonaparte und dem edleren Moreau verfolgt und dem Letzteren gutes Glück gewünscht. Bei dieser Nachricht versank er darum in stilles Nachdenken, rief sich das Vergangene zurück, um daran das Gegenwärtige zu beurteilen und das Künftige zu vermuten.

Frau v. Stael aber ging sogleich zu einem neuen Gegenstande über, kam auf die gleichgültigsten Dinge. Als sie dann im Reden eine Pause machte und Goethes Schweigen und Ernst bemerkte, schalt sie ihn aus: er sei wieder einmal sauertöpfisch und es sei bei ihm heute wiederum keine gute Unterhaltung zu finden.

Da ward Goethe im Ernst böse. Und antwortete ihr: „Sie sind eben keines wahren Anteils fähig! Sie fallen mit der Tür in's Haus, betäuben den Andern mit einem derben Schlag und verlangen dann, er solle sogleich wieder sein Liedlein pfeifen und von einem Gegenstande zum andern hüpfen!"

Goethes Zorn erfreute die Stael, denn sie wollte immer Leidenschaft erregen, gleichviel welche. Und da sie Goethe sehr schätzte und sich auch oft sehr gut mit ihm unterhielt, so versöhnte sie ihn rasch wieder durch ein ernsteres Gespräch über die neue politische Lage in Frankreich.

An einem andern Abende, bei einem Essen im Wittumspalais der Herzogin Amalie, saß er ziemlich weit von ihr. Er war auch diesmal still und nachdenklich, so daß seine Nachbarinnen ihn deshalb neckten und sich beklagten. Das vernahm auch die Stael und sie stimmte in das Schelten ein.

„Überhaupt", sagte sie, „mag ich Goethen nicht, wenn er nicht eine Bouteille Champagner getrunken hat!"

Goethe brummte etwas; nur die Nächsten verstanden es; sie lachten und flüsterten es weiter. Die Stael wollte wissen, was er gesagt habe. Keiner mochte es ihr sagen, bis ihr französischer Begleiter, Benjamin Constant, eine sehr gemilderte Übersetzung ihr mitteilte. Goethes deutsche Worte hatten gelautet: „Da müssen wir uns denn doch schon manchmal mit einander bespitzt haben."

Unter dem jungen Volk. [Februar, März, April 1804]

„Eine himmlische Zeit, die mir noch wie ein schöner Traum vor der Seele steht" — so schrieb der junge Heinrich Voß, nachdem er zehn Tage bei Goethe, der ihn nahe kennen zu lernen wünschte, gewohnt hatte. „Gott! wie liebe ich den Mann, den ich in so herzlichen Augenblicken gesehen und genossen habe!" Wenn Voß allein bei dem Dichter auf dem Zimmer war oder mit ihm spazieren fuhr, war Goethe freilich nur ernsthaft, aber bei Tische bald heiter-ernsthaft, bald grenzenlos lustig.

Ein paar Szenen zeichnet Voß seinen Freunden, denen er fleißig Briefe schrieb.

„Einmal bei Tische wird die Vulpius abgerufen. Sie kommt bald lachend zurück und ruft mich ab. In der Tür begegnet mir die Mamsell Silie; auf der Treppe stehen Bode, Hain und der Schauspieler Oels. [Die Silie, eine verkürzte „Petersilie", war Schauspielerin, August Bode ein junger Schriftsteller, Hain desgleichen.] Ich kann Das so wenig begreifen, als die Kuh das rote Tor.

»Was ist denn?« frug ich.

»Es gilt eine Reise nach Erfurt; bist du dabei?«

»Ja,« sag' ich; »nur geschwind den Wagen bestellt! Wer ist sonst dabei?«

»Die Silie und die Vulpius.«

»Desto besser«, sag' ich und gehe wieder in's Zimmer zurück.

246

Aber da war es noch nicht abgetan; denn Goethe mußte erst
die Erlaubnis geben. Die Vulpius stand fidel, in froher Er-
wartung, vor Freude zitternd; die Sille saß schmeichelnd bei
Goethe. Goethe ganz ernsthaft:

»Lieben Kinder«, sagte er, »bringt mich nur erst in's klare!«
Aber Das konnte Keiner. Dann:

»Liebe Kinder! der Weg ist schlecht; was habt ihr für einen
Zweck?«

»Wir haben große Zwecke,« sagte die Sille.

»Und welche denn?«

»Wir wollen in's Schauspiel.«

»Nun, nun! Hm, hm! recht artig! Aber wir haben jetzt
alle ein Glas Wein getrunken, und das Sprichwort sagt, daß
feurige Entschlüsse mit nüchternem Mute müssen erwogen
werden."

»Ja,« sagte die Sille, »wenn wir darnach warten wollten,
so verfliegt die Zeit; es ist so schon zwei Uhr."

„Und nun schmeichelte sie von neuem. Und Goethe ließ sich
auch nicht lange bitten, er sagte ja, und gab der Sille einen
Kuß zur Bestätigung seines Wohlgefallens. Die Vulpius juch-
heite und versicherte, was ihr Jeder glaubte, daß sie für heute
keine größere Freude zu erdenken wüßte. Sie wurde von Goethe
meiner Obhut anvertraut.

»Nun«, sagte Goethe, »müssen wir noch eine Flasche Rhein-
wein haben.«

„Unterdessen ging ich auf mein Zimmer, einen Brief zu ver-
siegeln. Als ich zurück kam, war der Wein da, und Goethe
meinte, ich könnte heute wohl ein Übriges tun, weil es kalt sei.
Ich ließ mir's gefallen, die Damen entfernten sich, und ich blieb
bei Goethe am Tische sitzen, bis der Wagen kam. Wir sprachen
von den Hyperboräern, Greifen und Arimaspen. Es ging oft
prestissimo, ich weiß nicht wie und warum? Böse Leute sagen:
vom Weine. Um drei Uhr kam der Wagen, und Goethe

wünschte eine glückliche Reise, lachte aber erst tüchtig über den
Schimmel, auf dem Bode als Vorreiter paradierte." — —

Das war am 17. Februar (1804); zwei Tage darauf gab
es ein lustiges Abendessen daheim.

„Es wurde bei Tische gescherzt, gelacht, am Ende sogar die
bunte Reihe hindurch geküßt, und Goethe war fast am lustigsten.
Ich bat gegen das Ende der Mahlzeit den Hofmeister von
Goethes August, mir einen Schlag zu geben mit den Worten:
»Schick weiter!« Ich gab ihn meiner Nachbarin Silie, und
Diese ihrem Nachbar, und so ging's weiter bis zur Maaß, die
neben Goethe saß. (Der zum Possen hatte ich den Spaß mit
der Silie verabredet, und sieh! wie pfiffig ich bin: um nicht
vor dem Riß zu stehn, bat ich meinen linken Nachbar, den Anfang zu machen.) Die Maaß stutzte ein wenig, doch entschloß
sie sich endlich, Goethe einen tüchtigen Klaps zu geben. Goethe
dreht sich zu ihr und küßt sie und darauf seine andre Nachbarin mit den Worten: schick's weiter! Die will durchaus nicht,
wahrscheinlich, weil ihr der Nachbar nicht anstand. »Nun«, sagt
Goethe, »wenn's so nicht herum will, muß es retour gehn«, läßt
sich wieder küssen, küßt wieder die Maaß, und so geht's fort
bis auf die kleine Silie, die mir den letzten Kuß gab. Nun
denk Dir den armen Riemer, der neben mir saß und leer aus-
gehn mußte, weil bei mir die bunte Reihe aufhörte, und noch
dazu belacht wurde, als Goethe den Urheber des Scherzes aus-
fragte und Alle auf Riemer wiesen." — —

Ende März und Anfang April war Voß noch einmal auf
zehn Tage in Weimar und wohnte wieder in Goethes Hause.
Auch aus dieser Zeit zeichnete Voß einem Freunde eine fröhliche
Szene.

„Als ich zum zweiten Mal bei Goethe war, wurde mir
gerade mein Doktordiplom ausgefertigt und Goethen von Jena
aus für mich zugeschickt. Mir verschwieg er's. August mußte
nach Belvedere hingehen, um Lorbeer- und Zitronenzweige zu holen.

248

„Bei Tische wußte ich noch nichts davon.

„Nach dem Essen sagte Goethe zur Vulpius: »Mein Kind! der Voß sieht mir noch so hungrig aus; man sollte doch das Gastrecht nicht verletzen und seinen Freunden wenigstens satt zu essen geben.«

„Ich entschuldigte mich in demselben lustigen Ton und versicherte, ich sei voll satt.

„Es half nichts; August mußte hinausgehen und den Nachtisch holen.

„Er kam wieder mit einer großen Schüssel, die er mir auf den Kopf setzte. Nun mußte ich versprechen, wenigstens noch einen Bissen zu essen, und vor mich hin wurde das Gericht gestellt.

„Ich sah Goethe an und wußte nichts zu sagen.

„Nun wurde mir sehr herzlich von Goethe, August und der Vulpius zu meiner neuen Würde gratuliert. Goethe schloß mich in seine Arme und nannte mich zum erstenmal seinen lieben Sohn, ein schmeichelndes Wort, welches er nachher oft wiederholt hat.

„Gleich darauf stellte sich seine fröhliche Laune ein.

»Es ist geraten«, sagte er zur Vulpius, »daß wir des neuen Doktors Gesundheit in Champagner trinken.«

„Sie mußte in den Keller und brachte den Göttertrank; wir hatten schon anderthalb Flaschen getrunken, aber dieser Nektar mußte noch hinzu. Wir haben die Flaschen bis auf den letzten Tropfen geleert. Während dieser Operation wurde ich immer Doktor genannt; ich protestierte dagegen.

»Nein,« sagte Goethe, »heute bleibt Er's und morgen auch aus Strafe, daß Er Doktor geworden ist. Morgen Abend haben wir eine kleine Gesellschaft, wo auch der neue Doktor Bode sein wird: da soll der beiden Herren ehrenfeste Gesundheit getrunken und Euch der Doktor wieder abgenommen werden.«

„Dann drückte er mir freundlich die Hand und sagte: »Für uns sollen Sie der gute Voß bleiben.«

„Unterdes wirkte der Champagner. Ich ward nicht bloß
selig, sondern überselig. Ich habe Goethen nie nach Wunsche
danken können, ich hatte es auch nie versucht; jetzt konnte
ich's.

„Als wir aufstanden, war mir der Kopf ein bißchen schwerer
als gewöhnlich, vielleicht Goethen auch; denn er war über die
Maßen lustig. Wir gingen noch ein paar Stunden spazieren,
und im Park hielt mir Goethe eine Vorlesung über die Natur-
geschichte."

Bei dem tollen Hagen. [Mitte August 1805]

Im Sommer 1805 erfreute sich Goethe an einer Wagenfahrt,
die ihn in die Bezirke um den Harz führte: nach Halle,
Magdeburg, Helmstedt und Halberstadt. Am Wege von Helmstedt nach Halberstadt, etwa anderthalb Stunden vor dem Ziele,
wohnte auf der ,Nienburg' ein Herr v. Hagen, den zu besuchen
die Helmstedter Professoren vorschlugen; einer von ihnen, der
Theologe Henke, erbot sich, mitzufahren. Von Halle aus war
schon der Altertumsforscher Wolf ein Reisegenosse; auch Goethes
eben konfirmierter Sohn August saß mit im Wagen. So fuhren
sie denn eines schönen Tages von Helmstedt ab, Henke mit
einer langen weißen Tonpfeife, denn nur in einer solchen schmeckte
ihm der Tabak.

Herr v. Hagen, ein Mann in Goethes Alter, war als Landwirt und Verwaltungsbeamter tüchtig (drei Landkreise wurden
von ihm regiert: Halberstadt, Aschersleben und Ermsleben); er
war auch in Literatur und Philosophie beschlagen; aber er hatte
eine tolle Ader, liebte das Absonderliche und Derbe, besonders
eine grobe Neckerei.

Durch einen Brief Henkes unterrichtet, erwartete er nun die
Gäste, von denen jeder auf seinem Gebiete für den Besten in
Deutschland gelten konnte. Nachmittags um Zwei fuhr der
250

Wagen vor. Herr v. Hagen trat an die Aussteigenden heran:
„Willkommen ihr Ersten bei einem der ersten eurer Verehrer!“

Dann aber zeigte er ihnen sogleich das Schild über seinem
Wirtshause. Es war neu, und der Gegenstand eingegeben von
einem damals neuen Buche, den ‚Reisen in das mittägliche Frankreich‘ von Moritz v. Thümmel. Darin war von einer Wirtin zu
Harlem erzählt, die, um auf ihre Schenke aufmerksam zu machen,
eines Tages ihre hinteren Halbkugeln zum Fenster herausstreckte:
auf diese hatte sie sich Augen und Mund aufmalen lassen. Die
Szene, wie die Leute von der Straße auf das seltsame Gesicht
blickten, hatte Herr v. Hagen einem Schildermaler zur Aufgabe
gestellt und das Werk dann über seinem Wirtshause angebracht.

Das Mittagessen verlief ziemlich regelrecht; der Hausherr
disputierte mit seinen Gästen und hielt sich wacker; Goethe ward
guter Laune und sehr gesprächig; ein feiner Burgunder war der
Zutrunk zu schmackhaften Gerichten. Aber wenn man sich im
Zimmer umschaute, sah man auch wieder Absonderliches: einigen
Gipsfiguren, die in den Ecken standen, waren Manschetten angezogen oder Schürzen vorgebunden u. dgl. Als man vom Essen
aufstand, ließ der Hausherr nicht locker: seine Gäste mußten, ehe
man einen kleinen Spaziergang begann, erst einzeln das Kabinett
besuchen, das dem letzten Stadium des Verdauungsvorganges
gewidmet ist: hier sahen sie sich denn einem behaglichen Groß-
vaterstuhle gegenüber; die Wände aber waren mit lustigen, derben,
zum Teil auch zotigen Bildern bedeckt.

Abends ward wieder der gute Burgunder aufgefahren. Abt
Henke wollte sich nüchtern erhalten, zumal da einer seiner Schüler,
der Hauslehrer Weitze, mit von der Gesellschaft war; er bat um
ein Glas leichten Bieres. Aber Hagen verlangte durchaus: er
solle einen vortrefflichen Wein mittrinken, der in jenem Jahre gereift
sei, wo Goethe und er, der Gastgeber, erzeugt worden. Henke
wehrte ab; da ernannte Hagen den Geheimen Rat v. Goethe

zum Richter in seinem Prozeß gegen Henke: „Es hilft nichts, Hochwürden, Sie müssen sich heute der Exzellenz unterwerfen!"

Goethen gefiel der Spaß. Und er entschied: jeder der Anwesenden solle, wie er es am besten verstehe, Henke einladen und auffordern, den Wein zu kosten. „Unser Wirt hier ist ein fester Kantianer: er möge es in Form eines Syllogismus [eines mittelbaren Schlusses] tun, dem Henke nichts anhaben kann. Wolf wird eine griechische Rede im anakreontischen Ton halten."

Sein Auge richtete sich auf den jungen Hauslehrer.

„Ich komme bei dem Symposion solcher Männer nicht in betracht", sagte Weiße bescheiden.

„Ei was!" rief jedoch der Wirt. „Der Herr macht ganz hübsche Verse. Also geb' er sein Scherflein auch!"

„Nun gut", bestimmte Goethe, „so schmieden Sie ein Distichon! Henke aber mag sich gegen seine Angreifer in lateinischer Sprache verteidigen, in der er ja Meister ist."

„Nein", rief Henke. „Wie könnte ich mit meinem Theologen-Latein vor jenem Manne" — Wolf war gemeint — „erscheinen? Er würde mir ja keinen Satz und kein Wort durchgehen lassen."

„Wenn das erste Glas getrunken", entschied Goethe, „und das zweite eingeschenkt ist, muß Jeder fertig sein. Und wenn Henke überwunden wird, werden wir mit ihm den Wein auf seine Gesundheit trinken."

Und alsbald stand Wolf auf; er sprach nicht griechisch, sondern deutsche Verse in anakreontischem Geiste, dem Lyäos (Bacchus) zu Ehren. „Schönste Gaben, Uns zu laben, Reicht Lyäus mild und hold; Und die Becher Froher Zecher Füllt er an Mit flüß'gem Gold." So begann er, und sein Schluß war: „Drum, wer den Wein kennt, Weiß auch, wie Durst brennt, Und wer den Zorn des Gottes scheut, Verschmäht nicht, was er freundlich beut!"

252

Weiße schlug in dieselbe Kerbe mit seinem Distichon:

„Golden perlet der Wein, das Bild der geistigen Freude;
Ähnlich dem sinnlichen Rausch schäumt das schlechtere Bier."

Natürlich mußte sich Henke für besiegt erklären und mit dem Weinglas Buße tun.

Goethe aber wollte den Abend nicht vorübergehen lassen, ohne dem Gastgeber seine Keckheiten und Derbheiten heimzuzahlen. Als Herr v. Hagen ein albernes und unschickliches Lied vortrug — seine Frau mußte ihn dazu am Flügel begleiten — zollte Goethe lauten Beifall, bat um Wiederholung und noch einmal um Wiederholung. Und immer mehr geriet er nun in den Mephistopheles-Ton: der edle Wirt habe das Lied recht gut vorgetragen, und es sei ein vortreffliches Gedicht, aber der Vortrag könne doch noch gesteigert werden, und es sei Pflicht des Vortragenden, sich dem köstlichen Inhalt gleichzustellen, ja ihn durch den rechten Ausdruck noch zu erhöhen.

Herr v. Hagen bat um Belehrung, und Goethe nahm ihn in die Schule, scheinbar, wie er daheim seine Theaterschüler vornahm, in Wahrheit aber so, daß Hagen immer alberner vortrug. Zuweilen mochte es ihm wohl vorkommen, als ob sich Goethe über ihn lustig mache, aber der berühmte Gast machte das ehrbarste Gesicht und sprach höchst ernsthaft vom Abschattieren der Töne, von Akzenten, von forte und piano, von Flüstern, Lispeln und Aufschrei, bediente sich auch, wie daheim im weimarischen Theater, eines Stockes, um den Takt wie ein Kapellmeister zu schlagen. Zwischendurch schenkte Hagen seinen Gästen immer wieder ein und bot ihnen Backwerk zum Burgunder an. Henke aber ging im Zimmer auf und ab, in der einen Hand die lange Tonpfeife, in der andern das Weinglas, das ihm der Hausherr immer von neuem füllte. Aber der Undankbare holte sich wirklich keinen Rausch, sondern goß, wenn man nicht auf ihn achtete, den edlen Trank zum Fenster hinaus.

Ein Abend bei Knebels. [10. oder 18. August 1806]

Jena war Goethes zweiter Wohnort; er hielt sich oft Monate lang dort auf, weil er dort ungestörter arbeiten konnte als in Weimar und auch weil er die Gesellschaft der dortigen Gelehrten liebte. In Jena wohnte jetzt auch sein „Urfreund" Karl v. Knebel, der sich nur noch mit gelehrten Studien und poetischen Versuchen beschäftigte. Verheiratet war er mit Luise v. Rudorf, die Kammersängerin der Herzogin Amalie von Weimar gewesen war.

Als der junge Geschichtsschreiber Heinrich Luden im Sommer 1806 nach Jena berufen worden war, erhielt er durch die Vermittlung des Professors Hufeland sogleich nach seiner Ankunft eine Einladung zu einer Abendgesellschaft bei Knebels, um dort Goethe kennen zu lernen, der eben von einer Badereise zurückgekehrt war. Über diesen Abend erzählt Luden zunächst, daß er zu spät gekommen sei und deshalb die Andern, die auf ihn mit dem Essen warten mußten, in verdrießlicher Stimmung gefunden habe.

Frau v. Knebel führte mich in das Zimmer: „Hier ist der Zauderer!" sagte sie.

In dem Zimmer befanden sich außer den Herren v. Knebel und Hufeland nur Goethe und Riemer, der Goethe zu begleiten pflegte. Alle standen schweigsam da; kein Gesicht zeigte sich freundlich. Hufeland sah gutmütig vor sich hin, Riemer gleichgültig, Knebel verlegen, Goethe verdrießlich.

Knebel, gegen Goethe gewendet, wies mit der Hand nach mir her: „Herr Professor Luden." Goethe machte eine kleine verstümmelte Bewegung, in welcher kaum der Anfang zu einer Verbeugung zu erkennen war, ohne nur ein Wort zu sagen. Das war die ganze Vorstellung; und vielleicht war sie die beste: denn nun brauchte auch ich nichts zu sagen und hatte doch Zeit gehabt, mir den Heros anzusehen. Ich wandte mich daher sogleich an den Herrn v. Knebel:

254

„Frau v. Knebel hat mir soeben gesagt, daß auf mich gewartet worden ist. Das tut mir unendlich leid, aber ich glaube Absolution von meiner Sünde zu verdienen, auch ohne Buße. Eine Stunde war mir nicht bestimmt, und als Neuling bin ich natürlich unbekannt mit der Weise der Götter in diesem Lande. Was ich diesen Morgen aus diesen Fenstern gesehen hatte, Das übte auf mich eine unwiderstehliche Anziehungskraft. Ich mußte die Herrlichkeiten, den Fluß, die Berge, Alles, soweit als möglich, in der Nähe sehen. Also bin ich hinausgelaufen, habe die Fluren durchstreift und mehrere Berge bestiegen; und in meiner Begeisterung habe ich nicht an die Zeit gedacht und ganz vergessen, daß der Rückweg so lang zu sein pflegt als der Anmarsch. So habe ich mich in aller Unschuld verspätet.“

Während ich diese Worte sprach, ließ Goethe ein paar Male ein beifälliges Hm! Hm! vernehmen, und Knebel warf sein gewöhnliches Jo, jo! Jo, jo! hinein. Endlich sagte Goethe:

„Die Entschuldigung des Herrn Professors ist ausreichend; wir wollen ihm vollkommene Absolution erteilen, unter der Bedingung, daß er künftig, da er nunmehr mit der Weise der Götter in diesem Lande bekannt geworden ist, pünktlicher sei.“

Ich sprach sogleich das Gelübde aus.

„So ist,“ rief Frau v. Knebel, „mein Beistand, den ich dem Herrn Professor zugesagt, wohl gar nicht nötig?“

„Gar nicht, schöne Frau!“ antwortete Goethe; „aber wir müssen die Zeit wieder einbringen; darum geben Sie uns nur bald zu essen und zu trinken!“

„Fünf Minuten nachher saßen wir um einen runden Tisch. Anfangs wurde hin und her geplaudert in gewöhnlicher Weise. Kaum aber mochte eine Viertelstunde verlaufen sein, so hatte Goethe es übernommen, die Gesellschaft zu unterhalten. Und er unterhielt sie auf eine bewunderungswürdige Weise. Er erzählte Anekdoten und Abenteuer von seinen Reisen, im besondern von seinem letzten Aufenthalte im Karlsbade, charakterisierte die

Menschen auf das lebendigste, warf mit Scherzen und Witzworten um sich und schien aus seinem unermeßlichen Vorrate um so freigebiger und lieber mitzuteilen, je aufmerksamer wir sämtlich auf seine Worte waren und je dankbarer für seine Mitteilungen. Die Gesellschaft wurde ungemein lebendig und brach zuweilen in ein schallendes Gelächter aus, nur dem Lachen der unsterblichen Götter vergleichbar. An diesem Lachen nahm Goethe selbst nur mäßigen Anteil, schien aber mit großer Lust in dasselbe hineinzuschauen und nur den Wunsch zu haben, es nicht ausgehen zu lassen. Im allgemeinen hatte er das Wort ganz allein; nur Herr v. Knebel ließ sich sein Hausrecht nicht nehmen, brach hier und dort ein und gab damit Veranlassung zu neuen Witzen und Anekdoten. Wir Übrigen machten alles mit Lachen gut. Zuweilen richtete Goethe auch wohl eine Frage an Diesen oder Jenen und im besonderen wiederholt an mich, sei es, daß er seine erste Unfreundlichkeit noch mehr gutmachen, sei es, daß er mir, dem Ankömmling, wie man zu sagen pflegt, auf den Zahn fühlen wollte. Und in der Stimmung, in welcher ich war, blieb ich eben keine Antwort schuldig.

Ein paar Male sang auch Frau v. Knebel ein Goethisches Lied nach Zelters Komposition sehr schön. Sie wurde zuerst durch Hufeland ersucht, der, wie er versicherte, eine wahre Sehnsucht hatte, die herrliche Stimme dieser Frau einmal wieder zu hören; alsdann wünschte Goethe selbst, daß sie noch einmal singen möchte. Er fühlte wohl, wie Hufeland, daß der ganzen Gesellschaft eine Erholung Bedürfnis sei. Und Frau v. Knebel erfüllte bereitwillig die ausgesprochenen Wünsche. Nach den Gesängen aber ging es von neuem weiter in der alten Weise.

Mehr als eine Anekdote, die von Goethe erzählt ward, ist mir noch im Gedächtnis. Aber sie zu erzählen, wage ich nicht. Jedenfalls würde das Anmutigste und Pikanteste fehlen: Goethes Augen, Stimme und Gebärdenspiel: denn er erzählte nicht bloß, sondern er stellte Alles mimisch dar. Besonders kam er wieder-

256

holt auf zwei alte Gräfinnen, mit welchen er in Verkehr gebracht worden war. Sie hätten einen unermeßlichen Umfang gehabt und deswegen eine bewunderungswürdige Unbeweglichkeit gezeigt, sobald sie einmal Platz genommen. Dabei hätten sie eine große Geläufigkeit der Zunge behalten und ein endloses Geschwätz geführt. Ihre Stimme sei jungfräulich gewesen, sei aber oft, wenn sie lebhaft geworden, oder das Gefühl ihrer Würde an den Tag zu legen für nötig gehalten, bald in ein artiges Krähen, bald in ein girrendes Zwitschern übergegangen.

„Mir selbst," sagte Goethe, „waren die wunderlichen Kugelgestalten dieser Damen am merkwürdigsten. Ich konnte nicht begreifen, wie es einem Menschen, Mann oder Weib, gelingen könne, es zu einer solchen Masse zu bringen; auch hätte ich die Dehnbarkeit der menschlichen Haut nicht für so grenzenlos gehalten. Sobald ich aber die Ehre erhielt, einmal mit den edlen Damen zu speisen, wurde mir Alles klar. Wir Andern wissen doch wahrlich auch, was essen und trinken heißt, und ich denke, wir geben unserer vortrefflichen Wirtin einen schlagenden Beweis; aber ein solches Essen — vom Trinken sage ich nichts — überstieg doch meine Vorstellungen. Jede der beiden Damen nahm z. B. sechs harte Eier zum Spinat, schnitt jedes Ei in der Mitte durch und warf nun das halbe Ei mit so großer Leichtigkeit hinunter, wie der Strauß ein halbes Hufeisen."

Übrigens teilte Goethe noch einzelne Bemerkungen der edlen Damen mit über die Wirkungen des Karlsbader Sprudels auf ihren Körper, über die Zeitläufe und über die Gesellschaften, und einzelne Urteile über Schriftsteller und Kunstwerke, die prächtig waren, naiv, drollig, barock, toll. Und ernsthaft setzte er alsdann hinzu: es sei viel Wahres in diesen Bemerkungen und Urteilen, und er habe Manches von den Damen gelernt.

Noch eine Anekdote mag mitgeteilt werden, weil sie uns ungemein ergötzte durch die Weise, in welcher sie erzählt wurde.

Ich will sie mit Goethes Worten wiedergeben; die Weise muß freilich ein Jeder hinzudenken:

„In meiner Art auf und ab wandelnd, war ich seit einigen Tagen an einem alten Manne von etwa 78 bis 80 Jahren häufig vorübergegangen, der, auf sein Rohr mit einem goldenen Knopf gestützt, dieselbe Straße zog, kommend und gehend. Ich erfuhr, es sei ein vormaliger hochverdienter österreichischer General aus einem alten, sehr vornehmen Geschlechte. Einige Male hatte ich bemerkt, daß der Alte mich scharf anblickte, auch wohl, wenn ich vorüber war, stehen blieb und mir nachschauete. Indes war mir Das nicht auffallend, weil mir Dergleichen wohl schon begegnet ist.

„Nun aber trat ich einmal auf einem Spaziergang etwas zur Seite, um, ich weiß nicht was, genauer anzusehen. Da kam der Alte freundlich auf mich zu, entblößte das Haupt ein wenig, was ich natürlich anständig erwiderte, und redete mich folgendermaßen an:

Nicht wahr, Sie nennen sich Herr Goethe?

Schon recht.

Aus Weimar?

Schon recht.

Nicht wahr, Sie haben Bücher geschrieben?

O ja.

Und Verse gemacht?

Auch.

Es soll schön sein.

Hm!

Haben Sie denn viel geschrieben?

Hm! es mag so angehen.

Ist das Versemachen schwer?

So, so!

Es kommt wohl halter auf die Laune an: ob man gut gegessen und getrunken hat, nicht wahr?

Es ist mir fast so vorgekommen.

Na schauen S'! da sollten Sie nicht in Weimar sitzen bleiben, sondern halter nach Wien kommen!

Hab' auch schon daran gedacht.

Na schauen S', in Wien ist's gut; es wird gut gegessen und getrunken.

Hm!

Und man hält was auf solche Leute, die Verse machen können.

Hm!

Ja, dergleichen Leute finden wohl gar, — wenn f' sich gut halten. schauen S', und zu leben wissen — in den ersten und vornehmsten Häusern Aufnahme.

Hm!

Kommen S' nur; melden S' sich bei mir; ich habe Bekanntschaft. Verwandtschaft. Einfluß; schreiben S' nur: Goethe aus Weimar, bekannt von Karlsbad her. Das letzte ist notwendig zu meiner Erinnerung, weil ich halter viel im Kopf habe.

Werde nicht verfehlen.

Aber sagens S' mir doch, was haben S' denn geschrieben?

Mancherlei, von Adam bis Napoleon, vom Ararat bis zum Blocksberg, von der Zeder bis zum Brombeerstrauch.

Es soll halter berühmt sein.

Hm! Leidlich.

Schade, daß ich nichts von Ihnen gelesen und auch früher nichts von Ihnen gehört habe. Sind schon neue verbesserte Auflagen von Ihren Schriften erschienen?

O ja, wohl auch.

Und es werden wohl noch mehr erscheinen?

Das wollen wir hoffen.

Ja, schauen S', da kauf' ich Ihre Werke nicht. Ich kaufe halter nur Ausgaben der letzten Hand; sonst hat man immer den Ärger, ein schlechtes Buch zu besitzen, oder man muß dasselbe

Buch zum zweiten Male kaufen. Darum warte ich, um sicher
zu gehen, immer den Tod der Autoren ab, ehe ich ihre Werke
kaufe. Das ist Grundsatz bei mir, und von diesem Grundsatz
kann ich halter auch bei Ihnen nicht abgehen.

Hm!".

Vanitas! vanitatum vanitas! [Anfang 1806]

Ich hab' mein' Sach' auf Nichts gestellt, Juchhe!
Drum ist's so wohl mir in der Welt; Juchhe!
Und wer will mein Kamerade sein,
Der stoße mit an, Der stimme mit ein
Bei dieser Neige Wein!

Ich stellt' mein' Sach' auf Geld und Gut, Juchhe!
Darüber verlor ich Freud' und Mut, o weh!
Die Münze rollte hier und dort,
Und hascht' ich sie an einem Ort,
Am andern war sie fort.

Auf Weiber stellt' ich nun mein' Sach', Juchhe!
Daher mir kam viel Ungemach: O weh!
Die Falsche sucht' sich ein ander Teil,
Die Treue macht' mir Langeweil',
Die Beste war nicht feil.

Ich stellt' mein' Sach' auf Reis' und Fahrt, Juchhe!
Und ließ meine Vaterlandesart: O weh!
Und mir behagt' es nirgends recht,
Die Kost war fremd, das Bett war schlecht,
Niemand verstand mich recht.

Ich stellt' mein' Sach' auf Ruhm und Ehr, Juchhe!
Und sieh! gleich hatt' ein Andrer mehr: O weh!
Wie ich mich hatt' hervorgetan,

Da sahen die Leute scheel mich an,
Hatte Keinem recht getan.

Ich setzt' mein' Sach' auf Kampf und Krieg, Juchhe!
Und uns gelang so mancher Sieg, Juchhe!
Wir zogen in Feindes Land hinein,
Dem Freunde sollt's nicht viel besser sein,
Und ich verlor ein Bein.

Nun hab' ich mein' Sach' auf Nichts gestellt, Juchhe!
Und mein gehört die ganze Welt, Juchhe!
Zu Ende geht nun Sang und Schmaus,
Nun trinkt mir alle Neigen aus!
Die letzte muß heraus!

Die Franzosen- und Theaterjahre.
II. Zwischen Jena und Waterloo 1806—15.

Die Tee-Abende der Frau Schopenhauer.

[1806/07]

Frau Johanna Schopenhauer, vierzigjährig, seit kurzem Witwe, siedelte im September 1806 nach Weimar über, um dort recht angenehm zu wohnen; sie war Danzigerin, zuletzt aber hatte sie in Hamburg gelebt. Ein zwölfjähriges Töchterchen brachte sie mit; ein achtzehnjähriger Sohn, Arthur, mit dem schon damals schwer umzugehen war, blieb in Hamburg als lernender Kaufmann. Man bemerkte die neue Mitbürgerin im kleinen Weimar sogleich; sie sei sehr reich, hieß es, sehr gebildet und sehr gescheidt. Auch Goethe machte ihr einen Besuch.

Madame Schopenhauer hatte ihre Zimmer noch nicht fertig eingerichtet, als sich das Kriegsgewitter über das Städtchen er-

goß, das sie sich als Ruhesitz gedacht hatte. Sie wollte fliehen,
aber es waren keine Pferde mehr zu haben. Nun ertrug sie die
Plünderung und das ganze Kriegsleiden mit den Andern, und
da sie genug übrig behielt, als eine bisher Fremde auch von
der weimarischen Not weniger betroffen wurde, so erhob sie
rasch den Kopf wieder; sie half manchem der Bedrängten.
Namentlich aber lud sie sich die ersten Bekannten zu kleinen
Mahlzeiten und Unterhaltungen ein und machte neue Bekannt-
schaften. Goethe sah ihr mit Vergnügen zu. Die allgemeine Not
um ihn herum wurde noch verschlimmert durch allgemeines Jammern;
Jeder wollte erzählen, wie übel es gerade ihm ergangen; Viele
verzweifelten an der Zukunft, die freilich auch wenig Gutes hoffen
ließ. Goethes Maxime war: man solle in solchen unglücklichen,
gefährlichen Zeiten ruhig sein Geschäft betreiben wie sonst, denn
dadurch entsteht neue Ruhe und Ordnung; man solle auch Freude
und Vergnügen suchen, denn der Mensch bedarf ihrer, um seine
Lebenskraft, seinen Lebensmut zu halten. Goethe sorgte jetzt
für die Überschwemmung der Schwansee-Wiesen, damit die
Schlittschuhläufer ihren Spaß hätten; er eröffnete sehr bald das
Theater wieder, wie sehr es ihm auch verdacht wurde, und er besuchte nun fleißig die Gesellschaften der Madame Schopenhauer.

So kam Johanna Schopenhauer durch die Schlacht bei
Jena plötzlich zu einem „Salon" mit Goethe und Wieland als
vornehmsten Gästen. Glückliche Briefe schrieb sie jetzt an ihren
Sohn. Wir wollen darin lesen.

Ende Oktober 1806.

„Meine Existenz wird hier angenehm werden; man hat mich
in zehn Tagen besser als sonst vielleicht in zehn Jahren kennen
gelernt. Goethe sagte heute: ich wäre durch die Feuertaufe zur
Weimaranerin geworden. Wohl hat er recht! Er sagte mir: jetzt,
wo der Winter trüber als sonst heranrückt, müssen wir auch zu-
sammenrücken, um einander die trüben Tage wechselseitig zu
erheitern.

262

„Was ich tun kann, um mich froh und munter zu erhalten,
tue ich. Alle Tage, so lange diese Tage des Trübsals währen,
versammeln sich meine Bekannten um mich her; ich gebe ihnen
Tee und Butterbrot im strengsten Verstande des Wortes. Es
wird kein Licht mehr als gewöhnlich angezündet, und doch kommen
sie immer wieder, und ihnen ist wohl bei mir ... Alles, was ich
sonst wünschte, findet sich von selbst; und ich verdanke es bloß
dem Glücke, daß meine Zimmer unversehrt blieben und daß ich
Gelegenheit fand, mich zu zeigen, wie ich bin.“

10. November 1806.

„Goethe war in einem seltsamen Humor; eine Anekdote jagte
die andere; es war ganz prächtig.

„Ein ausdrucksvolleres, mobileres Gesicht habe ich nie gesehen. Wenn er erzählt, ist er immer die Person, von der er
spricht. Der Ton seiner Stimme ist Musik. Jetzt ist er alt, aber
er muß schön wie ein Apoll gewesen sein.“

27. November 1806.

„Goethe fühlt sich recht wohl bei mir und kommt recht oft.
Ich habe einen eigenen Tisch mit Zeichenmaterialien für ihn in
eine Ecke gestellt. Wenn er dann Lust hat, so setzt er sich hin
und tuscht aus dem Kopfe kleine Landschaften, leicht hingeworfen,
nur skizziert, aber lebend wahr, wie er selbst und Alles, was er
macht.

„Welch ein Wesen ist dieser Goethe! wie groß und wie gut!
Da ich nie weiß, ob er kommt, so erschrecke ich jedesmal, wenn
er in's Zimmer tritt; es ist, als ob er eine höhere Natur als
alle Übrigen wäre; denn ich sehe deutlich, daß er denselben Eindruck auf alle Übrigen macht, die ihn doch weit länger kennen
und ihm zum Teil auch weit näher stehen als ich. Er selbst ist
immer ein wenig stumm und auf eine Art immer verlegen, wenn
er kommt, bis er die Gesellschaft recht angesehen hat, um zu
wissen, wer da ist.

263

„Er setzt sich dann immer dicht neben mich, etwas zurück, so daß er sich auf die Lehne von meinem Stuhle stützen kann; ich fange dann zuerst ein Gespräch an, dann wird er lebendig und unbeschreiblich liebenswürdig.

„Er ist das vollkommenste Wesen, das ich kenne, auch im Äußeren; eine hohe schöne Gestalt, die sich sehr grade hält, sehr sorgfältig gekleidet, immer schwarz oder ganz dunkelblau, die Haare recht geschmackvoll frisiert und gepudert, wie es seinem Alter ziemt, und ein gar prächtiges Gesicht mit zwei klaren braunen Augen, die mild und durchdringend zugleich sind. Wenn er spricht, verschönert er sich unglaublich; ich kann ihn dann nicht genug ansehen.

Er spricht von Allem mit, erzählt immer zwischendurch kleine Anekdoten, drückt Niemand durch seine Größe. Er ist anspruchslos wie ein Kind; es ist unmöglich, nicht Zutrauen zu ihm zu fassen, wenn er mit einem spricht, und doch imponiert er Allen, ohne es zu wollen.

„Letztens trug ich ihm seine Tasse zu, wie Das in Hamburg gebräuchlich ist, daß sie nicht kalt würde, und er küßte mir die Hand. Alle, die in der Nähe waren, sahen es mit Staunen. Es ist wahr, er sieht so königlich aus, daß bei ihm die gemeinste Höflichkeit wie Herablassung erscheint, und er selbst scheint Das gar nicht zu wissen, sondern geht so hin in seiner stillen Herrlichkeit wie die Sonne.“

3. Dezember 1806.

[Goethe hatte einen von dem genialen Maler Otto Philipp Runge ausgeschnittenen Blumenstrauß vorgezeigt; nun versuchte Frau Schopenhauer, die auch die Malerei gern betrieb, etwas Ähnliches und zeigte es Goethen. Es war ein Kastanienzweig, den eine Fuchsie umschlang.]

„Nun hättest Du ihn und seine Freude über meine Kunst sehen sollen, wie er es gewahr wurde. Gegen Runges Bukett mußte ich freilich zurückstehen, aber meines war in der Art ein erster Versuch; denn die Blumen sind in Lebensgröße.

264

„Nun kamen Verschiedene, die meine Arbeit für Runges
Arbeit hielten, welche sie früher gesehen hatten, und Goethe rief
dann ganz triumphierend, wenn sie lange bewundert hatten:
»Nein, die Frau, die kleine Frau hat Das gemacht! Solche
Streiche macht sie! Sehen Sie einmal, sehen Sie einmal recht,
wie hübsch Das ist!«

„Er freute sich darüber wie ein Kind zum Weihnachten. Die
Übrigen gingen an's Klavier im Nebenzimmer; ich blieb allein
bei Goethe an seinem Zeichentische, denn ich kann ihn nicht
genug sehen und hören. Nun erzählte er mir von einem Ofen-
schirme, den ich so machen müßte, machte mir mit ein paar
Strichen eine Zeichnung dazu und will mir auch beim Aufkleben
helfen. Hernach versammelten sich Meyer, Fernow und Schütze
um uns; wir machten einen kleinen Kreis, die Barbua kam
dazu, mit welcher heillos umgegangen ward, und der Abend
verging unter Scherz und Lachen." [Karoline Barbua, ein junges
Mädchen aus Ballenstedt, hielt sich in Weimar auf, um sich in
der Malerei auszubilden.]

25. Dezember 1806.

„Er ist ein unbeschreibliches Wesen; das Höchste wie das
Kleinste ergreift er. So saß er denn an diesem Abend eine
lange Weile im letzten meiner drei Zimmer mit Adele und der
jüngsten Conta, einem hübschen, unbefangenen sechzehnjährigen
Mädchen. Wir sahen von weitem der lebhaften Konversation
zwischen den Dreien zu, ohne sie verstehen; zuletzt gingen sie alle
drei hinaus und kamen lange nicht wieder. Goethe war mit
den Kindern in Sophies Zimmer gegangen, hatte sich dort hingesetzt und sich Adeles Herrlichkeiten zeigen lassen, Alles Stück
vor Stück besehen, die Puppen nach der Reihe tanzen lassen,
und kam nun mit den frohen Kindern und einem sehr lieben
milden Gesichte zurück."

3. Februar 1807.

„Bei Goethen war's den Abend ganz allerliebst. Er hatte
einige junge Schauspieler, die er oft bei sich deklamieren läßt,

265

um sie für ihre Kunst zu bilden, eingeladen, und las mir mit ihnen eine seiner frühesten Arbeiten, ein Stück voll Laune und Humor, ‚Die Mitschuldigen‘ betitelt, vor. Er hatte selbst die Rolle eines alten Gastwirts darin übernommen, was bloß mir zu Ehren geschah; sonst tut er Das nicht.

„Ich habe nie was Ähnliches gehört: er ist ganz Feuer und Leben, wenn er deklamiert; Niemand hat das Komische mehr in seiner Gewalt als er. Zwischendurch meisterte er die jungen Leute: ein paar waren ihm zu kalt. „Seid ihr denn gar nicht verliebt?" rief er komisch erzürnt, und doch war's ihm halber Ernst. „Seid ihr denn gar nicht verliebt? Verdammtes junges Volk! Ich bin sechzig Jahre alt und ich kann's besser!"

5. Februar 1807.

„Am Donnerstag bestand mein Zirkel fast nur aus Herren, aber es waren die interessantesten; Frau v. Goethe war die einzige Dame.

„Weil wir eben in solchem kleinen vertraulichen Zirkel sind," fing er an, „so will ich denn eine Naturnotwendigkeit mitteilen; es ist billig, daß man unter Freunden sich dergleichen wechselseitig mitteilt." Und damit fing er aus einem Briefe eine Geschichte von einer Mamsell, die in die Wochen gekommen war, zu lesen an.

Darüber kam die Bardua.

„Gerechter Himmel, da kommt die Bardua!" rief er aus; „nun darf ich nicht weiter lesen".

„Es tut nichts", sagte ich; „die Bardua muß draußen bleiben."

Das war Wasser auf seine Mühle. Der Bardua kündigte er gleich gravitätisch an: sie müsse draußen bleiben. Den Bertuch, den Sohn, der gewaltig lang ist, stellte er an die zugemachte Tür, welche die Bardua von außen gewaltig berannte.

„Halten Sie Ihren Posten wohl, Bertuch! Denken Sie,
266

Sie sind in Breslau.[1]) Es soll Ihr Schade nicht sein; ich will
schon so lesen, daß Sie dort so gut hören sollen, wie hier."

Die Bardua machte einen erbärmlichen Spektakel; er ließ
sich nicht stören und verwies sie nur von Zeit zu Zeit mit ein
paar Worten zur Ruhe und Geduld. Zuletzt spielte sie aus
Leibeskräften auf dem Klaviere.

„Eine Kriegslist", sagte er; „hilft nichts! wir lesen lauter."

Und so erhob er die Stimme oder ließ sie sinken, nachdem
sie akkompagnierte, wie in einem Melodrama bis an's Ende, wo
sie dann feierlich hereingeholt ward. Alles Dies ist Nichts, aber
man muß es sehen! Dieses kleine Intermezzo stimmte uns alle
lustiger; es wurde viel den Abend gelacht. Zuletzt aber kam
das Gespräch auf die alemannischen Gedichte von Hebel. Meyer,
als Schweizer, und Legationsrat Weyland, als Elsasser, sind
der Sprache mächtig und lesen Manches daraus sehr hübsch vor.
Goethe ist die Sprache fremd, er las aber doch sein Lieblings-
stück: ‚Das Gespenst an der Kanderer Straße' und er las es,
wie nur e r lesen kann."

8. März 1807.

„Seit ein paar Abenden liest Goethe selbst bei mir vor, und
ihn dabei zu hören und zu sehen, ist prächtig. Schlegel hat ihm
ein übersetztes Schauspiel von Calderon [‚Der standhafte Prinz']
im Manuskripte geschickt; es ist Klingklang und Farbenspiel,
aber er liest auch den Abend keine drei Seiten: sein eigener
poetischer Geist wird gleich rege. Dann unterbricht er sich bei
jeder Zeile, und tausend herrliche Ideen entstehen und strömen
in üppiger Fülle, daß man Alles vergißt und den Einzigen
anhört.

22. März 1807.

„Er hat jeden Abend seinen ‚Standhaften Prinzen' standhaft gelesen bis gestern, wo er ihn zu Ende brachte. . . . .

---

[1]) Breslau hatte sich schon am 7. Januar den Franzosen
übergeben; in Weimar wußte man Das offenbar noch nicht.

Mit seiner unbeschreiblichen Kraft, seinem Feuer, seiner plasti-
schen Kunst reißt er uns alle mit, obgleich er eigentlich nicht
kunstmäßig gut liest. Er ist viel zu lebhaft, er deklamiert, und
wenn etwa ein Streit oder gar eine Bataille vorkommt,
macht er einen Lärm wie in Drurylane, wenn es dort eine
Schlacht gab. Auch spielt er jede Rolle, die er liest, wenn sie
ihm eben gefällt, so gut es sich im Sitzen tun läßt. Jede schöne
Stelle macht auf sein Gemüt den lebhaftesten Eindruck: er erklärt sie, liest sie zwei-, dreimal, sagt tausend Dinge dabei, die
noch schöner sind. . . . Alles, was ihm gefällt, sieht er leibhaftig
vor sich; bei jeder Szene denkt er sich gleich die Dekoration und
wie das Ganze aussehen muß.

Zwischendurch singt die Bardua uns ein Lied von Goethe,
von Zelter oder Himmel komponiert. Er hat Das gern und
ertert die gute Bardua nicht wenig, wenn sie undeutlich aus-
spricht oder gar die Verse verwechselt. Letzt habe ich entdeckt, daß
sein Lied: „Ich hab' mein' Sach' auf Nichts gestellt," recht gut zur
Melodie „Es gingen drei Bursche zum Tore hinaus" sich paßt.
Darüber hatte er große Freude, und nun muß die Bardua es
jeden Abend singen.

An Prinzessin Karoline von Weimar.
[Januar oder Oktober 1807.]

Die einzige Tochter, die dem Herzog Karl August aufwuchs,
genoß auch Goethes väterliche Liebe, die sie ganz verdiente.
Gern half ihr Goethe bei ihren Versuchen im Zeichnen; er
zeichnete mit ihr oder ihr zuliebe, wie er es früher mit Frau
v. Stein getan hatte. Aber auch sich selbst tat er eine Wohltat
an, als er in den Jahren 1806 und 07, den ersten schlimmen
Franzosenjahren, zu diesem Zeichenvergnügen zurückkehrte. Wir
lesen es aus dem Gedicht heraus, mit dem er der Prinzessin
Karoline ein gefülltes Skizzenbuch übersandte: in Karlsbad war
im Sommer 1806 in ihm die alte Lust zuerst wieder erwacht;

nach der Heimfahrt tröstete er sich daran in Jena über die Drohungen der Zeit; er brachte ja die Tage vor der Schlacht zum Teil neben dem unglücklichen Führer der Preußen, dem Fürsten Hohenlohe, zu.

Dieses Stammbuch, wie man's auch nimmt,
   War eigentlich für 'nen Studenten bestimmt,
Der es auf akademischen Pfaden
Sich wählen sollt' aus Hertels Laden;
Wie ich's denn auch (nicht guter Ding')
Aus der hübschen Frau Hertel Hand empfing.

Denn guter Dinge konnt' ich nicht sein:
Wir waren schon in den Oktober hinein,
Und preußische Scharen allzumal
Zertrappelten uns Berg und Tal,
Und damals war noch nichts verloren.

Ich kraute mir aber hinter den Ohren
Und setzte mich, wie vor alter Zeit,
Wieder an des Tales Wirklichkeit
Und wollte kühnlich mich erdreisten,
An der Saale Das auch zu leisten,
Was an der Tepel ich trieb im Spiel;
Das war nun freilich gar nicht viel.

Kaum hatt' ich aber ein paar Pappeln gezeichnet
Und ein paar Berge mir angeeignet,
Da brach die Sündflut auf einmal herein:
Es hätte nicht können schlimmer sein
Wie aber nach dem jüngsten Gericht,
Was vorgeschah, auch wieder geschicht,
Und über Wolken und unter Flammen
Freunde und Feinde kommen zusammen,
Und überall im höchsten Chor
Jeder Heilige, nach wie vor,

Hebt und trägt sein Marterinstrument,
Woran man ihn allein erkennt:
So werd' ich auch wohl in Abrahams Schoß
Bleistift und Pinsel nicht werden los.
Bei vieler Lust und wenig Gaben
Werd' ich doch nur gekritzelt haben.

Doch sei Dem allen, wie es sei,
Kein Blatt im Buch ist überlei.
Auf beiden Seiten manche beschrieben
Und so nichts weiter übrig blieben,
Als daß Du glaubst: das viele Papier,
Was auch drauf stehe, gehöre dir.
Und dazu hast Du Fug und Macht,
Immer war Dein dabei gedacht.
So steht Dein Bild auch klar und glatt
In unserm Herzen auf jedem Blatt,
Und Liebe bleibt zu unserm Gewinn
Ein beßr'rer Zeichner, als ich bin.

Zwei Kenner. [1806, '07]

Als im Herbst 1806 die Preußen in Weimar in Quartier kamen, traf sich eine Anzahl Offiziere alsbald in einem Weinhause, und ein alter dickbäuchiger Major berichtete: „Ich stehe bei einem gewissen Gothe oder Goethe oder weiß der Teufel, wie der Kerl heißt!"

Seine Kameraden lachten und bedeuteten ihn, daß er da in das Haus eines sehr berühmten Mannes geraten sei.

„Kann sein", brummte der alte Major. „Ja ja, nu nu, Das kann wohl sein. Ich habe dem Kerl gleich auf den Zahn gefühlt, wie ich hinkam. Er scheint mir Mucken im Kopfe zu haben."

———

Goethe brachte, obwohl er ein Theater leitete, seinen ‚Tasso‘
nicht auf die Bühne. Das Stück ist so zart, so geistig, so vornehm, daß man annehmen mußte, es werde die Menge lang-
weilen, denn von zartsinnigen Leuten ward das Theater nicht
voll. Ein paar junge Schauspieler aber, besonders der hoch-
begabte Pius Alexander Wolff, wollten sich nicht darein finden,
daß dies herrliche Werk der Bühne entzogen bleiben solle. Sie
studierten sich die wenigen Rollen ein. Als sie sich sicher fühlten,
traten sie vor Goethe mit der Bitte, sie anzuhören. Der alte
Dichter, von dieser Liebe gerührt, gestattete nun die Aufführung;
sie geschah zum ersten Male am 16. Februar 1807.

Jetzt lagen Franzosen in Weimar in Quartier. Einer ihrer
Obersten ward gefragt, was er den Abend anfangen wolle.
„In's Theater gehen,“ war die Antwort.

„Was die Komödianten denn spielen?“ —

„Den ‚Tasso‘ “.

Und der Oberst fügte hinzu:

„Ich muß mir die Schweinerei doch auch angucken!“

Unterhaltung im Bade. [1806—1808]

Wenn Goethe in Karlsbad, oder in welchem Badeorte er
sonst seine Erholungszeit verbrachte, des Abends sein
Tagebuch erledigte, deutete er darin auch zuweilen die Geschichten
oder die Aussprüche an, die ihn belustigt hatten. Hier sind
einige.

Fürst Putiatin versicherte: wenn er Gott wäre und er hätte
voraussehen können, daß ein Stück wie Schillers ‚Räuber‘ sollte
geschrieben werden, so würde er die Welt nicht erschaffen
haben.

271

Wozu ist ein Canonicus da? Die Buchstaben sagen es:
Creatus Ad Nullum Officium Nisi In Curam Ventris Sui.
(Geschaffen zu keinem Amt als zur Pflege seines Bauches.)

*

Nach dem Kriege 1806 ging der Kurfürst von Sachsen zu
Napoleon über und durfte sich zum Lohne dafür jetzt König
von Sachsen nennen. Bei der Illumination zum Krönungsfeste
des neuen Königs hing ein Dresdner Bürger die Inschrift aus:

Es lebe Friedrich August Rex!
Wer noch Geld hat, Der versteck's!

*

Zum Herzog August von Gotha sagte Napoleon: „Es ist
schade, daß Sie nur eine Tochter haben." — „Es hängt nur
von Eurer Majestät ab", erwiderte Dieser, „so wird meine
Tochter ein Junge." (Herzog August verwandelte sich selber
gern in eine geputzte Dame.)

*

Ein Jude beschwert sich, daß Gott die Waden hinten am
Bein statt vorn hingesetzt habe, weil man sich so oft am Schien-
bein stoße: hinten seien sie unnütz.

*

Ein anderer Jude will von Potsdam nach Berlin reisen
und fragt auf der Post, wie lange es dauere. „Zahlen Sie
zwei Pferde, so kommen Sie in vier Stunden hin, zahlen Sie
vier, so dauert's . . .
„Nu, will ich zahlen zwölf Pferde, dann bin ich gleich da."

*

Ein dritter Jude geht mit offenen Beinkleidern spazieren.
Ein Begegnender verweist ihm diese Unanständigkeit. Jener
dagegen: „Was geht's den Herrn an? Ich schöpfe Luft!"

*

272

Wieder ein Jude, der aus ärmsten Zuständen kam, ward reich und wollte sich nun noch rasch Bildung aneignen. Er nahm sich einen Lehrer, der ihn in allen gebräuchlichen Wissenschaften unterrichten sollte und eben deshalb in seinem Kopfe eine ziemliche Verwirrung anrichtete. „Wie heißt der Tisch in der Geographie?" fragte der Jude einmal seinen Lehrer.

*

Ein Kapellmeister begleitet mit dem Klavier einen Dilettanten, der die Geige spielt. „Herr", meint am Schlusse der Dilettant, „beinahe wäret Ihr aus dem Takte gekommen!"

*

Die französischen und spanischen Soldaten, die zusammen Gibraltar besetzt hielten, vertrugen sich gut. Einmal sprachen ein paar Spanier von Hüten; ein Franzose hörte zu und verstand es natürlich nicht. Als man ihm sagte, wovon die Rede sei, erwiderte er: »Mais que c'est que ça leur coûterait de dire chapeaux!«

*

Kaiser Joseph der Zweite fragte auf einer Reise einen Bürgermeister, was für ein Einkommen er habe. „Das fas (Recht, Rechtmäßige) will nicht viel bedeuten", antwortete Jener; „aber das nefas ist beträchtlicher."

*

Als der Kaiser die Fasanerie eines Schlosses besuchte, wurden zum Essen Fasanen in den verschiedensten Zubereitungen aufgetragen. Als man dem Kaiser einen Fasan mit Sauerkraut vorsetzte, äußerte er: so esse er ihn am liebsten. — „So ein Narr bin ich auch" entfuhr da einem der hinter ihm stehenden Beamten.

*

Frau Elisa v. d. Recke hatte ein sehr gutes Herz und sorgte gern für allerhand Leute, die um ihre Fürsprache baten. Einst brauchte man in einem ihr bekannten Hause einen Diener, der auch bei Tisch aufwarten sollte; Frau v. d. Recke empfahl brieflich einen Mann sehr angelegentlich. Er hatte alle möglichen Tugenden zu einem vorzüglichen Diener; aber sie dürfe nicht verschweigen, daß er einen unbedeutenden körperlichen Fehler habe. Als man sich nun anderwärts nach dem Manne erkundigte, stellte sich heraus, daß er wirklich ein vortrefflicher Mensch war — nur die Nase war ihm durch eine Krankheit weggefressen.

⧫

Von zerstreuten Personen war die Rede. In Gegenwart einer jungen Polin mißbilligte man die zweite Heirat ihres Vaters. Die Tochter nahm eifrig Partei für den Angegriffenen, ward ganz beredt, und in ihrem Eifer rief sie aus: „Ja, wenn er noch Kinder hätte!" —

Ein Herr v. Seckendorff speiste, als seine Frau in Wochen kam, bei mehreren Freunden, um daheim den Haushalt zu erleichtern. Als er wieder einmal eingeladen gewesen war und nach der Mahlzeit mit den Andern sich erhob, redete er die Gesellschaft an und bat sie um Entschuldigung, daß das Essen so schlecht gewesen sei, aber seine Frau liege in Wochen usw. —

Ein andermal sprach man über Irrungen. Ein alter Graf Moschynski hielt eine Dame, die ihm den Rücken zuwandte, für seine Nichte; er fuhr ihr mit dem Nagel über den Rücken und zerschnitt ihr das Kleid: eine Fremde wandte sich entrüstet um. — Ein anderer Pole findet in der Dämmerung im Zimmer seiner Frau eine Dame, hält sie für seine Frau und behandelt sie danach. Die Besucherin, die den Hausherrn nicht kannte, hält den zudringlichen Mann für verrückt; in ihrer Angst springt sie auf den Tisch. Nun wird der Pole seinen Irrtum gewahr; er will die Dame um Verzeihung bitten und fällt vor dem Tisch auf die Knie. Nun hält sie ihn erst recht für verrückt und schreit Mordioh.

⧫

Kaiser Alexander war sehr galant. Einst verguckte er sich
in eine schöne Kaufmannsfrau in Petersburg. Madame Bacharat,
schrieb ihr ein sehr wohlwollendes Briefchen und sagte sich zum Abend
zum Tee bei ihr an. Als er kam, fand er eine so vornehme Gesellschaft versammelt, wie sie die Kaufmannsfrau schnell zusammen-
bringen konnte, ward ehrfürchtig empfangen und mußte nun in
diesem Kreise einen höchst zeremoniösen Tee zu sich nehmen.

Zu Silviens Geburtstag. [21. Juni 1808]

Goethe hatte in älteren Jahren immer ein paar freiwillige
Töchter, die ihn zärtlich liebten und auch offen ihre Liebe
zeigten, da der Unterschied des Alters Mißdeutungen aus-
schließen mußte; ein paarmal liebte auch er solche junge Mädchen
„mehr wie billig." Namentlich in seinen Erholungszeiten, in
Jena, in Karlsbad und Marienbad, gab er sich gern mit ihnen
ab. So ward ihm der Sommer 1808 in Karlsbad durch die
22 jährige, schlanke Silvia v. Ziegesar aus Drakendorf bei Jena,
die mit ihren Eltern in's Bad kam, sehr verschönt. „Fräulein
Silvia ist gar lieb und gut," schrieb er seiner Frau, die unterdessen in Lauchstädt Theater und Tanzsaal besuchte; „wir haben
viel zusammen spaziert und sind immer bei unseren Partien gut
davon gekommen, ob es gleich alle Tage regnete."

Am 21. Juni war Silviens Geburtstag. Goethe erfreute sie
diesmal mit Versen, die mit Anspielungen gespickt waren. Man
hatte einen Versbrief des Herrenhuter Bischofs Christian Gregor
gelesen, den Dieser aus indianischer Wildnis seiner elfjährigen
Tochter geschickt hatte; deshalb begann Goethe:

Nicht am Susquehanna,
Der durch Wüsten fließt,
Wo zum ird'schen Manna
Geist'ges man genießt,
Nicht vom Gnadentale,

Nicht nach Herrenhut,
Wo bei'm Liebesmahle
Tee man trinkt für Blut,
Nein! am Tepelstrande
Vor der großen Bruck,

Wo die Mohrenbande
Schaut Sankt Nepomuk,
Zu dem weißen Hirschen,
Der beständig rennt,
Ohne daß ein Pirschen

Seine Straße hemmt,
Eile dieses Blättchen
Munter und geschwind,
Wo im kurzen Bettchen
Ruht das längste Kind.

Im „Weißen Hirschen" wohnte Silvie, Goethe dagegen in
den „Drei Mohren", auf die der Brückenheilige blickte. Und nun
kommt er auf den Geburtstag:

Nennet mir beizeiten
Gleich den schönsten Tag,
So daß Niemand streiten,
Niemand zweifeln mag!
„Meinst du den, wo's Krippchen
Frömmlich bunt geschmückt,
Den, wo sich am Püppchen
Püppchen hoch entzückt?
Den vielleicht vor Fasten,
Wo's am tollsten geht,
Wo man ohne Rasten
Sich mit Liebchen dreht?
Ist es Ostern? Pfingsten?
Corpus Domini?
Freundchen! du besingst'en,
Frisch zur Melodie!"

Keiner ist der meine,
Der sich rücken läßt!
Einer ist's, der eine,
Dieser steht so fest.
Läßt er nah sich blicken,
Wünscht man ihn heran;
Hat man ihn im Rücken,

Gleich fängt's Trauern an.
Bruder nicht noch Schwester
Hat er für und für,
Und man glaubt Sylvester,
Steh' schon vor der Tür.
Drum mit Wohlbedachte,
Grüßt ihn ehrenvoll,
Weil er, was er brachte,
Wohl uns lassen soll.
Wird er gleich entweichen,
Wie nun Tage sind,
Läßt er Seinesgleichen
Uns: das längste Kind.

Froh am schönen Feste
Soll's in Karlsbad sein!
Ein paar hundert Gäste
Stellten sich schon ein.
Gleich soll Jeder haben,
Was ihm konveniert;
Früh mit Wassergaben
Jeder wird traktiert,
Freuet sich nicht minder
Als beim größten Schmaus;

Denn er geht gesünder,
Als er kam, nach Haus.
Liebliches Gedudel
Tönte gestern nacht;
Lust'ger ist der Sprudel
Heut schon aufgewacht.
Frischlich angefeuchtet,
Steht der Fels umlaubt;
Kreuzes Banner leuchtet

Um das kahle Haupt.
Herzlich grüßt der Biedre
Dieses Tages Stern;
Hoch wird alles Niedre,
Hohes neigt sich gern.
Der verschloss'ne Stolze
Grüßet heiter, mild;
Tät'ger wird Graf Bolze,
Herr vom goldnen Schild.

Das Haus zum Goldenen Schild, in dem Goethe früher gewohnt hatte, gehörte einem Grafen Bolza; das kahle Felsenhaupt, vor dem das Kreuzespanier leuchtet, ist der ‚Hirschensprung' über der Tepel. Und nun erscheint das Geburtstagskind des längsten Tages: ihm wachsen die Blumen entgegen; der Regen weicht, weil die Sonne Silvie begrüßen will, die lange Silvie, die auch über die alten Exzellenzen Gewalt hat.

Doch sie kommt geschritten!
Schaut nur: wie sie steigt,
Wo sich auf Graniten
Manche Blume zeigt!
In den bunten Höhen
Eil' ihr nachzugehn,
Wo die Orchideen
Und Dianthen stehn,
Und Ornithogalen
Weiß und schlank wie sie!
Ihr zuliebe strahlen
Lenz und Sommer hie!

Doch die Wetterkenner,
Zweifelnd stehn sie dort,
Wohlbedächt'ge Männer!
Und du schreitest fort.

Pflückest junge Rosen,
Lächelst leichtem Stich;
Wie im Lande Gosen
Sonnt es rings um dich!
Reich an Sträuß' und Kränzen,
Trotz dem Wolkengraus,
Bringst die Exzellenzen
Ungenetzt nach Haus.

Folge so dir immer
Wie sich's wölken mag,
Heitrer Sonnenschimmer,
Dir zum eignen Tag!
Trotz dem Wetterbübchen
Geh's dir jungem Blut,
Tochter, Freundin, Liebchen,
Wie du's wert bist, gut!

Schwärmende Frauen. [Um 1808]

Eine Zeit lang brauchte Goethe seine Knochensammlung, um affektierte Besucher zum Aufbruch zu bewegen; er zeigte ihnen die Knochen und sprach höchst eingehend über Einzelheiten des Knochenbaues bei den verschiedensten Tieren, so daß sie bald genug hatten. Die Bettina Brentano, die sich am liebsten auf seinen Schoß gesetzt und ihre Augen in die seinen getaucht hätte, zwang er in einer Abendstunde, wo ihr Gemüt besonders hoch ging, an's Fernrohr, um den Kometen — es war der berühmte Komet von 1811 — zu betrachten; ja, er holte verschiedene Fernrohre herbei und ward nicht müde, das Meteor mit seinem langen Schweife zu bewundern und zu besprechen.

Bei einem Mittagessen saß er zwischen zwei Fräulein vom Lande; die eine war sehr „aesthetisch", die andere hausbacken, und die letztere gefiel dem Dichter. Aber die Aesthetische setzte ihm lange zu mit ihren überspannten Reden von sublimen Dingen. Als schließlich eine Ananas gereicht wurde, rief sie: „Ach, Herr Geheimrat, so eine Ananas riecht doch ganz göttlich!"

„Hm!" erwiderte Goethe, „woher wissen Sie denn, wie die Götter riechen?"

Und er wandte sich freundschaftlich zur anderen Schwester: „Wieviel Kühe hat Ihr Herr Vater?" —

Frau Dutitre, eine berühmte Bürgersfrau in Berlin, hatte auch das Bedürfnis, Goethe gesehen und mit ihm gesprochen zu haben. Es gelang ihr auch, und sie hat sich dessen später manchmal rühmen können:

„Ick hatte mir vorjenommen, den jroßen Joethe doch ooch mal zu besuchen, und wie ick mal durch Weimar fuhr, jing ick nach seinem Jarten und jab dem Järtner einen harten Taler, daß er mir in eine Laube verstechen und einen Wink jeben sollte, wenn Joethe käme. Und wie er nun die Allee runter kam und der Järtner mir gewunken hatte, da trat ick raus und sagte: „Anjebeteter Mann!"

278

Da stand er stille, legte die Hände auf den Rücken, sah mir
groß an und fragte: „Kennen Sie mir?"

Ich sagte: „Großer Mann, wer sollte Ihnen nicht kennen!"
und fing an zu deklamieren:

>„Fest jemauert in der Erden
>Steht die Form, aus Lehm jebrannt."

Darauf machte er mir einen Bückling, drehte sich um und jing
weiter. So hatte ich denn meinen Willen jehabt und den jroßen
Joethe jesehn."

Einst sah Goethe Damen zu, die in einem Rasenstück Blumen
pflückten: „Sie kommen mir vor wie sentimentale Ziegen."

Trotz solcher bösen Worte bekam er viele weibliche Hand-
arbeiten zum Geschenk. Einst wollte er die Malerin Luise
Seidler auffordern, Platz zu nehmen; da fiel sein Auge auf die
vielen Sofakissen. „Setzen wir uns," sagte er, „wenn wir vor
lauter Bequemlichkeit noch Platz finden!"

Wirkung in die Ferne. [Anfang 1808]

Die Königin steht im hohen Saal,
Da brennen der Kerzen so viele;
Sie spricht zum Pagen: „Du läufst einmal
Und holst mir den Beutel zum Spiele.
Er liegt zur Hand
Auf meines Tisches Rand."
Der Knabe, der eilt so behende,
War bald an Schlosses Ende.

Und neben der Königin schlürft' zur Stund'
Sorbet die schönste der Frauen.
Da brach ihr die Tasse so hart an dem Mund,
Es war ein Greuel zu schauen.

Verlegenheit! Scham!
Ums Prachtkleid ist's getan!
Sie eilt und fliegt so behende
Entgegen des Schlosses Ende.

Der Knabe zurück zu laufen kam
Entgegen der Schönen in Schmerzen;
Es wußt' es Niemand, doch Beide zusamm',
Sie hegten einander im Herzen;
Und o des Glücks,
Des günst'gen Geschicks!
Sie warfen mit Brust sich zu Brüsten
Und herzten und küßten nach Lüsten.

Doch endlich Beide sich reißen los;
Sie eilt in ihre Gemächer;
Der Page drängt sich zur Königin groß
Durch alle die Degen und Fächer.
Die Fürstin entdeckt
Das Westchen befleckt:
Für sie war nichts unerreichbar,
Der Königin von Saba vergleichbar.

Und sie die Hofmeisterin rufen läßt:
„Wir kamen doch neulich zu Streite,
Und Ihr behauptetet steif und fest.
Nicht reiche der Geist in die Weite;
Die Gegenwart nur,
Die lasse wohl Spur;
Doch Niemand wirk' in die Ferne,
Sogar nicht die himmlischen Sterne.

„Nun seht! So eben ward mir zur Seit'
Der geistige Süßtrank verschüttet,
Und gleich darauf hat er dort hinten so weit
Dem Knaben die Weste zerrüttet! —

Beforg' dir fie neu!
Und weil ich mich freu'.
Daß fie mir zum Beweife gegolten,
Ich zahl' fie! fonft wirft du gefcholten."

Schneider-Courage. [1810]

Es ift ein Schuß gefallen!
„Mein! fagt, wer fchoß dadrauß'?"
Es ift der junge Jäger,
Der fchießt im Hinterhaus.

Die Spatzen in dem Garten,
Die machen viel Verdruß.
Zwei Spatzen und ein Schneider,
Die fielen von dem Schuß;

Die Spatzen von den Schroten,
Der Schneider von dem Schreck;
Die Spatzen in die Schoten,
Der Schneider in den —.

Arendt. [Januar 1809]

Zu den wunderlichften Gäften, die bei Goethe erfchienen, gehörte der Altertumsforfcher Martin Friedrich Arendt. Er
ftammte aus Altona; fein Wohnort war das nördliche und
mittlere Europa: darin wanderte er beftändig herum. Sein
Eigentum, das namentlich aus gelehrten Handfchriften beftand,
trug er in feinen Tafchen; wurden der Papiere zu viele, fo verfteckte
er einen Teil in alten, einfamen Ruinen oder in Steinhaufen auf
abgelegener Heide: es kam deshalb auch vor, daß er von Paris
oder Venedig nach Lübeck gehen mußte, um fo ein Manufkript,
das er gerade brauchte, herbeizuholen. Er haßte alle Kultur und
alles Neuzeitliche: um fo mehr liebte er das einft Gewefene und

281

längst Vermoderte. Für einen guten Kenner der nordgermanischen
Altertümer mußte man ihn gelten lassen, und seine Abschriften
von alten Runensteinen oder uralten Pergamenten waren wert-
voll genug. Als er zu Goethe kam, konnte er von Island, vom
nördlichsten Schweden und Norwegen und anderen unbekannten
Ländern erzählen und eine vollständige Abschrift der Edda aus
einer Tasche ziehen.

Reinlichkeit läßt sich bei solchem Wanderleben schwer bewahren; unser Gelehrter verachtete aber auch diese neuzeitliche
Erfindung. Er litt nicht, daß seine Stiefel geputzt wurden, sondern
spülte sie im nächsten Bache. Sein gelbes Haupthaar kam mit
keiner Schere in Berührung; lang wuchs es ihm herunter, bis zur
Hüfte; damit es im Winde nicht arg flatterte, trug er es zwischen
Rock und Überrock.

Goethe ließ sich von den Wunderlichkeiten des Mannes nicht
abschrecken und schlug sogar seiner Freundin Charlotte v. Stein
vor, sie möge die Herzogin und die Großfürstin veranlassen,
Arendts Vortrag zu hören. Der Mann sei nicht unangenehm,
vielmehr, wenn man seine Originalität einmal zugebe, ganz er-
freulich. „Sein ärmliches Äußere verschwindet dem Blicke gar
bald, wenn man seinem bestimmten, lebhaften und heiteren Vortrage zuhört." „Wäre es Durchlaucht der Herzogin nicht un-
gefällig, so würde ich ihn Mittwoch vorführen und die Unterhaltung so zu leiten suchen, daß er 1. von seinen Reisen erzählte,
2. von der isländischen Kultur des 11. und 12. Jahrhunderts
einen kurzen Vortrag täte, 3. von Dem, was uns daher übrig
geblieben ist, Nachricht gäbe und Einiges vorzeigte." Der Vortrag vor den Damen fand auch wirklich statt.

Goethes Sekretär, der Philologe Dr. Riemer, beobachtete mit
unwilligem Staunen die Güte des sonst so vornehm zurückhaltenden
Geheimrats; er seinerseits hatte kein Wohlgefallen an dem Kollegen Arendt. So erzählte er nachher über diesen Tischgenossen:

„In einem benachbarten Gasthofe einlogiert, speiste Arendt

faſt jeden Mittag an Goethes Tiſche, unterhielt uns mit ſeinen
Reiſeabenteuern, antiquariſchen Recherchen uſw., ohne in das
doppelte Spiel ſeiner Luft- und Speiſeröhre eine Pauſe zu
bringen. Es ſchmeckte dieſem Ausgehungerten jederzeit ſo vortrefflich, daß er einesmals, nachdem er mit Hammelbraten und
Gurkenſalat zuerſt den Teller, dann den Magen reichlich gefüllt
hatte, nun auch die köſtliche Brühe von Gurkenſaft und Öl und
Eſſig nicht wollte umkommen laſſen. Den Teller ſchon mit beiden
Händen zu den Lippen erhoben, um ihn auszuſchlürfen, fiel es ihm
doch noch ein, für dieſe ſtudentikoſe Manier um Erlaubnis zu bitten.
Goethe mit unnachahmlicher Bonhommie, Ruhe und Treuherzigkeit
hieß ihn, ſich nur ja nicht zu genieren, indem er, während Jener
ſchlürfte, das Leckere einer ſolchen Miſchung von Bratenbrühe
und Gurkenſaft rühmend auseinanderſetzte und ſo den Genießer
ermutigte, ſich ganz zwanglos dem Behagen des erquicklichen
Trankes hinzugeben.“

Stachelverſe. [2. bis 4. November 1809]

Der däniſch-deutſche Dichter Adam Ohlenſchläger rezitierte an
Goethes Tiſche Epigramme, die er gegen ein paar bekannte
Schriftſteller gemacht hatte.

„So etwas ſollt Ihr nicht machen!“ ſagte da Goethe. „Wer
Wein machen kann, ſoll keinen Eſſig machen.“

Ohlenſchläger dachte ſogleich an Goethes Xenien und fragte:
„Haben Sie denn keinen Eſſig gemacht, Herr Geheimrat?“

Goethe: „Teufel noch einmal! Weil ich es gemacht habe,
iſt es darum recht?“

Die Sopha-Nachbarn.

Ein Student machte bei Goethe einen Beſuch, als Dieſer ſich
in Jena aufhielt; und Goethe ſetzte ſich mit dem jungen
Mann auf ein Sopha. Als ſie im erſten Geſpräch ſind,

klopft es; ein unterſetzter Mann tritt herein, den der Dichter
höflich, aber mehr mit Geberden als mit Worten, begrüßt. Der
Student bleibt ruhig in ſeiner Sophaecke ſitzen; der neue Gaſt
macht es ſich in der anderen Sophaecke bequem, während Goethe
für ſich einen Stuhl heranzieht. Doch ehe das Geſpräch wieder
aufgenommen wird, meint er: „Ich muß die Herren doch einander vorſtellen! Herr Studioſus Peterſen aus Itzehoe — Seine
Durchlaucht der Herzog von Weimar."

In Geſellſchaft mit Knebel.

Eines Abends demonſtrierte Knebel in heftigſter Weiſe ſeine
Anſichten dem ſtill horchenden Goethe vor; als er keine
Gegenrede erhielt und darüber betroffen vor Goethe ſtehen blieb,
erwiderte Dieſer ganz behaglich: „Ach, ſag' doch noch mehr ſo
was Dummes!"

Einmal im Spätjahr war man im Wohnhauſe des Bota-
niſchen Gartens zuſammen; während des Geſprächs fiel draußen
der erſte Schnee hernieder. Plötzlich bemerkte Goethe die Veränderung der Außenwelt, und, von der Schönheit des Anblicks
ergriffen, ſchlug er vor: jeder der Anweſenden ſollte ein Gedicht
darauf machen.

Auch Knebel trat an's Fenſter, blickte hinaus. nahm ein
Blatt Papier und ſchrieb ein Diſtichon darauf:

Tritten des Wanderers über dem Schnee ſei ähnlich mein Leben!
Es bezeichne die Spur, aber beflecke ſie nicht!

Goethe las die zwei Zeilen und war entzückt.

„Knebel, für dies Diſtichon gäb' ich einen Band meiner
Werke hin!" —

Knebel war ein ſtarker Raucher; auch ſchnupfte er. Faſt
alle Männer um Goethe herum rauchten und ſchnupften; nur
er ſelber mochte beides nicht leiden.

„Goethe verwirft Rauchen und Schnupfen", schrieb Knebel, der viel Zeit hatte, einmal auf. „Das Rauchen", sagt er, „macht dumm; es macht unfähig zum Denken und Dichten. Es ist auch nur für Müßiggänger, für Menschen, die Langeweile haben, die ein Drittel des Lebens verschlafen, ein Drittel mit Essen, Trinken und andern notwendigen oder überflüssigen Dingen hindudeln und alsdann nicht wissen, obgleich sie immer vita brevis sagen, was sie mit dem letzten Drittel anfangen sollen. Für solche faule Türken ist der liebevolle Verkehr mit den Pfeifen und der behagliche Anblick der Dampfwolke, die sie in die Luft blasen, eine geistvolle Unterhaltung, weil sie ihnen über die Stunden hinweghilft. Zum Rauchen gehört auch das Biertrinken, damit der erhitzte Gaumen wieder abgekühlt werde. Das Bier macht das Blut dick und verstärkt zugleich die Berauschung durch den narkotischen Tabaksdampf. So werden die Nerven abgestumpft und das Blut bis zur Stockung verdickt. Wenn es so fortgehen sollte, wie es den Anschein hat, so wird man nach zwei oder drei Menschenaltern schon sehen, was diese Bierbäuche und Schmauchlümmel aus Deutschland gemacht haben. An der Geistlosigkeit, Verkrüppelung und Armseligkeit unserer Literatur wird man es zuerst bemerken, und jene Gesellen werden dennoch diese Misere höchlich bewundern. Und was kostet der Greuel! Schon jetzt gehen 25 Millionen Taler in Deutschland in Tabaksrauch auf, die Summe kann auf 40, 50, 60 Millionen steigen. Und kein Hungriger wird gesättigt und kein Nackter gekleidet. Was könnte mit dem Gelde geschehen! Aber es liegt auch im Rauchen eine arge Unhöflichkeit, eine impertinente Ungeselligkeit. Die Raucher verpesten die Luft weit und breit und ersticken jeden honetten Menschen, der nicht zu seiner Verteidigung zu rauchen vermag. Wer ist denn imstande, in das Zimmer eines Rauchers zu treten, ohne Übelkeit zu empfinden? Wer kann darin verweilen, ohne umzukommen?"

„In allen diesen Klagen hat Goethe recht, aber unrecht hat

er wegen des Schnupfens. Er weiß auch nichts Gescheites
gegen das Schnupfen zu sagen. „Es ist eine Schmußerei,“
sagt er.“

Als die ‚Wahlverwandtschaften‘ erschienen (1810), tadelten
Manche die Moral des Buches. Auch Knebel machte Goethen
Vorwürfe. „Ich habe es ja nicht für dich geschrieben,“ war
des Dichters Antwort, „sondern für die Mädchen.“ —

Ein andermal, 1816, war von dem Heidelberger Theologen
Daub die Rede, der kurz vorher ein Buch ‚Judas Ischarioth
oder Betrachtungen über das Gute im Verhältnis zum Bösen‘
hatte erscheinen lassen. Knebel fragte den jungen Heinrich Voß,
was Daub für ein Mann sei.

„Der beste Mensch“, war die Antwort; „ein vortrefflicher
Prorektor, ein herrlicher Gatte und Vater!“

„Aber mein Gott,“ erwiderte Knebel, „wie kann er denn so
einfältiges Zeug in die Welt setzen wie den ‚Judas Ischarioth‘?“

„Sei ruhig, mein Kind,“ mahnte Goethe darauf. „Sieh‘,
Das ist ganz wie mit dir! Du bist auch der liebenswürdigste
Mensch, den je die Sonne beschienen hat. Du bist ein zärtlicher
Gatte, ein liebreicher Vater. Du würdest ein vortrefflicher Prorektor sein, wenn man dich wählte. Aber wolltest du anfangen,
alle deine Gedanken in die Welt hinein drucken zu lassen, buh
und bah! Wie würden die Leute da über dich herfallen! Sieh‘
liebes Kind: Das ist der Vorzug, den die Leute haben, die
nicht schreiben — sie kompromittieren sich nicht!“

Freudepredigten. [1609 und 1810]

In gewöhnlichen Zeiten bietet das Leben Schweres und
Schmerzliches genug; als den Deutschen aber zu Napoleons
Feldzügen Geld und Gut, Vieh und Menschen abgepreßt wurden,
Jahr aus Jahr ein, als ein Krieg dem andern folgte, ohne daß
das vernünftige Ziel des Krieges, ein gesicherter Friede, erzielt

wurde, als die deutschen Länder immer mehr verarmten und doch immer von neuem geschröpft wurden — da — ja, was sollten da die Deutschen tun, die Deutschen in Goethes Kreise? Zur Empörung waren sie zu schwach; so hatten sie nur die Wahl, ob sie jammern und seufzen oder trotz alledem fröhlich sein wollten.

Die Deutschen taugten jetzt als Ganzes nichts — aber konnte nicht jeder Einzelne in seinem Geschäfte das Rechte tun? Und wie kann eine Nation anders aufgebaut werden als durch eine wachsende Zahl tüchtiger Menschen? Will der Einzelne aber soviel leisten, als die Kraft in ihm hergibt, so muß er zunächst zu frischer Tätigkeit entschlossen sein. Gerade in schlimmen Zeiten wirken also Diejenigen wie Volksfeinde, die eine unmutige, kopfhängerische Gesinnung verbreiten, die ihre Augen statt auf die Gegenwart und nahe Zukunft auf goldene Zeiten der Vergangenheit richten (welche goldene Zeiten zumeist Erzeugnisse ihrer Einbildungskraft sind) oder die von diesem hoffnungslosen Erdenleben sich abwenden und in weichlicher Frömmigkeit und Himmelssehnsucht einen schmerzlich-schwärmerischen Lebensinhalt suchen. „Wir sind mit Asche genug bestreut," rief Goethe gegen solche Leute aus, „und brauchen nicht noch einen Sack überzuziehen!" Gegen solche „Neuchristen", die mit dem katholischen Mittelalter liebäugelten — Viele kehrten ja auch zur alten Kirche zurück — fühlte sich Goethe als ein „Heide", nämlich als ein Verwandter der kräftig und fröhlich lebenden Griechen und Römer. Und ebenso wollte er von den „Patrioten" nichts wissen, den jungen Leuten, die sich einbilden wollten, durch den französischen Einbruch sei eine deutsche Herrlichkeit abhanden gekommen, und nach dem Sturze Napoleons würde wieder ein freies, mächtiges, glückliches Deutsches Reich erstehen. Auch solche Träumereien hielten vom Genießen des Augenblicks, vom Benutzen der Stunde ab.

Goethe hatte in Berlin einen Freund, der ihm unter den Altersfreunden der Liebste wurde, den Maurermeister und Tonsetzer Karl Friedrich Zelter. Zelter gab 1806 sein vom Vater

ererbtes Handwerk auf, weil in Berlin keine Häuser mehr
gebaut wurden; er arbeitete nun als Vertrauensmann seiner Mit-
bürger in der Stadtverwaltung, leitete die „Singakademie", den
ersten deutschen gemischten Gesangverein, den hauptsächlich er geschaffen hatte, gab Privatstunden und veranstaltete ein paar
Konzerte im Jahr. Zelter behielt bei den schwersten Schicksals-
schlägen, die ihn auch in seiner Familie trafen, den Kopf oben;
er fühlte jeden Schmerz tief, war aber bald wieder Humorist wie
zuvor. Im Dezember 1808, als er kaum wußte, wovon er seine
große Familie im nächsten Jahre erhalten sollte — denn Maurermeister waren in der preußischen Hauptstadt immer noch überflüssige Leute — setzte er auf seine Singakademie noch einen
neuen Verein: einen Gesangverein fröhlichster Art! Es sollte
darin sowohl getafelt wie gesungen werden; deshalb hieß das
neue Gesellschaftswesen: „Liedertafel". So beschrieb er es dem
welmarischen Freunde:

„Eine Gesellschaft von 25 Männern, von denen der 25ste
der gewählte Meister ist, versammelt sich monatlich einmal bei
einem Abend-Mahle von zwei Gerichten und vergnügt sich an
gefälligen deutschen Gesängen. Die Mitglieder müssen entweder
Dichter, Sänger oder Komponisten sein. Wer ein neues Lied
gedichtet oder komponiert hat, liest oder singt solches an der Tafel
vor oder läßt es singen. Hat es Beifall, so geht eine Büchse
an der Tafel umher, worein Jeder, wenn ihm das Lied gefällt,
nach seinem Gefallen einen Groschen oder mehr hineintut. An
der Tafel wird die Büchse ausgezählt; findet sich soviel darinne,
daß eine silberne Medaille, einen guten Taler an Wert, davon
bezahlt werden kann, so reicht der Meister im Namen der Liedertafel dem Preisnehmer die Medaille; es wird die Gesundheit
des Dichters oder Komponisten getrunken und über die Schönheit des Liedes gesprochen. Kann ein Mitglied zwölf silberne
Medaillen vorzeigen, so wird es auf Kosten der Gesellschaft einmal bewirtet: ihm wird ein Kranz aufgesetzt, er kann sich den
288

Wein fordern, welchen er trinken will, und erhält eine goldene Medaille, fünfundzwanzig Taler an Wert. . . Wer etwas Kompromittierendes ausplaudert, was einem Mitgliede an der Tafel zuwider ist, zahlt Strafe. Satirische Lieder auf Personen werden nicht gesungen. Jeder hat volle Freiheit zu sein, wie er ist, wenn er nur liberal ist.[1]) Gesetze dürfen nur zwölf sein: drunter geht an, drüber nicht."

An solchen Nachrichten hatte Goethe seine helle Freude, und immer werter wurde ihm der Freund, der sich durch eigene und vaterländische Not nicht unterkriegen ließ. Und da Goethes Lieder in diesem neuen Vereine von Anfang an fleißig gesungen wurden — die ‚Generalbeichte' z. B, war für einen solchen Kreis wie geschaffen — so fühlte sich der Dichter von Anfang an als auswärtiges Mitglied. Der Wille zum Frohmütigen, Aufrichtenden, Stärkenden, der sich durch Zelter und seine Liedertafel kundtat, behagte ihm im Innersten. Eines Tages schrieb ihm Zelter:

„Fast hätte ich Lust, die deutschen Poeten bei Ihnen zu verklagen, die sich in ihren Liedern gar zu ernsthaft ausgeben, und ich dächte, Sie redeten die guten Leute einmal fröhlich an, sich nicht gar zu pensiv und finster vernehmen zu lassen; man müßte ja wohl des Wimmerns und Ächzens im gemeinen Leben sich voll ersättigen können!"

Das ließ sich Goethe nicht zweimal gesagt sein! Er schrieb sogleich ein Lied gegen das Wimmern und Ächzen, oder vielmehr ein Liedertafelgespräch zwischen dem Tafelmeister Zelter, einzelnen Tischgenossen und dem Chore. (Vgl. S. 292.)

Natürlich setzte Zelter das Lied sogleich in Musik.

„Das nächste Mal, den 10. März (1810), auf den Geburtstag

---

[1]) Natürlich hat „liberal" hier den ursprünglichen Sinn: was einem Freien zukommt, nämlich zuerst seine eigene Freiheit zu wahren und die Freiheit der andern Freien zu achten. In diesem Sinne war ja auch Goethe stets liberal.

der Königin soll es aufgeführt werden ... Das sollen sie mir
wie Tabak schnupfen und wie Senf auf's Essen kriegen! Und
von guten Früchten, die es tragen wird, sollen Sie, mein Freund,
Ihren würdigen Anteil bekommen. Denn ein paar wackere
Burschen sind unter uns, die Lust haben an guter Lehre. Ihre
‚Generalbeichte‘ wird unter uns mit einer Bußfertigkeit gesungen,
woraus der allein seligmachende Glaube klar wie eine Hippokrene
hervorspringt. Der Großkanzler Beyme hat sich letzthin so mächtig
daran erfreut, daß er mir sechs Flaschen Johannisberger am
folgenden Tage sandte“ ...

„Unser Liedchen hat seine ganz hübsche Sensation gemacht“,
berichtete Zelter nach der Aufführung. „und nun höre ich's schon
hier und dort wiedertönen. Am meisten hat sich der Fürst Rad-
ziwill, der an dem Tage unter meinen Gästen war, daran erfreut.“

Goethe aber hatte unterdessen schon eine zweite Freude-
predigt in Liedsgestalt für Zelters Verein und zugleich für das
Geburtstagsfest der schönen preußischen Königin gedichtet. Vor
vielen Jahren hatte der Erziehungsmeister Basedow gegen ihn
behauptet: die Folgerung „Ergo bibamus“ (daher laßt uns
trinken) passe zu allen Vordersätzen; auf diesen Scherz baute
Goethe sein Lied auf; in der letzten Strophe ward der Königin
gedacht:

> Was sollen wir sagen vom heutigen Tag?
> Ich dächte nur: Ergo bibamus!
> Er ist nun einmal von besonderem Schlag.
> Drum immer auf's neue: bibamus!
> Er führet die Freude durch's offene Tor,
> Es glänzen die Wolken, es teilt sich der Flor,
> Da leuchtet ein Bildchen, ein göttliches, vor!
> Wir klingen und singen: bibamus!

Zum Geburtstage am 10. März traf das Lied nicht mehr
ein, aber das Ergo bibamus soll ja jederzeit zurecht kommen.
Zelter hielt gerade seinen Mittagsschlaf, als der Briefträger

Goethes blaues Kuvert brachte und dem Schlummernden leise auf die Brust legte. Beim Aufwachen und Erblicken des Briefes rief Zelter nach Wein, um sich zu ermuntern.

„Unterdessen meine Tochter einschenkte, erbrach ich das Siegel und rief mit lauter Stimme: ergo bibamus! Das Kind ließ vor Schreck die Flasche fallen, die ich auffing; da ward ich wieder lustig und mutig, wozu der Wein, wahrscheinlich aus Dankbarkeit für seine Rettung, das Seinige tat. Ich ließ mir die Feder bringen, um sogleich das Gedicht in Musik zu setzen und den ersten Eindruck nicht verrinnen zu lassen.

„Als ich auf die Uhr sahe, war es Zeit, in die Singakademie zu gehen, nach deren Endigung die Liedertafel heute beisammen war. Es waren vierzig Männer an der Tafel. Ich las das Gedicht vor; am Ende jeder Strophe riefen alle in unisono, gleichsam im Doppelchore von selber: biba—mus! Sie syllabierten den langen Vokal so fürchterlich, daß die Dielen erklangen und die Decke des langen Saals sich zu heben schien. Da war die Melodie wieder da, und Sie erhalten es hier, wie es sich von selber komponiert hat.

„Die Freude, daß Sie so bald unserer wieder gedacht, hat Alles belebt. Ihre Gesundheit ist getrunken worden wie noch keine. Das Achzelied ward gefordert; man sang es animierter als das vorige Mal, man verstand es heute schon mehr. Zwischen jeder Strophe ward gezecht und gerufen: Es lebe die Pflicht![1] und die letzte Strophe mit derber Entschlossenheit wiederholt".

Dann berichtete und verkündete Zelter ins' Allgemeine:

„Ihr Interesse an der Liedertafel wird unausbleibliche Früchte tragen. Die kräftigen deutschen Gesänge tun immer mehr erwünschte Wirkung. Statt des hängenden, matten Lebens tritt ein munterer, gestärkter Sinn hervor, den Keiner vorher zu zeigen wagte. Man wird schon fähiger, seine Haut zu tragen; der Schritt wird sicherer durch helle Freude."

---

[1] Vgl. S. 292. „Hast Du Deine Pflicht getan?"

Rechenschaft. [Anfang 1810]

(Zum besseren Verständnis s. S. 289.)

Der Meister: Frisch! der Wein soll reichlich fließen!
Nichts Verdrießlich's weh' uns an!
Sage, willst du mitgenießen?
Hast du deine Pflicht getan?

Einer: Zwei recht gute junge Leute
Liebten sich nur gar zu sehr,
Gestern zärtlich, wütend heute,
Morgen wär' es noch viel mehr:
Senkte sie hier das Genicke,
Dort zerrauft er sich das Haar:
Alles bracht ich in's Geschicke,
Und sie sind ein glücklich Paar.

Chor: Sollst uns nicht nach Weine lechzen!
Gleich das volle Glas heran!
Denn das Achzen und das Krächzen
Hast du heut schon abgetan!

Ein Zweiter: Warum weinst du, junge Walse?
„Gott! ich wünschte mir das Grab;
Denn mein Vormund, leise, leise,
Bringt mich an den Bettelstab."
Und ich kannte das Gelichter,
Zog den Schächer vor Gericht.
Streng und brav sind unsre Richter,
Und das Mädchen bettelt nicht.

Chor: Sollst uns nicht nach Weine lechzen!
Gleich das volle Glas heran!
Denn das Achzen und das Krächzen
Hast du heut schon abgetan!

Dritter: Einem armen kleinen Kegel,
        Der sich nicht besonders regt,
        Hatt' ein ungeheurer Flegel
        Heute grob sich aufgelegt.
        Und ich fühlte mich ein Mannsen,
        Ich gedachte meiner Pflicht,
        Und ich hieb dem langen Hansen
        Gleich die Schmarre durch's Gesicht.

Chor: Sollst uns nicht nach Weine lechzen!
        Gleich das volle Glas heran!
        Denn das Achzen und das Krächzen
        Hast du heut schon abgetan!

Vierter: Wenig hab' ich nur zu sagen;
        Denn ich habe nichts getan.
        Ohne Sorgen, ohne Plagen
        Nahm ich mich der Wirtschaft an;
        Doch ich habe nichts vergessen,
        Ich gedachte meiner Pflicht:
        Alle wollten sie zu essen,
        Und an Essen fehlt' es nicht.

Chor: Sollst uns nicht nach Weine lechzen!
        Gleich das volle Glas heran!
        Denn das Achzen und das Krächzen
        Hast du heut schon abgetan!

Fünfter: Einer wollte mich erneuen,
        Macht' es schlecht: Verzeih' mir Gott
        Achselzucken, Kümmereien!
        Und er hieß ein „Patriot."
        Ich verfluchte das Gewäsche,
        Rannte meinen alten Lauf.

Narre! wenn es brennt, so lösche,
Hat's gebrannt, bau wieder auf!

Chor: Sollst uns nicht nach Weine lechzen!
Gleich das volle Glas heran!
Denn das Achzen und das Krächzen
Hast du heut schon abgetan!

Meister: Jeder möge, so verkünden,
Was ihm heute wohl gelang!
Das ist erst das rechte Zünden,
Daß entbrenne der Gesang.
Keinen Druckser hier zu leiden,
Sei ein ewiges Mandat!
Nur die Lumpe sind bescheiden,
Brave freuen sich der Tat.

Chor: Sollst uns nicht nach Weine lechzen!
Gleich das volle Glas heran!
Denn das Achzen und das Krächzen
Haben wir nun abgetan.

Drei Stimmen: Heiter trete jeder Sänger,
Hochwillkommen in den Saal;
Denn nur mit dem Grillenfänger
Halten wir's nicht liberal;
Fürchten hinter diesen Launen,
Diesem ausstaffierten Schmerz,
Diesen trüben Augenbraunen,
Leerheit oder schlechtes Herz.

Chor: Niemand soll nach Weine lechzen!
Doch kein Dichter soll heran,
Der das Achzen und das Krächzen
Nicht zuvor hat abgetan!

Ergo bibamus!

(Vgl. S. 290.)

Hier sind wir versammelt zu löblichem Tun,
   Drum, Brüderchen: Ergo bibamus!
Die Gläser, sie klingen, Gespräche, sie ruhn;
   Beherziget: Ergo bibamus!
Das heißt noch ein altes, ein tüchtiges Wort,
Es passet zum Ersten und passet so fort
Und schallet ein Echo vom festlichen Ort,
   Ein herrliches Ergo bibamus!

Ich hatte mein freundliches Liebchen gesehn,
   Da dacht' ich mir: Ergo bibamus!
Und nahte mich freundlich, da ließ sie mich stehn;
   Ich half mir und dachte: Bibamus!
Und wenn sie versöhnet euch herzet und küßt,
Und wenn ihr das Herzen und Küssen vermißt,
So bleibet nur, bis ihr was Besseres wißt,
   Beim tröstlichen Ergo bibamus!

Mich ruft mein Geschick von den Freunden hinweg;
   Ihr Redlichen: Ergo bibamus!
Ich scheide von hinnen mit leichtem Gepäck;
   Drum doppeltes Ergo bibamus!
Und was auch der Filz von dem Leibe sich schmorgt,
So bleibt für den Heitern doch immer gesorgt,
Weil immer dem Frohen der Fröhliche borgt;
   Drum, Brüderchen, Ergo bibamus!

Was sollen wir sagen zum heutigen Tag?
   Ich dächte nur: Ergo bibamus!
Er ist nun einmal von besonderem Schlag;
   Drum immer auf's neue: bibamus!

Er führet die Freude durch's offene Tor,
Es glänzen die Wolken, es teilt sich der Flor,
Da scheint uns ein Bildchen, ein göttliches, vor;
    Wir klingen und singen: bibamus!

Schlimme Jahre. [Viell. 1811. Gedruckt 1821]

Tritt in recht vollem, klarem Schein
    Frau Venus am Abendhimmel herein,
Oder daß blutrot ein Komet
Gar Ruten gleich durch Sterne steht,
Der Philister springt zur Türe heraus:
„Der Stern steht über meinem Haus!
O weh! Das ist mir zu verfänglich!"

Da ruft er seinem Nachbar bänglich:
„Ach seht, was mir ein Zeichen dräut,
Das gilt fürwahr uns arme Leut'!
Meine Mutter liegt am bösen Keuch,
Mein Kind am Wind und schwerer Seuch',
Meine Frau, fürcht' ich, will auch erkranken,
Sie tät schon seit acht Tag nicht zanken;
Und andre Dinge nach Bericht!
Ich fürcht', es kommt das jüngste Gericht!"

Der Nachbar spricht: „Ihr habt wohl recht,
Es geht uns diesmal allen schlecht.
Doch laßt uns ein paar Gassen gehen,
Da seht ihr, wie die Sterne stehen."

Sie deuten h i e r, sie deuten d o r t.
Bleibe Jeder weislich an seinem Ort!
Und tue das Beste, was er kann,
Und leide wie ein andrer Mann!

Den Zudringlichen. [5. August 1812]

Was nicht zusammengeht, Das soll sich melden!
  Ich hinder' euch nicht, wo's euch beliebt, zu melden,
Denn ihr seid neu, und ich bin alt-geboren,
Macht, was ihr wollt — nur laßt mich ungeschoren!

Den Originalen. [4. November 1812]

Ein Quidam sagt: „Ich bin von keiner Schule!
  Kein Meister lebt, mit dem ich buhle;
Auch bin ich weit davon entfernt,
Daß ich von Toten was gelernt."

Das heißt, wenn ich ihn recht verstand:
„Ich bin ein Narr auf eigne Hand."

Die Lustigen von Weimar. [15. Januar 1813]

Goethe sah dem lustigen Leben seiner Frau und ihrer
Freundinnen mit vielem Vergnügen zu. Er selber bot ihr nicht
soviel Gesellschaft und Vergnügen, wie mancher andere Mann
seiner Gefährtin; er war also dankbar, daß sie sich selber
Unterhaltung und Spaß verschaffte. Das Theater war dabei
eine große Hauptsache: Montags, Mittwochs und Samstags
wurde gespielt, an den Samstagen konnte man die besten Stücke
erwarten. Im Stubenvergnügen spielte die Rabusche, eine Art
Whist, eine große Rolle. Als wieder einmal von dem Spaß, den
man für die nächsten Tage vorhatte, bei Tisch geredet war,
machte Goethe aus dem Geplauder ein Lied. Die Sängerin
Ernestine Engels sang es sogleich nach einer Melodie, die die
Gräfin Karoline v. Egloffstein, eine Tochter der früher genannten
Gräfin Henriette, aufschrieb.

Donnerstag nach Belvedere,
    Freitag geht's nach Jena fort
Denn Das ist, bei meiner Ehre,
Doch ein allerliebster Ort!
Samstag ist's, worauf wir zielen,
Sonntag rutscht man auf das Land:
Zwätzen, Burgau, Schneidemühlen
Sind uns allen wohlbekannt.

Montag reizet uns die Bühne,
Dienstag schleicht dann auch herbei,
Doch er bringt zu stiller Sühne,
Ein Rapuschchen frank und frei.
Mittwoch fehlt es nicht an Rührung,
Denn es gibt ein gutes Stück.
Donnerstag lenkt die Verführung
Uns nach Belveder' zurück.

Und so schließt ununterbrochen
Immer sich der Freudenkreis
Durch die zweiundfünfzig Wochen,
Wenn man's recht zu führen weiß.
Spiel und Tanz, Gespräch, Theater,
Die erfrischen unser Blut:
Laßt den Wienern ihren Prater
Weimar, Jena: da ist's gut!

Pfaffenspiel. [23. Februar 1813]

Wir kennen schon Goethes Stellung zu den „Neuchristen".
Die Wendung vieler seiner Zeitgenossen zu einer ver-
schwommenen, dem Leben abgewandten, die Welt mißachtenden
Frömmelei machte ihm oft Kummer; am auffälligsten und ärger-
lichsten war der Übertritt verschiedener Dichter, Maler und
298

anderer begabter Leute zur katholischen Kirche. Aber er suchte
auch Das von der heiteren Seite zu nehmen. So kam er zu
diesem Gleichnis, in dem er übrigens mehr an die Kindheits-
Erinnerungen seines aus Glaß gebürtigen Hausgenossen Riemer
als an eigene anknüpft:

In einer Stadt, wo Parität
Noch in der alten Ordnung steht,
Da, wo sich nämlich Katholiken
Und Protestanten ineinander schicken
Und, wie's von Vätern war erprobt,
Jeder Gott auf seine Weise lobt,
Da lebten wir Kinder Lutheraner
Von etwas Predigt und Gesang,
Waren aber dem Kling und Klang
Der Katholiken nur zugetaner:
Denn Alles war doch gar zu schön,
Bunter und lustiger anzusehn.

Dieweil nun Affe, Mensch und Kind
Zur Nachahmung geboren sind,
Erfanden wir, die Zeit zu kürzen,
Ein auserles'nes Pfaffenspiel:
Zum Chorrock, der uns wohlgefiel,
Gaben die Schwestern ihre Schürzen;
Handtücher, mit Wirkwerk schön verziert,
Wurden zur Stola travestiert;
Die Mütze mußte den Bischof zieren,
Von Goldpapier mit vielen Tieren.

So zogen wir nun im Ornat
Durch Haus und Garten früh und spat,
Und wiederholten ohne Schonen
Die sämtlichen heiligen Funktionen:

Doch fehlte noch das beste Stück.
Wir wußten wohl: ein prächtig Läuten
Habe hier am meisten zu bedeuten;

Und nun begünstigt uns das Glück:
Denn auf dem Boden hing ein Strick.
Wir sind entzückt, und wie wir Diesen
Zum Glockenstrang sogleich erkiesen,
Ruht er nicht einen Augenblick:
Denn wechselnd eilten wir Geschwister,
Einer ward um den andern Küster,
Ein jedes drängte sich hinzu.
Das ging nun allerliebst von statten,
Und weil wir keine Glocken hatten,
So sangen wir Bum Baum dazu.

Vergessen, wie die ältste Sage,
War der unschuld'ge Kinderscherz;
Doch grade diese letzten Tage
Fiel er mit einmal mir auf's Herz:
Da sind sie ja, nach allen Stücken,
Die neupoetischen Katholiken!

Gewohnt, getan. [18. u. 19. April 1813]

Im Jahre 1813, als der Krieg auch Thüringen wieder
bedrohte, begab sich der alte Dichter, um schlimmen Auf-
regungen zu entgehen, schon im April in sein böhmisches Ferien-
Asyl, diesmal nach Teplitz. Unterwegs in Leipzig besuchte er
einen Vortragsabend des Deklamators Solbrig. Der Mann
gefiel ihm garnicht, besser das Publikum, das nur ein einziges
Mal Beifall klatschte, nämlich als Solbrig den Kaiser Alexander
hochleben ließ, den Verbündeten Preußens gegen Napoleon.
„Hätte der arme Schlucker sein Handwerk verstanden," schrieb

Goethe heim, „so hätte er gleich »Wohlauf Kameraden, auf's
Pferd, auf's Pferd!« angestimmt und hätte gewiß große Sensation erregt. Dagegen fing er mit jämmerlichstem Ton das
elendeste aller jammervollen deutschen Lieder zu rezitieren an:
„Ich habe geliebet, nun lieb' ich nicht mehr.“ Es rührte sich
aber hierauf, sowie nach andern ähnlichen Dingen keine Hand
weiter, und wir machten uns in Zeiten davon.“

Dies Jammerlied des Mannes, der nun nicht mehr liebte,
nicht mehr lachte, nicht mehr hoffte, lag dem alten Dichter im
Kopfe, als er am andern Morgen weiterfuhr. In Oschatz hielt
er Mittagsrast; hier im „Gasthof zum Löwen“ schrieb er sein
Gegenstück nieder:

Ich habe geliebet — nun lieb' ich erst recht!
Erst war ich der Diener, nun bin ich der Knecht.
Erst war ich der Diener von Allen:
Nun fesselt mich diese scharmante Person!
Sie tut mir auch Alles zur Liebe, zum Lohn,
Sie kann nur allein mir gefallen!

Ich habe geglaubet — nun glaub ich erst recht!
Und geht es auch wunderlich, geht es auch schlecht,
Ich bleibe bei'm gläubigen Orden!
So düster es oft und so dunkel es war
In drängenden Nöten, in naher Gefahr:
Auf einmal ist's lichter geworden!

Ich habe gespeiset — nun speis' ich erst gut!
Bei heiterem Sinne, mit fröhlichem Blut
Ist Alles an Tafel vergessen!
Die Jugend verschlingt nur, dann sauset sie fort:
Ich liebe zu tafeln am lustigen Ort,
Ich kost' und ich schmecke beim Essen.

Ich habe getrunken — nun trink' ich erst gern!
Der Wein, er erhöht uns, er macht uns zum Herrn

Und löfet die fklavifchen Zungen.

Ja, fchonet nur nicht das erquickende Naß:
Denn fchwindet der ältefte Wein aus dem Faß,
So altern dagegen die jungen.

Ich habe getanzt und dem Tanze gelobt,
Und ward auch kein Schleifer, kein Walzer getobt,
So dreh'n wir ein fittiges Tänzchen!
Und wer fich der Blumen recht viele verflicht,
Und hält auch die ein' und die andere nicht,
Ihm bleibet ein munteres Kränzchen.

Drum frifch nur auf's neue! Bedenke Dich nicht!
Denn wer fich die Rofen, die blühenden, bricht,
Den kitzeln fürwahr nur die Dornen.
So heute wie geftern! Es flimmert der Stern:
Nur halte von hängenden Köpfen Dich fern
Und lebe Dir immer von vornen!

Große Köpfe in Dresden. [Auguft 1813]

In Dresden begegnete Goethe im Sommer 1813, als er von
Böhmen heimkehrte, einer Dame aus Weimar. Sie freute
fich fehr, ihn fo unerwartet zu fehen, aber es mißfiel ihr, daß
er mit einem recht alten Hute hier herumging. Und fie ließ
fich verfprechen, daß er fich fogleich eine neue Kopfbedeckung
anfchaffen werde.

Nach einigen Tagen begegnete er ihr wieder.

„Aber Herr v. Goethe!" rief fie mit vorwurfsvollem Blick
auf den nur allzu wohlbekannten Hut.

„Es ift nicht meine Schuld, gnädiges Fräulein! Ich habe in
den Läden herumgefucht, aber es paßte mir keiner. Man ift
in Dresden nicht auf große Köpfe eingerichtet."

(Nach H. Laube. Ein aufbewahrter alter Cylinderhut des Dichters hat
20,3 cm Tiefe des inneren Randes bei 18 cm Breite.)

Offne Tafel.

Viele Gäste wünsch' ich heut
  Mir zu meinem Tische!
Speisen sind genug bereit,
Vögel, Wild und Fische.
Eingeladen sind sie ja,
Haben's angenommen.
  Hänschen, geh und sieh dich um!
  Sieh mir, ob sie kommen!

Schöne Kinder hoff' ich nun,
Die von garnichts wissen,
Nicht, daß es was Hübsches sei,
Einen Freund zu küssen.
Eingeladen sind sie all',
Haben's angenommen.
  Hänschen, geh und sieh dich um!
  Sieh mir, ob sie kommen!

Frauen denk' ich auch zu sehn,
Die den Ehegatten,
Ward er immer brummiger,
Immer lieber hatten.
Eingeladen wurden sie,
Haben's angenommen.
  Hänschen, geh und sieh dich um!
  Sieh mir, ob sie kommen!

Junge Herrn berief ich auch,
Nicht im mind'sten eitel,
Die sogar bescheiden sind
Mit gefülltem Beutel;
Diese bat ich sonderlich,
Haben's angenommen.

Hänschen, geh und sieh dich um!
Sieh mir, ob sie kommen!

Männer lud ich mit Respekt,
Die auf ihre Frauen
Ganz allein, nicht nebenaus
Auf die Schönste schauen.
Sie erwiderten den Gruß,
Haben's angenommen.
  Hänschen, geh und sieh dich um!
  Sieh mir, ob sie kommen!

Dichter lud ich auch herbei,
Unsre Lust zu mehren,
Die weit lieber ein fremdes Lied
Als ihr eignes hören.
Alle Diese stimmten ein,
Haben's angenommen.
  Hänschen, geh und sieh dich um!
  Sieh mir, ob sie kommen!

Doch ich sehe Niemand gehn?
Sehe Niemand rennen?
Suppe kocht und siedet ein!
Braten will verbrennen!
Ach, wir haben's, fürcht' ich nun,
Zu genau genommen!
Hänschen, sag', was meinst du
  [wohl?
Es wird Niemand kommen?

Hänschen, lauf und säume nicht,
Ruf' mir neue Gäste!

Jeder komme, wie er ist,
Das ist wohl das Beste!
Schon ist's in der Stadt bekannt,
Wohl ist's aufgenommen.
Hänschen, mach' die Türen auf:
Sieh nur, wie sie kommen!

Erschaffen und Beleben. [21. Juni 1814]

Die Säuerung von Adams Stoff,
Nichts Andres ist der Trinker Tun.
Hafis.

Hans Adam war ein Erdenkloß,
    Den Gott zum Menschen machte,
Doch bracht' er aus der Mutter Schoß
Noch vieles Ungeschlachte.

Die Elohim zur Naf' hinein
Den besten Geist ihm bliesen;
Nun schien er schon was mehr zu sein,
Denn er fing an zu niesen.

Doch mit Gebein und Glied und Kopf
Blieb er ein halber Klumpen,
Bis endlich Noah für den Tropf
Das Wahre fand: den Humpen.

Der Klumpe fühlt sogleich den Schwung,
Sobald er sich benetzet,
So wie der Teig durch Säuerung
Sich in Bewegung setzet.

So, Hafis, mag dein holder Sang,
Dein heiliges Exempel,
Uns führen, bei der Gläser Klang,
Zu unsres Schöpfers Tempel!

Sprichwörtlich. [Gedruckt 1815]

Diese Worte sind nicht alle in Sachsen,
    Noch auf meinem eignen Mist gewachsen;
Doch, was für Samen die Fremde bringt,
Erzog ich im Lande gut gedüngt.

———

Wenn ich den Scherz will ernsthaft nehmen,
So soll mich Niemand drum beschämen;
Und wenn ich den Ernst will scherzhaft treiben,
So werd' ich immer Derselbe bleiben.

———

Ich sah mich um an vielen Orten
Nach lustigen, gescheiten Worten;
An bösen Tagen mußt' ich mich freuen,
Daß Diese die besten Worte verleihen.

———

Dichter gleichen Bären,
Die immer an eignen Pfoten zehren.

———

Warum werden die Dichter beneidet?
Weil Unart sie zuweilen kleidet.
Und in der Welt ist's große Pein,
Daß wir nicht dürfen unartig sein.

———

So kommt denn auch das Dichtergenie
Durch die Welt und weiß nicht wie.
Guten Vorteil bringt ein heitrer Sinn!
Andern zerstört Verlust den Gewinn.

———

Gebt mir zu tun,
Das sind reiche Gaben!
Das Herz kann nicht ruhn,
Will zu schaffen haben.

Wem wohl das Glück die schönste Palme beut?
Wer freudig tut, sich des Getanen freut.

———

Willst du dich deines Wertes freuen,
So mußt der Welt du Wert verleihen.

———

„Hat man das Gute dir erwidert?" —
Mein Pfeil flog ab, sehr schön befiedert;
Der ganze Himmel stand ihm offen,
Er hat wohl irgendwo getroffen!

———

Sie sagen: „Das mutet mich nicht an!"
Und meinen, sie hätten's abgetan.

———

In meinem Revier
Sind Gelehrte gewesen;
Außer ihrem eignen Brevier
Konnten sie keines lesen.

———

Kaum hatt' ich mich in die Welt gespielt
Und fing an aufzutauchen,
Als man mich schon so vornehm hielt,
Mich zu mißbrauchen.

———

Wer dem Publikum dient, ist ein armes Tier;
Er quält sich ab, Niemand bedankt sich dafür.

———

Schlaf' ich, so schlaf' ich mir bequem;
Arbeit' ich, ja, ich weiß nicht: wem?

———

Du wirkest nicht, Alles bleibt so stumpf?
Sei guter Dinge!
Der Stein im Sumpf
Macht keine Ringe.

———

Was räucherst du nun deinen Toten?
Hätt'st du's ihm so im Leben geboten!

———

Ja! wer eure Verehrung nicht kennte!
Euch, nicht ihm, baut ihr Monumente.

———

Das junge Volk, es bildet sich ein,
Sein Tauftag sollte der Schöpfungstag sein.
Möchten sie doch zugleich bedenken,
Was wir ihnen als Eingebinde schenken.

———

Laßt mir die jungen Leute nur
Und ergötzt euch an ihren Gaben!
Es will doch Großmama Natur
Manchmal einen närrischen Einfall haben.

———

Ungebildet, waren wir unangenehm;
Jetzt sind uns die Neuen sehr unbequem.

———

Wo Anmaßung mir wohlgefällt?
An Kindern: Denen gehört die Welt.

———

Ihr zählt mich immer unter die Frohen;
Erst lebt' ich roh, jetzt unter den Rohen.
Den Fehler, den man selbst geübt,
Man auch wohl an dem Andern liebt.

———

Wie Kirschen und Beeren behagen,
Mußt du Kinder und Sperlinge fragen.

———

Ihr sucht die Menschen zu benennen
Und glaubt am Namen sie zu kennen.
Wer tiefer sieht, gesteht sich frei:
Es ist was Anonymes dabei.

———

Kleid' ein Säule:
Sie steht wie ein Fräulei

———

Sag' mir, was ein Hypochondrist
Für ein wunderlicher Kunstfreund ist.
In Bildergalerien geht er spazieren
Vor lauter Gemälden, die ihn vexieren.

———

Der Hypochonder ist bald kuriert,
Wenn euch das Leben recht kujoniert.

———

Kein tolleres Versehen kann sein,
Giebst einem ein Fest und lädst ihn nicht ein.

———

Der entschließt sich doch gleich,
Den heiß' ich brav und kühn!
Er springt in den Teich,
Dem Regen zu entfliehn!

———

Ein kluges Volk wohnt nah dabei,
Das immerfort sein Bestes wollte;
Es gab dem niedrigen Kirchturm Brei,
Damit er größer werden sollte.

———

„Wie konnte Der denn Das erlangen?" —
Er ist auf Fingerchen gegangen.

———

Glaube mir gar und ganz,
Mädchen, laß deine Bein' in Ruh;
Es gehört mehr zum Tanz
Als rote Schuh!

———

Der Mutter schenk' ich,
Die Tochter denk' ich.

———

Welche Frau hat einen guten Mann,
Der sieht man's am Gesicht wohl an.

***

Eine Frau macht oft ein bös Gesicht,
Der gute Mann verdient's wohl nicht.

***

Ein braver Mann! ich kenn' ihn ganz genau:
Erst prügelt er, dann kämmt er seine Frau.

***

Neumond und geküßter Mund
Sind gleich wieder hell und frisch und gesund.

***

Die Welt ist nicht aus Brei und Mus geschaffen,
Deswegen haltet euch nicht wie Schlaraffen;
Harte Bissen giebt es zu kauen:
Wir müssen erwürgen oder sie verdauen.

***

Das wär' ein schönes Gartengelände,
Wo man den Weinstock mit Würsten bände!

***

Wer aber recht bequem ist und faul,
Flög' Dem eine gebratne Taube in's Maul,
Er würde höchlich sich's verbitten,
Wär' sie nicht auch geschickt zerschnitten.

***

Daß Glück ihm günstig sei,
Was hilft's dem Stöffel?
Denn regnet's Brei,
Fehlt ihm der Löffel.

***

Will Vogelfang dir nicht geraten,
So magst du deinen Schuhu braten.

***

Man kann nicht immer zusammenstehn,
Am wenigsten mit großen Haufen.

Seine Freunde, die läßt man gehn,
Die Menge läßt man laufen.—

———

„Was schnitt dein Freund für ein Gesicht?" —
Guter Geselle, Das versteh' ich nicht;
Ihm ist wohl sein süß Gesicht verleidet,
Daß er heut' saure Gesichter schneidet.

———

„Man hat ein Schimpflied auf dich gemacht:
Es hat's ein böser Feind erdacht." —
Laß sie's nur immer singen!
Denn es wird bald verklingen,
Dauert nicht so lang in den Landen
Als das: „Christ ist erstanden."

———

Nicht größern Vorteil wüßt' ich zu nennen,
Als des Feindes Verdienst erkennen.

———

Was soll ich viel lieben, was soll ich viel hassen!
Man lebt nur vom Lebenlassen.

———

Warum uns Gott so wohl gefällt?
Weil er sich uns nie in den Weg stellt.

———

Was willst du lange vigilieren,
Dich mit der Welt herumvexieren?
Nur Heiterkeit und grader Sinn
Verschafft dir endlichen Gewinn.

———

Wer Recht will tun, immer und mit Lust,
Der hege wahre Lieb' in Sinn und Brust.

———

Wann magst du dich am liebsten bücken?
Dem Liebchen Frühlingsblumen zu pflücken!

———

Doch Das ist gar kein groß Verdienst,
Denn Liebe bleibt der höchste Gewinnst.

————

Mir gäb' es keine größre Pein:
Wär' ich im Paradies allein.

————

Willst lustig leben,
Geh mit zwei Säcken,
Einen zum Geben,
Einen um einzustecken.
Da gleichst du Prinzen,
Plünderst und beglückst Provinzen.

————

Du treibst mir's gar zu toll.
Ich fürcht', es breche! —
„Nicht jeden Wochenschluß
Macht Gott die Zeche."

————

Laß nur die Sorge sein,
Das giebt sich alles schon,
Und fällt der Himmel ein,
Kommt doch eine Lerche davon!

———————————————

Beispiel.   — [Gedruckt 1815]

Wenn ich mal ungeduldig werde,
    Denk' ich an die Geduld der Erde,
Die, wie man sagt, sich täglich dreht
Und jährlich so wie jährlich geht.
Bin ich denn für was Andres da? —
Ich folge der lieben Frau Mama!

Soldatentrost. [Gedruckt 1815]

Nein! hier hat es keine Not:
  Schwarze Mädchen, weißes Brot.
Morgen in ein ander Städtchen!
Schwarzes Brot und weiße Mädchen.

Totalität. [Gedruckt 1815]

Ein Kavalier von Kopf und Herz
  Ist überall willkommen;
Er hat mit seinem Witz und Scherz
Manch Weibchen eingenommen.

Doch wenn's ihm fehlt an Faust und Kraft,
Wer mag ihn dann beschützen?
Und — wenn er keinen Hintern hat:
Wie mag der Edle sitzen?

Vertrauen. [Vor 1815]

Was krähst du mir und tust so groß:
  „Hab' ich doch ein köstlich Liebchen!" —
So weis' mir sie doch! Wer ist sie denn?
Die kennt wohl manches Bübchen!

  „Kennst du sie denn, du Lumpenhund?"

Das will ich grad' nicht sagen;
Doch hat sie wohl auch zu guter Stund'
Dem und Jenem nichts abgeschlagen.

  „Wer ist der Der und der Jener denn?
  Das sollst du mir bekennen!
  Ich schlage dir gleich den Schädel ein,
  Wenn du sie mir nicht kannst nennen!"

Und schlägst du mir auch den Schädel ein,
Da könnt' ich ja nimmer reden;
Und wenn du denkst: „Mein Schätzel ist gut!"
Ist weiter ja nichts vonnöten.

*

Ein andermal:
„Betrogen bist du zum Erbarmen,
Nun läßt sie dich allein!" —

Und war es nur ein Schein:
Sie lag in meinen Armen!
War sie drum weniger mein?

Lebensregeln. [Gebr. 1815].

Kannst dem Schicksal widerstehen.
   Aber manchmal giebt es Schläge;
Will's nicht aus dem Wege gehen.
Ei! so geh du aus dem Wege!

Mußt nicht widerstehn dem Schicksal,
Aber mußt es auch nicht fliehen!
Wirst du ihm entgegengehen.
Wird's dich freundlich nach sich ziehen.

Über Wetter- und Herrenlaunen
Runzle niemals die Augenbraunen;
Und bei den Grillen der hübschen Frauen
Mußt du immer vergnüglich schauen.

Eine Herde mit zwei Gesind,
Er wird nicht wohl gepflegt;
Ein Haus, worin zwei Weiber sind,
Es wird nicht rein gefegt.

Willst du der getreue Eckart sein
Und jedermann vor Schaden warnen,
's ist auch eine Rolle, sie trägt nichts ein
Sie laufen dennoch nach den Garnen.

———

Wenn dir's in Kopf und Herzen schwirrt,
Was willst du Beß'res haben?
Wer nicht mehr liebt und nicht mehr irrt,
Der lasse sich begraben!

———

Ich liebe mir den heitern Mann
Am meisten unter meinen Gästen:
Wer sich nicht selbst zum Besten haben kann,
Der ist gewiß nicht von den Besten.

———

Wenn du dich selber machst zum Knecht,
Bedauert dich Niemand, geht's dir schlecht;
Machst du dich aber selbst zum Herrn,
Die Leute sehn es auch nicht gern;
Und bleibst du endlich, wie du bist,
So sagen sie, daß nichts an dir ist.

———

Wer bescheiden ist, muß dulden,
Und wer frech ist, Der muß leiden:
Also wirst du gleich verschulden,
Ob du frech seist, ob bescheiden.

———

Willst du dir ein hübsch Leben zimmern,
Mußt dich um's Vergangne nicht bekümmern.
Das Wenigste muß dich verdrießen;
Mußt stets die Gegenwart genießen,
Besonders keinen Menschen hassen
Und die Zukunft Gott überlassen.

———

Frisches Ei, gutes Ei.

Im Mai 1814 ward Goethe aufgefordert, für Berlin ein
Festspiel zu dichten, das die deutschen Siege und die Rückkehr des Königs aus Frankreich zum Gegenstand haben sollte.
Goethe beeilte sich, ward auch rechtzeitig fertig, am 21. Juni;
nun aber ward die Aufführung in Berlin verschleppt. Goethe
fürchtete, die rechte Wirkung werde bei einer verspäteten Aufführung ausbleiben:

> Ich war von reinem Gefühl durchdrungen;
> Bald schein' ich ein schmeichelnder Lober!
> Ich habe der Deutschen Juni gesungen,
> Das hält nicht bis in Oktober!

> Enthusiasmus vergleich' ich gern
> Der Auster, meine lieben Herrn,
> Die, wenn ihr sie nicht frisch genoss't,
> Wahrhaftig ist eine schlechte Kost.
> Begeistrung ist keine Heringsware,
> Die man einpökelt auf einige Jahre!

Reise in's Rheinland. [Juli und August 1814]

Die Ärzte wollten ihn wieder in die böhmischen Bäder
schicken; Goethe aber folgte dem Zuge seines Herzens in
die Heimat am Rhein und Main — er hatte sie siebzehn Jahre
nicht gesehen!

In der Frühe des 25. Juli setzte er sich in's „Fahr-
häuschen." Schon auf der Straße nach Erfurt war er heiterster
Laune, denn er sah, wie ein neues Leben die Spuren des vor-
jährigen Krieges und der langen Belagerung schon wieder verdeckte. Höchst bunte Hügel entzückten sein Auge, als die Morgen-
sonne durch den Nebel drang: „Sind es Teppiche des Festes?"

„Rot und weiß, gemischt, gesprenkelt. Wüßt' ich Schönres nicht
zu schauen!“ Es waren Mohnfelder in verschiedenen Farben.

Dann fuhr er in Erfurt ein: alte Erinnerungen tauchten
auf, z. B. an jene Zeit, wo die weimarischen Freunde den
Jahrmarkt der Nachbarstadt zu besuchen liebten und in den
Budenstraßen ihren Scherz trieben. Und als er wieder im
Wagen saß, auf der Straße nach Gotha, schrieb er auf:

> Sollt' einmal durch Erfurt fahren,
> Das ich sonst so oft durchschritten,
> Und ich schien, nach vielen Jahren,
> Wohlempfangen, wohlgelitten.
>
> Wenn mich Alten alte Frauen
> Aus der Bude froh gegrüßet,
> Glaubt' ich Jugendzeit zu schauen,
> Die einander wir versüßet.
>
> Das war eine Bäckerstochter!
> Eine Schusterin daneben!
> Eule keinesweges Jene,
> Diese wußte wohl zu leben.
>
> Und so wollen wir beständig,
> Wettzueifern mit Hafisen,
> Uns der Gegenwart erfreuen,
> Das Vergangene mitgenießen.

In Gotha speiste er im ‚Mohren‘ zu Mittag. Um sechs
Uhr hielt sein Wagen vor dem bescheidenen Schlosse zu Eisenach,
wo er abstieg. „Vom Schloßvogt wohl empfangen, regalierte
mich selbst mit einer Kaltschale, deren Ingredienzien jedem
Reisenden empfehle.“

Diesen Abend und am andern Morgen, wo ein „herrlicher
Duftmorgen um die Wartburg“ erfreute, erwachten wiederum
316

Erinnerungen an die erſten Mannesjahre. Auch ſie verſchmolzen
ſich mit den Gedichten des Haſis, die ihn jetzt viel beſchäftigten:

> Roſ' und Lilie morgentaulich
> Blüht im Garten meiner Nähe;
> Hinten an, bebuſcht und traulich,
> Steigt der Felſen in die Höhe;
> Und mit hohem Wald umzogen
> Und mit Ritterſchloß gekrönet,
> Lenkt ſich hin des Gipfels Bogen,
> Bis er ſich dem Tal verſöhnet.
>
> Und da duftet's wie vor Alters,
> Da wir noch von Liebe litten
> Und die Saiten meines Pſalters
> Mit dem Morgenſtrahl ſich ſtritten;
> Wo das Jagdlied aus den Büſchen
> Fülle runden Tons enthauchte,
> Anzufeuern, zu erfriſchen,
> Wie's der Buſen wollt' und brauchte ...

Als er in Hünfeld einfuhr, war dort Jahrmarkt; er ſah ſich
vergnügt den Trubel an und alle die Menſchengeſichter, an jene
Zeit denkend, wo er nach Lavaters Lehren aus ihren Zügen
raſch den Charakter ableſen konnte. Auch hier war es im
ganzen ein heiteres Bild. Zwar die Scheunen waren „gefegt"
und die Geldbeutel der Bauern ebenſo: für dies gründliche
Ausleeren und Reinigen hatten zuerſt Napoleon und danach
ſeine Vertreiber geſorgt; aber man ſah doch auch hier überall
Zeichen neuer Hoffnung, neuen Lebens.

> Ich ging mit ſtolzem Geiſtesvertrauen,
> Auf dem Jahrmarkt mich umzuſchauen,
> Die Käufer zu ſehn an der Händler Gerüſte,
> Zu prüfen, ob ich noch etwas wüßte.

Wie mir's Lavater vor alter Zeit
Traulich überliefert, — Das ging sehr weit!

Da sah ich denn zuerst Soldaten,
Denen war's eben zum Besten geraten:
Die Tat und Qual, sie war geschehn,
Wollten sich nicht gleich einer neuen versehn!
Der Rock war schon der Dirne genug,
Daß sie ihm derb in die Hände schlug.

Bauer und Bürger, die schienen stumm,
Die guten Knaben beinahe dumm.
Beutel und Scheune war gefegt
Und hatten keine Ehre eingelegt,
Erwarten alle, was da käme,
Wahrscheinlich auch nicht sehr bequeme.

Frauen und Mägdlein in guter Ruh
Probierten an die hölzernen Schuh;
Man sah an Mienen und Geberden:
Sie ist guter Hoffnung, oder will es werden.

Den ganzen Tag war köstliches Wetter bis zum Abend,
den er in Fulda verbrachte. Am anderen Morgen (23. Juli)
war wieder heiterster Himmel; Goethe blickte von der Höhe
herab auf „das herrliche Pfaffen-Tal." Dann ging's über
Gelnhausen nach Hanau: immer häufiger wurden in den Ort-
schaften und Gefilden die Dinge, die ihn heimatlich anmuteten.
Speise und Trank in den Gasthäusern — wie in der Jugend-
zeit! „Wirsching und Kohlrabi, wie ich sie in vielen Jahren
nicht gegessen," schrieb er seiner Christiane helm; „nun steht
meine ganze Hoffnung auf Artischocken:

Ein Liebchen ist der Zeitvertreib,
Auf den ich jetzt mich spitze,
Sie hat einen gar so schlanken Leib,
Und trägt eine Stachelmütze."

318

Am 28ften fuhr er abends in die Vaterstadt ein; die
Straßen waren illuminiert, weil der König von Preußen gleichfalls angekommen war. Goethe ging, unerkannt, auf seinen
Diener Karl Stadelmann gestützt, durch die erhellte Stadt hin
und her. „Wo die Lampen nicht leuchteten, schien der Mond
desto heller. Auf der Brücke verwunderte ich mich über die
neuen Gebäude und konnte überall wohl bemerken, was sich
verschlimmert hatte, was bestand und was neu heraufgekommen
war. Zuletzt ging ich an unserm alten Hause vorbei. Die
Haus-Uhr schlug drinne. Es war ein sehr bekannter Ton, denn
der Nachfolger im Hausbesitz hatte sie in der Auktion gekauft
und am alten Platz stehen lassen.“

Am andern Tage betrachtete er sich die neuen Stadtteile und
Garten-Anlagen und besuchte die wenigen übrig gebliebenen Verwandten. Abends fuhr er nach Wiesbaden weiter, wo er das Bad
benutzen wollte; sein Freund Zelter harrte schon seiner. Es war
sehr heißes Wetter. Goethe war diese Hitze nicht mehr gewöhnt und
schaute auch mit einigem Neid auf die Jüngeren, Beweglicheren:
„Da soll's nach Mainz, Biebrich, Ellfeld, Schlangenbad,
Schwalbach und wohin alles! Da liegen für Fußgänger
verfall'ne Schlösser mit Erfrischungsörtern im nächsten Gebirg!
Da ... usw. Zelter, ein furchtbarer Fußwanderer, hat Das
alles schon durchstrichen; als Liebhaber von allen Sorten
Erheiterung Das alles schon durchfahren, durchtrunken, durch-
gessen und will: ich soll Das auch tun! Ich hoffe, die Lust
dazu soll kommen.“

Und sie kam auch. Sehr bald fuhr auch er nach Mainz.
Biebrich, Rüdesheim, und die Vornehmsten des Bezirks, dazu
auch alte Bekannte oder ihre Nachkommen, waren eifrig, ihn
gut zu bewirten und zu unterhalten. Auch eine Wallfahrt zum
Heiligen Rochus bei Bingen erlebte er mit. Die wissenschaftlichen Erquickungen, die er stets brauchte, fehlten gleichfalls nicht;
z. B. beschäftigte ihn die Steinsammlung des Bergrats

Cramer sehr. Eines Tages, als er diese Steine betrachtete, waren drei junge Mädchen im Nebenzimmer, zwei Töchter Cramers und ihre Freundin Philippine Lade. Plötzlich stand Goethe vor den Backfischen: „Ei — da ist ja eine hübsche, junge Gesellschaft! Es war da eine Stimme, die mich anzog." Er fragte die eine Frl. Cramer, ob sie singe, und sie sang ihm etwas vor; dann die Schwester; dann wandte er sich an Philippine. Sie sei nicht musikalisch, antwortete sie. „Das ist die Stimme! rief er, und er fragte: „Kennen Sie die Werke Goethes?"

„Nein", erwiderte sie, „Die ziehen mich nicht an." Sie wußte nicht, wer vor ihr stand; ihre Freundinnen hatten selber nicht gewußt, daß Goethe nebenan im Mineralien-Zimmer war.

„So?" versetzte Goethe. „Welchen Schriftsteller lieben Sie denn?"

„Schiller!" rief das Mädchen, „Den lieb ich über Alles. Ich kann das Meiste von ihm auswendig."

„Hoho! Dann deklamieren Sie mir einmal etwas! Z. B. den Anfang der ‚Braut von Messina.'"

Das Mädchen errötete, aber sie sagte den ganzen Monolog der Donna Isabella ohne Anstoß her. Dann bat Goethe sie um den ‚Taucher.' Und nun lobte er sie und belehrte sie, wie sie es noch besser machen könne.

Und nun hatte er glücklich wieder sein Töchterchen! Er nahm sie mit sich, wenn er Ausfahrten machte und ließ sie im Theater neben sich sitzen. Sie mußte ihm sagen, was ihr gefiel und mißfiel, und er belehrte sie, wo sie es wünschte. Einmal, als sie nach Jörgenborn bei Schlangenbad gefahren waren, setzte sich Philippine in's Gras und zeichnete, was ihr vor den Augen lag. Goethe kam hinzu und wollte das Blatt sehen. Als er es hatte, machte er sie auf verschiedene Fehler aufmerksam.

„Ach! Sie können Alles besser machen als ich!" rief das Mädel gereizt. „Aber Eins kann ich, was Sie nicht können!"

320

Und damit sprang sie rasch einen steilen Weinberg hinauf.
Goethe ihr nach! Er erreichte auch fast die Höhe, aber da
stolperte er und fiel an dem steilen Abhang zu Boden. Mit
beiden Händen klammerte er sich an, bis auf des jungen
Mädchens Geschrei einige Herren von der Gesellschaft herbei-
eilten und ihn aus seiner gefährlichen Lage befreiten. Philippine
zerfloß in Tränen. Goethe aber lachte und suchte sie zu beruhigen.

Vom 12. September ab wohnte Goethe in Frankfurt, inmitten von Verwandten und Freunden. Hier war Marianne
Jung-Willemer sein Töchterchen und Liebchen: die allerbeste
Empfängerin und Erwidernde für die west-östlichen Liebeslieder,
die er als deutscher Hafis zu singen wünschte.

In Heidelberg. [Herbst 1814 u. Herbst 1815]

Vom 24. September 1814 ab verbrachte Goethe zwei Wochen
in Heidelberg, um eine berühmte Gemälde-Sammlung, die
sich dort befand, genau kennen zu lernen; die Brüder Boisserée
hatten sie allmählich zusammen gebracht, indem sie in den rheinischen Ländern alte Bilder aufkauften, auf die damals kein
Wert gelegt wurde. Goethe war selig, als er den Johann
van Eyck und andere altdeutsche Maler hier zuerst kennen lernte.
„Ach Kinder!" rief er fast alle Tage aus, „was sind wir
dumm! was sind wir dumm! Wir bilden uns ein, unsere Großmutter sei nicht auch schön gewesen! Das waren andere Kerle
als wir! Ja, Schwerenot! Die wollen wir loben und abermals
loben! Die verdienen, daß Fürsten und Kaiserinnen, daß alle
Nationen kommen und ihnen huldigen!" — „Da habe ich nun in
meinem Leben viele Verse gemacht", meinte er ein andermal;
„darunter sind ein paar gute und viele mittelmäßige. Da macht der
Eyck ein solches Bild, das mehr wert ist als Alles, was ich
gemacht habe!"

Jeden Tag war er von morgens acht Uhr im Bildersaal. Eines Vormittags trat Bertram, der Freund und Lebensgenosse von Sulpiz und Melchior Boisseree in's Zimmer und meldete Goethen: es stehe ihm eine Überraschung bevor.

„Eine Überraschung? Herr! Sie wissen, wie sehr ich die Überraschungen liebe. Wer ist es?“

„Frau v. Humboldt.“

„F—r—a—u v—o—n H—u—m—b—o—l—dt? Sie möge kommen!“

Frau v. Humboldt öffnete die Tür und, die Arme ausbreitend, rief sie: „Goethe!“

Goethe erhob sich langsam von seinem Sessel, sein Gesicht sah höchst gelangweilt aus. Er bat die Dame, Platz zu nehmen.

„Wissen Sie, wie man Salmen fängt?“ fragte er.

Ganz verwundert über solchen Empfang, stieß Frau v. Humboldt ein „Nein“ hervor.

„Mit einem Wehr fängt man sie. Sehen Sie, solch ein Wehr haben diese Herren mir mit ihren Bildern gestellt und sie haben mich gefangen. Ich bitte Sie, machen Sie sich schnell auf und davon, daß es Ihnen nicht geht wie mir! Ich bin nun einmal gefangen und muß hier sitzen bleiben und anschauen. Aber Das wäre nichts für Sie. Machen Sie also, machen Sie, daß Sie fortkommen!“

Karoline v. Humboldt war eine sehr angenehme, tüchtige, geistreiche Frau, Wilhelms v. Humboldt gleichwertige Gattin. Goethe schätzte sie sehr, und an den Nachmittagen und Abenden erwies er ihr auch alle Höflichkeit — aber seine festliche Arbeitszeit am Morgen durfte ihm keine Dame wegnehmen.

Ein andermal — es war im folgenden Jahre, wo Goethe wieder bei Boisserees weilte, ließ sich der Großherzog von Weimar melden, der gerade in der Gegend war und die gerühmten Bilder auch sehen wollte. Die Besitzer berieten sich, wie sie ihn empfangen wollten. „Den überlassen Sie mir!“ sagte

Goethe. „Haben Sie nicht ein recht altes, aber merkwürdiges Bild?“

Es wurde eins aus der Rumpelkammer herbeigeholt; Goethe hing es gerade über der Tür des Bildersaales auf.

Als der Großherzog erschien, begann Goethe ihm einen Vortrag über die Sammlung zu halten, rühmte besonders die geschichtliche Folge und die Übersicht und machte dann, um zu Beispielen überzugehen, zunächst auf das alte Bild über der Tür aufmerksam. Aber während er noch sprach, verschwand der Großherzog hinter der Tür, man wußte nicht wie.

„Das Bild hat seine Schuldigkeit getan“, sagte Goethe; „versetzen wir es wieder in die Rumpelkammer!“ —

Die liebste Erholung in diesen Tagen war für Goethe der Aufstieg zur Schloßruine morgens oder abends und die stille Umschau dort oben, wo er sich rasch einen Lieblingsplatz gefunden. Eines Abends betrachtete er mit Sulpiz Boisserée, seinem Vertrauten, den Sonnenuntergang, und angesichts der großen Schönheit, die sich den Augen darbot, ward der Dichter höchst beredt.

Sulpiz erzählte es einigen Bekannten. Als die Beiden an einem der nächsten Abende denselben Weg wieder hinanstiegen, stürmten ein paar Damen vor ihnen hinauf und versteckten sich im Gebüsch bei Goethes Bank, um seine poetische Stunde zu belauschen.

Goethe bemerkte sie, tat aber nicht dergleichen, und als er auf der Bank saß, gab er nur Zeichen der Langweile und des Mißmutes von sich. Selbst auf die Sonne schalt er: auch sie werde alt und matt, fahl und bleich. — Kurz, die Damen kamen garnicht auf ihre Rechnung.

Eines Morgens früh ging Goethe durch den Garten des Professors Thibaut hinauf. Als er an seine Bank kam, saß aber doch schon Jemand da, der auf ihn lauerte. Es war der Geheime Kirchenrat Schwarz, Verfasser von theologischen, moralischen und pädagogischen Schriften (und Schwiegersohn jenes Jung-Stilling, von dem wir früher lasen). Und Schwarz trat dem Dichter sogleich entgegen: er preise sich glücklich, den verehrten Mann endlich zu sehen und ihn fragen zu können, was er denn eigentlich mit dem ‚Wilhelm Meister‘ beabsichtigt habe; er habe ihn gewiß für ein Erziehungsinstitut geschrieben.

„Das habe ich bisher selbst nicht gewußt,“ erwiderte Goethe zögernd. „Doch nun leuchtet es mir vollkommen ein. Ja, ja! ich habe den ‚Wilhelm Meister‘ für ein Erziehungsinstitut geschrieben, und es wäre mir lieb, wenn Das bekannt würde!“

Mit den Heidelberger Professoren war er auch einige Male recht fröhlich zusammen. Einer davon, der Rechtslehrer Martin, erfuhr dabei, daß Goethe das Klagen über Unabänderliches durchaus nicht liebte. Martin beschwerte sich und bekümmerte, daß man in der Nähe seines Landhauses in Handschuchsheim die schönen hohen Waldbäume habe abschlagen lassen. Er dachte, auch Goethe werde Das eine Barbarei nennen, aber Goethe fragte ruhig:

„Wie lange dauert es denn, bis die Bäume wieder herangewachsen sind?“

„Das ist es ja eben! Mindestens 20 oder 25 Jahre!“

„Nun,“ sagte Goethe, „dann haben Sie ja noch lange Zeit, ehe man Ihnen diesen Ärger wieder antun kann!“ —

Hier in Heidelberg traf Goethe auch die Vossens wieder, den Homerübersetzer Johann Heinrich und seine brave Ernestine. Die wackere Hausfrau führte ihn im ganzen Hause herum, zeigte ihm jeden Winkel, zuletzt auch den Gänsestall unter der Treppe. Ein andermal begehrte sie seinen Rat:

„Sie sind ja nun einmal ein Mann, der in Allem Bescheid weiß; so mögen Sie denn auch einen Streit schlichten, der zwischen mir und Voß über ein Stück Camelot entstanden ist.“ (Camelot ist ein dichtes Zeug, nach Art der Leinwand, aber von Wolle, Ziegenhaar oder Seide gewebt.)

„Nun, so bringen Sie das Zeug her!“ rief Goethe. Sie brachte es.

324

„Voß will einen Schlafrock davon gemacht haben, und ich
bin für einen Vorhang vor seinem Büchergestell. Seine Bücher
gehen ja sonst durch den Staub zu Grunde!"

„Ei was!" erwiderte Goethe. „Was zanken Sie sich da
viel! Jeder muß nachgeben! Machen Sie Ihrem Manne statt
des langen Rockes nur ein Camelot-Jäckle, und aus dem andern
Stück machen Sie für die Bücher ein Vorhänglel"—

Wenn Goethe durch die Straßen ging, so grüßten ihn alle
Studenten; sie blieben wohl auch stehen, um ihm nachzusehen,
oder folgten ihm in einiger Entfernung. Da sagte er zu seinem
Begleiter, als er wieder diese Beobachter merkte:

„Wie wär' es, wenn ich hier an der Ecke ein paar Fenster-
scheiben zerschlüge? Da stände morgen in der Zeitung: »Der berühmte Dichter Goethe hat bei seiner Durchreise in Heidelberg
ein paar Scheiben eingeschlagen.« Und die Studenten könnten
sich auf mich berufen, wenn sie's auch täten!" — —

Später, in Weimar, war einmal in Gesellschaft von dem
Treiben der Heidelberger Studenten die Rede, und Frau
Schopenhauer meinte: man solle ihnen ihre Streiche wohl
gönnen. „Wenn sie Kandidaten, Kanzlisten u. dgl. sind, hat
der Spaß so wie so ein Ende."

Darauf versetzte Goethe: sie hätte einen freundlicheren Schluß
machen können: „Man wird es den Leuten in den Verhältnissen ihres künftigen Lebens wohl anmerken, daß sie eine glückliche Jugend gehabt haben!"

Westöstliche Sprüche. [1814—16]

Gottes ist der Orient!
Gottes ist der Okzident!
Nord- und südliches Gelände
Ruht im Frieden seiner Hände.

Im Atemholen sind zweierlei Gnaden:
Die Luft einziehen, sich ihrer entladen;
Jenes bedrängt, Dieses erfrischt:
So wunderbar ist das Leben gemischt.
Du danke Gott, wenn er dich preßt,
Und dank' ihm, wenn er dich wieder entläßt!

———

Was machst du an der Welt? Sie ist schon gemacht!
Der Herr der Schöpfung hat Alles bedacht.
Dein Los ist gefallen, verfolge die Weise,
Der Weg ist begonnen, vollende die Reise:·
Denn Sorgen und Kummer verändern es nicht,
Sie schleudern dich ewig aus gleichem Gewicht.

———

Alle Menschen, groß und klein,
Spinnen sich ein Gewebe fein,
Wo sie mit ihrer Scheren Spitzen
Gar zierlich in der Mitte sitzen.
Wenn nun darein ein Besen fährt,
Sagen sie: es sei unerhört,
Man habe den größten Palast zerstört!

———

Uber's Niederträchtige
Niemand sich beklage,
Denn es ist das Mächtige,
Was man dir auch sage.

In dem Schlechten waltet es
Sich zu Hochgewinne,
Und mit Rechtem schaltet es
Ganz nach seinem Sinne.

Wandrer! — Gegen solche Not
Wolltest du dich sträuben?

Wirbelwind und trocknen Kot,
Laß sie drehn und stäuben!

———

Was klagst du über Feinde?
Sollten Solche je werden Freunde,
Denen das Wesen, wie du bist,
Im stillen ein ewiger Vorwurf ist?

———

Wer schweigt, hat wenig zu sorgen!
Der Mensch bleibt unter der Zunge verborgen.

———

Laß dich nur in keiner Zeit
Zum Widerspruch verleiten!
Weise fallen in Unwissenheit,
Wenn sie mit Unwissenden streiten.

———

Als ich einmal eine Spinne erschlagen,
Dacht' ich, ob ich Das wohl gesollt?
Hat Gott ihr doch wie mir gewollt
Einen Anteil an diesen Tagen!

———

Was willst du untersuchen,
Wohin die Milde fließt!
In's Wasser wirf deine Kuchen!
Wer weiß, wer sie genießt!

———

Reitest du bei einem Schmied vorbei,
Weißt nicht, wann er dein Pferd beschlägt!
Siehst du eine Hütte im Felde frei,
Weißt nicht, ob sie dir ein Liebchen hegt!
Einem Jüngling begegnest du schön und kühn,
Er überwindet dich künftig oder du ihn!
Am sichersten kannst du vom Rebstock sagen,
Er werde für dich was Gutes tragen.

So bist du denn der Welt empfohlen,
Das Übrige will ich nicht wiederholen.

————

Den Gruß des Unbekannten ehre ja!
Er sei dir wert als alten Freundes Gruß.
Nach wenig Worten sagt ihr Lebewohl,
Zum Osten du, er westwärts, Pfad an Pfad —
Kreuzt euer Weg nach vielen Jahren drauf
Sich unerwartet, ruft ihr freudig aus:
»Er ist es! Ja, da war's!« als hätte nicht
So manche Tagefahrt zu Land und See,
So manche Sonnenkehr sich drein gelegt.
Nun tauschet War' um Ware, teilt Gewinn!
Ein alt Vertrauen wirke neuen Bund —
Der erste Gruß ist viele tausend wert;
Drum grüße freundlich Jeden, der begrüßt.

————

Behandelt die Frauen mit Nachsicht!
Aus krummer Rippe ward sie erschaffen,
Gott konnte sie nicht ganz grade machen.
Willst du sie biegen, sie bricht!
Läßt du sie ruhig, sie wird noch krümmer!
Du guter Adam, was ist denn schlimmer? —
Behandelt die Frauen mit Nachsicht:
Es ist nicht gut, daß euch eine Rippe bricht.

————

Wenn Gott so schlechter Nachbar wäre,
Als ich bin und als du bist,
Wir hätten beide wenig Ehre;
Der läßt einen Jeden, wie er ist.

————

Welch eine bunte Gemeinde:
An Gottes Tisch sitzen Freund' und Feinde!

Es ist gut. [24. Mai 1815]

Bei Mondenschein im Paradeis
Fand Jehovah im Schlafe tief
Adam versunken, legte leis
Zur Seit' ein Evchen, das auch entschlief.
Da lagen nun in Erdeschranken
Gottes zwei lieblichste Gedanken. —
Gut! rief er sich zum Meisterlohn,
Er ging sogar nicht gern davon.

Kein Wunder, daß es uns berückt,
Wenn Auge frisch in Auge blickt,
Als hätten wir's soweit gebracht,
Bei Dem zu sein, der uns gemacht!

Und ruft er uns, wohlan, es sei!
Nur Das beding ich: alle zwei!
Dich halten dieser Arme Schranken,
Liebster von allen Gottes-Gedanken!

Der Wein von 1811. [10. Okt. 1815]

Überall, wo Goethe in den Sommern 1814 und 15 in den Weinbezirken am Rhein und Main erschien, setzte man ihm den besten Wein vor, nämlich den vom Jahre Elf. An alle diese Becher „Eilfer" dachte er auf der zweiten Heimfahrt, und weil sein ganzes Dichten jetzt mit dem Morgenlande und besonders mit dem persischen Dichter Hafis zu tun hatte, malte er sich aus, er müßte den trinkfreudigen Perser aus der Unterwelt heraufholen, damit Hafis im Hause des guten Freundes Willemer und seiner geliebten Marianne diesen allerbesten Wein koste.

Wo man mir Gut's erzeigt überall:
S'ist eine Flasche Eilfer!
Am Rhein, am Main und Necker
Man bringt lächelnd: Eilfer.

329

Hört man doch auch wohltätige Namen
    Wiederholt wie „Eilfer"!
Friedrich der Zweite zum Beispiel
    Als beherrschenden Eilfer;
Kant wird noch immer genannt
    Als anregender Eilfer;
Von meinen Liedern sprechen sie auch
    Rühmlich-froh wie vom Eilfer.
Trinken auf mein Wohl, klingend mit mir,
    Alles im reinsten Eilfer.

Mehrere Namen in der Stille
    Nenn' ich beim Eilfer.

Dies würde mich mehr freuen,
    Mehr als der Eilfer:
Tränke nur Hafis auch! Der Würdige
    Trink' den Eilfer!

Eilig steig ich zum Hades hinab,
    Wo vom Eilfer
Nüchterne Seelen nicht trinken,
    Sage [verkünde] den Eilfer.

„Eilig, Hafis, geh! Da droben steht
    Ein vollkommenes Glas Eilfer,
Das der Freund mir einschenkte,
    Der würdigste, der den Eilfer
Sich abspart, damit ich reichlich genieße
    Den vollkommenen Eilfer!
Hafis, jedoch eile! Denn zum Pfande
    Bleib' ich, bis du verschlurft den Eilfer
An der Tagseite des Rheingaus,
    Wo verherrlicht der Eilfer,
Ich an der Nachtseite! Hier schaudert
    Den, der gewohnt an Eilfer! — —

„Komme zurück, Besonnener,
    Unbesonnen durch Elfer,
Daß ich, Ahnherr, dich grüße,
    Atmend noch Elfer!

„Kehr ich zurück, so eifert die Freundin:
    »Hat doch der Elfer
Abermals Dich niedergeworfen!
    Trunken vom Elfer,
Lagst unempfindlich meinem Kosen,
    Als wäre der Elfer
Meinen Küssen vergleichbar!
    Meide den Elfer!«
Und sie weiß nicht, daß du, Hafis,
    An meiner Statt den Elfer
Ausgeschlurft, ich aus Liebe zu dir
    Seelenlos dalag! Das soll nun der Elfer
Alles haben getan und verbrochen!
    Der unschuldige Elfer!"

•   •   •

Eine andere Lobpreisung des Weines entstand in diesem
selben Jahre:

Trunken müssen wir alle sein!
Jugend ist Trunkenheit ohne Wein;
Trinkt sich das Alter wieder zur Jugend,
So ist es wundervolle Tugend.
Für Sorgen sorgt das liebe Leben,
Und Sorgenbrecher sind die Reben.

Und noch einmal denkt Goethe an das mohamedanische
Morgenland, wo der Wein nach dem Koran verboten ist und
dennoch bereitet und getrunken wird:

Da wird nicht mehr nachgefragt:
Wein ift ernftlich unterfagt! —
Soll denn doch getrunken fein,
Trinke nur vom beften Wein!
Doppelt wäreft du ein Ketzer
In Verdammnis um den Krätzer!

Der Lebensabend.
1816—1832.

Säuglinge und Studenten. [16. April 1818]

Goethe weilte in Jena, als ihm am 9. April 1818 der erfte Enkel geboren wurde; eine Woche fpäter fah er das Kind zum erften Male. Weimarifche und jenaifche Eindrücke floffen zu Verfen zufammen:

Auch endlich ward ich Großpapa!
Als ich den lieben Enkel fah,
War Fried' im Frauen-Zimmer.
Doch alfobald der kleine Wicht
Verziehet kläglich fein Geficht —
Die Kinder fchreien immer!

Drauf akademifch ward mir gleich:
Ein herrlich Welt- und Geifterreich
Bei ftiller Kerze Schimmer.
Ich hört' ein Jodeln: „Jo — da — ho!" —
Poß Leipzig! und poß Waterloo!
Studenten brüllen immer!

Der Alte und die Jungen. [1815—30]

„Warum willst du das junge Blut
  So schnöde von dir entfernen?" —
Sie machen's alle hübsch und gut,
Aber sie wollen nichts lernen.

Die holden jungen Geister
Sind alle von einem Schlag:
Sie nennen mich ihren Meister
Und gehn der Nase nach.

Mit seltsamen Gebärden
Gibt man sich viele Pein:
Kein Mensch will etwas werden,
Ein Jeder will schon was sein.

„Sag nur, wie trägst du so behäglich
Der tollen Jugend anmaßliches Wesen?" —
Führwahr, sie wären unerträglich,
Wär' ich nicht auch unerträglich gewesen.

Ich hör' es gern, wenn auch die Jugend plappert;
Das Neue klingt, das Alte klappert.

„Ein neu Projekt ward vorgebracht,
Willst du dich nicht damit befassen?" —
Habe schon 'mal bankrott gemacht,
Nun will ich's Andern überlassen!

„Wie hast du an der Welt noch Lust,
Da Alles schon dir ist bewußt?" —
Gar wohl! Das Dümmste, was geschieht,

Weil ich es weiß, verdrießt mich nicht.
Mich könnte Dies und Das betrüben,
Hätt' ich's nicht schon in Versen geschrieben.

———

„Sag' uns Jungen doch auch was zuliebe! —“
Nun! daß ich euch Jungen gar herzlichen liebe!
Denn als ich war als Junge gesetzt,
Hatt' ich mich auch viel lieber als jetzt.

———

Wie ihr denkt oder denken sollt,
Geht mich nichts an;
Was ihr Guten, ihr Besten wollt,
Hab' ich zum Teil getan.

———

Viel übrig bleibt zu tun,
Möge nur Keiner lässig ruhn!
Was ich sag', ist Bekenntnis
Zu meinem und eurem Verständnis.

———

Die Welt wird täglich breiter und größer,
So macht's denn auch vollkommner und besser!
Besser sollt' es heißen und vollkommner;
So sei denn Jeder ein Willkommner!

Der falsche Geburtstag. [August 1818]

Eduard Genast erzählt vom Jahre 1818 und der Zeit, wo
Goethe sich in Karlsbad aufhielt. Der weimarische Arzt
Dr. Rehbein war auch da.

Der treue Diener Goethes, Karl, erhielt am 27. August
früh Befehl, zwei Flaschen Rotwein nebst zwei Gläsern herauf-
zubringen und in den sich gegenüberliegenden Fenstern aufzu-
stellen. Nachdem Dies geschehen, beginnt Goethe seinen Rund-

gang im Zimmer, wobei er in abgemessenen Zwischenräumen an einem Fenster stehen bleibt, dann am andern, um jedesmal ein Glas zu leeren. Nach einer geraumen Weile tritt Rehbein ein.

Goethe: Ihr seid mir ein schöner Freund! Was für einen Tag haben wir heute und welches Datum?

Rehbein: Den 27. August, Exzellenz.

Goethe: Nein, es ist der 28. und mein Geburtstag!

Rehbein: Ach was, Den vergesse ich nie; wir haben den 27.

Goethe: Es ist nicht wahr! Wir haben den 28.!

Rehbein (determiniert): Den 27.!

Goethe (klingelt. Karl tritt ein): Was für einen Datum haben wir heute?

Karl: Den 27., Exzellenz.

Goethe: Daß dich — Kalender her! (Karl bringt den Kalender.)

Goethe (nach langer Pause): Donnerwetter! Da habe ich mich umsonst besoffen!

Topf und Kessel. [Sept. 1818]

Zum Kessel sprach der neue Topf:
Was hast du einen schwarzen Bauch! —
„Das ist bei uns ein Küchgebrauch;
Herbei, herbei, du glatter Tropf,
Bald wird dein Stolz sich mindern.
Behält der Henkel ein klar Gesicht,
Darob erhebe du dich nicht,
Beseh nur deinen Hintern!"

Rechts-Beweis.

Der Storch, der sich von Frosch und Wurm
An unserm Teiche nähret,
Was nistet er auf dem Kirchenturm,
Wo er nicht hingehöret?

Dort klappt und klappert er genung,
Verdrießlich anzuhören;
Doch wagt es weder Alt noch Jung,
Ihm in das Nest zu stören.

Wodurch — gesagt mit Reverenz —
Kann er sein Recht beweisen:
Als durch die löbliche Tendenz,
Auf's Kirchendach zu . . . .

Die Frösche. [Gedruckt 1821]

Ein großer Teich war zugefroren;
    Die Fröschlein in der Tiefe verloren,
Durften nicht ferner quaken noch springen,
Versprachen sich aber, im halben Traum:
Fänden sie nur da oben Raum,
Wie Nachtigallen wollten sie singen!

Der Tauwind kam, das Eis zerschmolz.
Nun ruderten sie und landeten stolz
Und saßen am Ufer weit und breit
Und — quakten wie vor alter Zeit.

Die Hochzeit. [Gedruckt 1821]

Im Dorfe war ein groß Gelag,
    Man sagt', es sei ein Hochzeittag.
Ich zwängte mich in den Schenkensaal,
Da drehten die Pärchen allzumal,
Ein jedes Mädchen mit seinem Wicht;
Da gab es manch verliebt Gesicht.
Nun fragt' ich endlich nach der Braut —
Mir einer starr in's Angesicht schaut:

„Das mögt ihr von einem Andern hören!
Wir aber tanzen ihr zu Ehren,
Wir tanzen schon drei Tag und Nacht.
Und hat noch Niemand an sie gedacht."

Henriette Hunger. [1820]

Jena war Goethes Neben-Wohnort; Knebels Haus besuchte
er dort am häufigsten, fast ebenso oft dasjenige des Druckers
und Verlegers Frommann. Frau Johanna Frommann hatte
von 1817 an eine brave Köchin, namens Henriette Hunger; von
ihr erzählt der Sohn Frommann: „Als Goethe einmal längere
Zeit in dem uns benachbarten botanischen Garten wohnte, wo
er sich in den niedrigen, sehr einfachen Stuben mit der schönen
Aussicht höchst behaglich fühlte, erlaubte meine Mutter ihrer
Köchin, bei uns für ihn zu kochen."

Manches Jahr später war in einem Familienblatte von
dieser Henriette die Rede, als von einer Aufwärterin und
Verstorbenen. Dagegen wehrte sich die Achtzigjährige:

„Ich lebe noch, die alte Frau, die Sie Tod denken! Mein
altes Auge hat noch einmal aufgestrahlt, mein Wunsch war es
ja immer den leuten Wissen zu lassen was ich für Göhte that.
Mein Wunsch ist Erfüllt.

„Nun will ich Ihnen genau wissen lassen das ich nicht Aufwärterin war, ich war die Köchin bei Frommanns und Göhte
war ein treuer Freund zu Frommans.

„Alle Morgen 11 Uhr fuhr Göhte vor Und machten Seinen
Morgenbesuch. Wobei ich auch das Unglück hatte Göhte mit
Eine Butte Wasser zu überschitten. Göhte wollte mich die Thür
halten aus Bescheidenheit und ich ebenfals, ich versah das
Tembo und war in fallen und Göhte wolte mich halten und

bekam die Wasserbutte auf den Hals, ich zum Tode Erschrocken. Madam und Fräulein Frommann Kamen mit Tüchern und beseitigten das nasse Element. Göhte fuhr nach Haus um sich umzukleiden.

„Deßhalb gab es keine Feindschaft. Den andern Morgen war Göhte wieder da und lachte. Göhte war nachden in den botanischen Garten gezogen wolte aber nicht lange mehr in Jena bleiben, weil Ihn das Essen aus den Speisehäusern nicht Schmeckte. Frommanns wolten Göhte gerne für sich und Jena Erhalten, der Grund war das Essen wie anfangen, die Madam Frommann Eine sehr kluge Dame sann hin und her.

„Endlich kam sie auf Ihre Köchin, das war ich. Sie ließ mich in Ihr Zimmer kommen und sagte, ich habe ein großes anliegen an Dich was Göhte betrifft und Du die Hauptperson bist (Du die Hauptperson? dachte ich) willst Du für Göhte Kochen den Mittagstisch übernehmen Meine Speisekammer Steht Dir Ofen, thue Es, ich werde Dirs niemals vergessen.

„Nach langes Zureden gab ich mein Wort. An Göhte geschriben das Ihre Köchin für Ihn den Mittags Tisch über-nehmen wolte, mit Freuden Nehme ich dis An — war die Rückantwort.

„So kochte ich ein halbes Jahr für den Großen Mann zu danke. Göhte nahm sich gegen mich nicht als wäre ich Köchin sondern als wäre ich mehr, wenn ich mit meinen Zettel kam, lag Schon was Schönes da, anzusehn für mich, Kurz ich kam mich vor als gehörte ich der gelehrten Welt mit an. Gelegenheit hatte ich ja genug, große Männer zu sehn, ich sagte oft das Frommannsche Haus ist der Sitz der gelehrten Wissenschaft. Den alle großen Männer schienen sich in dem Hause wohlzu-fühlen. Nach dem verheurathete ich mich aber Konte den Tisch für Göhte nicht mehr besorgen. Weil die gefüllte Speisekammer nicht mit ging."

Lebensgenuß. [1820. '21]

Wie man nur so leben mag?
„Du machst dir gar keinen guten Tag!“ —
Ein guter Abend kommt heran,
Wenn ich den ganzen Tag getan.

Wenn man mich da und dorthin zerrt
Und wo ich nichts vermag,
Bin von mir selbst nur abgesperrt,
Da hab' ich keinen Tag.

Tut sich nun auf, was man bedarf
Und was ich wohl vermag,
Da greif' ich ein, es geht so scharf,
Da hab' ich meinen Tag.

Ich scheine mir an keinem Ort,
Auch Zeit ist keine Zeit,
Ein geistreich-aufgeschloss'nes Wort
Wirkt auf die Ewigkeit.

Panacee. [Gedr. 1823]

Sprich! wie du dich immer und immer erneu'st?“ —
„Kannst's auch, wenn du immer am Großen dich freu'st.
Das Große bleibt frisch, erwärmend, belebend;
Im Kleinlichen fröstelt der Kleinliche bebend.

Woher hat es der Autor? [Um 1824]

Von Wem auf Lebens- und Wissensbahnen
„Wardst du genährt und befestet?
Zu fragen sind wir beauftragt.“ —

Ich habe niemals danach gefragt,
Von welchen Schnepfen und Fasanen,
Kapaunen oder Welschenhahnen
Ich mein Bäuchlein han gemästet.

So bei Pythagoras, bei den Besten,
Saß ich unter zufriednen Gästen.
Ihr Frohmahl hab' ich unverdrossen,
Niemals bestohlen, immer genossen.

Ein Gruß an Goethe. [Juni 1823]

Ein appetitliches Mädel! dachte der alte Zelter allemal, wenn ihn die hübsche Lili Parthey in seiner berühmten Berliner Sing-Akademie begrüßte. „Und ein Goldfisch ist sie dazu. Na, wenn ich ein halbes Jahrhundert weniger auf dem Buckel hätte!" Und nach der Übung grüßte sie wieder so nett; er aber pilgerte zu einer Weinstube und summte irgend ein Trostlied seines großen Freundes vor sich hin. Und am nächsten Tage schrieb er diesem großen Freunde nach Weimar allerlei Scherze und vergaß auch die allerliebsten Frauenzimmerchen nicht, die ihm als Schülerinnen soviel Freude machten.

Und nicht bloß appetitlich und reich war Lili, sondern auch feurigen Herzens und fröhlichen Sinnes. Ihr Großvater, der Buchhändler Christoph Friedrich Nicolai, war durch ganz Deutschland berühmt gewesen wegen der platten Nüchternheit seiner zahlreichen Schriften; Nüchternheit und Langweiligkeit hatte die Enkelin von ihm gar nicht geerbt.

Eines Abends trat sie nach dem Singen auf Zelter zu. „Herr Professor, haben Sie etwas an Ihren Freund Goethe zu bestellen? Wir hoffen, ihn in Böhmen zu sehen."

„Sie Glückliche! Nun, bringen Sie ihm einen schönen Gruß!"

„Ist Das alles?"

340

„Na, ist Das nicht genug? Aber Sie haben recht. So
berühmte Leute sind verwöhnt. Also, bringen Sie ihm auch
einen Kuß!“

„Wird besorgt, Herr Professor!“ rief die Schelmin jubelnd
zurück.

*   *   *

Am 23. Juli 1823 war der ersehnte und doch auch ge-
fürchtete Tag gekommen, wo Lili ihre Bestellung ausrichten
konnte. Sie war mit ihrer Mutter und Tante in Marienbad;
die Fürstin von Hohenzollern und eine Gräfin, deren Namen
uns nicht berichtet ist, nahmen die wohlhabenden und gebildeten
Berlinerinnen unter ihren Schutz. Der Fürstin war es leicht,
die Bekanntschaft mit dem Geheimrat v. Goethe, der gleichfalls
zur Badegesellschaft gehörte, zu vermitteln.

Am genannten Tage gingen die Damen vom Brunnen zurück,
um bei der Fürstin zu frühstücken; dabei kamen sie an Goethes
Wohnung vorbei. Die Fürstin stellte sich mitten auf die Straße
und rief: „Herr v. Goethe!“

Der Gerufene erschien sogleich am Fenster; er war in einen
blendend weißen Schlafrock gekleidet und entschuldigte sich deshalb lächelnd, daß er noch „so morgendlich“ aussehe. Die Fürstin
antwortete sogleich mit einer Neckerei: er sei so ein berühmter
Wetterprophet; neulich habe sie sich darauf verlassen, als er
einen schönen Tag versprach, und da sei sie plitschennaß geworden!

„Ja, damals war ich auch noch jung, wenigstens einige
Tage jünger als heute, und junge Leute sind grausam.“

Nun erst stellte die Fürstin ihre Begleiterinnen vor, und
Lili rief hinauf, daß sie von Zelter grüßen solle.

„Da bringen Sie nicht nur einen schönen Gruß, sondern
auch eine schöne Stimme mit!“ rief er hinunter zu dem Mädchen,
das glückselig-anbetend zu dem alten, weißen Herrn in die

Höhe starrte. Die grausame Fürstin trieb schon zum Weiter-
gehen: sie wolle ihren Kaffee haben.

„Ich weiß, was Das sagen will," spottete Goethe. „Ich
hoffe, die angenehme Bekanntschaft, die ich von einiger Höhe
herab angefangen, in der Ebene fortzusetzen." — —

Gegen Mittag kam er zu den Damen. Lili wurde feuerrot,
als er eintrat; ihr war so merkwürdig um's Herz, wie wenn sie
sich in den Vierundsiebzigjährigen verlieben müßte. „Die Augen
sind unendlich schön," dachte sie, „es ist eine Milde darin und
ein Feuer, dergleichen habe ich noch nie gesehen. Gut, daß er
nicht dreißig Jahre jünger ist, sonst wäre es aus mit mir."

Goethe mußte auf dem Sofa sitzen, die Tante dazu, die
anderen Damen im Kreise ihm gegenüber. Lili mußte ihren Gruß
von Zelter wiederholen, und er schmunzelte: „Ja, Der schreibt
mir immer so viel von seinen schönen Schülerinnen; jetzt verstehe
ich erst recht, warum er so fleißig an sie denkt."

Nachher drängten die Damen, er solle doch endlich einmal
nach Berlin kommen, wo er so viele Verehrer habe.

„Nein, da hüte ich mich wohl!" rief Goethe aus.

„Haben Sie denn solche Antipathie gegen Berlin?" fragte
die Fürstin.

„Ach nein, im Gegenteil! Es würde mir nur zu gefährlich
werden, — und jetzt erst recht!" Dabei warf er einen Seitenblick
auf die neben ihm sitzende Lili, die aus dem Erröten nicht heraus kam.

„Nein, es geht nicht, ich würde am Ende den Rückweg nicht
wieder finden!"

Die Plauderei ging weiter. Von den Herrlichkeiten Berlins
kam man auf Rauch und andere Bildhauer und Maler, dann
auf das französische Theater. Goethe kennzeichnete die Schab-
lone, nach der Alles im französischen Trauerspiel herginge. Der
Held trage immer den Mantel auf der rechten Schulter, der
Vertraute auf der linken, und so seien sie sofort zu erkennen.

342

Dann schilderte er eine Szene aus Voltaires ‚Zaïre:‘ „Da war der alte Nerestan, — nun, der Mann war bei Jahren und man konnte ihm das Zittern nicht verargen; er hielt beide Hände in die Höhe und zitterte sehr. Die beiden Liebenden zu seinen Seiten taten im Feuer der Leidenschaft das Gleiche, — es war wirklich ein schöner Anblick, diese sechs zitternden Hände in der Luft zu erblicken. Und im Hintergrund stand ein Vertrauter. Der wurde auch von dem Hände-Aufheben angesteckt, und nun zitterten acht Hände vor den Augen der Zuschauer!“

Nach einer Stunde erhob sich Goethe. „Grüßen Sie Zelter recht hübsch von mir,“ sagte er freundlich zu seiner jungen Nachbarin, „und denken Sie auch ’mal an mich zurück!“

•   •   •

„Ach, nun habe ich ja meine Bestellung nicht vollständig ausgerichtet!“ seufzte Lili, als sich die Tür hinter dem Dichter schloß. „Ich sollte ihm ja auch einen Kuß bringen!“

„Was?“ rief die Fürstin, „das Beste haben Sie vergessen? Gleich laufen Sie ihm nach!“

Lili hatte nicht den Mut dazu, aber die Fürstin nahm sie an den Arm und zur Tür hinaus; auf der Hälfte der Treppe stand der alte Herr still, als er hinter sich rufen hörte: „Herr v. Goethe! Es ist noch etwas vergessen worden!“

Und nun sagte auch Lili tapfer: „Zelter hat mir nicht nur einen Gruß aufgetragen, sondern auch, — sondern auch, — was sich darauf reimt!“

Goethe zog das holde Mädchen an sich und küßte es. „Mein schöner Engel, Millionen Dank sage ich Ihnen!“ Und nun wollte er ihr die Hand küssen, aber Das wollte sie natürlich nicht leiden, und naiv hielt sie ihm statt der Hand noch einmal das Mäulchen hin.

343

„Den dritten müssen Sie Sich nun in Berlin holen!" sagte jetzt die Gräfin.

„Würde ich ihn bekommen?"

„O gewiß, mehr als einen!"

⋅

Am Nachmittag waren die Damen, wie ungefähr die ganze Badegesellschaft, am Brunnen, und plötzlich hieß es: „Mein Gott, da ist ja der Geheime Rat!" Denn es war etwas ganz Ungewöhnliches, daß Goethe um diese Zeit zur Quelle kam. Die Fürstin fing sogleich wieder an, ihn zu necken.

„Ei ei, Herr v. Goethe, was ist auf meiner Treppe geschehen? Was habe ich hören müssen?"

Der Alte machte eine klägliche Miene. „Ach erinnern Sie mich doch nicht an Das! Ich suche es ja zu vergessen!"

„Wie? Vergessen wollen Sie es?"

„Ja, Das war schlimm, sehr schlimm und sehr gefährlich!"

Bald schritt nun Lili an seiner Seite, wohl fünfviertel Stunden lang. Er zeigte ihr den Großherzog und den Erbgroßherzog von Weimar, Louis Bonaparte, Eugen Beauharnais und andere berühmte Leute, die ihn freundlich grüßten. Sie sah wohl, wie manche Frauen sie wegen ihres Begleiters neidisch ansahen, aber sie fühlte sich nicht ein bißchen stolz, sondern rief sich immer zu: „Halte dich fein in der Niedrigkeit!"

Wie entzückt war sie von seiner launigen Plauderei! Besonders das „ach ja," das er immer wieder in die Rede streute, fand sie reizend. Einmal fragte sie ihn nach einem der Vorübergehenden.

„Das ist ein großer Mann! Sein Ur-, Ur-, Ur-, Ur-AlterVater ist einmal gen Himmel gefahren und hat wohl auf Alle herabgesehen. Er heißt Henoch."

„War denn der Mann ein Luftschiffer?"

Goethe war von der naiven Frage belustigt.

„Wenn Sie dreißig bis vierzig Jahre früher geboren wären, was ich Ihnen aber gar nicht wünschen möchte, so würden Sie schon wissen, daß jener Gute nicht im Luftballon, sondern in den Büchern Mosis gen Himmel gefahren ist."

„Hieß denn Der nicht Elias?"

„Ja, später im Buch der Könige, da haben Sie recht. Aber Henoch unternahm dergleichen früher, im ersten Buche Mosis schon."

Lili schämte sich nun, daß sie sich so unwissend gezeigt habe. Aber Goethe meinte, die Bibelfestigkeit sei nicht so notwendig für sie. „Wie kann ein so schönes und junges Kind schon wissen, was sich mit den alten, uralten Erzvätern zugetragen hat!"

Bei solcher Ermunterung wurde Lili Parthey immer mutiger. „Wissen Sie wohl, warum wir hierher gekommen sind?" fragte sie.

„Nun?"

„Nur bloß, um Sie anzusehen."

Und nachher schwätzte sie:

„Wissen Sie wohl, daß ich eigentlich eine sehr alte Bekannte von Ihnen bin?"

Sehr verwundert sah er sie an: „Ei, und wie wäre denn Das?"

„Ich bin eigentlich die Lili aus Ihrem Park, aber ich habe leider keine Menagerie."

Die Tante stimmte hier dem kecken Mädchen bei, und Goethe lachte.

„Wie hieß die Fee? — Lili? — Fragt nicht nach ihr!

Kennt ihr sie nicht, so danket Gott dafür!" — —

Aber auch diese schöne Stunde mußte ihr Ende haben. Der greise Dichter schied mit Komplimenten, und Lili sah mit Entzücken, daß er sich noch zweimal nach ihr und ihren Begleiterinnen umsah. In höchster Extase kam sie nach Haus, und die halbe Nacht konnte sie nicht schlafen. Immer noch einmal wiederholte sie sich seine Worte, seine Blicke.

Goethe dagegen diktierte ruhig seinem Schreiber in's Tagebuch: „Nach Tische zu Fürstin Hohenzollern, wo Berlinische
Damen. Später bei der Quelle, wo ich dieselbigen Frauenzimmer wieder antraf.“

Aber am nächsten Tage schrieb er zu einem fertigen Briefe
an Zelter noch hinzu: „Das alles war geschrieben im Vorge-
gefühl, daß mir von Dir was besonderes Gute kommen werde,
und so kommt ein allerliebstes Kind, mir Gruß und Reim
bringend, wodurch ich mich überrascht und beinahe verwirrt fühlte.
Also den schönsten Dank zum Schluß!“ Und dann legte Goethe
noch eins seiner beliebten, mit einem Kranz umränderten Zettelchen
bei, das der Freund seiner Schülerin weitergeben sollte. Darauf stand:

      An Lili.

   Du hattest gleich mir's angetan,
   Doch nun gewahr' ich neues Leben;
   Ein süßer Mund blickt uns gar freundlich an,
   Wenn er uns einen Kuß gegeben.

                  M.-B. 23. 7. 23.

„Na warte!“ dachte der alte Zelter. „Den Zettel bekommt
die Lili nicht, ehe sie mir nicht Goethes Küsse wieder gegeben hat!“

Höpfners Tochter. [Juli 1823]

Als Goethes Lebensbericht ‚Dichtung und Wahrheit' heraus-
kam, fand man darin auch die Geschichte, wie er den
Professor Höpfner in Gießen unter der Maske eines armen
Studenten geneckt hatte. Der Professor war längst tot, aber
seine Tochter Marie, jetzt eine Geheime Kabinettsrätin v. Rehberg
in Hannover, las die Stelle und beschloß, ihren Vater zu rächen.
Zufällig reiste sie mit ihrem Gatten im Sommer 1823 nach
Marienbad, wo Goethe sich aufhielt.

Sie ließ sich bei ihm melden, aber nicht unter ihrem Namen, sondern als eine nahe Verwandte des Götzischen Hauses in Rüdesheim, und sie trat ganz in den Manieren einer rheinischen Frau Baas vor ihn hin. Goethe nahm sie denn auch als eine Landsmännin gut auf, fragte nach der Familie Götz, nach andern Freunden im Rheingau, nach dem Stand der Weinberge, und sie antwortete mit Eifer und Wichtigkeit. Dann kam sie auf die Krankheit, die er kürzlich durchgemacht hatte.

„Ach, sage Se mer doch, Ihr Exelenz, ob Se sich wieder recht gut befinde? Ach, wie wird sich mei Herr Vetter freie! Und viele, viele Leit werde sich freie. Is es denn wahr, daß Sie sich selbst kuriert habbe? Die Leit habbe sagt, die Dokter habbe Sie nicht ksund mache könne.“

Goethe kam nicht aus dem Lächeln über die komische Base und nötigte sie immer wieder auf's Kanapee. Unter anderem fragte er, ob sie in Marienbad bleibe.

„Ach nein, Ihr Exlenz! Sehen Se, ich reis' mit einem alten Herrn. Der hat abslut nich herkwollt; aber ich hab'n so viel kbitt, bis er's ktan hatt. Mer wolle nach Prag, Das soll ne schöne Stadt sein. Und nacher nach Dresden, da hatt's so viel schöne Bilder.“ . . . .

Endlich schied sie. Beim Abschiednehmen sagte sie, im Vorzimmer habe sie stehn lassen, was sie ihm vom Herrn Vetter mitgebracht: einen Krug Rüdesheimer und ein paar Steine, weil er ja so ein Narr für Steine sein solle.

Das war vormittags; am Nachmittage erschien die Geheimrätin Rehberg in ihrer wahren Gestalt und mit ihrem Gatten — und Goethe lachte mit ihr, daß ihr Spaß am Morgen geglückt war. Sie zeigte sich nun als eine aufmerksame Leserin seiner Werke; z. B. erinnerte sie ihn an einen merkwürdigen Satz: „Gott segne die Pedanten, da sie soviel Nützliches beschicken!“

„Ja,“ erwiderte Goethe freundlich, „Das schickt sich wohl für mich, die Partie der Pedanten zu übernehmen, da ich selbst einer bin.“

Er schrieb sich in ihr Reise-Stammbuch und gab ihr bei'm Abschied noch zwei Steine aus seiner „närrischen Sammlung" als Andenken mit.

Was es denn für welche seien?

„Ich nenne sie Ihnen nicht. Wir haben auch unsere Geheimnisse, liebe Dame! Fragen Sie nur einen Mineralogen!"

Sie tat es bei nächster Gelegenheit. Der eine hieß Pyroxene, der Feuergast; der andere Amphibole, die Zweideutige.

„Da hatte ich also meine gnädige Strafe."

Tadler und Widersacher. [1800—1830]

„Was willst du, daß von deiner Gesinnung
    Man dir nach in's Ewige sende?" —
Er gehörte zu keiner Innung.
Blieb Liebhaber bis an's Ende.

In keiner Gilde kann man sein,
Man wisse denn zu schultern fein.
Das, was sie lieben, was sie hassen,
Das muß man eben geschehen lassen;
Das, was sie wissen, läßt man gelten.
Was sie nicht wissen, muß man schelten,
Althergebrachtes weiterführen,
Das Neue klüglich retardieren:
Dann werden sie dir zugestehn,
Auch nebenher deinen Weg zu gehn.

Doch würden sie, könnt' es gelingen,
Zum Widerruf dich pfäffisch zwingen.

Die Deutschen sind ein gut Geschlecht,
Ein jeder sagt: Will nur, was recht;

348

Recht aber soll vorzüglich heißen,
Was ich und meine Gevattern preisen
Das Übrige ist ein weitläufig Ding,
Das schätz' ich lieber gleich gering.

Annonce:

„Ein Hündchen wird gesucht,
Das weder murrt, noch beißt.
Zerbrochene Gläser frißt
Und Diamanten . . . ."

Wie gerne säh' ich Jeden stolzieren,
Könnt' er das Pfauenrad vollführen.

Warum nur die hübschen Leute
Mir nicht gefallen sollen? —
Manchen hält man für fett,
Er ist nur geschwollen.

Ich bin euch sämtlichen zur Last,
Einigen auch sogar verhaßt;
Das hat aber gar nichts zu sagen:
Denn mir behagt's in alten Tagen,
So wie es mir in jungen behagte,
Daß ich nach Alt und Jung nicht fragte.

Sollen dich die Dohlen nicht umschrei'n,
Mußt nicht Knopf auf dem Kirchturm sein.

„Sonst warst du so weit vom Prahlen entfernt,
Wo hast du das Prahlen so grausam gelernt?" —
Im Orient lernt' ich das Prahlen.

Doch seit ich zurück bin, im westlichen Land,
Zu meiner Beruhigung find' ich und fand
Zu Hunderten: Orientalen.

—————

Ich habe nie mit euch gestritten,
Philisterpfaffen! Neiderbrut!
Unartig seid ihr, wie die Britten,
Doch zahlt ihr lange nicht so gut.

—————

Was ist ein Philister?
Ein hohler Darm,
Mit Furcht und Hoffnung ausgefüllt,
Daß Gott erbarm'!

—————

„Wir haben dir Klatsch auf Geklatsche gemacht,
          Wie schief!
Und haben dich schnell in die Patsche gebracht,
          Wie tief!
Wir lachen dich aus,
Nun hilf dir heraus!
          Ade!"

Und red' ich dagegen, so wird nur der Klatsch
          Verschlimmert.
Mein liebliches Leben, im nichtigen Patsch,
          Verkümmert.
Schon bin ich heraus;
Ich mach' mir nichts draus.
          Ade!

Wollt', ich lebte noch hundert Jahr'
Gesund und froh, wie ich meistens war;
Merkel, Spazier und Kotzebue
Hätten auch so lange keine Ruh,

Müßten's kollegialisch treiben,
Täglich ein Pasquill auf mich schreiben.
Das würde nun für's nächste Leben
Sechsunddreißigtausend fünfhundert geben,
Und bei der schönen runden Zahl
Rechn' ich die Schalttäg nicht einmal.
Gern würd' ich dieses holde Wesen
Zu Abend auf dem . . . . lesen,
Grobe Worte, gelind Papier
Nach Würdigkeit bedienen hier;
Dann legt' ich ruhig, nach wie vor,
In Gottes Namen mich auf's Ohr.

„Ein Schnippchen schlägst du doch im Sack,
Der du so ruhig scheinest;
So sag' doch frank und frei dem Pack,
Wie du's mit ihnen meinest!" —

Ich habe mir mit Müh' und Fleiß
Gefunden, was ich suchte:
Was schiert es mich, ob Jemand weiß,
Daß ich das Volk verfluchte.

Für mich hab' ich genug erworben,
Soviel auch Widerspruch sich regt;
Sie haben meine Gedanken verdorben
Und sagen, sie hätten mich widerlegt.

„Sagt! wie könnten wir das Wahre —
Denn es ist uns ungelegen —
Niederlegen auf die Bahre,
Daß es nie sich möchte regen?"

Diese Mühe wird nicht groß sein
Kultivierten deutschen Orten;
Wollt ihr es auf ewig los sein,
So erstickt es nur mit Worten!

Jeder solcher Lumpenhunde
Wird vom zweiten abgetan;
Sei nur brav zu jeder Stunde,
Niemand hat dir etwas an.

Freund, wer ein Lump ist, bleibt ein Lump,
Zu Wagen, Pferd' und Fuße;
Drum glaub' an keinen Lumpen je,
An keines Lumpen Buße.

„So sei doch höflich!" — Höflich mit dem Pack?
Mit Seide näht man keinen groben Sack.

Nicht Augenblicke steh ich still
Bei so verstockten Sündern,
Und wer nicht mit mir schreiten will,
Soll meinen Schritt nicht hindern.

„Die Feinde, sie bedrohen dich,
Das mehrt von Tag zu Tage sich:
Wie dir doch gar nicht graut!" —
Das seh' ich alles unbewegt,
Sie zerren an der Schlangenhaut,
Die jüngst ich abgelegt.
Und ist die nächste reif genung,
Abstreif' ich die sogleich
Und wandle neu belebt und jung
Im frischen Götterreich!

Goethe 1831
Zeichnung von K. A. Schwerdtgeburth

„Triebſt du doch bald Dies, bald Das!
War es ernſtlich? war es Spaß?" —
Daß ich redlich mich befliſſen,
Was auch werde, Gott mag's wiſſen!

Hätte Gott mich anders gewollt,
So hätt' er mich anders gebaut;
Da er mir aber Talent gezollt,
Hat er mir viel vertraut.
Ich brauch' es zur Rechten und Linken,
Weiß nicht, was daraus kommt;
Wenn's nicht mehr frommt,
Wird er ſchon winken.

Die Mutterſprache. [Mai 1824]

Zu Goethes Zeit ſprach jeder Deutſche noch mundartlich, beſonders ſtark in Mittel- und Süddeutſchland, während die Norddeutſchen etwas „reiner" ſprachen, wenn ſie ſtatt ihres Plattdeutſchen ein angelerntes Hochdeutſch gebrauchten. Schiller behielt ſein Schwäbiſch in auffälligem Maße bei. Wieland ſchwäbelte etwas milder; Goethe ſprach für damalige Verhältniſſe ſehr rein; nur wenn er ſich gemütlich gehen ließ oder wenn er in Haſt geriet, klang es recht frankfurtiſch: „Ja, Das mein' ich wohl, daß er nit was Gutes ſchafft" oder „Auguſt, geh, der König von Bayern will ä Glas Waſſer habbe." Zu Jakob Grimm ſagte er einmal, als vom mundartlichen Sprechen die Rede war: „Man ſoll ſich ſein Recht nicht nehmen laſſen! Der Bär brummt nach der Höhle, in der er geboren iſt." Als er von Frankfurt nach Weimar kam, ſchrieb er ſogar in Briefen noch manchmal mundartlich: „Ich laſſ' nit los, wenn's nit gar dumm geht!"

Unleidlich aber iſt die Mundart auf der Bühne, und doch zeigte damals noch die Mehrzahl der Schauſpieler ſtark die Heimat. Die Leute Bellomos, die von 1784—90 die weimariſchen

Theaterfreunde unterhielten, sprachen und sangen „eeſtreichſch."
Als Goethe ſelber das Theater leitete, hatte er mit den Schau-
ſpielern aus Oberdeutſchland ſeine liebe Not, nicht minder aber
mit den neu hinzutretenden aus Weimar und der Nachbarſchaft.
Dieſe ſchienen B und P und ebenſo D und T für die gleichen
Laute zu halten und ſagten Bein ſtatt Pein, Baß ſtatt Paß,
Teckel ſtatt Deckel. Ein Held, der von einem jungen Frauenzimmer mit Vorwürfen überſchüttet wurde, wollte ihr ungeduldig
zurufen: „O ende!" Es erklang aber: „O Ente!" Statt Küſten-
bewohner hörte man Kiſtenbewohner, ſtatt Türſtück Tierſtück,
ſtatt gründlich grindlich, ſtatt Trübe Triebe, ſtatt Ihr müßt Ihr
Miſt; das Gartenhaus wurde Kartenhaus, die Gaſſe Kaſſe, die
Gunſt Kunſt, das Glauben ein Klauben.

Eines Tages zu jener Zeit, als Goethe nur noch ſelten in's
Theater kam, erzählte ihm Eckermann ein paar neue Stücke. Eine
verfolgte Unſchuld wollte einem Manne ſagen: obwohl er ihr unbekannt ſei, habe ſie keine Angſt vor ihm, denn ſie vertraue dem Edelmut ſeiner Züge. Aber ſie ſagte: „Ich ſetze mein ganzes Vertrauen
in den Edelmut Deiner Ziege." Ein andermal ſah ein Schauſpieler den Gram ſeiner Gegenſpielerin und ſprach: „Dein Kram
geht mir zu Herzen."

„Dergleichen Verwechſlungen von G und K", verſetzte Goethe,
„hören wir auch von Theologen. Als ich vor einigen Jahren
mich einige Zeit in Jena aufhielt und im ‚Gaſthof zur Tanne'
logierte, ließ ſich eines Morgens ein Studioſus der Theologie
bei mir melden. Nachdem er ſich eine Weile mit mir ganz
hübſch unterhalten, rückte er beim Abſchiede mit einem Anliegen
ganz eigner Art hervor. Er bat mich nämlich, ihm doch am
nächſten Sonntage zu erlauben, ſtatt meiner predigen zu dürfen.
Ich merkte ſogleich, woher der Wind wehte; ich erwiderte ihm
alſo mit aller Freundlichkeit, daß er ſeinen Zweck gewiß erreichen würde, wenn er die Güte haben wollte, ſich an den
Archidiakonus Koethe zu wenden."

Der Kutscher als Bote. [Um 1825]

In Weimar gab es einen Rat Schellhorn und einen Hofmusikus Haase; die Beiden waren leicht zu unterscheiden,
aber der Kutscher König warf sie doch durch einander.

Eines Tages sollte in Goethes Hause ein Quartett gespielt
werden; man brauchte dazu das Cello des Hofmusikus Haase;
König ward geschickt, es zu holen.

Er kommt mit leeren Händen wieder: „Ich soll ein schön
Kumpelment an den Herrn Geheimrat bestelle und Herr Rat
Schellhorn wißte nischt von en Hasen."

Goethe lachte hell auf.

„Du sollst mir künftig alle meine Kommissionen besorgen!
Aber nun gehe auch zum Herrn Haase und bitte ihn um ein
Schellhorn! Hast Du verstanden?"

Lebensregeln. [1815—1830]

Gott hat die Gradheit selbst an's Herz genommen:
Auf gradem Weg ist Niemand umgekommen.

Sei du im Leben wie im Wissen
Durchaus der reinen Fahrt beflissen;
Wenn Sturm und Strömung stoßen, zerr'n,
Sie werden doch nicht deine Herrn;
Kompaß und Pol-Stern. Zeitenmesser
Und Sonn' und Mond verstehst du besser,
Vollendest so nach deiner Art
Mit stillen Freuden deine Fahrt.
Besonders wenn dich's nicht verdrießt,
Wo sich der Weg im Kreise schließt:
Der Weltumsegler freudig trifft
Den Hafen, wo er ausgeschifft.

Wie fruchtbar ist der kleinste Kreis,
Wenn man ihn wohl zu pflegen weiß!

―――――

„Ich zieh' in's Feld:
Wie macht's der Held?" ―
Vor der Schlacht hochherzig,
Ist sie gewonnen, barmherzig,
Mit hübschen Kindern liebherzig;
Wär' ich Soldat,
Das wär' mein Rat.

―――――

„Gieb eine Norm zur Bürgerführung!" ―
Hienieden
Im Frieden
Kehre Jeder vor seiner Türe;
Bekriegt,
Besiegt,
Vertrage man sich mit der Einquartierung.

―――――

Sie schelten einander Egoisten;
Will Jeder doch nur sein Leben fristen!
Wenn Der und Der ein Egoist,
So denke, daß du es selber bist.
Du willst nach deiner Art bestehn,
Mußt selbst auf deinen Nutzen sehn!
Dann werdet ihr das Geheimnis besitzen,
Euch sämtlich untereinander zu nützen;
Doch Den laßt nicht zu euch herein,
Der Andern schadet, um etwas zu sein.

―――――

Hat Welscherhahn an seinem Kropf,
Storch an dem Langhals Freude;
Der Kessel schilt den Ofentopf,
Schwarz sind sie alle beide.

――― ― ―

Verfahre ruhig, still,
Brauchst dich nicht anzupassen!
Nur wer was gelten will,
Muß Andre gelten lassen.

———————

„Du gehst so freien Angesichts,
Mit muntern offnen Augen!" —
Ihr tauget eben alle nichts,
Warum sollt' ich was taugen?

— — —

Ich bin so guter Dinge,
So heiter und rein.
Und wenn ich einen Fehler beginge,
Könnt's keiner sein.

——— ———

Fehlst du, laß dich's nicht betrüben,
Denn der Mangel führt zum Lieben.
Kannst dich nicht vom Fehl befrei'n,
Wirst du Andern gern verzeih'n.

———

An unsers himmlischen Vaters Tisch
Greift wacker zu und bechert frisch:
Denn Gut' und Böse sind abgespeist
Wenn's: Jacet ecce Tibullus! heißt!
          [Hier ruht . . . . .]

———————

Und wo die Freunde verfaulen,
Das ist ganz einerlei,
Ob unter Marmorsaulen
Oder im Rasen frei.

———————

Der Lebende bedenke,
Wenn auch der Tag ihm mault,

Daß er den Freunden schenke,
Was nie und nimmer fault.

――――

Lieb' und Leidenschaft können verfliegen,
Wohlwollen aber wird ewig siegen.

――――

Wie das Gestirn,
Ohne Hast,
Aber ohne Rast,
Drehe sich Jeder
Um die eigne Last.

――――

Will einer sich gewöhnen,
So sei's zum Guten, zum Schönen!
Man tue nur das Rechte:
Am Ende duckt, am Ende dient der Schlechte.

――――

Liegt dir Gestern klar und offen,
Wirkst du Heute kräftig frei:
Kannst auch auf ein Morgen hoffen,
Das nicht minder glücklich sei.

――――――――――――――――――――――――――――

An die Karnevalsgesellschaft zu Köln. [Fastnacht 1825]

Aus der Antwort auf ihre Einladung:

Löblich wird ein tolles Streben,
  Wenn es kurz ist und mit Sinn.
Heiterkeit zum Erdeleben
Sei dem flüchtigen Rausch Gewinn!

Häufet nur an diesem Tage
Kluger Torheit Vollgewicht,
Daß mit uns die Nachwelt sage:
Jahre sind der Lieb' und Pflicht!

„Das ist ja recht schön.“ [22. Februar 1827]

Um 1827 war Auguste Sutorius (die nachmalige Frau Theodor Dörings) am weimarischen Theater als Soubrette angestellt; ein in Weimar gastierender Schauspieler von Ruf, Georg Wilhelm Krüger, erhielt die Erlaubnis, diese junge, schon beliebte Schauspielerin zum alten Dichter zu führen.

Als er sie vorstellte, erwähnte er, sie habe auch schon die Sophie in den ‚Mitschuldigen‘ gespielt — doch rasch unterbrach ihn die Sutorius:

„Ach, ich bitt’ Ihnen, Herr v. Krüger, reden’s mir nit von dem grauslichen Stück! Das ist mir meine zuwiderste Rolle!“

Krüger blickte in höchster Verlegenheit auf den Dichter der ‚Mitschuldigen‘, den die Sutorius, die sich nie um die Verfasser der Theaterstücke kümmerte, natürlich nicht kannte. Goethe aber verzog keine Miene und antwortete mit antiker Ruhe:

„Nun — Das ist ja recht schön!“

Der Denker. [17. Okt. 1827]

Eines Tages brachte der alte Goethe einen Gast an den Tisch und versäumte, ihn seiner Schwiegertochter vorzustellen, oder aber sie verstand den Namen nicht. Während des Essens verhielt sich Goethe ziemlich schweigsam, wahrscheinlich um dem Gast desto mehr Raum zu geben, der ein sehr beredter Mann war und in höchst wunderlich verschlungenen Satzformen die schwierigsten Gegenstände der Philosophie behandelte. Dieser Mann hatte eine völlig neue Benennungsweise für viele Dinge, brauchte seltsame Formeln für seine Gedanken und sprang so schnell von einem abgezogenen Begriff zum andern, daß seine Zuhörer bald in der Aufmerksamkeit erlahmten und nur noch seinen Redefluß bewunderten. Frau v. Goethe sah ihren Schwiegervater zu-

weilen fragend an und wußte nicht, was sie von der Sache
denken sollte.

Als die Tafel aufgehoben und der Gast gegangen war,
fragte Goethe seine Tochter:

„Nun, wie hat er dir gefallen?"

„Eigen! Ich weiß nicht: ist er sehr geistreich oder wirr
im Kopfe? Er machte mir den Eindruck eines unklaren Denkers!"

Goethe lächelte ironisch:

„Nu, nu! wir haben mit dem berühmtesten Philosophen
unserer Zeit gespeist! Mit Georg Friedrich Wilhelm Hegel."

Der Advokat. [1827]

Der Buchhändler Frommann führte dem alten Herrn einen
jungen Rechtsanwalt aus Osnabrück, namens Stüve, zu.
Stüve hat sich später um seine Vaterstadt und sein hannöver-
sches Vaterland große Verdienste erworben: als Bürgermeister,
Minister und Volkserzieher; bei Goethe empfahl sich der
Dreißigjährige durch seine klugen Berichte über Osnabrück,
das Goethe als Justus Mösers Heimat wert hielt, und durch
die treffliche Gesinnung, die wie ein Erbteil Mösers erschien.

Zum Schluß des Gesprächs kam Goethe auf die Person
Stüves zurück.

„Also, Sie sind Advokat. Das heißt: einer, der aus jeder
Sache etwas zu machen weiß . . ."

„Entschuldigen Exzellenz . . ."

„Recht so! Ein Advokat darf niemals etwas zugeben!"

Geständnis. [Gedr. 1827]

Wir: Du toller Wicht, gesteh' nur offen:
     Man hat dich auf manchem Fehler betroffen!

Er: Ja wohl! doch macht' ich ihn wieder gut.

360

Wir: Wie denn?

Er: Ei, wie's ein Jeder tut!

Wir: Wie hast du denn Das angefangen?

Er: Ich hab' einen neuen Fehler begangen:

Darauf waren die Leute so versessen,

Daß sie des alten gern vergessen!

Erinnerung.   [Bekannt seit 1830]

Er: Gedenkst du noch der Stunden,
Wo Eins zum Andern drang?

Sie: Wenn ich dich nicht gefunden,
War mir der Tag so lang.

Er: Dann herrlich! ein Selbander,
Wie es mich noch erfreut!

Sie: Wir irrten uns an einander:
Es war eine schöne Zeit!

Wer hat Recht?   [Gedr. 1833]

Mein Beichtiger, mein Beichtiger,
Mein Beichtiger sagt: „Bruder,
Für deine Sünden faste mir
Den vollen langen Tag!"

Marguita doch, Marguita doch,
Marguita sagt: „Mein Schätzchen,
Komm abends, komm, zum Essen komm!" —

Der Teufel hol' den Beichtiger!

Plauderstunden.   [1828—32]

Viele, die den alten Dichter besuchten, fanden den rechten
Ton nicht, sondern langweilten ihn durch ihre gekünstelten
Redensarten oder ihre stumme Bewunderung. Kam aber ein

angenehmer Gast, ein frischer, tüchtiger, natürlicher Mensch, so taute der alte Herr auch auf und dann sagte er manch geistreiches Wort und erzählte manche hübsche Geschichte.

Mit dem Musikgelehrten Friedrich Rochlitz aus Leipzig stand er einst vor einem Beete in seinem Garten; es war ein ziemlich großes, rechteckiges Beet, ganz dicht bepflanzt mit weißen .Lilien, die jetzt gerade blühten, Krone an Krone. Rochlitz bewunderte das ungewohnte Gartenbild. „Ja," sagte Goethe, „Das war auch so ein Einfall! Das ist Etwas, was mir vor einem halben Jahrhundert in anderer Gestalt gar zu wohl gefallen hat: eine wilde Unschuld!"

Mit demselben Freunde kam er auf die frühere Königin Karoline von Neapel zu reden, eine Schwester der Maria Antoinette. „Sie war in anderen Umständen als ihr Land," begann er seine Geschichte, „in gesegneten nämlich."

Ein andermal erzählte er von einem alten eigensinnigen, halb tollen sächsischen Herzoge, wie es deren mehrere gegeben hat. Man suchte diesen einst von einem Plane abzubringen und redete ihm zu: er möge doch Dies bedenken und Jenes überlegen. „Ach was!" rief der Fürst, „ich will nichts bedenken und überlegen — wozu wäre ich denn sonst ein Herzog von Sachsen!"

Eine sächsische Herzogin schien er in einer anderen Geschichte zu meinen, wo er die Personen nicht nannte; vielleicht spielt sie in Gotha. „Ich ging mit einem Freunde abends im Hofgarten spazieren. Dabei bemerkten wir in einem Baumgange in einiger Entfernung von uns einen Herrn und eine Dame, die uns nach ihrer Gestalt sehr wohl bekannt waren. Sie schienen wie wir in ruhigem Gespräch begriffen. Auf einmal wenden sie die Köpfe zueinander, geben sich einen kräftigen Kuß und gehen dann weiter wie zuvor. „Haben Sie's gesehen!" ruft mein Begleiter, ganz entsetzt, mir halblaut zu. „Ja," ich hab' es gesehen," antwortete ich ruhig, „aber ich glaube es nicht."

Am gothaischen Hofe verbrachte der Baron Grimm seine

Altersjahre, ein Deutscher, der sich jedoch als französischer Schriftsteller ausgezeichnet hatte, ein Freund Rousseaus, Diderots und anderer Berühmtheiten; auch war er gothaischer Geschäftsträger in Paris gewesen. „Wir saßen einst mit Grimm zu Tische," erzählte Goethe, „als die Rede auf Spitzen kam; da rief Grimm aus: »Ich wette, daß kein Fürst in Europa so kostbare Busen- und Handkrausen besitzt wie ich und soviel dafür ausgegeben hat!« Wir hörten Das mit Verwunderung, besonders wurden die Damen neugierig. Grimm stand auf und holte aus seinem Schranke die Spitzen herbei, die er meinte; sie waren in der Tat sehr prächtig. wir bewunderten sie einmütig, aber wir schätzten sie doch nur auf 60 oder 100 oder höchstens 200 Louisdor. »Weit gefehlt!« rief Grimm. »Ich habe 250 000 Franken dafür gezahlt und war noch froh, daß ich sie dafür bekam! Denn am nächsten Morgen waren meine 250 000 Franken völlig wertloses Papier.«" Es handelte sich nämlich um „Assignaten", jenes Papiergeld der französischen Revolution, das so rasch seinen Wert verlor.

Auf die preußischen Könige kam einmal die Rede, und Goethe erzählte von einem Besuche, den Friedrich Wilhelm der Dritte in Weimar abstattete. „Ich, der ich in jener Zeit noch zu Hofe ging, begegnete auf dem Heimwege einem alten Leineweber, der früher, als ich eine kleine ländliche Besitzung (in Oberroßla bei Apolda) gehabt, dort mein Nachbar gewesen war. »Nun, mein Alter« sprach ich ihn an, »Ihr seid denn auch hereingekommen, den König zu sehen?« — »Ja, Herr Geheemrat,« antwortete der Weber; »aber Das is ja nischt! Ich dachte, s' sollte der ahle Fritze sein!«"

Zu seinem Geburtstage wurden dem „Dichterkönig" von den zahlreichen weimarischen Auch-Dichtern gewöhnlich Verse überreicht, die überfüllt waren von Versicherungen der Bewunderung und Verehrung. Einmal war ein Gedicht darunter, in dem Goethe so ziemlich mit dem lieben Gott gleichgestellt wurde, weil er dieselbe Schöpferkraft in seinen Werken beweise. Goethe las es und schmunzelte. „Die Andern", meinte er dann, „werfen mir doch nur Bonbons an den Kopf. Dieser aber nimmt gleich die ganze Zuckerdüte."

Im gleichen Maße, wie den alten Goethe, liebte und bewunderte man in Weimar zwischen 1825 und 30 auch eine Gruppe von jungen, oft recht unbedeutenden Menschen: die Engländer, die sich ihrer Ausbildung und des Zeitvertreibs halber in diesem berühmten Städtchen aufhielten und bei Hofe und in allen feinen Häusern ohne weiteres Zutritt hatten. Sie zeichneten sich in mancher Hinsicht sicherlich vor ihren deutschen Altersgenossen aus, und Goethe sprach sehr ernsthaft über diese Vorzüge der Engländer, aber die weimarischen Damen bewunderten und verhätschelten die Fremdlinge doch allzu blind. Besonders Goethes Schwiegertochter Ottilie trieb den Engländer-Kultus wie eine Lebensaufgabe; sie nannte sich selbst den britischen Konsul in Weimar.

Einst beschwerte sich der Dichter Holtei an Goethes Tische über das sehr ungenierte Benehmen der Söhne Albions auf dem letzten Hofballe, und Goethes Arzt Dr. Vogel unterstrich seine Kritik. Zum Beispiel hätten sich einige Engländer in den Tanzpausen auf den Sofas längelang hingeräkelt, während ihre Damen vor ihnen gestanden.

Aber Frau Ottilie ließ sich nicht irremachen. „Schon längst", antwortete sie, „habe ich der Großmama" — Das war die Oberhofmeisterin Gräfin Henckel — „gesagt, daß die Kanapees in diesem Saale des Schlosses völlig unbrauchbar sind. Sie stecken so tief in der Mauer und haben eine solche Tiefe, daß man, wenn man bequem darauf sitzen will, in eine liegende Stellung gerät."

„Nun, ich weiß doch nicht," widersprach Dr. Vogel, „ich habe neulich mit der Geheimrätin v. X. darauf gesessen, und . . ."

„Und?" unterbrach ihn Goethe: „Ihr bekamt keine Lust, euch zu legen? O ihr guten Kinder!" —

„Nun hören Sie," erzählte Goethe ein ander Mal, „was
meine Ottilie für sonderbare Schutzbefohlene hat! Gestern bittet
sie mich angelegentlichst, einen jungen Engländer anzunehmen:
es sei ein geistreicher, liebenswürdiger, sehr unterhaltender, lebhafter junger Mann. Da mußte ich, so ungern ich es tat, mich
fügen. So willst du doch, dachte ich, einmal von dieser geistreichen, liebenswürdigen, lebhaften Unterhaltung profitieren und
selber kein Wort sprechen.

„Der junge Mann wird mir gemeldet. Ich trete zu ihm
heraus, nötige ihn mit höflicher Pantomime zum Niedersetzen.
Er setzt sich. Ich mich ihm gegenüber. Er schweigt. Ich schweige.
Wir schweigen beide.

„Nach einer guten Viertelstunde — vielleicht auch nicht
ganz so lange — steh' ich auf. Er steht auf. Ich empfehle
mich wiederum pantomimisch. Er tut Dasselbe, und ich begleite
ihn bis an die Tür.

„Nun schlug mir doch das Gewissen vor meiner guten
Ottilie, und ich denke: ohne irgendein Wort darfst du ihn wohl
nicht entlassen.

„Ich zeige also auf Byrons Büste und sage: »Dies ist die
Büste des Lord Byron.«

»Ja,« sagte er, »er ist tot.«

„So schieden wir. Und Dies ist Alles, was ich von diesem
geistreichen, liebenswürdigen, lebhaften, gesprächigen Engländer
erfahren habe."

Berliner Geschichten.

Freund Zelter verstand es unter allen Menschen am besten,
den alten Goethe aufzuheitern. Seine Besuche waren Feste;
wenn sich in Goethes Hause Trauriges ereignete, wünschten die
Freunde, daß doch Zelter bald käme. Aber auch von seinen
Briefen ging Kraft und Munterkeit aus. Sein Stil war von

bester berlinischer Art. Als er sich auf die Zeit besann, wo er Goethe von Angesicht kennen lernte, schilderte er sich: „Ich war wie das Kalb, das aus der Kuh kommt, als wenn ich zum ersten Mal die Sonne sähe! Ich hatte 54 Gesellen in Arbeit und 11 lebende Kinder zu Hause gelassen." Ein anderes Mal hatte er von einem neuen Stücke nur die drei letzten Akte gesehen. „Nun dusele ich umher wie ein kreißendes Weib, um mir die fehlenden zwei Fünftel selber zu gebären." 1825 charakterisiert er die damals schon beginnende Jubiläumswirtschaft: „Unsere Speisewirte und Hoftraiteurs sind bemüht, das Andenken der großen Geister durch Mittagsnachtmahle zu begehen, wobei denn der Kelch das Beste tun muß. Vorgestern mußte Mozart herhalten." Ein ander Mal bittet er: „Schreib' nur bald wieder; wenn mir der Briefträger Deinen Brief bringt, macht er ein Gesicht, als wenn ich sein Mädchen wäre." Tiedges ‚Urania' und sonstige Gedichte, die zu seiner Zeit hoch berühmt waren, nennt er „Mineralbrunnenkurpoesie", wogegen er die Sprache im ersten Teil des ‚Faust' so zeichnet: „Und das linde, liebe, reine, freie Wort, kräftig, süß und fließend wie ein vielstimmiger Gesang über tiefe Grundharmonie."

Was erzählte er nun seinem heißgeliebten Weimarischen Freunde, um ihm Spaß zu machen? Wenn wir seine Geschichtchen betrachten, werden wir sehen, womit im ersten Drittel des neunzehnten Jahrhunderts das gemütliche Berlin sich unterhielt, und was davon dem größten Geiste der Zeit gefallen sollte. —

Travestien, Parodien, Karikaturen mochte Goethe nicht leiden, aber die neuen Berliner Wortwitze und Wortverdrehungen teilt ihm Zelter mit. Ein Jude nahm ein frommes Buch zur Hand und las die Überschriften: Gebet am Sonntage, Gebet am Montage, Gebet am Dienstage ... Ärgerlich warf er es fort: „Zum Kuckuck das ewige Gebet!" — Als Goethes Festspiel ‚Des Epimenides Erwachen' aufgeführt wurde, dem

366

es an Dunkelheiten nicht fehlte, machte der Berliner aus dem
Helden: „J wie meenen Sie Des?" und als Jemand heftig
gegen das Stück schrieb, riefen sie aus: „J wie gemeen is Des!" —
Der große Landwirt Thaer, der auch um die Züchtung guter
Wollschafe verdient war, feierte 1824 ein Jubelfest; Goethe
dichtete ein Lied dazu, Zelter komponirte es und übte es den
versammelten Bauern und Edelleuten ein; dabei kam die
berlinische Benennung des großen Schafzüchters heraus: Woll-
Thaer. — Bald darauf gastierte eine schöne Madame Neumann aus
Karlsruhe, die vordem in Berlin der Liebling sämtlicher alten
Ärzte gewesen war; die „medizinische Venus" wurde ihr Titel. —
Zelter selber hieß Schelter. — 1831 litt Berlin sehr unter der
Cholera, aber auch sie war vor den Witzigen nicht sicher.
„Santé n'est pas santé (sans t), cholera-morbus est santé (sans t)"
hieß es. Da man an den Leistungen der Ärzte viel auszusetzen
hatte, entstand die Scherzfrage: warum die Cholera sich nur so
kurze Zeit in Berlin aufgehalten? Antwort: Eine so schlechte
Behandlung habe sie nirgends erfahren. — Und dann erzählte
man vielleicht von jenem Ackerknecht in der Uckermark, den der
Kreisarzt für tot erklärt hatte, weil er an der Cholera erkrankt
war und starr dalag. Man legte den vermeintlichen Leichnam
auf die Tenne. In der Nacht richtet er sich auf, geht an's
Haus, klopft und ruft seine Frau. Diese antwortet ihm in ihrer
Herzensangst von innen: „Vaderken, blief doch da! du bist
ja doht!"

Eine andere Geschichte vom Erschrecken betraf eine Madame
Meyer. Nachts um Drei wacht sie plötzlich durch ein Geräusch
auf: vor ihr steht eine lange dunkle Gestalt mit langem Spieße
und eiserner Sturmhaube. Sie schreit laut und fleht um ihr Leben;
die Gestalt spricht: schon gut! schon gut! und verschwindet rückwärts. Nun erscheint das ganze Haus in Nachtgewändern
das Dienstmädchen aber sagt ganz gelassen: „Erschrecken
Sie nicht, Madame! Ich fürchtete die Stunde zu verschlafen

und habe den Nachtwächter bestellt, mich zur großen Wäsche zu wecken; der gute Mann hat meine Tür verfehlt."

Die Umschläge der Bonbons waren damals Träger einer besonderen Art von Bilderscherzen. So war auf einem Papierchen ein Kanonier abgebildet, darüber stand ich, darunter nicht leben. Auf einem anderen Bonbon war ein Franziskaner abgebildet, und darüber stand: Uber. Ein Tabaksfabrikant ließ auf seine Päckchen die Inschrift drucken: „Dieser Tabak lobt sich selber." Rasch schrieb jemand darunter: „Eigenlob stinkt."

Unsere heutigen Scherzrätsel wurden damals auf vorstädtischen Bühnen aufgegeben, zum Beispiel „In welchem Falle ist zweimal zwei fünf?" — „In keinem Falle." Welches ist der Unterschied zwischen einem Elefanten und dem König von Preußen? ward gefragt. Der Elefant hat einen Rüssel, der König zwei — nämlich zwei bekannte Generale dieses Namens. Welcher Herrscher hat die wärmsten Füße? Der König von Frankreich, denn er habe 600 000 Pariser. (Pariser nannte man eine Art weicher warmer Pantoffeln).

Natürlich bot das Theater viel Stoff zu Geschichten. Am 7. Februar 1823 schreibt Zelter:

„Unser Schauspieler Stich ist gestern Abend in seinem Hause von einem Verehrer seiner Frau, dem er entgegentrat, auf den Tod verwundet worden. Der alte Unzelmann (gleichfalls Schauspieler) hat gesagt: Wenn ich so etwas hätte übelnehmen wollen, wäre ich zum Siebe gestichelt."

Im Sommer 1825 wurde Spontinis neue Oper ‚Alcidor‘ aufgeführt. „Nun ist das Wunderwerk endlich flott und das Haus so voll, daß die Leute ersticken und verschwitzen vor Hitze darin, und gleich nach der ersten Aufführung läßt sich Spontini seine 1050 Thaler, die ihm für jedes neue Werk zukommen, aus der Kasse zahlen: da haben sie denn wieder nichts. Die Leute sagen nun: Spontini nimmt ein, und die Anderen müssen schwitzen."

368

„Jetzt ist Karneval,“ heißt es Februar 1828. „Die erste
Redoute ist auch diesmal wenig besucht gewesen, und Jemand
hat den Vorschlag getan, die zweite Redoute künftig voran zu
geben. Von der Qualität des Publikums der ersten Redoute
hat sich ein Zwiegespräch aufbewahrt: »Maske, ich kenne dir.«
» — Na, wenn Sie mir kennen, wird auch nicht viel an Sie sein.«

Die lieben Zeitgenossen aus der Republik der Geister
bekommen natürlich auch Geschichtchen angehängt; da lesen wir
1811 von dem berühmten langjährigen „Kinde“ Bettina
Brentano und ihrem Clemens v. Arnim:

„Bettina hat am Sonntage vor acht Tagen Hochzeit machen
wollen. Da hatten Beide einige Kleinigkeiten zu besorgen vergessen, zum Beispiel sich aufbieten zu lassen, eine Wohnung zu
mieten, ein Bett anzuschaffen und dergleichen. Darüber muß
nun die Sache, ich glaube gar bis nach Fasten, in statu quo
bleiben.“

Zwei berühmte Ärzte werden 1829 erwähnt.

„Unser Hufeland, den Du kennst, stellt den alten Geheimen
Rat Doktor Heim zur Rede über den häufigen Gebrauch des
Arseniks bei gewissen Krankheiten, besonders aber den Schaden,
welchen junge Ärzte durch sein Beispiel anrichten. »Wie
wollen Sie, lieber Freund, es an jenem Tage bei Gott ver-
antworten, wenn er Ihnen die Rechenschaft dafür abfordert?
Was können Sie sagen?«

»Was ich sagen werde? He? (indem er seine Hand auf
Hufelands Schulter legt): Ich werde ihm sagen: Alter Junge,
das verstehst du nicht!«“

Sogar Kant taucht auf. „Unser verstorbener, vom alten
Fritz sehr hochgehaltener Geheimer Finanzrat Wölner ward
einst nach Königsberg zur Revision der dortigen Bank gesandt.
Dort findet er nach vierzig Jahren einen ehemaligen Stuben-
burschen, den alten Kant, wieder, und man freut sich des Heute
und der früheren Jahre.

»Aber« (spricht der Kant) »haſt Du Geſchäftsmenſch wohl
auch einmal Luſt, meine Schriften zu leſen?« — »O ja, und
ich würde es noch öfter tun, nur fehlen mir die Finger.« —
»Wie verſtehe ich Das?« — »Ja, lieber Freund, Eure Schreib-
art iſt ſo reich an Klammern und Vorbedingtheiten, welche ich
im Auge behalten muß; da ſetze ich denn einen Finger auf's
Wort, dann den zweiten, dritten, vierten, und ehe ich das Blatt
umſchlage, ſind meine Finger alle.«"

Von Profeſſor Link, einem Naturforſcher der Berliner
Univerſität, erzählt Zelter 1831, daß er einen Lehramtskandi-
daten gefragt habe, wie das Nordlicht entſtände. Der ſonſt
wohl beſchlagene Jüngling antwortete in Verlegenheit: er habe
es gewußt, und es ſei ihm nur eben entfallen, er wolle ſich aber
beſinnen.

„Tun Sie Das doch ja," ſagte Link, „mir iſt daran gar
viel gelegen, denn ich und die ganze Akademie wiſſen es nicht!"

Natürlich erzählt Zelter einige Geſchichten aus muſikaliſchen
Kreiſen: „Der in Berlin wohnende Muſiker Kirnberger hatte ein
Bildnis ſeines Meiſters Sebaſtian Bach, das ich ſtets bewundert
habe, in ſeiner Stube zwiſchen zwei Fenſtern am Pfeiler über dem
Klavier hängen. Ein Leipziger bemittelter Leinwandhändler,
der Kirnberger vordem als Thomaner vor Vaters Tür vorbei-
ſingen geſehen, kommt nach Berlin und auf den Gedanken, den
jetzt namhaften Kirnberger mit ſeinem Beſuche zu beehren. Kaum
hat man ſich niedergelaſſen, ſo ſchreit der Leipziger: »Ei, mein
Herr Cheſſus! Da haben Sie ja gar unſeren Kanter Bach
hängen; Den haben wir auch in Leipzig auf der Thomasſchule!
Das ſoll ein grober Mann geweſen ſein; hat ſich der eitle Narr
nicht gar in einem prächtigen Sammetrock malen laſſen?!«

„Kirnberger ſteht gelaſſen auf, tritt hinter ſeinen Stuhl, und
indem er ihn mit beiden Händen gegen den Gaſt aufhebt, ruft
er, erſt ſacht, dann crescendo: »Will der Hund raus! Raus
mit dem Hunde!« Mein Leipziger in Todesſchreck rennt nach
370

Hut und Stock, sucht mit allen Händen die Tür und stürzt auf die Straße hinaus.

„Kirnberger läßt nun das Bild herunternehmen, abreiben, den Stuhl des Philisters abwaschen und das Bild mit einem Tuche bedeckt wieder an seine alte Stelle bringen. Wenn nun Jemand fragte, was das Tuch bedeute, so war die Antwort: »Lassen Sie! Es ist etwas dahinter.« Das war die Gelegenheit, aus welcher das Gerücht entstand, Kirnberger habe den Verstand verloren.“

Als „unser theologischer Eiferer Hengstenberg“ eine „bleischwere Kritik über die Wahlverwandtschaften“ geschrieben hatte, bemerkt Zelter dazu:

„Der Hamburger Bach hatte eine Fuge drucken lassen. Agricola fragt ihn: »Haben Sie denn Marpurgs Kritik über Ihre Fuge gelesen? Er hat sie scharf mitgenommen.« — »Nein,« sagte Bach, »hätte er mir seine Kritik vorhergesagt, so hätte man sich vielleicht danach richten können; gefallen ihm aber seine eigenen Fugen, so seh' ich nicht ein, wie ihm die meinigen gefallen sollen.«“ —

Aus Zelters eigener Praxis ist folgendes:

„Einer unserer Freunde war unzufrieden mit den Balladenformen der Dichter und rief aus: »Wer mag solche Verse, solch einen ‚Taucher‘ in Musik setzen!« Wir waren unser Viele, und ich, der Das alles schweigsam gehört hatte, schrie auf: »Ich! Und Schiller selber soll's loben!« So setzte ich die Noten auf der Stelle zu Papier. Als ich sie gleich darauf produzierte — denn das Gedicht war mir gegenwärtig und mundgerecht —, hatte sich eine nicht eben musikalische Matrone neben mich gepflanzt und machte mit ihrem Strickstrumpf die Bewegung des Metrums mit. Kaum war das letzte Wort heraus, so rief sie unter dicken Tränen aus: »Das ist ja ein Infamer König!«“

Solcher harmlosen weiblichen Gemüter gab es damals unter den klugen Berlinern doch noch einige.

„In einer munteren Gesellschaft erzählte vor kurzem Jemand, wie ein Bauer mit seinem Knechte eine Reise tut und einen Beutel mit Geld zur Sicherheit in der Krone einer hohen Fichte festmacht. Der Bauer kehrt zurück, läßt den Beutel herunterholen, und als er statt seines Geldes einen Kuhfladen findet, ist er stumm, ohne etwas Anderes als die tiefste Verwunderung zu zeigen. »Wenn ich nur begreifen könnte,« platzt er endlich heraus, »wie die Teufelskuh auf den hohen Baum und wieder heruntergekommen ist!«

Darüber wird nun lange genug gelacht, bis auf eine Dame, die nach einer ziemlichen Weile ganz unschuldig sagt: »Ja, wenn ich sterben soll, so begreife ich's auch nicht!«"

Zelter war in jüdischen Kreisen befreundet. Den alten Philosophen Moses Mendelssohn hatte er gekannt, und dessen Enkel, der Wunderknabe Felix Mendelssohn war sein Schüler. Einmal erzählt er von Personen, die für Lessings ‚Nathan‘ wichtig geworden sind:

„Aus jüngeren Jahren fällt mir ein Jude ein, Namens Michel, der in allen Dingen, bis auf zwei Elemente, verrückt erschien. Wenn er Französisch sprach, kam kein unebenes Wort über seine Zunge, und er spielte vollkommen Schach.

„So kommt dieser verrückte Michel (wie man ihn nannte) zum alten Mendelssohn: Der sitzt und spielt Schach mit dem alten Rechenmeister Abram. Michel sieht das Spiel an. Abram macht endlich eine Bewegung mit der Rechten, um das Spiel als verloren umzuwerfen, und — erhält einen derben Schlag an den Kopf, daß ihm die lose Perücke abfällt. Abram hebt ruhig seine Perücke auf und spricht: »Aber, lieber Michel, wie hätte ich denn ziehen sollen?«"

Lessing hat den Vorfall im ‚Nathan‘ nachgebildet.

„Der eben genannte Rechenmeister Abram ist eben Der, welchen Lessing als Alhafi zum Modell gehabt hat. Er galt für den größten Rechenmeister und Sonderling, unterrichtete für wenige Groschen oder umsonst und bewohnte in Mendelssohns Hause ein Zimmer — auch umsonst. Lessing hielt viel auf ihn, seiner Pietät und seines angeborenen Cynismus wegen. Als Lessing nach Wolfenbüttel ging, bat ihn der Abram um ein rares mathematisches Buch aus der dortigen Bibliothek. Lessing findet zwei Exemplare und schickt das eine dem Abram, um es als Andenken zu behalten. Nach einiger Zeit kommt Abram zu Mendelssohn, bringt das Buch und will es Diesem schenken, — »Ihr werdet doch das Buch nicht von Euch lassen, es ist ja ein Freundesandenken!« — »Ja wohl, aber ich brauch' es nicht mehr; die Exempel sind gut, und ich verstehe kein Griechisch.« — »Nun, ich merke: Ihr braucht Geld; sagt mir, wie viel Ihr braucht?« — »Nein, nein, ich habe Geld und will kein Geld!« — »Nun, so geht in Gottes Namen, und braucht Ihr was, so wißt Ihr, wo ich wohne!«

Nach einiger Zeit kommt der Abram zu Mendelssohn, der eben den Professor Engel bei sich sieht, steht still und spricht kein Wort. — »Nun, Abram, wie gehts? Ihr seid so still; Ihr seht mich bedeutend an: fehlt Euch was?« — »Meine Frau ist aus Hannover angekommen, ich habe nur einen Stuhl!« — Und so ergreift er einen Stuhl und geht damit zur Tür hinaus. Die Frau wohnte in Hannover bei Verwandten, weil ihr Mann niemals Geld hatte."

Ein anderes jüdisches Original war Markus Levin, Vater der berühmten Rahel. „Dieser durchtriebene Geselle läßt sich am Tage seines Todes vom Diener Waschwasser bringen und schilt, daß es kalt ist wie Eis. Darauf bringt der Diener kochend heißes Wasser.

»Du Ochs! Bin ich denn ein Schwein, das Du brühen willst?«

Darauf kommt der Diener wieder und spricht: »Es ist im ganzen Hause kein Tropfen laues Wasser zu bekommen!«

Und Levin Markus lachte laut und verschied."

Daß dieses Geschichtchen dem Dichter gefiel, wissen wir. „Es hat etwas Ähnliches von den Irish Bulls, die aus einer wunderlichen Unbehilflichkeit des Geistes hervorkommen, und worüber im physiologischen Sinne gar manches zu sagen ist. Hier etwas Dergleichen: Ein Irländer liegt im Bette; man stürmt herein und ruft: »Rettet Euch, das Haus brennt!« — »Wieso?« erwiedert er, »ich wohne ja zur Miete hier!«"

Zelter berichtet noch von einem Anderen, der lachend starb; es war der General der Artillerie v. Brockhausen, der dem Napoleon eine Division so zusammengeschossen hat, daß er soll ausgerufen haben: „Welcher Teufel von Preußen kommandirt denn diese Batterie?" — Er wollte keinen Arzt, und man hatte dennoch einen kommen lassen, den er kannte. — „Was haben Sie denn gemacht, alter Herr?" sagte der Doktor. — „Ich habe wenigstens achtzig Eier gegessen!" war die Antwort. — „Nun, wenn Das wahr ist, so ist es sehr ungeschickt." — „Ungeschickt? Ich bin achtzig Jahre alt, was ist denn Das: alle Jahr ein Ei? Und was Sie mir verschreiben, wird mir keinen Appetit machen."

Ein Held im Sterben war namentlich auch Friedrich der Große, den Zelter schwärmerisch verehrte. Als der Minister Herzberg am Todestage in's Krankenzimmer trat, rief ihm der König entgegen: „Wenn Ihr einen Nachtwächter braucht, wendet mir's zu! Ich kann Euch so bedienen, daß Ihr meine Wachsamkeit loben sollt."

Der Minister hatte Papiere bei sich, nach welchen der König den Arm ausstreckte. „Gebt nur her! so lange das Lämpchen glimmt, muß es gebraucht werden. Laßt mir nichts liegen! Das Leben ist kurz!"

Noch andere Anekdoten handeln vom großen Könige.

Während des Karnevals, mitten im Januar, schlug der Blitz in's königliche Schloß und zündete. Der Kammerhusar stürzt ins Kabinet: „Ew. Majestät, es hat eingeschlagen, das

374

Schloß brennt!" Friedrich sagt: „Geht und sorgt, daß die Treppe
frei bleibe; ich habe zu tun!"

Einer von Friedrichs Gardisten sagte zu seinem Kameraden:
„Du, sieh' einmal, was der König für einen schlechten Hut
auf hat!" — „Dummer Kerl!" war die Antwort: „Sieh' einmal,
was Das ein Kopf ist!"

Auch aus seinem eignen Leben erzählt Zelter zuweilen:

„Mein Vater hatte einem Manne Geld geliehen, dessen
Namen er vergessen hatte. Darüber äußerte sich die Mutter
mit den Worten: »So machst du es immer und läßt es dir
sauer werden und kommst um das Deinige!«

Mein Vater erhob sein Antlitz gegen die Mutter und
sprach: »Frau! Wenn ich nur dich habe, so mache ich mir
einen — aus allem Geld der Erde! Weiß doch der Mann,
wie ich heiße!« Nach einigen Jahren kam der Mann von der
Reise und brachte das Geld wieder. Er hieß Venus."

„Als ein Bursche von fünfzehn bis sechzehn Jahren gehe
ich eines Abends über die Straße. Ein Knabe gleichen Schlages
geht an mir vorüber, fängt an zu singen: »Blühe, liebes Veilchen«
— und hört damit auf. Nachdem ich ein Weilchen gewartet,
singe ich unwillkürlich den zweiten Vers: »Das ich selbst erzog«,
hinterher. Wir waren schon eine Strecke auseinander, als ich
mir nachrufen höre: »Alfanz! Dummerjahn! Wenn Er singen
will, fange Er sich allein ein Lied an!«"

Zuweilen erwiderte Goethe mit ähnlichen Bildchen aus
seinem Kreise. So, als der Trubel von Besuchern groß war,
erwähnte er seine Mutter, die in solchen Fällen zu sagen pflegte:
„Sie lassen mich die Nase nicht putzen." Und als er selber nahe
am achtzigsten Geburtstag war, dachte er an die alte Rätin Kotzebue.
Die Großherzogin ließ sich nach ihrem Befinden erkundigen:
„Achtzig Jahre mögen noch angehn", läßt sie erwidern, „neunzig
aber sei ein schlechter Spaß."

Am meisten ergötzte sich Goethe an Zelters meisterhaften

Reiseschilderungen. Zwei Beobachtungen aus dem Tierleben mögen Platz finden, eine drollige und eine ernste.

Vor einem Gasthofe zu Münster in Westfalen, wo Zelter 1823 einen Tag verbrachte, lag der Schmutz oder „Moder" hoch.

„Ein Schwein von unmäßiger Dicke kann der Treiber kaum noch fortbringen. Von Schritt zu Schritt sinkt es ein; so erreicht es vor meinem Fenster einen hinten niedergelassenen, halb beladenen Moderkarren, fährt flugs in den weichen Moder wie in ein Flaumbett und grunzt vor Wollust. So fährt der Karren mit der Last von dannen, und das selige Tier sitzt wie in einer Kutsche — »und sieht sich um Nach dem erstaunten Publikum.«

Wer doch so Gebrauch zu machen wüßte von der Gelegenheit!"

Das andere Erlebnis betrifft „Myrons Kuh", ein altgriechisches Kunstwerk, das Goethe sehr schätzte, weil er es als ein Sinnbild der Gottheit auffaßte. Daß die junge Kuh ihr Kälbchen säugt, ist ein Ausdruck davon, daß Liebe zum Hilfsbedürftigen durch die ganze Welt verbreitet ist, und diese Liebe ist eine der Offenbarungen Gottes. Nun schreibt ihm Zelter:

„Meine Wirtin findet seit einiger Zeit jeden Morgen, wenn sie ihre Kuh melken will, die Zitzen leer. Da das Tier gesund ist, so muß Dieberei im Spiele sein; es wird von außen aufgepaßt und nichts gefunden als die leeren Zitzen. Um hinter die Wahrheit zu kommen, versteckt sie sich selber im Stalle und sieht: die Kuh springt über eine drei Fuß hohe Wand, um ihr abgenommenes Spankalb zu säugen, und begibt sich nach geschehener Arbeit wieder auf ihren Posten.

„Du hast die Seele von Myrons Kuh gefunden und ich die Kuh selber: sie lebt heutigen Tages noch, sie ist unsterblich!"

Im September 1827 nahm Zelter an der Naturforscherversammlung in München teil. Man sprach dort am meisten über den neuen König Ludwig I. Sehr scherzhaft war der Empfang, den der junge Fürst in Lohr am Main fand.

Man hatte ihm dort Ehrenpforten gebaut, mit Girlanden verziert, die jedoch ihrer Schwere wegen so tief gesunken waren, daß es unmöglich war, darunter durchzureiten. Schon vorher waren ihm die Schlüssel der Stadt präsentiert worden, welche Unterwerfung der König sehr gnädig beantwortet hatte; ein hochedler Magistrat aber bat ganz inständig: Ew. Majestät zu Pferde möchten diese Schlüssel an sich nehmen und allergnädigst zum Andenken behalten! — In der Stadt hatte man eine würdige Aufnahme veranstaltet. In dem für ihn bestimmten Zimmer fand der König ein Bild aufgehangen und fragte: wen diese Fratze vorstellen solle? Die Antwort war, daß es das Bild Seiner Majestät selbst sei.

„Das ist ja jämmerlich!" rief der König. —

„Tut nichts, Ihro Majestät," erwiderte der Bürgermeister, „wenn es nur ähnlich ist!"

Gutmann und Gutweib. [Juli 1827]

Nach einer schottischen Vorlage.

Und morgen fällt Sankt Martins Fest:
    Gutweib liebt ihren Mann,
Da knetet sie ihm Puddings ein
Und bäckt sie in der Pfann'.

Im Bette liegen Beide nun:
Da saust ein wilder West,
Und Gutmann spricht zur guten Frau:
„Du! riegle die Türe fest!" —

„Bin kaum erholt und halb erwarmt,
Wie käm' ich da zur Ruh?
Und klapperte sie einhundert Jahr,
Ich riegelte sie nicht zu!"

Drauf eine Wette schlossen sie
Ganz leise sich in's Ohr:
So wer das erste Wörtlein spräch',
Der schöbe den Riegel vor. — —

Zwei Wanderer kommen um Mitternacht
Und wissen nicht, wo sie stehn,
Die Lampe losch, der Herd verglomm,
Zu hören ist nichts, zu sehn.

„Was ist Das für ein Hexenort?
Da bricht uns die Geduld!"
Doch hörten sie kein Sterbenswort,
Des war die Türe schuld.

Den weißen Pudding speisten sie,
Den schwarzen ganz vertraut.
Und Gutweib sagte sich selber viel,
Doch keine Silbe laut.

Zu Diesem sprach der Jene dann:
„Wie trocken ist mir der Hals!
Der Schrank, der klafft, und geistig riecht's,
Da findet sich's allenfalls."

„Ein Fläschchen Schnaps ergreif' ich da,
Das trifft sich doch geschickt!
Ich bring' es dir, du bringst es mir,
Und bald sind wir erquickt."

Doch Gutmann sprang so heftig auf
Und fuhr sie drohend an:
„Bezahlen soll mit teurem Geld,
Wer mir den Schnaps vertan!"

Und Gutweib sprang auch froh heran
Drei Sprünge, als wär' sie reich:
„Du, Gutmann, sprachst das erste Wort,
Nun riegle die Türe gleich!"

Der Großpapa. [Um 1828.]

In seiner Art, mit Kindern umzugehen, zeigte sich Goethe nach allgemeinem Urteil von seiner liebenswürdigsten Seite. Er hatte seine Lust daran, sich ganz in das Kind, mit dem er sich beschäftigte, hineinzufühlen und gleichsam durch die Augen des kleinen Knaben oder Mädchens die Welt anzusehen. Das Recht des Kindes auf kindliche Lust und kindliches Urteil achtete er gern; er trat für die Jugend ein, wenn die Polizei in Weimar die Schnee- und Eisfreuden oder in Jena die Johannisfeuer verbieten wollte. Er ließ sich selber von spielenden Kindern recht viel gefallen. Zwar fuhr er zuweilen mit Donner und Blitz dazwischen, wenn sie gar zu laut lärmten, und einmal schrie er im höchsten Zorne ein „Ihr Lümmel!" aus dem Fenster heraus, als gerade der Dichter August Kopisch an die spielenden Knaben herangetreten war — Kopisch gab den Besuch, den er dem alten Dichterkönig eben machen wollte, erschrocken auf. Gewöhnlich aber verrauchte sein Zorn, wenn er an die Kinder herantrat und ihre ängstlichen Blicke auf sich gerichtet sah. Er faßte dann wohl einen Buben in die Locken oder gab ihm einen Backenstreich, aber die scheinbare Strafe ward unterwegs zur Liebkosung.

Einst spielten seine Enkel und andere Knaben in seinem Garten Räuber und Soldaten. Der Räuberhauptmann ward gefangen und in eine Kammer des Gartenhauses gesperrt. Da näherte sich der alte Goethe. „Was seid ihr?" fragte er die nächsten Knaben.

„Räuber."

„Wo ist euer Hauptmann?"

„Gefangen! Dort drinnen."

„Und ihr schämt euch nicht, euren Hauptmann im Gefängnis zu lassen, statt ihn zu befreien?"

„Die Andern haben ja die Tür zugeschlossen."

„Ist Das ein Hindernis für ordentliche Kerls?"

Die Knaben schauten sich an, schämten sich, und ehe eine Minute vergangen war, hatten sie die Tür gewaltsam eingestoßen.

Ein andermal fand er in einer Stube die Knaben beim Feueranmachen. Sie hatten gefroren und sich, kurz entschlossen, selber Holz geholt und in den Ofen gesteckt. Als nun der Hausherr eintrat, erschraken sie über ihre Dreistigkeit und fürchteten ein Strafgericht. Aber er sah freundlich auf ihr Werk. „Das ist recht, daß ihr nicht erst zu Vater und Mutter gelaufen seid und geklagt habt. Jungens müssen sich selber zu helfen wissen.

> Mit einem Herren steht es gut,
> Der, was er befohlen, selber tut!"

Der ältere der Enkelsöhne, Walter, war ein eifriger Musikus. Goethe selber übte ihm bei einer Wagenfahrt den ‚Fischer' ein und hörte dann manchesmal das Singen und Klavierspielen des Knaben mit Vergnügen oder Geduld an. Der jüngere, Wolfgang, durfte sogar in der Arbeitsstube des Dichters eine Schublade des großen Tisches mit seinen Spielsachen vollpacken, die er täglich neu ordnete, und die einzige Enkelin, Alma, kam mit ihrer Puppe und setzte sich in ein Eckchen und bekam Seidenläppchen, wodurch sie zum Stillsitzen verführt wurde. Goethe war einundachtzig Jahre alt, als Eckermann und Gräfin Caroline Egloffstein einmal zusahen, wie der kleine Wolf seinem Großvater zu schaffen machte. Er kletterte an ihm herum und saß bald auf der einen Schulter, bald auf der andern. „Aber, lieber Wolf," sagte die Gräfin, „plage doch deinen guten Großvater nicht so entsetzlich!" — „Das hat nichts zu sagen", erwiderte der Junge; „wir müssen gleich zu Bette; da hat der liebe Großvater Zeit, sich vollkommen wieder auszuruhen."

„Sie sehen," nahm Goethe selbst das Wort: „daß die Liebe immer ein wenig impertinenter Natur ist."

Ihr glücklichen Augen! [1818—31.]

Als ein Wanderer trat uns der junge Mann vor die Augen, der dem Regen, dem Sturmwind entgegensang, weil ein Genius in ihm wohnt. Auch einen ‚Pilger' nannte er sich damals (in seinem 23. Jahre), und wiederum war er allem Wetter und aller Unbill gewachsen, weil die Liebe, die göttliche All-Liebe in seiner Brust, ihn erwärmte:

Zische, Nord,

Tausend-Schlangen-züngig

Mir um's Haupt!

Beugen sollst du's nicht!

Beugen magst du

Kind'scher Zweige Haupt,

Von der Sonne

Mutter Gegenwart geschieden.

Allgegenwärt'ge Liebe,

Durchglühst mich!

Biet'st dem Wetter die Stirn,

Gefahren die Brust!

Hast mir gegossen

In's früh welkende Herz

Doppeltes Leben:

Freude zu leben

Und Mut!

Dieser Wanderer blieb er sein Leben lang — ob er nun reiste oder nur in seinem engen Kämmerlein hin und her schritt.

Das will sagen: er war nicht ein tätig Eingreifender, Geld und Habe an sich Reißender, Herrschaft Erstrebender, sondern er ging vorüber an den Menschen und Dingen, betrachtete sie, und dies Betrachten war seine Arbeit und Lust zugleich. Und je länger die Wanderung dauerte, in desto höhere Gebiete gelangte er; das Umsichblicken ward ein Herniederschauen. Wir erinnern uns, wie der junge Mann mit dem „Schwager Kronos" schalt: wohl begehrte er ein Anhalten und Umschauen, wenn eine Höhe erreicht war; aber nur ein kurzes Verweilen! „Ab dann, frischer hinab!" Ein rasches Leben und ein früher Tod! Nun war er doch ein alter Mann, ein langsam Wandelnder geworden, und sein inneres Leben war längst kein Dahinstürmen mehr.

Einst war ihm bei einem großen Feste die Aufgabe gestellt, die weimarischen Dichter, also auch sich selbst, zu schildern; da nannte er sich den Freund, und dies Wort hatte einen ähnlichen Sinn wie Pilger oder Wanderer.

> Weltverwirrung zu betrachten,
> Herzensirrung zu beachten:
> Dazu war der Freund berufen.
> Schaute von den vielen Stufen
> Unsres Pyramidenlebens
> Viel umher, und nicht vergebens,
> Denn von außen und von innen
> Ist gar Manches zu gewinnen.

Das war 1818. Als er sein achtzigstes Jahr vollendete, redete er noch einmal als ein Wanderer, und weil er gerade schottische Schriften las, versetzte er sich in jenes Land und sah sich als einen Greis, der auf einsamen Höhen emporstieg und nun an der Tür eines armen Geishirten sich ausruht und an schlichter Speise erlabt. Der alte Gedanke vom Thüringer Walde: „Warte nur, balde, Ruhest Du auch" ward' wieder wach.

Matt und beschwerlich,
Wandernd ermüdigt,
Klimmt er gefährlich,
Nimmer befriedigt!
Felsen ersteigt er,
Wie es die Kraft erlaubt,
Endlich erreicht er
Gipfel und Bergeshaupt.

Hat er mühselig
Also den Tag vollbracht,
Nun wär' es töricht,
Hätt' er darauf noch acht.
Froh ist's unsäglich
Sitzendem hier,
Atmend behäglich
An Geishirtens Tür.

Speis' ich und trinke nun,
Wie es vorhanden,
Sonne sie sinket nun
Allen den Landen.
Schmeckt es heut Abend
Jemand wie mir?
Sitzend mich labend
An Geishirtens Tür. — —

Auch als er den „Faust" vollendete, seine letzte große Lebens-
arbeit, stellte er sich am Schlusse selbst dar, wie er ganz anders
als jener Faust sich Welt und Leben angeeignet hatte.

Der Zaubrer fordert leidenschaftlich-wild
Von Höll' und Himmel sich Helenens Bild —
Trät' er zu mir in heitern Morgenstunden,
Das Liebenswürdigste wär' friedlich ihm gefunden! —

> „Du standest so verdrossen
> Und wußtest nicht zu sehn.“

redet er einen Andern an, und:

> „Nur wenn dein Herz erschlossen,
> Dann ist die Erde schön.“

Kein großer Unterschied ist zwischen dem Wanderer, der von der Höhe herabschaut, und dem Turmwächter, der mit scharfen Augen nach allen Seiten blickt, seiner Amtspflicht eingedenk, doch auch sich selbst zur Ergößung. In dem Liede, das der Türmer Lynkeus singt, gibt uns der alte Dichter sein eigenes letztes Abbild:

> Zum Sehen geboren,
> Zum Schauen bestellt,
> Dem Turme geschworen,
> Gefällt mir die Welt.
>
> Ich blick' in die Ferne,
> Ich seh' in der Näh
> Den Mond und die Sterne,
> Den Wald und das Reh.
>
> So seh' ich in Allen
> Die ewige Zier,
> Und wie mir's gefallen,
> Gefall' ich auch mir.
>
> Ihr glücklichen Augen,
> Was je ihr gesehn:
> Es sei, wie es wolle,
> Es war doch so schön!

Die Tonkunst in Goethes Leben

Zwei Bände, 8⁰, 709 Seiten
Mit 24 Tafeln und 28 Musikstücken

In Pappband M 9,— :: in Halbpergament
M 10,—, in Leder M 14,—

Amalie
Herzogin von Weimar

Dritte Auflage :: Sechstes Tausend
3 Bände 8⁰, 202 und 212 und 235 Seiten
mit zusammen 70 Abbildungen
In Geschenkeinband M 10,—

:: Nebentitel der Bände ::

I. Das vorgoethesche Weimar
II. Der Musenhof der Herzogin Amalie
III. Ein Lebensabend im Künstlerkreise

Stunden mit Goethe

Herausgeber: Dr. Wilhelm Bode

Mit vielen Abbildungen

Bisher sind 7 Bände erschienen; der erste Band ist vergriffen; die übrigen kosten gebunden je M 5,— Jeder Band ist in sich abgeschlossen

Jährlich vier Hefte
mit 80 Seiten Text und 4 bis 8 Abbildungen
:: Preis des Heftes M 1,— ::
Jedes Heft ist in sich abgeschlossen
Probehefte werden auf Verlangen kostenfrei
von der Verlagshandlung geliefert.